KASPISCHES MEER
R
Araxes
ASSYRIEN
MESOPOTAMIEN
Chorsabad
Karkemisch
Ninive
Mosul
Nimrud
IRAN
Euphrat
Dura
Bagdad
Sumer
BABYLONIEN
Tigris
Susa
Babylon
Nippur
Persepolis
Ur
Persischer Golf

Stefan Erdmann

# Banken, Brot und Bomben

## Band 1

*Die historischen Hintergründe*

amadeus-verlag.com

**Vom Autor ist außerdem erschienen:**

*„Den Göttern auf der Spur" – Gentechnik vor 400.000 Jahren,*
2001, Ama Deus Verlag
*„Banken, Brot und Bomben 2" – Das Geheimwissen in der Gegenwart,*
2003, Ama Deus Verlag
*„Geheimakte Bundeslade" – Das größte Geheimnis der Menschheit,*
2005, Ama Deus Verlag
*„Geheimpolitik und verbotenes Wissen – CD",*
2006, Ama Deus Verlag
*„Die Jahrtausendlüge",*
2009, Ama Deus Verlag

www.erdmann-forschung.de


**AMA DEUS Verlag**
Postfach 63
74576 Fichtenau
Fax: 07962-710263
www.amadeus-verlag.com

*vierte Auflage*

**Druck:**
Ebner & Spiegel, Ulm
**Satz und Layout:**
Jan Udo Holey
**Umschlaggestaltung:**
Jan Udo Holey

ISBN-10: 3-9807106-1-0 ISBN-13: 978-3-9807106-1-9

3 SCHAUPLATZ ÄGYPTEN
- Stammväter und Pharaonen S. 121
- Der Ursprung der fünf Bücher Mose S. 124
- Rückkehr nach vier Generationen S. 131
- Isaaks Vater, der Pharao S. 136
- War Tuthmosis III. der biblische David? S. 140
- Der Kriegskönig David S. 146
- Der Kriegskönig Tuthmosis III S. 148
- Abraham und David S. 149
- Zi-On – das heilige Heliopolis S. 152
- Die heilige Stadt Jerusalem S. 156
- Der biblische Joseph in Ägypten S. 159
- War Amenophis III. der biblische Salomon? S. 167
- Januar 2003 – neue Entdeckungen in Jerusalem S. 174
- Moses alias Echnaton? S. 177
- Die Suche nach den Königsmumien S. 191
- Verhinderte Wissenschaft in Kairo S. 195
- Jesus in Ägypten S. 198
- Zusammenfassung und Ausblick S. 220

4 DIE TEMPELRITTER
- Das geheime Wirken der Tempelritter S. 225
- Der Aufstieg der Templer S. 231
- Die Templer waren die ersten Bankiers des Abendlandes S. 232
- Mit den Templern erblühte auch die Gotik S. 234
- Wer waren die Katharer? S. 236
- 1956 – die Prieuré de Sion tritt an die Öffentlichkeit S. 237
- Die Merowinger S. 240
- Der Tempel-Schatz in den Pyrenäen S. 242
- Zusammenfassung und Ausblick S. 245

5 GEHEIMGESELLSCHAFTEN TRETEN MEHR AN DIE ÖFFENTLICHKEIT
- Viele Orden im „Namen Gottes“ S. 251
- Die Rosenkreuzer S. 253
- Die Freimaurerei S. 255
- Adam Weishaupt gründet die bayerischen Illuminaten S. 259

# INHALTSVERZEICHNIS

DANKSAGUNG .......... S. 10
VORWORT DES VERLEGRS .......... S. 11
VORWORT DES AUTORS .......... S. 14
EINLEITUNG .......... S. 19

1 PROPHEZEIUNGEN ZUR JAHRTAUSENDWENDE
- Das dunkle Zeitalter .......... S. 34
- Die „Alten“ wußten es schon .......... S. 40
- Kali-Yuga .......... S. 41
- Die Mayas .......... S. 44
- Die Azteken .......... S. 44
- Die Hopis .......... S. 44
- Altes und Neues Testament .......... S. 45
- Johannes von Jerusalem .......... S. 46
- Edgar Cayce .......... S. 47
- Nostradamus .......... S. 48
- Der Krieg im Nahen Osten .......... S. 51
- Die Zerstörung New Yorks .......... S. 55
- Zusammenfassung und Ausblick .......... S. 57

2 DIE URSPRÜNGE DES CHRISTENTUMS
- Geheimbünde seit vielen Jahrtausenden .......... S. 61
- Logen kontra Kirche .......... S. 69
- Freimaurer im Vatikan .......... S. 73
- Die Jesus-Kontroverse .......... S. 76
- Die Johannes-Bewegung .......... S. 79
- Die Anfänge der katholischen Kirche .......... S. 84
- Dogmatisierung auf den Konzilien .......... S. 89
- Das „Wort Gottes“ .......... S. 95
- Die gnostischen Schriften .......... S. 97
- Die Spur der Abrahamreligionen .......... S. 102
- Zusammenfassung und Ausblick .......... S. 115

# VORWORT DES VERLEGERS

*Liebe Wahrheitssuchende,*

mit dem Autor verbinden mich nicht nur unsere gemeinsamen Interessensgebiete und die Forschung nach den letzten Rätseln beziehungsweise den größten Lügen unserer Welt, sondern inzwischen auch eine enge Freundschaft.

In den vergangenen Jahren waren wir mehrmals zusammen auf Reisen: Ende 2000 zogen wir durch den brasilianischen Dschungel auf der Suche nach einer verborgenen Zivilisation im Erdinnern und waren auch zusammen im brasilianischen Fernsehen – Stefan aufgrund seines ersten, in meinem Verlag publizierten Buches *„Den Göttern auf der Spur"* und ich aufgrund meines Werkes über mediale Kinder. Im November 2002 waren wir zusammen im Himalaya und im Februar 2003 begleitete ich ihn auf seiner Forschungsreise nach Ägypten und es ist unglaublich, welche Verbindungen Stefan dort aufgebaut hat. Obwohl viele Örtlichkeiten für die Öffentlichkeit gesperrt sind, gelang es uns durch seine Kontakte – unter Zuhilfenahme von verhältnismäßig wenig Bakschisch –, uns längere Zeit bei absoluter Finsternis in der Königinnenkammer aufzuhalten, ebenso länger im sog. Sarkophag in der Königskammer zu liegen und um Mitternacht die Große Pyramide zu erklimmen. Wir waren in der seit Jahren gesperrten Pyramide von Sakkara, im höchst interessanten Serapheum und in unterirdischen Grabanlagen, die noch nie für die Öffentlichkeit zugänglich waren.

Und trotz der vielen gemeinsamen Erlebnisse, die uns schicksalhaft miteinander verbinden und des intensiven Wissensaustausches haben wir nicht in allen Punkten die gleiche Meinung. Daß ich Stefans Buch in meinem Verlag herausbringe, sollte auf den ersten Blick als selbstverständlich erscheinen, schließlich habe ich auch sein erstes Buch verlegt. Doch auf den zweiten Blick erkennt man, daß es sich beim Thema des Buches um eines handelt, welches ich vor etwa zehn Jahren selbst in zwei Büchern verarbeitet hatte, die kurz nach Erscheinen jedoch verboten wurden und mir im Nachhinein eine Menge Ärger eingebracht hatten. Aufgrund dessen hatte ich nicht nur eine, sondern mehrere Nächte über die Frage geschlafen, ob ich Stefans Zweiteiler wirklich verlegen möchte.

Es war mir damals wichtig, durch die Veröffentlichung der besagten Bücher auf die Existenz dieser Gruppierung, die ich als „Illuminati" bezeichnet hatte, aufmerksam zu machen. Noch wichtiger erschien es mir aber bereits damals schon, auf die *konstruktiven* Dinge aufmerksam zu machen, die sich ebenfalls auf der Welt tummeln – in der Außenwelt als auch im Innern des Menschen –, was ich auch in meinen nachfolgenden Büchern versuchte aufzuzeigen. Denn vor uns liegt die spannende Zukunft, die wir jetzt mitgestalten. Und daran mitzuwirken ist nicht nur ein Privileg, sondern auch eine Ehre.

Nun mag es also so aussehen, daß Stefan ein ähnliches Werk verfaßt hat, wie ich seiner Zeit, doch das täuscht. Er geht in seinen Ausführungen teilweise von anderen Grundlagen aus und kommt auch zu anderen Schlüssen als ich. Vor allem aber die Thematik um die Person Jesus, die er auf eine neue und meiner Ansicht nach auch völlig unbekannte Art behandelt, ist es, die dieses Werk einzigartig auf dem deutschen Buchmarkt erscheinen läßt. Wiederum ist es genau dieses Thema, bei dem unsere Ansichten besonders auseinander liegen. Wobei ich hier aber keinesfalls behaupten mag, daß ich mit *meinen* Recherchen der Weisheit letzten Schluß gefunden habe.

Denn im gleichen Atemzug muß ich zugeben, daß wir bei unserer gemeinsamen Ägyptenreise im Labor des Mumifizierungsexperten Dr. Iskander im ägyptischen Museum in Kairo nicht nur der Öffentlichkeit bisher unzugängliche Mumien begutachten konnten, sondern im Gespräch mit ihm auf etwas gestoßen sind – eine Ungeheuerlichkeit im Sinne der Wissenschaft –, die Stefans kontroverse These um die Abstammung Jesu unterstützen und meine Recherchen über den Haufen werfen könnte. Stefan und ich haben hierbei heiße Diskussionen hinter uns, zuletzt auch zusammen mit meinem Vater, dessen Bücher ich auch verlegt habe und der wiederum die Person Jesus nochmals anders beleuchtet, als wir beide jüngeren Autoren es tun. Die ganze Debatte geht um die *historische Person* Jesus, also den wirklichen Zeitpunkt seines Erscheinens, seine Abstammung und die Frage seiner Nachkommenschaft, was Stefan im Laufe des Buches aus seiner Sicht detailliert erklären wird.

Mir selbst als Verleger geht es um Wahrheitsfindung, freie Recherchen und die ebenso freie Publikation derselben – was mir selbst mit zwei verbotenen Büchern nicht gewährt wurde... Daher war es mir besonders wichtig, Stefans Meinung nicht zu zensieren oder zu manipulieren.

Zusätzlich möchte ich aber auch noch etwas zum Umgang mit dem Buch anmerken: Wie Sie bereits aus dem Inhaltsverzeichnis und diesen

• Verschwörungspläne sind Jahrtausende alt .......... S. 263
• Die Ideologie der Illuminaten: Ordnung aus dem Chaos .......... S. 264
• Machiavelli: Vorläufer der Illuminaten .......... S. 265
• Das Zeichen der Illuminaten .......... S. 267
• Die Protokolle der bayerischen Illuminaten .......... S. 271
• Die Familie Rothschild .......... S. 283
• Verbindung zwischen den Rothschilds und den Illuminaten S. 285
• Zusammenfassung und Ausblick .......... S. 287

**6 PLÄNE FÜR DIE WELTHERRSCHAFT**
• Albert Pike und Giuseppe Mazzini .......... S. 289
• Pläne für drei Weltkriege .......... S. 292
• Europa im Griff privater Bankiers .......... S. 294
• Der weitere Siegeszug der Rothschilds .......... S. 297
• Der erste Versuch scheiterte .......... S. 298
• Der größte Fang: Die Vereinigten Staaten .......... S. 300
• Der B'nai B'rith-Orden .......... S. 305
• Gründung der Zionistischen Bewegung .......... S. 307
• Skull and Bones .......... S. 307
• The Round Table .......... S. 309
• CFR – Rat für auswärtige Angelegenheiten .......... S. 313
• UNO – United Nations Organisation .......... S. 316
• Die Bilderberg-Gruppe .......... S. 319
• Trilaterale Kommission .......... S. 320
• Club of Rome und Komitee der 300 .......... S. 321

Schlußwort – Gibt es eine Weltverschwörung? .......... S. 326
Ausblick auf Band 2 .......... S. 333
Anhang 1 Den Göttern auf der Spur .......... S. 340
2 Die Bücher der hebräischen Bibel oder das A.T. .......... S. 342
3 Die Evangelien .......... S. 344
4 Zeittafel .......... S. 345
Anmerkungen und Quellenverzeichnis .......... S. 361
Bildquellen .......... S. 364
Literaturverzeichnis .......... S. 365
Personenregister .......... S. 370
Stichwortverzeichnis .......... S. 373

## DANKSAGUNG

Zum Entstehen und Gelingen dieses Buches haben, neben meiner Familie, viele Menschen beigetragen, die meine Wege besonders in den letzten Jahren gekreuzt haben. All ihnen gilt mein ganz außerordentlicher Dank. Einige dieser Personen aus Wissenschaft, Logentum und Politik werden auf deren Wunsch hin nicht namentlich erwähnt, wofür ich um Verständnis bitte.

Mein besonderer Dank gilt den Forschern und Wissenschaftlern, aus deren Werken ich mir erlaubt habe zu zitieren und deren Sachkenntnisse sehr hilfreich und lehrreich für mich waren.

Ebenso meinem ägyptischen Freund Fergany Al Komaty, Atia Basha, Barbara Dyrschka, Otto Sandkühler, Dr. Mohamed H., Klaus Dona, Dr. Iskander, Adam Jakob, Wolfgang Sipinski, Perry Forster – dem Eichhörnchen, dem Bürgermeister von Lumle, Nepal, Anya Stössel, W., J., S. K., Vater Irenaeus und nicht zuletzt Carolin.

*Für meinen Freund Kumar,*
*im Gedenken an den 22.3.1995*
*und den 19.5.2002.*

einleitenden Zeilen erkennen können, sind die Ergebnisse seiner langjährigen Forschungsarbeit in Ägypten ein wesentlicher Bestandteil dieses Buches. In diesem ersten Band von *„Banken, Brot und Bomben“* gehen Sie mit Stefan zusammen weit zu den Wurzeln der Abrahamreligionen zurück, die, wie Sie bald feststellen werden, sehr mit dem Alten Ägypten verwurzelt sind, was den Leserinnen und Lesern womöglich an manchen Stellen zu intensiv vorkommen mag.

Nun muß aber dazu bemerkt werden, daß die Thesen bezüglich der Personen Moses und Jesus, die Stefan hier präsentiert, aus Sicht des Lesers derart neu, provokativ und in letzter Konsequenz auch erschütternd sind – so sie sich tatsächlich als wahr herausstellen sollten –, daß er sie als Forscher fundiert ausführen *muß*, um seiner Arbeit nicht im Vorfeld schon den Stempel der Unseriösität zu verpassen. Falls Sie sich also vielleicht während des Lesens bei der Frage ertappen sollten, was denn die Jesus-Kontroverse mit dem Titel des Buches zu tun hat, so muß ich in Erinnerung rufen, daß so ziemlich alle Kriege auf diesem Planeten aufgrund verschiedener religiöser Anschauungen entstanden sind – mit inbegriffen die christlichen Kreuzzüge, die Inquisition, das Schicksal der Juden im Zweiten Weltkrieg, der Krieg in Israel sowie der islamische Terrorismus heutzutage. Und alle kriegsführenden Parteien berufen sich auf die Personen Abraham, Moses und Jesus, die Stefan hier einmal ganz anders unter die Lupe nimmt. In Band 2 wird er wieder auf diese Ausführungen zurückgreifen, um aufzuzeigen, welchen Einfluß dieses Geheimwissen aus dem Alten Ägypten und Jerusalem bis in die heutige Weltpolitik ausübt.

Damit Sie unterwegs nicht die Übersicht verlieren, hat er zum Ende jedes größeren Abschnitts eine kurze Zusammenfassung eingebaut und zusätzlich eine Zeittafel im Anhang 4 plaziert. Ebenfalls neu und daher ungewohnt mögen die Fragen zu Beginn eines Kapitels erscheinen. Diese sollen eine zusätzliche Übersicht darüber verschaffen, worum es dem Autor tatsächlich geht und das eigene selbstkritische Hinterfragen anregen.

Ihnen wünsche ich nun eine spannende Reise durch das Labyrinth der Geschichtsfälschungen und hoffe, daß Stefan Erdmanns Ausführungen auch Sie zu einem noch kritischeren Denken und Betrachten der Menschheitsgeschichte ermutigen.

Ihr
*Jan Udo Holey*

# VORWORT

*Sehr verehrte Leserinnen,*
*sehr geehrte Leser,*

der Titel „*Banken, Brot und Bomben*" läßt bereits auf einen explosiven und kontroversen Inhalt des vorliegenden Werkes schließen. Daß die verschiedenen Themenschwerpunkte in die weltpolitische Gegenwart passen, ist sicherlich kein *Zufall*, denn auch auf mich trifft wohl das zu, was vielen Autoren kritischer Bücher nachgesagt wird, daß es wohl hauptsächlich die *Wut* über all die Lügen in Politik, Geschichte und Religion ist, die uns zum Schreiben veranlaßt.

Große Teile der Geschichtsschreibung sind zweifelhaft und teilweise nicht einmal bewiesen. Dennoch werden sie für die breite Masse passend gemacht, und schnell werden aus aufgestellten Thesen feste Lehrsätze. Als gutes Beispiel dient hier sicherlich die Geschichte der Kirche und ihre systematische und gezielte Dogmatisierung in den ersten nachchristlichen Konzilien, in denen Personen und Handlungen, die bis heute nicht einmal historisch bewiesen sind (!), per Beschluß mal eben vergöttlicht wurden – so einfach ist das!

Bei einer allgemeinen Meinungsumfrage über die **historischen Hintergründe** des biblischen Jesus, Moses, die gezielte Dogmatisierung auf den nachchristlichen Konzilien oder die Kontroverse, die zwischen den Abrahamreligionen (Judentum, Christentum, Islam) besteht, würden neunundneunzig Prozent aller Befragten nur mit den Schultern zucken. Genauso wären die Ergebnisse bei einer Umfrage zum Thema Politik oder deutsche Geschichte. Das Allgemeinwissen in bezug auf diese Themen ist alles andere als zufriedenstellend – es ist erschreckend!

Dabei konnte ich in den vergangenen Jahren bei Gesprächen und Begegnungen mit vielen Menschen immer wieder feststellen, daß die Neugier und der Wissensdurst in bezug auf die genannten Themenschwerpunkte sehr groß ist. Die ganze Sache hat nur zwei Haken:

1. Der moderne Mensch des 21. Jahrhunderts, der jeden Tag *online* ist, dem eine unendliche Fülle an Informationen blitzschnell zur Verfügung stehen kann, ist gar nicht mehr in der Lage zu erkennen, was wahr und was unwahr ist – er wird nicht informiert, sondern gezielt programmiert!

2. Der zweite Haken ist zweifellos der dramatische Werteverfall in unserer mutierten Gesellschaft. Wie frei ist der Mensch denn heute überhaupt noch?

Tatsächlich ist es so, daß der moderne Mensch – der sogenannte Konsummensch – mehr gesteuert und systematisch durch die Massenmedien programmiert wird als je zuvor – nur merkt er es nicht!

Entscheidend für solch eine virtuelle Versklavung ist, den Menschen einerseits vom klaren logischen Denken und andererseits von seiner spirituellen Erkenntnisfähigkeit fernzuhalten, also ihn möglichst „niedrig“ zu halten, sowie ihn ständig und täglich in existentielle „Not“ zu verwickeln.

Werfen wir nur einen Blick auf unsere Gesellschaft, so stellen wir fest, daß der Mensch ein gottloses, sinnentleertes Leben führt. Der „freie Mensch“ ist in Wirklichkeit ein *moderner Sklave*, der den angebotenen Annehmlichkeiten brav Folge leistet. Fernsehen, Computer, Luxus, Genußsucht und Drogenkonsum wie Nikotin und Alkohol sind die wesentlichen Ideale unserer kranken Lust- und Spaßgesellschaft.

Betrachten wir diese „Umstrukturierung“ der Massengehirne etwas näher, so wird offensichtlich, daß seit Jahrhunderten und Jahrtausenden ideologische Hintergründe von Politik, Kirche und Logentum die alles entscheidende Rolle spielen. Mit den frühen Jahren meiner freien Forschungstätigkeit in Ägypten, konnte ich das bereits feststellen. Die historische Vergangenheit der alten Hochkultur des Pharaonenreiches, die vielen ungeklärten Fragen in bezug auf die Cheopspyramide (zum Beispiel Zeitpunkt und Grund der Erbauung) und die Sphinx, werden in ein heute herrschendes Weltbild maßgerecht eingefügt, denn die Wahrheit darf die ideologischen Grundsätze der Abrahamreligionen keinesfalls in Frage stellen.

Stellen Sie sich nur einmal vor, man würde offiziell verlautbaren lassen, daß die große Pyramide von Gizeh oder die Sphinx tatsächlich einige tausend Jahre früher errichtet wurde. Das würde den Sockel, auf dem große Teile der Geschichtsschreibung und vor allem die großen Abrahamreligionen mit ihren jeweiligen Absolutheitsansprüchen stehen, mehr als nur ins Wanken bringen! Wie stünde man plötzlich da, und wie sollte man plötzlich Milliarden von treuen Gläubigen erklären, daß ihre jeweilige Ideologie gar nicht der Wahrheit entspricht, sondern im Grunde eine Mogelpackung ist?

Ein gutes Beispiel, an dem man erkennen kann, wie sehr neue Entdekkungen zu einer Gefahr für die gegenwärtige Geschichtsschreibung werden können, bildet die Erforschung des Gantenbrink-Schachtes in der Cheopspyramide. Jahrelang wurde die weitere Erforschung durch Ägyptologen blockiert. Als das Rätsel um den Verschlußstein dann endlich nach mehr als acht Jahren gelüftet werden sollte, wurde diese Untersuchung lediglich medienwirksam ausgeschlachtet – mit Millionengewinn! Eine Live-Übertragung fand in Wirklichkeit gar nicht statt, denn man hatte im Vorfeld sicherstellen müssen, daß hinter dem Verschlußstein nicht doch noch etwas zutage kommen würde, was die Welt nicht erfahren darf. *Zufällig* hatte ich während der gesamten Untersuchung, die sich über einen Zeitraum von ein paar Wochen erstreckte, einen direkten Draht zu einem der ägyptischen Archäologen aus dem Untersuchungsteam, wodurch ich immer gut informiert war. Dieses ganze Schauspiel – die Öffnung der „Tür" –, das man dann im September 2002 „live" in mehr als einhundert Ländern ausstrahlte, war ein Schlag ins Gesicht für alle Wissenschaftler und Forscher! Man wußte bereits vor der „Live-Übertragung", daß sich hinter der „Tür" nur ein kleiner Hohlraum befindet, der durch einen weiteren Verschlußstein versiegelt ist. Erst als man das herausgefunden hatte, wurde einer öffentlichen Übertragung überhaupt zugestimmt! Die spätere „Live-Übertragung", die eher einer *Hollywood-Inszenierung* glich, fand natürlich statt, denn schließlich war sie für alle Seiten sehr lukrativ!

Die eigentliche Sensation war aber eine andere, denn gleich im Anschluß an die Untersuchung des Südschachtes hatte man den gegenüberliegenden Nordschacht untersucht und dabei in gleicher Höhe ebenfalls einen Verschlußstein entdeckt. Der Weltöffentlichkeit wurde diese Entdeckung mehr als ein halbes Jahr vorenthalten – warum? Erst Anfang April 2003 ging die Entdeckung eines weiteren Verschlußsteines weltweit über den Ticker. Durch meinen guten Kontakt in Kairo, hatte ich bereits wenige Tage nach der „Live-Übertragung" im September 2002 von der sensationellen Entdeckung des zweiten Schachtes erfahren.

Das soll nur als ein Beispiel von vielen genannt sein, um darzulegen, wie sehr Forschungsergebnisse rund um Ägypten im Vorfeld zensiert werden, falls sie das derzeitig gültige Weltbild ins Wanken bringen könnten. Hier werden seit Jahrzehnten wissenschaftliche Untersuchungen gezielt blokkiert und Entdeckungen der Weltöffentlichkeit vorenthalten.

Genau diese Thesen – zum Beispiel die Suche nach der *Halle der Aufzeichnungen*, die von den meisten Ägyptologen als Spinnerei abgetan wird – sind in Wahrheit bis heute die Inhalte ihrer jahrzehntelangen intensiven und unermüdlichen Suche. Schon vor einigen Jahren wurden auf dem Gizeh-Plateau Entdeckungen gemacht, die alles, was man in den vergangenen Jahrzehnten und Jahrhunderten gefunden hat, bei weitem in den Schatten stellt und die Erbauung durch eine uralte Zivilisation immer wahrscheinlicher werden läßt.

Die sensationellen Entdeckungen wurden zum Staatsgeheimnis erklärt!

Ein weiteres Beispiel für verhinderte Wissenschaft in Kairo habe ich im Verlaufe des Buches für Sie parat. Dabei handelt es sich allerdings um weitaus brisantere Fakten, in Verbindung mit der Jahrtausende alten Jesus-Kontroverse und anderen biblischen Hauptdarstellern wie beispielsweise Moses oder Joseph – auch hier ist der Tatort Kairo!

Das Leben und Wirken aller biblischen Hauptdarsteller spielte sich in Ägypten ab, im Land der Pharaonen – eine Tatsache, die in der Vergangenheit kaum Beachtung fand. Viele der biblischen Erzählungen sind einfach aus einer viel früheren Zeit entlehnt und den Gläubigen weltweit als historische Tatsache präsentiert worden.

Da wäre ich wieder bei der *Wut*, welche man Autoren manchmal nachsagt, wenn man sie nach ihren Beweggründen für ihre Arbeit fragt.

Forschung sollte immer Wahrheitssuche sein! Nur so kann ich die Frage beantworten, die mir im Vorfeld immer wieder gestellt wurde: Warum um alles in der Welt schreibst Du ein politisch so brisantes Buch?

Es waren aber nicht nur die Erfahrungen, welche ich durch meine Forschungstätigkeit in Ägypten machen konnte und die mir eindeutig bewiesen haben, daß wissenschaftliche Erkenntnisse und Entdeckungen der Öffentlichkeit bewußt vorenthalten werden, um alte Ideologien aufrechtzuerhalten. In den vergangenen Jahren – und insbesondere auch nach der Veröffentlichung meines ersten Werkes *„Den Göttern auf der Spur“* – war mein Erkenntnisdurst in bezug auf die religiösen Motive und Hintergründe, die in der gegenwärtigen Weltpolitik eine zentrale Rolle spielen, immer größer geworden. Durch stetig wachsende Kontakte und Informationen, die ich aus Kreisen der Politik, Wissenschaft, Forschung und des Logentums erfahren konnte, wurde meine Motivation, dieses Buch zu schreiben, nur noch größer. Dabei waren die Erfahrungen vieler meiner bekannten Gesprächspartner sehr aufschlußreich. Ich mußte feststellen, daß für viele von ihnen die Wahrheitssuche zu einem abenteuerlichen und teilweise gefährlichen Unterfangen wurde!

Aus diesem Grund mußte dieses Werk bereits im Vorfeld einem juristischen Gutachten unterzogen und an einigen Stellen vorsorglich zensiert werden.

In diesem Sinne wünsche ich Ihnen, meine sehr verehrten Leserinnen und Leser, eine sehr erkenntnis- und aufschlußreiche Zeit beim Lesen des vorliegenden Werkes.

*„Die Wahrheit wird euch frei machen.“*
(Jesus)

Hagenburg, im April 2003

Herzlichst Ihr

*Stefan Erdmann*

# EINLEITUNG

*„Derjenige muß in der Tat blind sein, der nicht sehen kann, daß hier auf Erden ein großes Vorhaben, ein großer Plan ausgeführt wird, an dessen Verwirklichung wir als treue Knechte mitwirken dürfen."*

(Winston Churchill,
freimaurerischer Staatsmann)

Nahezu jeder Leser wird die Weltuntergangsprognosen kennen, die ihren Ursprung in der Prophetie und in den religiösen Hallen der Religionsgemeinschaften haben. Aber besonders inhaltlich gibt es deutliche Unterschiede. Sind die einen religiös motiviert und sprechen von der Wiederkehr des Heilands, so sind verschiedene Seher zumindest teilweise weniger religiös motiviert und folgen ausschließlich ihrer Bestimmung!

Von Spinnerei, Pessimismus, Aberglaube, Fanatismus, Weltverschwörung und vielem mehr ist vor Jahrzehnten noch gesprochen worden. Doch heute werden die skeptischen und kritischen Gegenstimmen immer leiser. Durch meine langjährige Forschungstätigkeit und Recherchen, die ja auch ein nicht geringes Gewicht in politischer Hinsicht haben, konnte ich in den vergangenen Jahren mit zum Teil hochkarätigen Persönlichkeiten unterschiedlicher Nationalität aus Logentum, Wissenschaft, Forschung und Politik zusammenkommen. Besonders im vergangenen Jahr (2002), mit der zunehmenden weltpolitischen Brisanz im Nahen Osten, wurde ich immer wieder auf einen möglichen Dritten Weltkrieg angesprochen. Viele meiner hochrangigen Gesprächspartner waren zu meiner Überraschung in diesem Punkt sehr verunsichert, viele sogar ängstlich. Gehen die Prophezeiungen in Erfüllung? Gibt es einen Dritten Weltkrieg?

In bezug auf die Jahrhunderte und teilweise sogar Jahrtausende alten Prophezeiungen, die insbesondere im ersten Kapitel näher betrachtet werden, gab es im Zusammenhang mit dem Anschlag auf den serbischen Regierungschef Zoran Djindjic einen klaren Beweis, denn dieser Anschlag wurde von Alois Irlmaier, einem der anerkanntesten Seher, eindeutig vorausgesagt!

Irlmaier prophezeite in Verbindung mit einem neu aufflammenden Nahostkrieg den Mord an einem *Hochgestellten* auf dem Balkan. Wenige Tage nach dem am 12. März 2003 an Djindjic verübten Attentat brach bekanntlich der „unabdingbare" zweite Irakkrieg aus. Interessanterweise gibt es auch in Verbindung mit dem 11. September und der Stadt New York verschiedene Prophezeiungen, die am Ende von einer Zerstörung ganz New Yorks berichten! All das scheint eindeutig mit der gegenwärtigen weltpolitischen Lage und den scheinbar unabwendbaren Kriegen in Verbindung zu stehen – im Mittelpunkt Christen und Mohammedaner! (Mehr hierzu und auch zu dem genauen Wortlaut der Prophezeiung Irlmaiers im gleich folgenden ersten Kapitel.)

Nie war die Angst vor einem Dritten Weltkrieg so groß wie in der gegenwärtigen Zeit. Die hochexplosive weltpolitische Situation hat ihre Spuren hinterlassen. Der Nahe und Mittlere Osten, der zweifellos den weltpolitischen Krisenherd Nummer Eins darstellt – in politischer und historischer Hinsicht –, scheint die „Herzkammer" unseres Planeten zu sein. Der Konflikt in und um Jerusalem einerseits und andererseits die geopolitischen Ziele, die unter anderem mit den Endverteilungskämpfen der letzten großen Ölreserven (zum Beispiel Irak, Kaspisches Meer) zusammenhängen, spielen eine zentrale Rolle. Vergessen dürfen wir aber in der gegenwärtigen Situation nicht die geschichtliche Situation und die religiösen Hintergründe der Abrahamreligionen, die besonders in diesem Gebiet seit Jahrtausenden zu immer wiederkehrenden Kriegshandlungen geführt haben und bis heute keinen Frieden haben zustande kommen lassen.

Auch heute spielen die jeweilige Ideologie und der jeweilige *Absolutheitsanspruch* dieser drei Gruppen eine zentrale Rolle, zuzüglich der im Hintergrund operierenden Geheimgesellschaften, welche die Konfliktsituation der unterschiedlichen religiösen Standpunkte der drei Religionen gezielt für ihre Zwecke und Ziele nutzen.

Nie war aber auch die weltwirtschaftliche Situation so dramatisch wie in der Gegenwart. Alle großen Industriestaaten stehen wirtschaftlich vor dem Zusammenbruch.

Auch ein Blick auf die täglichen Schreckensmeldungen reicht aus, um zu erkennen, daß die Menschheit vor einer schier ausweglosen Situation –

vor einem Wendepunkt – zu stehen scheint. Die Bezeichnung *Weltuntergang* ist bekannt, sicherlich auch in gewisser Weise zutreffend. Vielleicht sollte man besser von einem *Welt-Tiefpunkt* oder einem *zyklischen Tiefpunkt* sprechen, den es in vergangenen Zeitaltern immer wieder gegeben hat und der, hinsichtlich der gegenwärtigen Situation auf unserem Planeten, das Ergebnis gezielter Machtpolitik elitärer Gruppen und Organisationen ist, die durch ihre globalisierende Hintergrundpolitik der Welt ein neues Gesicht – *eine Neue Weltordnung* – verleihen möchten.

Dazu ist bekanntlich jedes Mittel recht. Den *Propheten* der Weltuntergangsprognosen – insbesondere jenen aus den religiös motivierten Lagern – sollte erst einmal gesagt sein, daß gerade die halbwahren Ideologien und Irrlehren, die durch ihre jeweilige *Kirche* (oder Sekte) propagiert werden, einen maßgeblichen Anteil daran haben, daß sich die Menschheit in einer derart ausweglosen Situation befindet. Sind möglicherweise die Religionen die Wurzel all unserer Probleme, wie auch Karl Marx schon vermutete, als er sagte:

***„Solange es Religionen auf der Welt gibt, wird es keinen Frieden geben.“***

Um die dramatische Situation näher zu beschreiben, würde ein Streifzug durch die Medienlandschaft mit ihren täglich wiederkehrenden Schrekkensnachrichten genügen. Daß die Massenmedien heute weltweit das Massenmanipulationsmittel Nummer Eins sind und sich in der Hand nur weniger Medienmogule befinden, wird besonders in Band 2 von *„Banken, Brot und Bomben“* beleuchtet werden.

Die modernen Massenmedien werden heute auch die *vierte Macht* im Staat genannt. Der politische und gesellschaftliche Einfluß von Fernsehen, Rundfunk, Film und Presse ist seit Jahrzehnten das wichtigste Manipulationsmittel. Wer an den Schalthebeln dieser Medienmacht sitzt, bestimmt die Inhalte, also das, was wir die „öffentliche Meinung“ nennen. Die „öffentliche Meinung“ ist also nur die von den Medien veröffentlichte Meinung, die von den Massenmedien erst erzeugt wird! Viel mehr noch betrifft das auch die geschichtliche und historische Vergangenheit, wie wir im weiteren Verlauf noch erkennen werden.

Kein Mensch braucht täglich Bilder von Blut und Gewalt, um zu sehen und zu wissen, daß Krieg, Mord, Vergewaltigung und so weiter nicht gut sind! Welch einen stumpfen und naiven Charakter müßte man haben, um eine derartige „Aufklärung“ nötig zu haben? Tatsache ist, daß wir durch solche Programme der Information nicht informiert, sondern programmiert werden!

Diese gezielte Programmierung wurde besonders in den vergangenen Jahrzehnten überaus erfolgreich angewendet, insbesondere auch, wenn es um die Geschichtsschreibung der Bundesrepublik Deutschland ging – ein hochexplosives Thema, wie jeder weiß!

Wie wichtig das Machtinstrument der Massenmedien heutzutage ist und wie es benutzt wird, um politische Interessen durchzusetzen, wird besonders deutlich, wenn Weltmächte wie die USA, ohne Zustimmung der Vereinten Nationen (UNO; mehr zur UNO in Kapitel 6) und Mitgliedern der NATO, einen Angriffskrieg gegen den Irak führen. Sicherlich, Saddam Hussein hat die UNO mehr als zehn Jahre lang an der Nase herumgeführt. Dieser Zeitraum war aber mehr als ausreichend, um die Abrüstung zu begleiten und zu kontrollieren, um die vom Irak ausgehende militärische Gefahr auf ein von der UNO gefordertes Minimum zu reduzieren. Andererseits war der Irak bereits im ersten Golfkrieg vernichtend geschlagen worden und stellte sicherlich schon zu diesem Zeitpunkt keine große Bedrohung mehr dar. Zumindest in dieser Hinsicht hat das *Kontroll-Organ* UNO versagt – absichtlich? Durch das verhaltende Vorgehen der UNO wurde in jedem Fall das *Feindbild Hussein* aufrechterhalten. War das gewollt und Teil eines langfristigen Planes?

Die USA verstoßen eindeutig gegen das bestehende Völkerrecht und machen in guter alter *Wildwestmanier* von dem ungeschriebenen „Gesetz des Stärkeren“ Gebrauch. Die Interessen der US-Politik werden – falls notwendig – über das Völkerrecht gestellt, so einfach ist das!

Das völkerrechtswidrige Verhalten der USA und ihrer Alliierten ergibt sich aus den juristischen Grundlagen der UNO-Charta, die eindeutig sagt, daß ein Krieg nur durch die Autorisierung der UNO erfolgen kann. Die einzige Ausnahme bildet ein „Verteidigungskrieg“ – weder die USA noch einer ihrer Alliierten wurden jedoch vom Irak angegriffen!

Als der zweite Irakkrieg nur wenige Tage alt war und die Amerikaner mit ihren Alliierten Großteile des Landes und Städte – mit vielen Opfern unter der Zivilbevölkerung – in Schutt und Asche gebombt hatten, spielte die UNO aber plötzlich wieder eine Rolle für Bush und seine Partner. Die weltweiten Proteste gegen diesen sinnlosen Krieg forderten die USA und ihre Alliierten zu schnellem Handeln auf. Die schnelle Umsetzung eines umfangreichen Hilfsprogramms für die Zivilbevölkerung war dringend erforderlich, denn schließlich braucht ein größtenteils zerstörtes Land ja die unbedingte Hilfe der Industrienationen – in Milliardenhöhe! Aber wer zahlt – die USA, England, Spanien oder Australien?

Plötzlich wird die große Bedeutung der UNO durch Präsident Bush hervorgehoben; das Organ, dem nur wenige Wochen zuvor diplomatisches Versagen vorgeworfen wurde und dessen Genehmigung für das militärische Handeln er nicht erhielt und schließlich nicht als erforderlich ansah!

Das Vorgehen der USA und ihrer Alliierten wurde mit überwältigender Mehrheit als völkerrechtswidrig verurteilt. So verhält es sich auch mit einem erforderlichen Wiederaufbau: Die USA, England, Spanien und Australien sind hier ganz allein zur Verantwortung zu ziehen – durch eine UNO-Resolution!

Man kann sicher sein, daß das auch die überwältigende Mehrheit deutscher Politiker so sieht – nur wenige wagen das auszusprechen, aus Angst vor den Konsequenzen durch die USA! Das wiederum hat tiefere Wurzeln und hängt mit dem Ausgang des Zweiten Weltkrieges zusammen (mehr dazu in Band 2).

Fakt ist und bleibt aber, daß es sich bei diesem Krieg um einen eigenständigen Krieg – ohne UNO-Resolution (!) – der USA und ihrer Alliierten handelt, die somit auch den anschließenden humanitären Prozeß zu finanzieren hätten! Wenn sich Deutschland oder irgendeine andere Nation an einem Wiederaufbau beteiligen sollte – was ja auch gut wäre –, dann kann das nur auf absolut freiwilliger Basis erfolgen.

Aber allein die Tatsache, daß verschiedene Nationen (auch Deutschland) den militärischen Aufbau des Iraks erst ermöglichten, verpflichtet wohl moralisch dazu – denn die unschuldigen Opfer sind letztlich das schwächste Glied in der Kette.

Die zweifelhafte Rolle des „*Weltpolizisten*" wurde bereits kurz zuvor im Afghanistankrieg deutlich: Jene, die gestern noch unterstützt wurden, werden morgen plötzlich zu Feindbildern der *Weltordnung*, zu derem großen Beschützer sich die USA selbst erkoren haben. Eine neue Weltordnung ist nicht mit Waffengewalt installierbar – im Gegenteil –, die US-Politik scheint eine Destabilisierung der Weltordnung zur Folge zu haben: Hier wird noch mehr Öl in einen schon vorhandenen Brandherd gegossen.

Da wäre auch die ganz spezielle Frage zu klären, wer denn den weltumspannenden Terrorismus eigentlich geschürt hat? Gegen welche Politik richten sich denn die zunehmenden terroristischen Aktivitäten der letzten Jahre, bei denen die Drahtzieher oftmals gar nicht eindeutig identifiziert, sondern nur durch die Massenmedien und zweifelhafte Indizienbeweise der Öffentlichkeit auf einem silbernen Tablett präsentiert werden!

Den einzigen Hoffnungsfunken in dieser bedrohlichen Situation bilden nur die Gegenstimmen der europäischen Staaten Frankreich und Deutschland. Auch China und Rußland haben in dieser *Kriegs- oder Friedensfrage* Rückgrat und Vernunft bewiesen und das Völkerrechtsverbrechen der USA und ihrer Mitstreiter durch ihre Haltung bereits im Vorfeld streng verurteilt.

Dem „*Weltpolizisten*" USA geht es nicht um die Demokratisierung eines arabischen Landes, das durch einen tyrannischen Herrscher zu einer Weltbedrohung geworden ist. Auch die Vorstellung, die Demokratie werde sich vom Irak aus im Nahen Osten verbreiten, ist absurde Phantasie. Mit welchem Recht auch? Eine Demokratie liegt gar nicht im Interesse der nahöstlichen Staaten! Viele Staaten müssen sich zwar auch gegen Terrorismus wehren, brauchen dazu aber keine Demokratie.

Die Geschichte hat ohnehin gelehrt, daß Demokratie langfristig gesehen nicht von außen aufgezwungen werden kann – ein Argument, das schon der englische Philosoph John Stuart Mill im 19. Jahrhundert angeführt hat.

Ist es nicht schizophren, daß gerade die USA – ein Volk mit der jüngsten Geschichte – sich mit ihrer oberflächlichsten *Fast-Food-Kultur* nun zum Richter über Jahrhunderte und zum Teil Jahrtausende alte Strukturen erheben und unter dem Vorwand von Weltsicherheit und Demokratie zum *Kampf der Kulturen* aufrufen?

Keine westliche Nation hat mehr Entwicklung in bezug auf Kultur und Demokratie nötig als die USA selbst!

Die USA sind nur aufgrund ihrer militärischen Größe und des operierenden Hochfinanzwesens über alle Welt erhaben und halten sich für legitimiert, als einzelnes Land zu behaupten: *Wir repräsentieren die Weltordnung!*

Durch die zensierten Massenmedien wird uns ohnehin ein falsches Bild in bezug auf die Beliebtheit der USA in der Welt vermittelt. Der weltumspannende und durchaus begründete Anti-Amerikanismus herrscht nicht nur in islamischen Ländern, sondern auch in Europa und Asien – und das wohl nicht zu Unrecht!

Der Hauptdarsteller in diesem gefährlichen Szenarium sind wohl die USA, wie unschwer zu erkennen ist. Als inoffizieller „*Weltpolizist*" sind die Vereinigten Staaten, wie wohl keine andere Industrienation, Opfer gezielter Hintergrundpolitik, und das seit mehr als einem Jahrhundert – spätestens seit der Gründung der Federal Reserve Bank im Jahre 1913.

Die Einführung der *Federal Reserve Bank* (die *private* Zentralbank Amerikas) im Dezember 1913 ermöglichte den internationalen Bankiers, endgültig die finanzielle Kontrolle über die Vereinigten Staaten zu erlangen. Der erste Vorsitzende der *Federal Reserve Bank* war Paul Warburg.

Dem *Federal-Reserve-Bank*-Beschluß folgte der 16. Zusatzartikel der amerikanischen Verfassung. Von nun an mußten die US-Bürger Einkommensteuer bezahlen, was zuvor niemals der Fall gewesen war.

Vor dem Beschluß für das „Federal Reserve Gesetz" des halbleeren Kongresses am 23. Dezember 1913 sagte der Kongreßabgeordnete Charles Lindbergh treffend:

*„Mit diesem Gesetz wird der gigantischste Konzern auf dieser Welt gegründet. Wenn der Präsident (Wilson) diese Gesetzesvorlage unterzeichnet, wird die unsichtbare Regierung der Geldbarone legalisiert. Das schwerste Verbrechen des Kongresses ist sein Währungssystem. Das schlimmste gesetzgeberische Verbrechen aller Zeiten wird mit diesem Bank- und Währungsentwurf begangen."*

Der ehemalige US-Präsident Theodore Roosevelt sagte:

*„Hinter der sichtbaren Regierung sitzt auf dem Thron eine unsichtbare Regierung, die dem Volk keine Treue schuldet und keine Verantwortlichkeit anerkennt. Diese unsichtbare Regierung zu vernichten, den gottlosen Bund zwischen korruptem Geschäft und korrupter Politik zu lösen, ist heute die erste Aufgabe des Staatsmannes."*

Allein der neuen Zentralbank wurde – dank dieses neuen Gesetzes – das Recht zugesprochen, Papiergeld ohne Gegenwert zu drucken und *der amerikanischen Regierung gegen Zinsen* zu leihen. Dieses Gesetz war nichts anderes als die offizielle Erlaubnis zum Drucken von Falschgeld, einfach mit der Einschränkung, daß dies nicht jedermann tun darf, auch der Staat nicht, sondern nur die private „Staatsbank". Damit war der amerikanische Staat der Willkür der nationalen Bankiers, dem Werkzeug der übernationalen Geheimorganisationen, ausgeliefert. Wer das bezweifelt, braucht nur den Verlauf der Geschichte anzuschauen.[1]

Der Auslöser für die Schuldenwirtschaft war der Erste Weltkrieg. Die Ergebnisse des Versailler Vertrages waren dann im Grunde eine weitere Kriegserklärung. Auf dieser *„Friedenskonferenz"* wurde der Grundstein für den Zweiten Weltkrieg gelegt. Durch die Beschlüsse wurde quasi *„ein Krieg in zwanzig Jahren garantiert"*, wie der britische Premierminister Davis Lloyd George einmal sagte.

Philip Snowden, ein späteres Mitglied des englischen Parlaments, sagte zutreffend:

*„Der Vertrag dürfte Briganten, Imperialisten und Militaristen zufriedenstellen. Er ist ein Todesstoß für alle diejenigen, die gehofft hatten, das Ende des Krieges werde den Frieden bringen. Es ist kein Friedensvertrag, sondern eine Erklärung für einen weiteren Krieg. Es ist der Verrat an der Demokratie und an den Gefallenen des Krieges. Der Vertrag bringt die wahren Ziele der Verbündeten an den Tag."*

Wenn die Sättigung des Marktes droht, müssen neue Formen des Konsums gefunden werden. Läßt sich der Konsum nicht weiter steigern, müssen zusätzliche Möglichkeiten geschaffen werden – nämlich durch eine Intensivierung der Zerstörung. Als am geeignetsten haben sich in dieser

Hinsicht Wirtschaftskrisen (Finanz-Crashs) und Kriege erwiesen, denn diese sind die Grundlage eines jeden „*Wirtschaftswunders*". Kriege sind also ein notwendiges Muß des ausbeutenden und unterdrückenden Systems des Kapitalismus – der Krieg ist der *Schatten* des Kapitalismus, ohne ihn funktioniert das System nicht. Es ist gleichzeitig auch das beste System, um die Menschen auszubeuten und zu versklaven.

Henry Kissinger, ein Exponent jener *heimlichen Herrscher der amerikanischen Hintergrundpolitik*, hatte geweissagt, daß man um das Jahr 1980 mit der Etablierung einer lose gefügten *Eine-Welt-Regierung* werde rechnen können. Schon lange davor hatten sie die Präsidenten der Vereinigten Staaten am Gängelband. Es gibt keine manipulierbarere Staatsform als die Demokratie, denn in ihr hat das Geld uneingeschränkte Macht.[2]

Bereits im Zusammenhang mit dem ersten Golfkrieg war es kein Geringerer als der damalige amerikanische Präsident George Bush, der vor dem Senat und verschiedenen anderen öffentlichen Reden von einer Neuen Weltordnung sprach.

*„Die USA werden die irakische Aggression im Golf rückgängig machen. Sie werden erstreben weitere Zusammenarbeit mit der Sowjetunion, weil diese die Grundlage für die „Neue Weltordnung" bildet. Präsident George Bush setzte sich in seiner dritten Rede zur Lage der Nation mit Phatos für seine Außenpolitik ein... Auch die deutsche Einheit und die „Neue Weltordnung" sind weitgehend Früchte der amerikanischen Außenpolitik."*[3]

Das System *MACHT* die Regeln. Das kapitalistische System funktioniert nur in Verbindung mit immer wiederkehrenden Kriegshandlungen, deren Größe und Ausmaß stetig steigt.

*„Geld regiert die Welt."*

*Wer das Geld hat, hat die Macht, und wer die Macht hat, hat das Recht, bestimmt die Regeln und formuliert die Ziele auf unserem Planeten.*

Diese Ziele scheinen jedoch nicht mit Diplomatie und Friedenspolitik umsetzbar zu sein. Das einzige und lukrativste Mittel, das die Form der Machtpolitik – zur Umsetzung einer neuen Weltordnung – aufrechterhält, ist Krieg und Zerstörung!

Einen Hintergrund in den Plänen der USA bilden dabei in erster Linie die Ölreserven des Iraks. Die immensen Ölreserven zu übernehmen, würde gleichzeitig ihre wirtschaftliche Überlegenheit auf dem Planeten festigen. Die physische Präsenz in der islamischen Welt, die dafür erforderlich wäre, ist nur durch militärische Mittel umsetzbar, was eine neue geopolitische Realität in der islamischen Welt schaffen und das Kriegsbarometer auf einen Höchststand treiben würde.

Der Großteil des Kapitals der Weltwirtschaft befindet sich in den Händen nur weniger Personen, die wiederum die Regeln bestimmen – sie formulieren nicht nur die kurz-, mittel- und langfristigen Ziele, sondern sorgen auch für deren planmäßige Umsetzung. Das wiederum geschieht durch die Instrumentalisierung der großen Industrienationen – allen voran sind hier die Vereinigten Staaten von Amerika genannt, deren Rüstungshaushalt um ein Vielfaches höher liegt als der Haushalt der fünfzehn folgenden Industrienationen der Erde, deren Staatsverschuldung (nach Gründung der *Fed*) in utopische Dimensionen anstieg, was wiederum – systembedingt und gewollt – zu einem zyklischen und immer wiederkehrenden weltweiten militärischen Handeln geführt hat.

Allein in den vergangenen Jahrzehnten nach dem Zweiten Weltkrieg haben die USA mehr als einhundert(!) militärische Operationen und Interventionen durchgeführt, darunter der Vietnam-Krieg, der erste Golfkrieg, der Afghanistan-Krieg und der zweite Krieg gegen den Irak.

Das Prinzip, nach dem seit Jahrhunderten verfahren wird, heißt: „*Teile und herrsche*". Eine andere Notwendigkeit ist das gezielte Aufbauen von Feindbildern (Rußland, Hussein, bin Laden), wie wir es aus den vergangenen Jahrzehnten kennen. So werden die Grundlagen legitimiert, um Kriege zu führen und Regierungen zu stürzen.

Am Beispiel Afghanistan oder auch im Irak-Konflikt wurden doch – so beiläufig – die hauptverantwortlichen Industrienationen (unter anderem

Firmen aus Deutschland und Frankreich) genannt, die dem Irak das *Know-How* und somit erst die Grundlagen für seine militärische Aufrüstung ermöglichten. Bereits seit Mitte der achtziger Jahre war Saddam Hussein ein beliebter Partner amerikanischer und europäischer Lieferanten.

Waren es nicht die USA, die Saddam Hussein unterstützten, als er tödliches Giftgas gegen die Iraner und ihre kurdischen Verbündeten im Irak einsetzte? Zu jener Zeit waren die USA daran interessiert, die Iraner zu stoppen. Die USA hatten B- und C-Waffen an das irakische Regime geliefert, mit dem Saddam Hussein von 1980 bis 1988 einen grausamen Krieg gegen den US-Erzfeind Iran führte. Am 16. Mai 1988 bombardierte Hussein im Norden des Iraks die Bevölkerung des eigenen Landes mit Nervengas. Bereits am ersten Tag starben über fünftausend Menschen einen qualvollen Tod. Die USA, die damals auch Leute wie bin Laden und Milosevic unterstützten, protestierten nicht! Und das aus gutem Grund – denn sie wußten, daß es nicht stimmte. Es war nur ein strategischer Schachzug, ähnlich wie die Erfindung der Massenvernichtungswaffen, die, wie man heute weiß, niemals existierten! (Mehr dazu in Band 2). Erst mit der Invasion des Iraks gegen Kuwait wurden die Karten neu gemischt, und Saddam Hussein wurde plötzlich zum neuen Feinbild der USA. Gespannt sein darf man schon heute auf das neue Feindbild der USA, das nach einem möglichen Abdanken Saddam Husseins dringend erforderlich sein wird.

Offensichtlich wurde dem Irak nach dem ersten Golfkrieg auch der Zeitraum der Aufrüstung gewährt, um überhaupt wieder politisch handlungsfähig zu werden – welchen Grund hätte man ansonsten für einen militärischen Einmarsch? Die Grundlagen für einen Krieg und ein biologisches Waffenpotential wurden also erst unter Mithilfe verschiedener Industrienationen geschaffen – ein teuflischer Plan!

In dem Zusammenhang bedenke man einmal die recht interessanten Verbindungen und Öl-Interessen, die es offensichtlich zwischen Bush-Imperium und der Bin-Laden-Familie gibt. Mehr dazu aber erst in Band 2!

Wie sehr die Wirtschaft und die damit verbundenen notwendigen, zyklischen Kriegshandlungen zusammenhängen, belegt die Geschichte. Eine Deflation (Verminderung des Geldumlaufs, um den Geldwert zu steigern und die Preise zu senken) im heutigen System kann nur durch massive *Sachkapitalvernichtung* in einem *Krieg* beendet werden. In einem Krieg wird genügend Realkapital zerstört, so daß danach beim Wiederaufbau eine ausreichende Rendite des Kapitals gesichert ist. Schon vorher wird das Geldkapital durch die Rüstungsindustrie (Waffenproduktion) in den Wirtschaftskreislauf geführt. Ein gutes Beispiel dafür ist zum Beispiel die Beendigung der Deflation in den USA durch den Ausbruch des Zweiten Weltkrieges. Bereits einige Monate vor Beginn der Kampfhandlungen 1939, ging die Wirtschaftskrise in den USA – durch die anlaufende Produktionstätigkeit der Rüstungsindustrie – in eine Hochkonjunktur über. Erst durch den Weltkrieg wurde die Wirtschaftskrise beendet. So sind Kriege immer eine Periode der Hochkonjunktur, wie besonders das vergangene 20. Jahrhundert (Erster und Zweiter Weltkrieg, Koreakrieg, Vietnamkrieg, erster Golfkrieg) ohne Ausnahme bestätigt.[4]

Der Autor Günter Hannich liefert in seinen Werken gut analysierte Fakten dafür. Nach dem Ausbruch der Golfkrise (erster Golfkrieg) fielen die Aktienkurse weltweit zurück, um kurz nach Beginn der Kampfhandlungen wieder stark anzuziehen.

Hannich nennt als ein wichtiges Indiz zur Klärung von Kriegsursachen auch die Verschuldung der Nationen. Immer wenn die entsprechende Zinslast aus den Schulden eine gewisse Grenze überschreitet, sind die Staaten gezwungen, um Weltmarktanteile als Einnahmequelle zur Zinszahlung zu streiten. Dies erfolgt zunächst im Handelskrieg und dann auf dem Schlachtfeld.[5] Die deutsche Staatsverschuldung vor dem Ersten und Zweiten Weltkrieg bestätigt das eindeutig.

Im ersten Band von *„Banken, Brot und Bomben“* werden wir unseren Blick zunächst auf verschiedene Prophezeiungen richten, die Jahrhunderte, teilweise Jahrtausende alt sind. Werfen wir einen Blick in unsere heutige Zeit, werden wir feststellen, daß die Eingeweihten und Hohepriester der alten Kulturen bereits vor Jahrtausenden die Entwicklung der Menschheit bis zum heutigen Tage „lesen“ konnten und über ein okkultes (lat.; geheim, verborgen, von übersinnlichen Dingen) Wissen verfügten, das uns in den vergangenen Jahrhunderten scheinbar verlorenging.

Um die Zusammenhänge der gegenwärtigen Weltpolitik, das Handeln der verschiedenen Geheimgesellschaften und ihre Hintergrundpolitik zu verstehen, werden wir versuchen, die gemeinsamen Wurzeln der Abrahamreligionen zu ergründen.

**Brandherd Jerusalem** (Tempelberg, Al-Aksa-Moschee, Felsendom und Klagemauer): Hier wird die letzte große Schlacht der rivalisierenden Religionsgemeinschaften ausgetragen – davon ist auszugehen! Das *„Pulverfaß Jerusalem"* nimmt immer bedrohlichere Ausmaße an, wodurch die Weltsicherheit immer mehr erschüttert wird.

Der 14. Mai 1948 spielt bei dieser Problematik eine entscheidende Rolle. An diesem Tag wurde der moderne Staat Israel gegründet. Ein Volk, das zweitausend Jahre lang heimatlos und in der Welt zerstreut war, fand wieder ein festes Zuhause.

Dieses historische Ereignis forderte jedoch den glühenden und anhaltenden Zorn der arabischen Nachbarländer heraus. Die Voraussetzung für das Inkrafttreten eines unabhängigen israelischen Staates in Palästina wurde bereits im Ersten Weltkrieg geschaffen. Voraussetzung hierfür war unter anderem das britische Versprechen, sich für die Umsetzung eines jüdischen Staates einzusetzen, was am 2. November 1917 durch die sogenannte *Balfour-Erklärung* schriftlich festgehalten wurde. Diese Erklärung des britischen Außenministers Arthur J. Balfour richtete sich an keinen Geringeren als Baron Lionel W. Rothschild!

Die Türken mußten als Verlierer des Ersten Weltkrieges unter anderem Jerusalem räumen. Am 11. Dezember 1917 wurde Jerusalem von Briten eingenommen. Seit diesem Tag stieg der jüdische Bevölkerungsanteil Israels stetig an.

Schon die Propheten des Alten Testamentes wußten, daß Jerusalem in Zukunft im Mittelpunkt einer schrecklichen kriegerischen Eskalation stehen würde:

*„Siehe, ich mache Jerusalem zu einer Schale, die alle Völker ringsum betrunken macht. Und es wird geschehen an jenem Tag, da werde ich Jerusalem zu einem Laststein machen für alle Völker: Alle, die ihn aufladen wollen, werden sich gewißlich daran verwunden."* (Sacharja 12, 2-3)

Erst durch einen historischen Rückblick, den wir gleich vornehmen, werden die politische Gegenwart, die historischen Hintergründe und das Ziel, eine *Neue Weltordnung* zu installieren, deutlich.

Auch die Ereignisse um den 11. September werden durch die Rückschau und Spurensuche bei den Abrahamreligionen in ein verständliches und allumfassendes Bild rücken. Vorab sei an dieser Stelle angemerkt, daß die *„Beweise“*, die durch die USA vorgelegt wurden und die Al Kaida für die Terroranschläge am 11. September verantwortlich machen, bis heute nicht in einem einzigen Fall eindeutig belegen, daß die Anschläge auch wirklich durch die Al Kaida verübt wurden. Genauso wenig bewiesen und noch absurder ist die angebliche Verbindung zwischen der Al Kaida und Saddam Hussein, vor allem in Anbetracht ihrer politischen Gegensätze!

Besonders die ersten zwei Weltkriege, aber auch die großen Revolutionen in Frankreich und Rußland, müssen im Gesamtzusammenhang näher beleuchtet werden. Die offizielle Geschichtsschreibung weist hier bekanntlich große Lücken auf, wenn es um die wahren Hintermänner und Drahtzieher und deren eigentliche Ziele geht.

Wurde der Dritte Weltkrieg bereits Ende des 19. Jahrhunderts geplant?

Ein Brief des Hochgradfreimaurers Albert Pike vom 15. August 1871 war vor einigen Jahren im britischen Museum ausgestellt und liefert uns wohl einen unzweifelhaften Hinweis dazu:

*„Wir werden die Nihilisten und Atheisten loslassen; wir werden einen gewaltigen gesellschaftlichen Zusammenbruch provozieren, der in seinem ganzen Schrecken den Nationen die Auswirkungen von absolutem Atheismus, dem Ursprung der Grausamkeit und der blutigsten Unruhen, klar vor Augen führen wird. Dann werden die Bürger – gezwungen, sich gegen die Minderheit der Revolutionäre zur Wehr zu setzen – diese Zerstörer der Zivilisation ausrotten. Die Mehrheit der Bürger wird, gottgläubig wie sie ist, nach der Enttäuschung durch das Christentum und daher ohne Orientierung, besorgt nach einem neuen Ideal Ausschau halten, ohne jedoch zu wissen, wen oder was sie anbeten soll. Dann sind die Menschen reif, das reine Licht durch die weltweite Verkündung der reinen Lehre Luzifers zu empfangen, die endlich an die Öffentlichkeit gebracht werden kann. Sie [diese Verkündung] wird auf die allgemeine reaktionäre Bewegung folgen, die aus der gleichzeitigen Vernichtung von Christentum und Atheismus hervorgehen wird.*[6]

Ist die politische Gegenwart Teil eines Jahrhunderte oder sogar Jahrtausende anhaltenden Kampfes um die Weltherrschaft?

**Feststeht:**
Der Brandherd ist der Nahe und Mittlere Osten mit der „Herzkammer“ Jerusalem als Schmelztiegel der Abrahamreligionen, die mit ihrem jeweiligen Jahrtausende währenden Absolutheitsanspruch im Grunde die theokratische Herrschaft anstreben! Die Geschichte und der gemeinsame Ursprung der Abrahamreligionen bilden deshalb in diesem Werk einen bedeutenden Themenschwerpunkt!

Vorhang auf für Kapitel 1!

# Kapitel 1
# PROPHEZEIUNGEN ZUR JAHRTAUSENDWENDE

- Werden die Jahrhunderte und teilweise Jahrtausende alten Prophezeiungen über den Weltuntergang in Erfüllung gehen?
- Warum wurden viele Prophezeiungen verschlüsselt?
- Wie konnten die Alten die Zukunft so präzise voraussehen?
- Ist die gegenwärtige Zeit die angekündigte Endzeit?
- Gibt es einen Dritten Weltkrieg?
- Handelt es sich bei dem prophezeiten Weltuntergang um einen Zeitraum langanhaltender Kriege?

## *Das dunkle Zeitalter*

*„Wenn Frauen, Hosen tragend, sich wie Männer kleiden,*
*wenn sie die Locken sich vom Haupte schneiden,*
*wenn Bilder sich bewegen, wie erfüllt vom Leben,*
*wenn Menschen, Vögeln gleich, sich in die Lüfte heben,*
*wenn Schiffe sich wie Fische tummeln unter Fluten,*
*dann wird die halbe Welt vergehen und verbluten."*

(**Mother Shipton**, lebte vor Nostradamus)

Die Geschichte zeigt uns, daß im Verlauf der letzten sechstausend Jahre viele Kulturen entstanden und wieder untergegangen sind. Darunter waren auch Hochkulturen, wie beispielsweise die Ägypter mit ihrer immerhin etwa dreitausendjährigen Geschichtsschreibung, so wir uns nach der offiziellen, bisher nicht bestätigten Datierung orientieren. Vergessen wir nicht die Sumerer, die Babylonier, die Griechen und die Römer – sie sind gekommen und wieder gegangen und haben immer etwas zurückgelassen, das tief in unserem Unterbewußtsein verankert zu sein scheint. Etwas, das anscheinend nicht mehr in uns verankert ist, zumindest nicht bewußt, versucht der Mensch heute zu ergründen und zu erforschen – die Geheimnisse und das Mysterienwissen der *„Alten"*, ihr großartiges Wissen in den Bereichen der Mathematik, der Astronomie, der Medizin und besonders in den Bereichen der Mystik; also die metaphysische Erkenntnis, daß der Mensch neben der materiellen Ebene auch noch eine geistige und seelische Bewußtseinsebene hat. Dieses höhere spirituelle Wissen ist heute größtenteils verlorengegangen. Das erkennen wir daran, daß der heutige Mensch nur noch das glaubt, was er sehen und auch anfassen kann. Daran erkennen wir aber auch, wie tief der Mensch in die Materie gefallen und wie weit er von seiner spirituellen Bestimmung entfernt ist. Das bestätigt andererseits auch, daß es keine lineare Evolution gibt, sondern eine spiralförmige, denn alle großen Kulturen erleben nach ihrer Blüte auch einen Niedergang, einen Wendepunkt, gemäß der zyklischen Kosmologie und verschwinden dann wieder von der Weltbühne, wie die Geschichte ohne Ausnahme bestätigt. Nach Jahrhunderten und Jahrtausenden blühen dann neue Hochkulturen auf, in deren Unterbewußtsein die vergangenen Zeiten und deren Kulturen verankert bleiben, wie beispielsweise auch in unserer heutigen Zeit. Auch sie versuchen zu forschen und zu ergründen, und das Wissen der *„Alten"* erscheint dann auch diesen neuen Kulturen mystisch und kaum erklärbar, wie *Lucius Apuleius*, ein römischer Philosoph im 2. Jahrhundert nach Christus, einmal passend über die ägyptische Kultur sagte: *„Oh Ägypten, Ägypten! Von deinem Wissen werden nur Fabeln übrigbleiben, die späteren Geschlechtern unglaublich vorkommen."*

Und auch Thoth, der große ägyptische Weisheitslehrer der „ersten Zeit", wußte, daß es auch eine epochale Veränderung nach den Jahrtausenden der Blüte und des Wissens in Ägypten geben würde.

In Offenbarungsworten aus der hermetischen Gnosis heißt es:

*„...Aber bevor das alles eintrifft, wird, so sagte der Offenbarer, eine Zeit kommen, in der die Ägypter die Götter umsonst anbeten werden und alle ihre Gottesdienste fruchtlos bleiben werden, weil die Götter Ägypten verlassen haben und zum Himmel aufgestiegen sind.* ***Wie eine Waise wird Ägypten sein, nachdem es von allen seinen Göttern verlassen worden ist. Dann aber werden Fremde in das Land kommen und werden es beherrschen.*** *Sie werden die Ägypter am altgewohnten Gottesdienst hindern und jene bestrafen, die sie dabei antreffen, wenn sie heimlich den alten Göttern dienen. Dann aber wird jenes Land, das einstmals das frommste Land auf der Welt war, ein gottloses Land sein. Es wird nicht mehr angefüllt sein mit Tempeln, sondern mit Gräbern; nicht mit Göttern, sondern mit Leichen... Und so wird das Land nicht nur von den Göttern, sondern auch von den Ägyptern entblößt sein..."* (Herv. d. d. A.)

Heute stehen wir wieder vor so einem Wendepunkt der Geschichte, das ist offensichtlich.

Wie verbunden wir mit den vergangenen Kulturen sind, wird deutlich, wenn wir beachten, daß gerade diese das jetzige Zeitalter schon vor fünftausend Jahren genau beschrieben haben. Und das ist heute in uns Menschen nicht nur verankert, wir haben auch klare schriftliche Zeugnisse aus der alten Zeit.

Heute wissen wir, daß es keine lineare Entwicklung in der Menschheitsentwicklung gibt. Am deutlichsten wird das, wenn wir uns heute mit dem Wissensstand der Sternenkunde der alten Kulturen auseinandersetzen. Hieraus wird uns heute auch verständlich, warum das Wissen der alten Zivilisationen und die großen Kulturen, die auf der Erde erschienen, immer wieder untergingen und das Wissen über sie nur bruchstückhaft im kollektiven Unterbewußtsein der Menschen erhalten bleibt.

Etwa über ein Jahrtausend war dieses Wissen des Altertums völlig verlorengegangen. Denken wir dabei nur an das Mittelalter und das Ptolemäische Weltbild der katholischen Kirche und die Verurteilung Galileo Galileis durch dieselbige. Unternehmen wir einen Streifzug durch das vergangene Altertum, stellen wir fest, daß die Hohepriester der *Sumerer*, die *Chaldäer*, die *Ägypter*, die *Griechen*, die *Pythagoräer* und auch die *Mayas* umfangreiches Wissen im Bereich der Sternenkunde und der kosmischen Zyklen hatten. Dabei dreht es sich um den Code der Präzession.

Wir sollten uns vor Augen führen, daß wir hier über nahezu unvorstellbare Zeitspannen sprechen. Lassen Sie uns kurz einen Gedankenausflug in die Zeit Kleopatras XII. machen – wir befinden uns nun etwa im Jahr 50 vor Christus. Nehmen wird das als Ausgangspunkt, so stehen wir an diesem Punkt dem Atomzeitalter des 20. Jahrhunderts um fast ein Jahrtausend näher als dem alten Reich der Ägypter und dem Zeitpunkt der ersten Dynastie (etwa 3100 v.Chr.). Hier sprechen wir also *nur* von etwa eintausend Jahren. Schnell zurück auf dem Zeitpfeil in das angefangene 21. Jahrhundert, hinsetzen und tief durchatmen...

Weil Zeitreisen so schön sind, möchte ich Ihnen, im Zusammenhang mit den *Alten* Ägyptern, noch einen weiteren, sehr interessanten und wichtigen Aspekt nennen – Tatort Gizeh-Plateau, Cheopspyramide (etwa 2600 v.Chr.)! Kein anderes geschichtliches Bauwerk hat in der Geschichte und im Laufe der Jahrhunderte so viele Menschen bewegt und fasziniert. Unzählige Publikationen sind über sie erschienen, der Großteil freilich erst nach ihrer Wiederentdeckung. Immer wieder wurden neue Theorien und Spekulationen über ihren Sinn und Zweck, den Zeitpunkt ihrer Erbauung und ihre Erbauer aufgestellt. Bis heute hat sie ihre letzten Geheimnisse nicht preisgegeben.

Die große Pyramide war schon während der Pharaonenzeit fast völlig in Vergessenheit geraten, bis etwa ins neue Reich (1500-1306 v.Chr.) – das sind etwa eintausend(!) Jahre, vorausgesetzt die Pyramide wurde nicht früher erbaut. Das ist mehr als ein Indiz dafür, daß elitäres Wissen um die Pyramiden wohl verlorenging oder, aus welchen Gründen auch immer, für nachfolgende Dynastien nicht mehr zugänglich war. Auch wenn wir heute in Wissenschaft und Technik bisweilen Quantensprünge vollziehen, müssen wir akzeptieren und vor allem feststellen, daß viele historische „Fakten", die bisweilen fünftausend Jahre zurückliegen, schnell zu fester Dogmatik werden – beispielsweise kirchliche Glaubenssätze –, ohne daß sie wirklich wissenschaftlich bewiesen sind!

Aufgestellte Theorien sollten mit Adverbien wie ‚wahrscheinlich' und ‚vielleicht' angereichert werden. Das sollten sich Wissenschaftler, Historiker, Forscher, aber vor allem auch die Oberen aller Religionsgemeinschaften und verschiedenen Logen auf ihre Fahne schreiben!

Zurück zum Phänomen der Präzession: Die Präzessionsberechnung ist heute ein unentbehrliches Hilfsmittel, wenn wir uns mit dem Wissen und den Mysterien alter Kulturen beschäftigen. Heute weiß man, daß die Hohepriester, die Astronomen des Altertums, religiöse Denkmäler, Pyramiden, Tempel und Grabstätten errichteten, bei deren Bau sie sich der geometrischen Astronomie bedienten, um durch symbolische Bauwerke astronomische Orientierungen zum Ausdruck zu bringen.

Das als Präzession bezeichnete Phänomen hängt mit der Taumelbewegung der Erde zusammen. Die Erde, das werden die meisten von Ihnen wissen, ist keine perfekte „Kugel". Das liegt daran, daß durch ihre hohe Geschwindigkeit beim Drehen um ihre eigene Achse enorm starke Zentrifugalkräfte wirksam werden. Stellen Sie sich die Erde für einen Moment als einen runden Ball vor. Durch die Zentrifugalkräfte bläht sich der „Ball Erde" am Äquator nach außen, infolgedessen kommt es zu einer Abflachung der beiden Pole. Der Äquatorradius (6.378,160 Kilometer) ist daher etwa zweiundzwanzig Kilometer länger als der Polradius (6.356,776 Kilometer) der Erde.

Um sich diesen Sachverhalt noch deutlicher zu machen, stellen Sie sich einfach einen Spielzeugkreisel bildlich vor. Nehmen Sie ihn in die Hand, und setzen Sie ihn mit viel Schwung in Bewegung. In voller, ununterbrochener Geschwindigkeit steht Ihr Kreisel aufrecht. In dem Augenblick aber, in dem seine Achse von der Senkrechten abgelenkt wird und seine Geschwindigkeit sich verlangsamt, ändert sich sein Verhalten – er beginnt, langsam in einem großen Kreis zu taumeln. Dieses Taumeln, die Präzession also, verändert die Achsenrichtung unseres Planeten in konstanter Weise. Ein solcher Präzessionszyklus oder Weltenjahr, wie es gerne genannt wird, dauert etwa 25.920 Erdenjahre. Ein sogenannter Weltenmonat, das heißt der Zeitraum, in dem der Frühlingspunkt durch eines der zwölf Häuser wandert, dauert 2.160 Jahre. In einem noch kleineren Zyklus, den wohl ein jeder von Ihnen kennt – nennen wir es den „Weltentag“ –, wandert die Erde auf ihrem Umlauf um die Sonne durch alle zwölf Häuser, das heißt, der Sternenhintergrund, vor dem der Sonnenaufgang zu beobachten ist, ändert sich von Monat zu Monat (Widder, Stier, Zwillinge, Krebs, Löwe usw.).

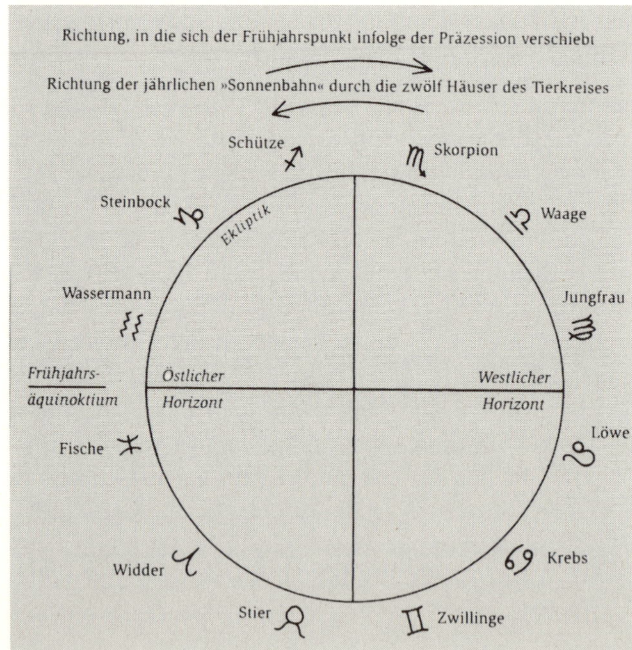


Abb. 1:
Die zwölf Häuser des Tierkreises

Aufgrund der Taumelbewegung (Präzession) unserer Erde verzögert sich der Umlauf der Erde um die Sonne jährlich ein wenig; die Verzögerung beträgt in zweiundsiebzig Jahren etwa ein Grad. Das heißt, daß wir Menschen dieses Phänomen gar nicht bewußt wahrnehmen, ebenso wie wir nicht wahrnehmen, daß wir in genau diesem Moment in einer ungeheuren Geschwindigkeit auf unserem Planeten durchs All fliegen. Durch die konstante Verzögerung durch das Taumeln der Erde entsteht eine Rückläufigkeit. Somit wird auch verständlich, daß der Frühjahrspunkt infolge der Präzession entgegen der Richtung des jährlichen Sonnenlaufes wandert (vom Widder über die Fische, Wassermann, Steinbock usw.), also entgegengesetzt verläuft.[7]

Elisabeth Haich schreibt über die hohe Bedeutung der Präzession für die Erde und das Menschengeschlecht in klarer und verständlicher Weise:

*„Die Erde und ihre Bewohner sind sich noch der Kräfte, die die Erde aus dem Kosmos erhält, nicht bewußt, folglich können sie diese auch nicht beherrschen und nach ihrem Belieben umwandeln. Die Erde empfängt die Ausstrahlungen des Kosmos, sie badet und schwimmt ständig in diesen Energiewellen. Alles Geschehen auf Erden ist unmittelbare Reaktion und Resonanz dieser Schwingungen.*

*Die Sonne erhöht gewaltig verstärkend die Schwingungen jenes Sternbildes, in welchem sie momentan steht und mit welchem sie gemeinsam auf die Erde strahlt! Die Entstehung der vier Jahreszeiten hängt damit zusammen.*

*Die Schwingungen aus dem Kosmos üben eine solche Wirkung auf die Erde aus, daß sie auch die Weltgeschichte beeinflussen; die leitenden Ideen der Religion, der Wissenschaft und der Kunst bewirken die Ausstrahlung jenes Sternbildes, in welches während eines Weltenmonates der Frühlingspunkt fällt. Die verkörperten Geister auf Erden – die Menschheit – müssen stets die neue Epoche verwirklichen und sich in deren Ideen bewähren. Ein Volk ist eine Geistesschar, die Verkörperung bestimmter Energiekonzentrationen. Jede Epoche bringt eine andere Geistesschar, eine andere Rasse, auf die Erde, und wenn sie die Aufgabe, die neuen Ideen zu verwirklichen und eine neue Kultur während eines Weltenmonates zur Entfaltung zu bringen, vollbracht hat, so verläßt sie die Erde, um sich auf einem anderen Planeten weiterzuentwickeln. In einem Volke gibt es aber immer Individuen, welche die Prüfung bis zum Ende der Epoche nicht bestehen. Diese bleiben zurück, wie ausgeworfene Schlacke, und müssen sich auf Erden weiterentwickeln. Das ist der Grund, warum eine Nation nach einer großen Kulturblüte dann plötzlich zurückfällt. Den hochentwickelten Ahnen folgen plötzlich degenerierte und charakterschwache Nachkömmlinge, und das einmal hochgeschätzte Volk wird allmählich verachtet und machtlos. Die Nachkommen sind die Schlacke der Nation, die den höchsten irdischen Entwicklungsgrad erreicht, sich vergeistigt und die Erde verlassen hat.*

*Die Fixsterne – die Sonnen – sind die großen Transformatoren, die für alle Weltkörper die schöpferischen Strahlen transformieren und sie in einer transformierten und der Erde ertragbaren Spannung weiterstrahlen. Die transformierten Strahlen erreichen uns von den Fixsternen, welche die Sternbilder des Zodiakus bilden. Wenn wir also die höchste, göttliche Energiestrahlung darstellen wollen, wählen wir die symbolische Form jenes Sternbildes, welches am stärksten auf die Erde einwirkt – und dies ist immer jenes epochenbildende Sternbild, in welchem zur Zeit der Frühlingspunkt steht...*“[8]

Auch Elisabeth Haich läßt in ihrem bedeutenden Werk keinen Zweifel an der hohen Bedeutung der Präzession und der damit verbundenen Wirkung und Aufgabe für die Menschheit und ihren Planeten.

## *Die „Alten“ wußten es schon...*

Um das Wissen der „Alten“ zu fundamentieren und letztlich auch verständlich darzulegen, in welchem unmittelbaren Zusammenhang das Wissen der Sternenkunde und der Präzession zu unserer heutigen Zeit – also dem gerade begonnen 21. Jahrhundert – steht, werden wir auszugsweise Überlieferungen und astronomisch berechnete Prophezeiungen verschiedener Kulturen betrachten. Zudem werfen wir einen Blick auf alt- und neutestamentarische Prophezeiungen und betrachten vergleichsweise auch abendländische und neuzeitliche Prophezeiungen.

Werfen wir dann einen Blick auf unsere heutige Zeit, werden wir feststellen, daß die Eingeweihten und Hohepriester der alten Kulturen bereits vor Jahrtausenden die Entwicklung der Menschheit bis zum heutigen Tage „lesen“ konnten und über ein okkultes, also geheimes Wissen verfügten, das uns in den vergangenen Jahrhunderten scheinbar verlorenging. Oder ging ein Teil dieses damals und zu allen späteren Zeiten geheimen Wissens nicht verloren, sondern wurde gemäß der Tradition stets auf unsichtbare

Weise weitergegeben, um so in die verschiedenen theokratischen Gemeinschaften und Geheimgesellschaften zu gelangen? Diese zentrale Frage wird uns insbesondere auch noch im zweiten Band weiter beschäftigen, denn heute wird allgemein angenommen, daß es einen *„universellen Code“* gibt, der bis zum heutigen Tage bewahrt und geschützt wird. Ob es sich dabei um den Bibel-Code handelt, den wir in diesem Zusammenhang dann behandeln werden, ist nicht endgültig zu beantworten – soviel vorab.

*Geheime Gesellschaften* haben eine Jahrtausende alte Tradition – sie standen vor jeder gesellschaftlichen Ordnung!

Die alten Überlieferungen weisen uns klar und verständlich auf einen *Wendepunkt der Zeiten* hin. Dieser Wendepunkt ist unzweifelhaft die Gegenwart, wobei hier ein genauer Schnittpunkt nicht von Bedeutung sein sollte. Viele Forscher versuchen hier zum Teil die abenteuerlichsten Berechnungen anzustellen, um darzulegen, in welchem Jahr wir nun in das neue Zeitalter (Wassermannzeitalter) überwechseln. Wichtiger ist es, dabei zu erkennen, daß wir in den letzten Jahrzehnten und in den kommenden Jahrzehnten einer Ambivalenz (wechselseitige Abhängigkeit) dieser energetisch-kosmischen Strahlungsfrequenz ausgesetzt sind, was gleichzeitig auch signifikant ist für die großen Turbulenzen auf unserem Planeten, die sich bei jedem Übergang in einen neuen Weltenmonat ereignen.

## Kali-Yuga:

In der hinduistischen Lehre trägt die heutige Zeit den Namen *Kali-Yuga* (Yuga – „Zeitalter“), das dunkelste aller „Zeitalter“. Es gehört zu einem großen Äquinoktialzyklus namens *Manvantara*. Dieser Zyklus dauert etwa 25.920 Jahre, das sind die Erdenjahre, welche die Sonne braucht, um wieder an die Stelle zurückzukehren, an der sie sich zur Frühlingsgleiche befindet. Der Zyklus besteht aus vier Phasen: *Devapara-Yuga*, *Tetra-Yuga*, *Satya-Yuga* und *Kali-Yuga*. Sie sind wie die Jahreszeiten eines großen kosmischen Jahres.

*Das Leben des gesamten Universums verläuft wie das des Individuums in wechselnden, wiederkehrenden Zyklen, in einer geordneten Progression* (Steigerung, Fortschreiten), *nach einem göttlichen Plan und durch Gesetze bestimmt. Während dieser Zeitabschnitte vollziehen sich auf unserem Planeten grandiose Phänomene wie die Dislokation* (Verschiebung) *der Pole und das darauf folgende Schmelzen der Eismassen sowie das Untergehen und Auftau-*

*chen des festen Landes mit der natürlichen Verschiebung klimatischer Zonen und dem Entstehen und Vergehen verschiedener Rassen und Kulturen.*

*Die uralten Überlieferungen des Hinduismus sind durch die chaldäische, die hebräische, die ägyptische und die griechische Kultur ins Abendland gelangt. So schreibt Hesiod von den vier Phasen: Die erste ist das eiserne Zeitalter, die zweite das silberne, die dritte das kupferne und die vierte das goldene Zeitalter. Das entspricht der orientalischen Einteilung.*[9]

Die Prophezeiung, die über das *Kali-Yuga* berichtet, steht im *Visnu Purana, einem der ältesten und heiligsten Texte Indiens.*

Bei der folgenden kurzen Zusammenfassung werden Sie feststellen, daß diese Jahrtausende alte Prophezeiung eine genaue Beschreibung der heutigen Zeit ist:

- *„Die Herrscher, die auf Erden regieren werden, werden gewalttätig sein, sie werden sich der Güter ihrer Untertanen bemächtigen.*

- *Die Kaste der Sklaven und der Kastenlosen wird die Oberhand gewinnen und allen befehlen. Ihr Leben wird kurz sein, unersättlich ihre Gier; Mitleid werden sie kaum kennen.*

- *Die Besitzenden werden Ackerbau und Handel aufgeben, sie werden selbst zu Sklaven oder andere Berufe ausüben. Die Herrscher werden unter dem Vorwand von Steuern und Abgaben ihre Untertanen plündern und ausrauben, und das private Eigentum werden sie vernichten.*

- *Die sittliche Gesundheit und das Gesetz werden Tag für Tag abnehmen, bis die Welt ganz verdorben sein und die Gottlosigkeit unter den Menschen herrschen wird.*

- *Einziger Beweggrund für die Frömmigkeit wird psychische Gesundheit sein; einziges Band zwischen den Geschlechtern die Leidenschaft; einziger Weg zum Erfolg die Falschheit.*

- *Jedermann wird sich für einen Brahmanen halten.*
- *Die Priestergewänder werden die Priestereigenschaften ersetzen.*
- *Eine einfache Waschung wird Reinigung bedeuten; die Rasse wird unfähig sein, göttliche Geburten hervorzubringen.*
- *Die Menschen werden fragen: Was sollen wir uns noch an die überlieferten Schriften halten?*
- *Die Hochzeiten werden kein Ritual mehr sein.*
- *Akte der Frömmigkeit, auch wenn sie noch geübt werden, werden wirkungslos bleiben.*
- *Jede Lebensordnung wird unterschiedslos für alle gleich sein.*
- *Der Besitzende, der das meiste Geld unter die Leute verteilen wird, wird über die Menschen herrschen, denn das Ziel ihrer Wünsche ist Reichtum, gleichviel, ob rechtmäßig erworben oder nicht.*
- *Die Erde wird nur wegen ihrer materiellen Schätze verehrt werden.*
- *Die Leute werden Angst haben vor dem Tod und Hungersnot; und nur deshalb werden sie eine rein äußerliche Religion bewahren.*
- *Die Frauen werden die Wünsche ihrer Männer und ihrer Eltern nicht mehr befolgen. Egoistisch, verworfen, lügnerisch und haltlos werden sie sein und liederlichen Männern anhängen. Sie werden herabsinken zum Gegenstand sexueller Befriedigung.*«[10]

So erschreckend diese alten Prophezeiungen inhaltlich auch sind, sie beschreiben mehr als deutlich unsere heutige Zeit. Bedenken Sie, daß diese Überlieferungen Jahrtausende alt sind!

## Die Mayas:

In Mittelamerika, bei den *Mayas*, finden wir dieselbe Überlieferung. Auch sie konnten vor Jahrtausenden berechnen, daß der Erde und ihrer Menschheit um das Jahr 2000 ein einschneidender Umbruch bevorstehen wird. Das geht aus dem Maya-Kalender (Tzolkin) hervor, denn auch hiernach endet um das Jahr 2000 ein platonisches Jahr (25.920 Jahre). Nach modernen Entschlüsselungen beginnt der Kalender der Mayas im Jahr 3113 vor Christus und dauert dreizehn *Baktun-Perioden* à 144.000 Tage. Das ergibt 5.125 Jahre – ein Zyklus, der im Jahre 2012 endet.

## Die Azteken:

Auch bei den Azteken finden wir ähnliche astronomisch berechnete Prophezeiungen wie bei den Mayas. Sie sprechen von sechs großen Weltzeitaltern mit unterschiedlicher Länge (jeweils etwa fünftausend Jahre). Das fünfte begann 31114 vor Christus und werde mit der „Erdbeben-Sonne" enden, um dann Ende 2011 in das Zeitalter der sechsten Sonne überzugehen. Die letzte Phase vor dem Übergang, so erfahren wir aus einer der wenigen erhaltengebliebenen Azteken-Quellen (Dresdner Kodex), beginne mit einer großen Sonnenfinsternis, die genau für den 11. Juli 1991 vorausgesagt wurde. Diese fand über Lateinamerika auch tatsächlich statt und gehört mit einer Dauer von sechs Minuten und fünfundvierzig Sekunden zu den längsten, die je beobachtet wurde.

## Die Hopis:

Nicht weit von den Mayas und den Azteken finden wir bei den ***Hopis***, einem alten Indianerstamm im Südwesten der USA, ähnliche Prophezeiungen zur heutigen Jahrtausendwende. Das Wissen der Hopis und ihre Überlieferungen gehen sogar zurück in die Zeit des sagenumwobenen Atlantis. In den Mythen der Hopis wird von mehreren Welten und Rassen berichtet. Die erste wurde durch Feuer zerstört, die zweite durch Eis. Immer überlebten Menschen, und so kamen Menschen von der ersten in die zweite und von der zweiten in die dritte Welt. Diese dritte Welt hieß ***Kasskara***. Wie alt das Wissen der Hopi-Indianer zu sein scheint, verdeutlicht uns die Tatsache, daß auch sie in ihren Überlieferungen über Kasskara ebenfalls das sagenumwobene Atlantis erwähnen. Es war ein Kontinent im Osten und wurde deshalb auch „Land im Osten" genannt – ***Talàwaitichqua***.

Die Hopis lebten seit Jahrhunderten im Einklang mit der Natur und bewahrten sich dadurch ein großes spirituelles und okkultes Wissen, das für heutige „zivilisierte" Generationen nicht mehr *begreifbar* ist.

Ein alter Hopi sagte einmal: „*Wenn der weiße Mann seine Versuche aufgeben würde, uns das Christentum zu lehren, und anfangen würde, darauf zu hören, was der große Geist der Hopis gelehrt hat, dann würde alles zur Harmonie mit Natur zurückkehren. So wie es ist, zerstört aber der weiße Mann dieses Land.*"[11]

Auf alten Steinschriften der Hopis werden unter anderem die zwei großen Weltkriege des vergangenen Jahrhunderts prophezeit. Aber nicht nur das, auch das Flugzeitalter, die Raumfahrt, aber auch globale Umwälzungen und das „Weltenende" durch einen großen Krieg, Erdbeben und Feuer. Auch hier handelt es sich, wie unschwer zu erkennen ist, um die Zeit um das Jahr 2000.

## Altes und Neues Testament:

Auch im Alten und Neuen Testament finden wir die verschiedensten Hinweise der Alten Propheten, die auf eine epochale Wende hinweisen.

In der Apokalypse (Enthüllung, Offenbarung), dem letzten Buch des Neuen Testaments, wird berichtet, daß eine Zeit kommen werde, in der „dunkle Mächte" versuchen, die Weltherrschaft zu erringen, unter dem „Zeichen des Tieres" (666). In dieser Zeit der Wende werden große Umwälzungen, Kriege und Naturkatastrophen über die Menschheit kommen. Das darauffolgende Zeitalter wird ein Zeitalter des Friedens auf Erden.

Andere Weissagungen einiger alttestamentarischer Propheten vermuten, bei einem Blick auf die heutige politische Weltkarte, das „Ende der Welt" in Verbindung mit Israel. Die letzten Tage der Menschheit (des jetzigen Zeitalters) werden für die Zeit kurz nach der Wiederansiedlung der Juden in ihrem Heimatland angekündigt. Zu dieser Zeit, so sprach der Herr laut Sacharjah (Zacharias) im 14. Kapitel, „*...werde ich alle Völker wider Jerusalem sammeln zum Streit...*" Ähnliche Prophezeiungen finden wir auch noch bei einigen anderen alttestamentarischen Propheten.

Nicht nur Pessimisten, Weltverschwörer und verschiedene Sekten weltweit sprechen vom „Jüngsten Tag", vom Weltgericht, von der letzten großen Schlacht von Harmaggedon (auf der Landkarte Megiddo), auch viele Bibelexperten erkennen in verschiedenen Prophezeiungen des Alten und Neuen Testaments klare Hinweise auf eine letzte große Schlacht um Jerusalem, wenn das Jahrtausend angebrochen ist.

Wir müssen keine Propheten sein, um zu erkennen, daß es sich um die heutige Zeit handelt, und ein Blick nach Israel genügt, um die alten biblischen Prophezeiungen bestätigt zu wissen. Die „letzte Schlacht", die ich eher als eine Zeit des Umbruchs, eine Zeit eines langanhaltenden Kriegszustandes werten möchte, sie hat längst begonnen!

Im Evangelium des Lukas und auch bei Matthäus finden wir in diesem Zusammenhang eine weitere Prophezeiung, in der von einer Zeit die Rede ist, in der Jerusalem umlagert ist von Heeren des herannahenden letzten Gerichts:

*„Es werden Tage kommen, da von dem, was ihr hier seht, kein Stein mehr auf dem anderen bleibt, der nicht abgebrochen werden wird... Wenn ihr aber von Kriegen hört und Aufständen, so laßt euch nicht schrecken; denn dies muß zuvor eintreten; aber nicht gleich das Ende... Volk wird sich gegen Volk erheben und Reich gegen Reich. Gewaltige Erdbeben, Pest und Hunger wird es an vielen Orten geben. Schreckbilder und fürchterliche Zeichen werden am Himmel erscheinen... Wenn ihr Jerusalem von Heeren umlagert seht, dann erkennt, daß seine Verwüstung nahe ist... Es werden Zeichen sein an Sonne und Mond und Sternen, und auf Erden wird Angst und Bestürzung sein unter den Völkern wegen des Tosens des Meeres und seiner Brandung...* (Lukas 21, 5-25)

## Johannes von Jerusalem:

Johannes von Jerusalem war einer der Gründerväter des Templerordens. Er prophezeite im 11. Jahrhundert ähnliches:

*„Wenn das Jahrtausend beginnt, das nach dem Jahrtausend kommt, wird es eine dunkle und geheime Ordnung geben. Ihr Gesetz wird der Haß sein und ihre Waffe das Gift. Sie wird immer mehr Gold wollen und ihre Herrschaft über die ganze Welt verbreiten. Und ihre Diener werden untereinander durch den Kuß des Blutes verbunden sein...*

*Wenn das Jahrtausend beginnt, das nach dem Jahrtausend kommt, wird die Erde an mehreren Stellen erbeben, und die Städte werden untergehen. Alles, was ohne Rat der Weisen gebaut wurde, wird bedroht und zerstört werden.*

*Der Schlamm wird die Dörfer unter sich begraben, und der Boden wird sich unter den Palästen öffnen. Doch der Mensch wird starrköpfig sein, denn er ist vom Stolz besessen. Er wird die Warnung nicht hören, die ihm die Erde immer wieder zuruft...*[12]

## Edgar Cayce:

Von den vielen neuzeitlichen Propheten ist Edgar Cayce (1877-1945) wohl der berühmteste. Man nannte ihn den „schlafenden Propheten", denn er hatte als junger Mann herausgefunden, daß er im Trancezustand ungewöhnliche Fähigkeiten entwickeln konnte. So hatte Cayce in einem Zeitraum von vierzig Jahren über vierzehntausend Menschen diagnostiziert ohne nur eine einzige Fehldiagnose! Der Bereich der Krankheitsdiagnostik war nur ein Bereich den Cayce durch seine Trancefähigkeiten beleuchtete. Berühmt geworden sind seine Trancesitzungen über die Epoche von Atlantis und der damit verbundenen Ankunft der Menschen auf der Erde. Laut Cayce endete die Zeit der Atlanter mit der Sintflut etwa 10.000 vor Christus. Einige der Atlanter konnten der großen Katastrophe entgehen, gelangten in das Niltal und wurden somit die Begründer der ägyptischen Zivilisation.

Cayce machte auch unzählige Prophezeiungen und Voraussagen über das Weltgeschehen, die Entwicklung der Menschheit und deren spirituell-geistiges Fortschreiten. Daß es zu großen globalen Veränderungen um die Jahrtausendwende kommen wird, wie wir bereits durch die vorher genannten Quellen erfahren konnten, bestätigt auch Cayce in seinen Prophezeiungen. Er sah große Landveränderungen, demzufolge werden die großen Seen in Zukunft in den Golf von Mexiko münden (über das Mississippi-Tal). Im Atlantik und im Pazifik würde neues Land erscheinen, darunter Poseidon. Das war eine der fünf beim Untergang von Atlantis übriggebliebenen Inseln. Im Jahre 1974 wurde dieses Land von Forschern vor der Küste einer der Bimini-Inseln in den Bahamas entdeckt – genau wie Cayce es beschrieben hatte.

In vielen anderen Sitzungen sah Cayce große kontinentale Veränderungen, die der Erde und der Menschheit in naher Zukunft bevorstehen. Ganze Länder, wie beispielsweise Japan, werden im Meer versinken, und der obere Teil Europas werde sich „*in einem Augenblick*" verändern.

Über die USA sagte Cayce: *„Die größte Veränderung wird an der Nordatlantikküste auftreten. Beobachten Sie New York, Connecticut und Umgebung! Viele Teile der Ostküste werden zerstört werden, wie auch viele Teile der Westküste, und auch der Mittelteil der Vereinigten Staaten. Der größte Teil von San Franzisko und von Los Angeles wird zerstört werden, sogar noch vor New York. Teile der jetzigen Ostküste von New York, oder die Stadt New York selbst, werden verschwinden.“*[13]

In anderen Sitzungen sah Cayce auch Umwälzungen in Arktis und Antarktis und einen bevorstehenden Polsprung.

Zusammenfassend wird deutlich, daß auch Cayces Prophezeiungen mit denen aus der alten Zeit Übereinstimmung finden. Viele seiner Vorhersagen beziehen sich auf den gerade erfolgten Jahrtausendwechsel.

## Nostradamus:

Der bedeutendste unter den Propheten ist sicherlich *Michel de Nostredame* (1503-1566), besser bekannt unter dem Namen *Nostradamus.*

Bis heute stellen die Prophezeiungen des Nostradamus die Forscher vor gewisse Schwierigkeiten, denn Nostradamus hat seine Prophezeiungen verschlüsselt, so daß die Menschheit die Bedeutung der jeweiligen Ereignisse erst Jahrhunderte später erkennen würde:

*„Dabei habe ich die Gebiete, Zeiträume und das genaue Datum einschränkend festgelegt, so daß die Menschen – nachdem die Dinge einmal eingetreten sind – unfehlbar die gekommenen Ereignisse als solche erkennen werden.“* (Nostradamus 1555)[14]

Nostradamus hatte nicht die Absicht, durch seine Prophezeiungen zukünftige Weltereignisse zu verhindern, denn er wußte anscheinend, daß die jeweiligen Ereignisse, die er sah, vorausbestimmt waren. Er war überzeugt, daß alles vom höchsten Schöpfergott abhängig ist, das heißt von dem kosmischen Gesetz von Ursache und Wirkung.

Der Mensch ist in seinen Handlungen nicht abhängig, sondern hat die freie Entscheidungsmöglichkeit, das heißt er entscheidet sich immer – in jeder seiner Handlungen –, ob er entsprechend der göttlichen (oder auch kosmischen) Ordnung handelt oder ob er sich gegen sie richtet. Der göttliche (kosmische) Plan wird sich jedoch zyklisch weiter offenbaren. Demzufolge wird er sich auch in der Materie verdichten und sichtbar werden.

Nostradamus entschied sicherlich ganz bewußt, sich nicht in die Ereignisse der Zukunft einzumischen, um dem kosmischen Gesetz von Ursache und Wirkung (und dem freien Willen der Menschen), das er als göttliches Gesetz sah, Folge zu leisten. Hätte er seine Prophezeiungen unverschlüsselt offenbart, wären die jeweiligen zukünftigen Ereignisse bekannt gewesen. Dadurch hätte Nostradamus sich in den freien Willen der mit dem Ereignis im Zusammenhang stehenden Akteure verwickelt. Er hätte dadurch bewußt eine Aktion ausgelöst, die eine Reaktion auf das entsprechende Ereignis bedeutet hätte.

Stellen Sie sich vor, Sie haben einen visionären Traum von einem Ihnen sehr verbundenen Menschen. Am nächsten Tag sehen Sie diese Person und berichten ihr detailliert, was Sie geträumt haben. Wenn wir davon ausgehen, daß Ihr Traum wirklich eine Vision ist, also auch eintreffen wird, haben Sie in dem Moment, in dem Sie der besagten Person von Ihrem Traum erzählt haben, Einfluß auf deren zukünftige Erlebnisse genommen. Sie haben diese Person quasi umprogrammiert, was zur Folge haben kann, daß Ihre Version nicht so, wie Sie sie geträumt haben, eintreffen wird.

Nostradamus schrieb also absichtlich in einer verschlüsselten Form, die immer erst nach dem Eintreten des jeweiligen Ereignisses verständlich wurde.

Ein Grund dafür war sicherlich auch die politische Situation seiner Zeit und die damit verbundene Macht der Kirche. Die damaligen Machthaber hätten seine Prophezeiungen als Aufwiegelung gewertet und ihn sicherlich schnell beseitigt.

Nostradamus selbst stammte aus einer jüdischen Familie und lief auch aus diesem Grund zeitlebens Gefahr, der Inquisition zum Opfer zu fallen. Hinzu kommt, daß er sich mit einigen – in der damaligen Zeit und vor allem aus der Sicht der katholischen Kirche – verbotenen Künsten und Wissenschaften beschäftigte, zu denen, laut Erlaß der Kirche, beispielsweise Astrologie gehörte.

Eine ähnliche Erfahrung machte Nostradamus bereits als junger Arzt, der erfolgreich gegen die Pest kämpfte. Er mußte seinerzeit Frankreich für mehrere Jahre verlassen, weil er sonst als „Hexer“ und „satanischer Wunderheiler“ auf dem Scheiterhaufen gelandet wäre:

*„Dabei beherzige ich auch den Lehrsatz des wahren Erlösers: `Wollet nicht Heiliges den Hunden geben, noch werfet Perlen vor die Säue, damit sie es*

*nicht mit ihren Füßen zertrampeln und, sich dann umwendend, euch selbst vernichten.' Dies war der Grund, meine Zunge vor dem Volke zu zügeln und meine Feder vom Papier zurückzuhalten.*"[15]

Nostradamus hat im 16. Jahrhundert präzise Ereignisse vorausgesagt wie beispielsweise die Französische Revolution, Einzelheiten in Napoleons Karriere und seine Verbannung nach Elba, Begebenheiten des Zweiten Weltkrieges, wie die Invasion Europas, die Maginot-Linie, der anfängliche Triumph Deutschlands und Mussolinis Tod.[16]

In Wortspielen finden wir sogar verschleierte Anspielungen auf Pasteur, Franco, Hitler („Hister"), Roosevelt, den Einsatz der Atombombe und den Irak-Krieg oder auch die Gründung des Staates Israel.

Auch wenn die von Nostradamus gemachten Zeitangaben bis heute nicht endgültig entschlüsselt sind, so steht doch fest, daß er auch in bezug auf den gerade erfolgten Jahrtausendwechsel präzise Ereignisse sah. Der Menschheit steht demzufolge eine Zeit der Umwälzungen in politischer und globaler Hinsicht bevor. Diese Umwälzungen sind vergleichbar mit der biblischen Sintflut. Nach dieser Zeit beginnt für die Menschen, welche die Zeit der Katastrophen und Kriege überlebt haben, ein goldenes Zeitalter, welches nach einer gewissen Zeit (Nostradamus nennt hier keine Zeitangabe) wieder in eine Zeit der Konflikte übergehen wird.

Abb.2:
Michel de Nostredame (Nostradamus); Seher, Arzt, Naturmediziner und Astrologe; lebte von 1503 bis 1566 in Südfrankreich. Er ist der bedeutendste Seher des Abendlandes.

In der Einleitung zu seinem „*Buch der Prophetien*" schrieb er:

*„Ich beginne in der gegenwärtigen Zeit... und schaue weit darüber hinaus bis zu dem Ereignis, das, gemäß sorgfältigsten Berechnungen, zu Beginn des siebten Jahrtausends (nach alttestamentarischer Zeitrechnung, d.h. zu Beginn des 3. Jahrtausends nach Christus) stattfinden wird... Wenn nach den Gesetzen des Himmels die Herrschaft Saturns rückläufig sein wird, nähert sich die Welt - wie berechnet - einem zeitveränderten Umsturz (une anaragonique révolution).*[17]

## *Der Krieg im Nahen Osten*

Im Zusammenhang mit der politischen Gegenwart im Nahen Osten gibt es umfangreiche und konkrete Prophezeiungen. Besonders seit Beginn des ersten Golfkrieges werden die Visionen in bezug auf einen Krieg in dieser Region und die damit verbundenen Prophezeiungen immer wieder unter die Lupe genommen.

Am 12. März 2003 schien eine Prophezeiung von dem bekannten Seher Alois Irlmaier eingetroffen zu sein. An diesem Tag, etwa gegen 12:30 Uhr, wurde der serbische Regierungschef Zoran Djindjic Opfer eines gezielten Anschlages. Mehrere Attentäter erschossen den Politiker aus größerer Entfernung. Auch eine Notoperation konnte Djindjic nicht mehr retten.

In vielen Tageszeitungen ist dieser feige Anschlag überraschend nur zweitrangig behandelt worden. Wie aussagekräftig dieses Ereignis besonders im Hinblick auf die Prophezeiungen zu einem Dritten Weltkrieg sind, zeigt ein Blick auf die Prophezeiungen des bekannten Sehers Alois Irlmaier, der konkrete Aussagen im Zusammenhang mit einem neuen Nahostkrieg und den vorausgehenden Ereignissen getroffen hat.

Aus den Aussagen Irlmaiers geht eindeutig hervor, daß einem neuen Nahostkrieg Spannungen auf dem Balkan vorausgehen:

*„Alles ruft Frieden, Shalom! Da wird es passieren – ein neuer Nahostkrieg flammt wieder auf, große Flottenverbände stehen sich im Mittelmeer gegenüber – die Lage ist gespannt. Aber der eigentliche zündende Funke wird im Balkan ins Pulverfaß geworfen: Ich sehe einen „Großen“ fallen... dann geht es Schlag auf Schlag.“*

*„Zwei Männer bringen den Hochgestellten um, sie sind von anderen Leuten bezahlt worden. Der eine Mörder ist ein kleiner schwarzer Mann, der andere etwas größer, mit heller Hautfarbe. Ich denke, am Balkan wird es sein, kann es aber nicht genau sagen.“*[18]

Das Wort *Shalom* steht für Frieden. Es sollte aber im Zusammenhang als Hinweis auf Israel verstanden werden, für das es im Nahostkonflikt um Krieg oder Frieden geht. Offensichtlich können Irlmaiers Aussagen nur auf die Spannungen mit den Palästinensern bezogen sein, und andererseits bestehen zwischen Israel und den Nachbarn Ägypten und Jordanien Friedensverträge.

Interessanterweise decken sich auch Schauungen des berühmten Sehers Nostradamus mit denen Irlmaiers:

*„Vor dem Krieg fällt die große Mauer: Der Große stirbt, ein plötzlicher und beklagenswerter Tod. Die Flotte ist erst halb fertig, der größte Teil schwimmt. Durch den Fluß des Blutes wird die Erde rot.“*[19]

In einem anderen Vers (II/57) von Nostradamus heißt es:

*„Ein großer König* (Staatsoberhaupt) *unter den Händen eines jungen Mannes kurz nach Ostern. Verwirrung, auf Messers Schneide. Ewigkeit. Traurige Zeit, das Feuer an der Spitze des Stabes* (Gewehr). *Drei Brüder sollen verwundet und ermordet werden.“*[20]

Die Ähnlichkeiten der Prophezeiungen der beiden Seher Nostradamus und Irlmaier sind eindeutig. Beide *sehen* als Auslöser für einen Nahostkrieg offenbar die Ermordung eines Hochgestellten, möglicherweise auf dem Balkan. Mit der Ermordung des serbischen Regierungschefs Zoran Djindjic scheinen sich diese Schauungen erfüllt zu haben.

In einer anderen freien Übersetzung Nostradamus´ (Vers V/25) über einen drohenden Kriegsbeginn im Nahen Osten heißt es:

*„Der arabische Herrscher wird,*
*wenn Mars, Sonne und Venus im Löwen stehen,*
*die Herrschaft der Kirche über das Meer unterwerfen:*
*Gegen Persien stehen gut und gern fast eine Million Soldaten bereit, Türkei und Ägypten, durch List getrennt,*
*werden* (nacheinander?) *überrannt.“*[21]

Die Verse werden von Bernhard Bouvier folgendermaßen interpretiert:

*„Die Sonne befindet sich jedes Jahr vom 24. Juli bis zum 23. August im Sternzeichen Löwe. Bis zum Jahr 2000 treffen sich Mars und Venus nur am 21.08.1998 in diesem Zeichen.*

*Eine Million Soldaten sind rund fünfundsiebzig Divisionen, eine Streitmacht, die der Armee des Iraks (gegen den Iran) entspricht. Nostradamus schreibt von bereitstehen. Eine Million Soldaten entspricht ja auch nicht der Friedensstärke der Armee dieses Landes. Um so viele Soldaten bereitzustellen, muß mobil gemacht werden, muß ein Krieg bevorstehen. Ein Angriff nach Westen in Richtung Istanbul und Ägypten, um die Regierung der Kirche über das Mittelmeer hinweg zu beseitigen, zielt auf das Gebiet der NATO und auf Rom und die Südflanke Europas. Aussicht auf Erfolg hat ein solcher Kräfteeinsatz nur, wenn er mit List und heimlich mit einem russischen Angriff auf Zentral- und Nordeuropa verbunden ist. Sonst ist er zum Scheitern verurteilt.*

*Man kann sich auch nicht völlig sicher sein, ob hier eine Situation zu Beginn des III. Weltkrieges beschrieben wird, oder ob es sich nicht vielleicht um ein Geschehen handelt, das noch in ferner Zukunft liegt und eine neue Polarität christliches Abendland beschreibt.*"[22]

Es gibt viele weitere interessante Prophezeiungen verschiedener Seher, die an dieser Stelle aber nicht weiter behandelt werden müssen. Am Beispiel Irlmaiers (1894-1959) wurde sehr deutlich, daß die Prophezeiungen im Kontext mehr Beachtung verdienen, als das bisher der Fall war. Irlmaiers Schauungen in Verbindung mit dem Nahostkrieg und der Ermordung eines *Hochgestellten* (Djindjic?!) scheinen unzweifelhaft zu sein.

Auch in verschiedenen islamisch-arabischen Quellen über den bevorstehenden Dritten Weltkrieg wird als ein Auslöser der Nahe Osten genannt.

Ein Text, der in verschiedenen islamischen Quellen zitiert wird, stammt aus der Zeitschrift „*Der Morgenstern*"[23]:

*Die großen Vorzeichen der Qiyamah (der jüngste Tag):*

*Ein Krieg zwischen Christen und Muslimen,*
*die Hälfte der Christen hilft aber zu den Muslimen.*
*Die feindlichen Christen erobern Konstantinopel* (Istanbul),
*das aber zurückgewonnen wird.*
*Die Christen verbünden sich untereinander wieder*
*und erobern Syrien und Teile Arabiens...*

Besonders interessant sind, durch die gegenwärtige politische Anspannung, sicherlich auch Schauungen im Zusammenhang mit Palästina. Der folgende Text stammt von dem Priester **Don Bosco** (1815-1888), der bereits seit seinem neunten Lebensjahr Visionen hatte, oft mit endzeitlichem Charakter. Seine Visionen wurden schriftlich festgehalten und teilweise veröffentlicht. Bosco wurde übrigens von der Kirche *heilig-gesprochen*.

*Die Orte des heiligen Palästina werden wieder erobert,*
*und auf der Spitze der Kuppel wird das lateinische Kreuz*
*aufgerichtet werden.*
*Dann wird Friede sein, wie er noch nie gesehen wurde...*"[24]

Bei der Aussage der letzten Zeile („der noch nie gewesene Friede") wird es sich keinesfalls um die Landnahme durch die Israelis nach 1945 gehandelt haben. Einige Autoren interpretieren eine „Eroberung Palästinas" durch die Christen so, daß die Christen einen Konflikt in dieser Region befrieden, was aus gegenwärtiger Sicht sehr schwer vorstellbar zu sein scheint.

Bei einer Eroberung Palästinas durch die Christen würde sicherlich auch Jerusalem erobert werden, davon ist auszugehen, denn letztlich dreht sich alles um die *Heilige Stadt*! So wäre es sehr wahrscheinlich, daß bei der Aussage der zweiten Zeile („*Spitze der Kuppel*"), nur die Al-Aksa-Moschee oder der größere und vergoldete Felsendom gemeint sein kann. Bis heute ist die Hoheitsfrage des Tempelberges, und somit eine der zentralsten Fragen der verschiedenen Glaubensgemeinschaften in Jerusalem, nicht endgültig geklärt! Daß diese Frage diplomatisch, also nichtmilitärisch, gelöst werden wird, scheint derzeit wohl ausgeschlossen zu sein und widerspräche auch den Prophezeiungen, die sich auf das *endzeitliche* Jerusalem beziehen. Sie sagen im Grunde voraus, daß der Streit um den heiligen Berg bis zum Schluß andauern wird. Wenn dem so wäre und es bräche ein großer Krieg – Flächenbrand – in der arabischen Welt aus, der aus dem zweiten Golfkrieg 2003 entstehen könnte, dann wäre eine schwere Niederlage der USA durchaus denkbar. Das wiederum hätte entscheidende Auswirkungen auf die Position Israels und natürlich auch auf die Besitzfrage des Tempelberges. Die Israelis, die dann – ohne einen starken amerikanischen Verbündeten – in arge Bedrängnis gerieten, könnten dann theoretisch durch Europäer (Christen) Unterstützung erhalten. Wäre dem so, so ist das *lateinische*

*Kreuz auf der Spitze der Kuppel* gar nicht so abwegig. Die nahe Zukunft wird es zeigen.

Es ist in jedem Fall zu empfehlen, sich einmal intensiver mit den Prophezeiungen zu befassen. Die bekanntesten Autoren, die sich zu diesem Thema geäußert haben (van Helsing, Bouvier, Berndt und andere), sind im Literaturverzeichnis aufgeführt!

Neben den konkreten Aussagen über einen bevorstehenden Nahostkrieg gibt es auch Schauungen über chemische Kriegsführung und den Einsatz von Atomwaffen!

Wir wollen uns noch einmal die Situation New Yorks vor Auge führen, denn über die *heimliche* Hauptstadt der USA gibt es, wie bereits erwähnt, klare Aussagen von verschiedenen Sehern. Ein Indiz dafür, daß die vorhergesagte Zerstörung der Stadt wahrscheinlich ist, sind sicherlich die Anschläge vom 11. September.

## *Die Zerstörung New Yorks*

Die Prophezeiungen über die Zerstörung New Yorks sind insbesondere nach den Anschlägen vom 11. September in ein ganz neues Licht gerückt worden. Wer sollte denn schon die Absicht und vor allem die technischen und militärischen Mittel zu so einem groß angelegten Anschlag haben? Und warum ausgerechnet New York?

Betrachtet man den politischen Zusammenhang im Nahen Osten und die Rolle der USA in diesem Szenarium, wäre die letzte Frage in jedem Fall zu beantworten. Die Anschläge vom 11. September haben insbesondere auch eine hohe symbolische Bedeutung, wenn man denn von islamistischen Drahtziehern ausgeht, was bis zum heutigen Tage jedoch nicht bewiesen ist! Vergessen wir nicht, daß New York von vielen als die *heimliche* Hauptstadt bezeichnet wird – auch im Zusammenhang mit den Plänen eine Neue Weltordnung zu installieren. Alle entscheidenden Impulse in der Weltpolitik und der Weltwirtschaft kommen aus New York (Wall Street, UNO usw.) So erhalten die Prophezeiungen im Zusammenhang mit New York gegenwärtig einen zentralen und realistischen Bezug (hier sei kurz darauf hingewiesen, daß Jan van Helsing in seinem *Buch 3 – Der Dritte Weltkrieg* auf Seite 300 bereits im Jahr 1996 dieses Ereignis prophezeit hatte).

Der *Bauer aus Krems* (geb. 1939) sieht zu Beginn des Dritten Weltkrieges einen begrenzten Konflikt auf dem Balkan und die Zerstörung New Yorks:

*„Die Überschwemmungen im Mittelmeergebiet werden durch A-Waffenzündungen, in größerer Höhe über der Adria beginnend, hervorgerufen. Die Erschütterungen sind bei uns deutlich spürbar. New York wird unerwartet bereits zur Kriegszeit durch kleine Sprengsätze, die sehr nieder explodieren, zerstört. So entsteht der Eindruck, als würden die Häuser von einem heftigen Sturm weggeblasen. Im Explosionsherd sah ich nichts Feuerartiges. Es dürfte etwa um die Mittagszeit sein.*

*Ich sah alle Einzelheiten klar und außergewöhnlich deutlich. Bei uns* (Österreich) *gibt es zu dieser Zeit noch keinen Krieg. Wie die Meldung der Zerstörung erstmals im Rundfunk durchgegeben wurde, wollte ich gerade eine Kleinigkeit essen.*

*Bei der Zerstörung New Yorks sah ich hingegen Einzelheiten, die man mit dem normalen Auge niemals wahrnehmen könnte. Es war auch die Lauffolge um ein Vielfaches langsamer. Ich sah diese Stadt in allen Einzelheiten. Da fiel ein dunkler Gegenstand auf einer sich krümmenden Bahn von oben herab. Gebannt starrte ich diesen Körper an, bis er barst. Zuerst waren es Fetzen, dann lösten sich auch diese auf. In diesem Moment begriff ich immer noch nicht, was geschehen war. Der erste Sprengkörper explodierte einige Häuser weiter hinter einem größeren, mit der Breitseite am Meer stehenden Haus, die anderen, vom Meer aus gesehen, etwas südlicher dahinter.*

*Die Häuser fielen nicht um oder in sich zusammen, sondern sie wurden meist als ganze, sich nur wenig neigend, vom Explosionsherd weggeschoben. Sie zerrieben sich dabei förmlich von unten her. Von vorne hatte es den Anschein, als würden sie im Erdboden versinken.*[25]

Nach den Anschlägen vom 11. September wurde im Zusammenhang mit diesen und anderen Schauungen bereits angenommen, daß es sich bei den Anschlägen um die beschriebenen Prophezeiungen handelt. Es ist jedoch davon auszugehen, daß die gesamte Zerstörung der Weltstadt New York in weiteren Schritten erfolgen wird.

Unzweifelhaft scheint jedoch der Hintergrund für die Anschläge zu sein: New York wird aus Rache zerstört! Als Drahtzieher *können* arabisch-islamistische Kreise verantwortlich sein. Mit hoher Wahrscheinlichkeit hängen die Anschläge mit dem amerikanischen Engagement im Nahen Osten zusammen. Es soll die Antwort auf das sein, was die Amerikaner den Arabern angetan haben.

Erinnern wir uns abschließend, daß unter anderem auch der bekannte amerikanische Seher Edgar Cayce die Zerstörung New Yorks vorhersagte, wie bereits vor einigen Absätzen erwähnt wurde:

*„...Der größte Teil von San Franzisko und von Los Angeles wird zerstört werden, sogar noch vor New York. Teile der jetzigen Ostküste von New York, oder die Stadt New York selbst, werden verschwinden."*

## *Zusammenfassung und Ausblick*

Betrachten wir die Prophezeiungen und die astronomischen Berechnungen, angefangen mit den altindischen Überlieferungen betreffend des Kali-Yuga-Zeitalters bis hin zu den Prophezeiungen des Nostradamus, lassen sich unübersehbar Parallelen erkennen.

Die Menschheit steht heute, zu Beginn des 21. Jahrhunderts, an einem zyklischen Wendepunkt. Dieser wird gekennzeichnet sein durch Hunger, Kriege und globale Katastrophen. Nach dieser langanhaltenden „dunklen Zeit", in der die Menschheit um mehr als die Hälfte dezimiert werden wird, folgt eine Zeit des Friedens – ein „goldenes Zeitalter", das nach einer gewissen Zeit wieder in eine Zeit der Unruhen und Konflikte übergehen wird.

Das astronomische Wissen der alten Hohepriester um die Präzession, das über Jahrhunderte verlorengegangen war, liefert uns zudem einen passenden Schlüssel zum prophetischen Wissen alter Kulturen.

Man vermutet heute, daß beispielsweise auch Nostradamus, der in die alte astrologische Wissenschaft eingeweiht war, Einblick in alte, okkulte Schriften hatte, durch die er auch in die Praktiken der Zukunftsschau eingeweiht wurde. Als sein erster Lehrer ist sein Großvater zu zählen, der ihn in die jüdische Geheimlehre einweihte. In den Jahren zwischen 1532 und 1549 hatte Nostradamus längere Aufenthalte in der Abtei von Orval/Lothringen und im Kloster von Chambéry. Orval war die Schwesterabtei des Klosters des Heiligen Bernhard, des Klosters Clairvaux, einem Mitbegründer des Templerordens.

Der Nostradamus-Forscher Gérard de Séde behauptet, Nostradamus sei während der achtzehn Monate in Orval in ein furchtbares Geheimnis eingeweiht worden. Demnach unterstand Nostradamus von diesem Zeitpunkt an der straff organisierten Geheimgesellschaft „Prieuré de Sion", einer Nachfolgerin des Templerordens, die erst im Jahre 1956 an die Öffentlichkeit getreten ist (auf die Prieuré de Sion werden wir im vierten Kapitel zurückkommen). Folgen wir den Angaben des obengenannten Forschers, so ist anzunehmen, daß Nostradamus dadurch Zugang zu den Geheimnissen des Templerordens hatte. Wäre es so, würde er in Verbindung mit dem Wissen von Henoch, Moses, Ezechiel, Johannes von Patmos und anderen stehen. Sie alle kannten, durch Zugang zu gewissem Wissen (Astrologie, Alchimie und der Kabbala) wie auch zu speziellen Gerätschaften, die Marschroute unserer Menschheit, unseres Planeten, hatten Zugriff auf die sogenannten *„Schlüssel des Enoch"* oder die Struktur- und Koordinationspläne der Evolution.

Im Falle von Nostradamus sollte jedoch ein Hinweis Gewicht bekommen. Die Geschichte und insbesondere die heutige Medienwelt sprechen immer nur von dem großen Seher mit außergewöhnlichen Begabungen. Es kann nicht bestritten werden, daß er solche gehabt haben mag. Unzweifelhaft scheinen heute aber auch die Umstände um seine Herkunft zu sein, die ihm weitreichende Beziehungen bescherte, welche ihm wohl Zugang zu höchst geheimen Schriften und okkulten Praktiken ermöglichten. Nostradamus Gesamtwerk der Prophetie, scheint sich mit zunehmender Entschlüsselung eher als ein sehr geordnetes Bild von Vergangenheit, Gegenwart und Zukunft zu präsentieren.

So erschreckend die Prognosen auch sind, so groß ist auch der Wunsch nach einer besseren Welt kollektiv in uns verankert.

Eines ist in vielen alten und auch neuzeitlichen Prophezeiungen ebenfalls interessant. Oft ist die Rede von einem neuen Heiland, von einem neuen Weisheitslehrer, der nach der Zeit der großen Umwälzungen auftauchen und für ein neues Gottesbewußtsein stellvertretend sein wird. Aus den Prophezeiungen des Nostradamus geht hervor, daß in dieser neuen Ära entscheidende Impulse aus dem Osten kommen werden. Er weist an mehreren Stellen darauf hin, daß dieses neue Gottesbewußtsein von einer einzelnen Person ins Leben gerufen wird.

Ähnliche Voraussagen für dieses neue oder „goldene Zeitalter" kennen wir auch aus den christlichen Überlieferungen, die viele Christen und weltweit auch viele Sekten mit der Wiederkehr Christi gleichsetzen. Von Nostradamus erfahren wir:

*„Er kommt aus dem Osten, trägt einen Stab, erneuert die verfälschten Religionen, gehört einer lange totgeglaubten Linie an, trägt weite Gewänder mit der Farbe der Rose, ist umstritten und reist viel."*[26]

In Verbindung mit einem neuen Gottesbewußtsein wird oft auch der Zerfall der alten Religionen vorausgesagt. Alle großen Religionen werden demnach mitzerfallen. John Hogue, einer der bekanntesten Nostradamus-Interpreten, schreibt dazu:

*„Hier und da tauchen zwischen all den apokalyptischen Visionen auch Weissagungen auf, deren Leitmotiv ein neues religiöses Bewußtsein ist, welches, so sagt er, vor Ende des Jahrhunderts aufkommen und zur Blüte gelangen wird. ...Nostradamus kündigt eindeutig eine völlig neue Religion an. Das schließt von vornherein traditionelle Religionen wie das Christentum, den Islam, Judaismus, Buddhismus und Hinduismus aus. Und was die katholische Kirche betrifft, eine der größten Religionen überhaupt, so sagt er unmißverständlich ihren Untergang voraus. Was also ist diese neue Religion?"*[27]

Daß diese Religion nicht neu ist und die Kraft hat, alle großen Religionen in ihrer festgefahrenen Dogmatik und ihrem materialistischen Streben zu entthronen, wird an einer anderen Stelle bei Nostradamus deutlich:

*„Wenn neues Unheil naht, ...wird ein Erbe einer längst totgesagten Linie kommen, der die Menschen der Welt von einer schwächlichen und freiwilligen Sklaverei befreien wird (oder: der die Menschen der Welt wohltuend und bereitwillig aus der Knechtschaft befreien wird) und sie unter den Schutz von Mars stellen wird."*[28]

Im Hinblick auf die gegenwärtige politische Situation im Nahen Osten und den zweiten Irakkrieg wird offensichtlich deutlich, daß sich die Prophezeiungen über das dunkle Zeitalte und einen Dritten Weltkrieg zu erfüllen scheinen.

In diesem Kontext gewinnen auch die Schauungen verschiedener Seher über die Zerstörung New Yorks besonderes Gewicht, nicht zuletzt auch seit den Anschlägen vom 11. September.

Die zum Teil Jahrtausende alten Prophezeiungen beschreiben sehr präzise die gegenwärtige Weltlage, wie schon bis zu diesem Punkt deutlich wird. Auch Sklaverei und Knechtschaft sind präzise Beschreibungen für die Rolle, in der sich der größte Teil der Menschheit heute befindet.

Nun werden wir uns zunächst mit dem Ursprung des Christentums befassen. In diesem Zusammenhang müssen auch die zwei anderen Abrahamreligionen mit beleuchtet werden, denn alle drei Weltreligionen – Judentum, Christentum und Islam – haben bekanntlich einen gemeinsamen Ursprung: Abraham! Wie bedeutend diese Spurensuche ist, wird im weiteren Verlauf erst deutlich, denn die kontroversen Ansichten und die jeweiligen Ideologien dieser drei Religionen haben bis heute einen entscheidenden Einfluß auf die politischen Konflikte auf unserem Planeten.

# Kapitel 2
# DIE URSPRÜNGE DES CHRISTENTUMS

- Hat die Kirche oder die *Gegenkirche* Beweise über die wahre Identität Jesu?
- Welchen Einfluß hat die Jesus-Kontoverse im Hinblick auf die gegenwärtige Zeit?
- Wie gelang es der Kirche, ihre nicht bewiesenen Thesen über Jesus bis heute aufrechtzuerhalten?
- Welche Rolle spielen dabei die nachchristlichen Konzilien?
- Welche Rolle spielt dabei die politische Macht der Kirche?

## *Geheimbünde seit vielen Jahrtausenden*

*„Keine Religion ist höher als die Wahrheit."*
(H. P. Blavatzki)

In Verbindung mit dem zweiten und dritten Kapitel soll an dieser Stelle auf die Anhänge hingewiesen sein, wo unter anderem eine Zeittafel aufgeführt ist, welche die wichtigsten historischen Ereignisse, die insbesondere in diesen beiden Kapiteln behandelt werden, chronologisch zusammenfaßt.

Wir werden im weiteren Verlauf verschiedene geheimgesellschaftliche Gruppierungen betrachten, wobei gleich anzumerken ist, daß es nicht möglich ist, auf jede der verschiedensten Geheimgesellschaften detailliert einzugehen, denn dazu wären mehr als zwei Bände erforderlich.

Besonders im Verlauf der letzten zweihundertfünfzig Jahre entstand eine gezielte Unterwanderung verschiedener Geheimgesellschaften, mit dem Ziel, weltweit ein fast undurchschaubares Netzwerk aufzubauen, bestehend aus Banken, Versicherungen, tausenden von verschiedenen Gruppen und Stiftungen, internationalen Firmen, Industriekonzernen und Regierungsbehörden, deren führende Köpfe Mitglieder von Geheimgesellschaften sind, welche die wahren Regenten und Herrscher der Welt sind oder das zumindest meinen.

Ihr Ziel ist mit nur wenigen Worten formulierbar: Manipulation, Steuerung und Versklavung der Massen, radikale Dezimierung der Menschheit und eine zentrale *Eine-Welt-Regierung*.

Vorab sollte angemerkt werden, daß es drei Begriffe gibt, die im Zusammenhang mit dieser Thematik immer wieder verwendet werden: ***Weltverschwörung***, ***Neue Weltordnung*** und ***Eine-Welt-Regierung***.

Im weiteren Verlauf werden hauptsächlich die Begriffe ***Eine-Welt-Regierung*** und ***Neue Weltordnung*** verwendet.

Wir werden uns in diesem Zusammenhang unweigerlich mit der Frage befassen, worin sich die elitären Strategen der Gegenwart – zum Beispiel die Illuminaten (die „Erleuchteten"), die eine zentrale Weltregierung unter ihrer Herrschaft anstreben – von den mächtigen Strategen der großen Religionsgemeinschaften der vergangenen Jahrhunderte und Jahrtausende denn überhaupt unterscheiden. Jede Ideologie ist im weitesten Sinne immer einem übergeordneten religiösen, geistigen oder spirituellen Gedanken unterworfen. Die Absolutheitsansprüche (diese werden noch genauer betrachtet) der Abrahamreligionen bilden bis heute nach wie vor die Grundlagen für nahezu alle politischen Konflikte auf unserem Planeten! Sie verfolgen seit Jahrtausenden das Ziel, ihren jeweiligen Absolutheitsanspruch in eine Weltherrschaft umzuwandeln, und heute scheinen wir dem Höhepunkt dieser Endkämpfe – der eigentlich ein Tiefpunkt ist – entgegenzusteuern. Die wirkliche Bedrohung unserer Zeit hängt im wesentlichen mit den festgefahrenen, dogmatisierten Ideologien der großen Religionen zusammen und mit ihrem Absolutheitsdenken, daß sie die Welt nur befreien können, indem sie die Menschheit unterwerfen.

Die Schaffung einer zentralen Weltregierung basiert ja letztlich auch auf irgendwelchen Ideologien und ist nicht minder als ein **„religiöser Gedanke"** zu verstehen! Was hat sich also geändert? Offensichtlich nur die Ideologie (der „religiöse Gedanke"), die Mittel und somit letztlich die Macht, die durch verschiedene elitäre Organisationen auf diesem Planeten instrumentalisiert wird, um das Endziel – eine zentrale Weltregierung unter ihrer Herrschaft – zu installieren. Unzweifelhaft ist doch wohl auch, von welchem mächtigen Industriestaat aus dieses Vorhaben gesteuert wird!

Aber ist es denn nicht legitim, dieses Ziel anzustreben? Einmal ganz davon abgesehen, daß Legitimität sich immer aus der Macht heraus definiert: ***„Wer die Macht hat, hat das Recht...“*** – und somit alle erforderlichen Mittel legitimiert sind, um das Endziel zu erreichen. Die *Unterdrückten* klagen immer ihren Herren an. Im globalen Schachspiel um die Weltherrschaft gibt es immer mindestens zwei Rivalen, wie sich auch an der Front eines Schlachtfeldes zwei Gegner gegenüberstehen. Der *Böse* ist aber immer der andere, die Ideologie des anderen ist auch immer die verkehrte und so weiter – es ist eben immer entscheidend zu erkennen, auf welcher Seite man sich gerade befindet.

Haben es die großen Religionen über die Jahrhunderte anders gemacht? Der Erhalt und die Ausdehnung ihrer Glaubensschar und somit ihrer Ideologie („religiöser Gedanke“), mit dem Ziel einer theokratischen Herrschaft, basierte auf den gleichen Machtstrukturen, die auch in verschiedenen Geheimgesellschaften bis heute vorhanden sind: Manipulation, Unterdrückung, Ausbeutung und Verdummung. Was hat sich also bis heute geändert?

Stellt nicht der Wahn, der Haß und der religiöse Fanatismus, der mit grenzenloser Unwissenheit einhergeht, heute eine weltweite Bedrohung dar?

All das Unrecht und die dunklen Machenschaften, die sich derzeit auf unserem Planeten abspielen, werden nur aus übergeordneter, kausaler Sicht logisch und verständlich. Wie ist sonst beispielsweise das prophetische Wissen der Ägypter, der Sumerer und vieler anderer alter Kulturen in bezug auf unsere Gegenwart zu erklären? Wir leben zweifellos im dunkelsten (Tiefpunkt) der Zeitalter, das in der hinduistischen Lehre als Kali-Yuga-Zeitalter bezeichnet wird und einen zyklischen Tiefpunkt der Menschheitsgeschichte bereits vor Jahrtausenden ankündigte.

Das Netz der verschiedenen Geheimgesellschaften hat sich über die Jahrhunderte immer mehr verzweigt. Reisen wir von heute, zu Beginn des 21. Jahrhunderts, zurück auf dem Zeitpfeil an den Beginn der christlichen Zeitrechnung, also zur sogenannten *„Stunde Null“*, begegnen wir auf unserer Reise hunderten von Geheimbünden und solchen, die sich dafür hielten und schneller wieder von der Bildfläche verschwanden, als ihnen recht war.

Andere Geheimbünde traten zu irgendeinem Zeitpunkt an die Öffentlichkeit und verschwanden nach einem gewissen Zeitraum wieder, oder es kam zur Auflösung und Verschmelzung mit anderen Organisationen.

Die „Neu-Leser" in dieser Thematik werden im weiteren Verlauf dieses Werkes des öfteren darüber in staunendes Kopfschütteln geraten, wie umfangreich und belegbar viele angeblich „geheime" weltpolitische Angelegenheiten in Politik und Logentum heute bisweilen sind.

Politik und Logentum waren immer miteinander verbunden! Denken Sie, heute ist das anders?

Die heutige Informations- und Mediengesellschaft, die sich, wie wir bereits wissen, in den Händen weniger, mächtiger Medienmogule befindet, beherrscht ihr Handwerk und liefert uns die Welt auf einem kleinen silbernen Tablett. Das soll heißen: Wer heute *online* ist, kann Sender und Empfänger unvorstellbar großer Informationsmengen werden, und das in kürzester Zeit. Doch die Faszination täuscht, und gerade hier ist der Haken: *Wir wissen nicht, was wahr oder falsch ist!* Das wissen nur die Informations- und Meinungsmacher, und auch die sind größtenteils nur Erfüllungsgehilfen und bemerken gar nicht die dünnen Marionettenfäden, an denen sie allesamt hängen.

Die rasante Entwicklung der Technik in den letzten Jahrzehnten hat den wenigen reichen und mächtigen Personen und Gruppen auf unserer Erde ungeahnte, vor allem aber eine Vielzahl *unsichtbarer* Möglichkeiten gegeben, die Menschen besser zu steuern und zu lenken, als das in der Geschichte der Menschheit der letzten Jahrtausende(!) jemals der Fall war. Zu keiner Zeit der Geschichte ist der Mensch gezielter und erfolgreicher gesteuert worden als in unserer modernen Welt – heute ist der Mensch mehr „Sklave" denn je!

Die Ursprünge geheimer Gesellschaften und religiöser Gruppierungen gehen Jahrtausende zurück. Es lassen sich zweifellos noch Spuren in das Alte Ägypten zurückverfolgen, genauer gesagt in das heilige und wohl größte Priesterzentrum der Antike – ***Heliopolis*** – und in die ebenfalls weit zurückliegende Hochkultur von Sumer, im Zweistromland an Euphrat und Tigris. Im weiteren Verlauf wird noch deutlich werden, daß ein nicht geringer Teil der Überlieferungen und Legenden des Alten Testamentes einfach aus den sumerischen und ägyptischen Aufzeichnungen und Überlieferungen übernommen wurde, so daß die viel späteren Niederschriften des Alten Testamentes in vielerlei Hinsicht – historisch und zeitgeschichtlich – nicht mehr einzuordnen waren und heute zum Teil mit Recht einfach in das Reich der Mythen und Legenden verlegt werden.

Das einstmalige Zentrum der Priesterschaft in Heliopolis dehnte sich auf einer Fläche von etwa 900.000 Quadratmetern aus und war von einer mächtigen Umfassungsmauer umgeben. Das Alter der Anlage ist heute nicht endgültig geklärt, ihre Wurzeln sind aber mindestens bis in die 3. Dynastie (2700 bis 2575 v.Chr.) zurückzuverfolgen. Heliopolis galt als die bedeutendste Universität der Welt. Etwa zur Zeit des Neuen Reiches (19. Dyn.) sollen dort zirka dreizehntausend Priester gewirkt haben. Etwa zweihundert Jahre zuvor wurde kein Geringerer als Moses in Heliopolis *„in all die Weisheit der Ägypter“* eingeweiht.

Nicht nur die Spuren Mose führen uns zurück in das Alte Ägypten. Wie im weiteren Kapitel noch belegt werden wird, stehen auch Abraham, der Stammvater des Christentums; Joseph; David und Salomon, um nur einige Hauptdarsteller des Alten Testamentes zu nennen, in einem weitaus größeren Zusammenhang mit dem Land am Nil, den Pharaonen dem Priester- und Einweihungszentrum Heliopolis, als die Christenheit es bis heute glauben mag und der Klerus offiziell zu bekennen gibt – die Wahrheit ist längst bekannt, so viel vorab!

Heliopolis war sicherlich das bedeutendste Wissenszentrum der antiken Welt. Man denke in diesem Zusammenhang nur an den Wissensschatz der Bibliothek von Alexandria und die große Tragödie, die durch die Vernichtung entstand und für die Nachwelt einen tiefen Sturz in jeglicher Hinsicht bedeutete. Der Tiefpunkt auf kultureller, sozialer, religiöser und wissenschaftlicher Ebene hatte zwischenzeitlich verschiedene Extreme zu verzeichnen, wie beispielsweise die vielen Kreuzzüge „im Namen Gottes“! Heute fragen wir uns, welchen Gott diese „geistlichen“ und gottabgewandten Massenmörder seinerzeit angebetet haben? Die weiteren geschichtlichen Ereignisse waren eine steile Talfahrt. Die Fahrt endete irgendwo im tiefsten Sumpf des Mittelalters: Pest, Kriege, die „heilige“ Inquisition und das Ptolemäische Weltbild thronten über Europa.

Aber kurz zurück zu den Mysterienschulen der Alten Zeit: Diese waren die Zentren der geheimen und okkulten Wissenschaften. Ihre Hohepriester waren die hochgradig eingeweihten Priester, die in Demut, Bescheidenheit und weiser Vorausschau ihr Wissen weitergaben.

Die Priesterschaft war für alle Lebensbelange zuständig. Nicht nur die geistliche und spirituelle Macht, sondern auch die politische Macht wurde maßgeblich durch die Priesterschaft beeinflußt und wurde durch den Pharao personifiziert. Religion und Staatswesen waren, wenn man so will, noch eine untrennbare Einheit.

Diese Einheit von Religion und Staatsführung, die von alters her der Tradition entsprach, ist heute noch in vielen Ländern des Ostens erkennbar. Wie auch im Falle der frühen Hochkultur des Zweistromlandes und der frühesten sumerischen Hochkultur, tritt dieses mystische und okkulte Wissen der Ägypter praktisch ohne erkennbare und bis heute nicht gefundene Übergangsstadien auf, die Jahrhunderte, wenn nicht sogar Jahrtausende hätten dauern müssen, wobei wir uns auch dann der Frage stellen müssen, wie die hohen Erkenntnisse in Mystik, Mathematik, Astronomie, Astrologie (Astronomie und Astrologie war ursprünglich eine Wissenschaft) und Architektur ihre Perfektion erreichen konnten. Den Skeptikern unter den Lesern und Naturwissenschaftlern sollte an dieser Stelle bewußt sein, daß die Wissenschaftler der Ägypter beispielsweise, denen der heutigen Zeit in verschiedenen Bereichen voraus waren und Kenntnisse besaßen, die nach heutiger Lehrmeinung teilweise erst Jahrtausende später entdeckt wurden. Jenen Skeptikern empfehle ich, sich einmal mit den astronomischen und mathematischen Daten der großen Pyramide von Gizeh und dem Phänomen der Präzession zu befassen, die beide ausführlich in meinem ersten Werk behandelt werden.

Das Wissen um die Präzession spielt dabei eine ganz besondere Rolle – damals wie heute –, mit dem Unterschied, daß heutige Wissenschaftler und Archäologen diesen wissenschaftlichen Aspekt, zumeist aus Unkenntnis, gar nicht in ihre Versuche, Erklärungsansätze für das große Wissensspektrum der „Alten" zu erhalten, einbeziehen. Dabei spielen heute besonders religiöse Glaubensgrundsätze eine wesentliche Rolle, egal ob Wissenschaftler von einem christlichen, moslemischen oder anderen religiösen Hintergrund begleitet werden. Das erkannten auch die Professoren Giorgio de Santillana und Hertha von Dechend in ihrem außerordentlichen

Werk *„Die Mühle des Hamlet"*. Die beiden Wissenschaftler legten in ihrem herausragenden Werk eine Vielzahl mythischer und ikonegraphischer Fakten vor, um die Existenz des Phänomens der Präzession nachzuweisen. Auch Santillana erkannte nach jahrelanger Forschung das große Wissensdefizit, das moderne Wissenschaftler auf diesem Gebiet haben: *„Moderne Archäologen haben eine geradezu vorsintflutliche Ahnungslosigkeit auf dem Gebiet der Astronomie an den Tag gelegt, eine Ahnungslosigkeit, die so weit ging, daß einige von ihnen gar nicht einmal wußten, daß es das Phänomen der Präzession überhaupt gibt."*

Von den Griechen und Römern trennen uns heute teilweise mehr als zwei Jahrtausende! Als die Griechen und die Römer aber die Weltbühne betraten, da hatte sich bereits der Staub der Jahrhunderte und Jahrtausende über die Reste der ägyptischen Hochkultur gelegt. Das erkannten schon so große Männer der Geschichte wie beispielsweise Plato, als er einmal sagte:

*„Wir Griechen sind in Wirklichkeit Kinder im Vergleich zu diesem Volk, dessen Überlieferungen um das Zehnfache älter sind (als die unsrigen). Und während nichts an kostbarer Erinnerung an die Vergangenheit in unserem Land länger aufbewahrt wird, hat Ägypten die Weisheit alter Zeiten auf ewig aufgezeichnet und aufbewahrt. Die Wände seiner Tempel sind bedeckt mit Inschriften, und die Priester haben dieses göttliche Erbe ständig vor Augen (...). Jede Generation übergibt der nächsten unverändert die heiligen Dinge, als da sind Lieder, Tänze, Rhythmen, Rituale, Musik, Malerei, die aus unvordenklichen Zeiten stammen, als die Götter zu Beginn aller staatlichen Ordnung noch auf Erden herrschten."*

Ähnlich äußerte sich auch einmal der römische Philosoph Lucius Apuleius im zweiten Jahrhundert nach Christus:

*„O Ägypten, Ägypten! Von deinem Wissen werden nur Fabeln übrigbleiben, die späteren Geschlechtern unglaublich vorkommen."*

Ein entscheidender Wandel, der bereits am Ende des ägyptischen Zeitalters begann, war der Verlust des Gleichgewichtes der staatlichen Machtverhältnisse des Königs, also des Repräsentanten des Volkes und der Macht der Priesterschaft.

Der Wandel war vielmehr eine Teilung, eine Spaltung in die staatliche Macht auf der einen Seite und die priesterliche Macht auf der anderen Seite, die nunmehr aus zwei getrennten Lagern auf das Volk einwirkten. Das hatte andererseits zur Folge, daß die Priesterschaft, samt ihres mystischen und okkulten Wissens, immer mehr in den „Untergrund" abtauchte, denn das Streben nach Macht der politischen Herrscher führte nach Jahrhunderten sogar zu Verfolgung und Mord.

Dieser Aspekt wurde in den ersten Jahrhunderten mit Nachdruck durch die Kirche praktiziert, und dazu hatte sie wohl allen Grund. Weltliche und kirchliche Machthaber hatten verschiedene okkulte Lehren, die in der jungen(!) christlichen Religion und parallel dazu entstanden waren, mit allen Mitteln zu zerstören versucht. Der Gnostizismus war erloschen. Kaiser Konstantin hatte (nach 325) jeglichen Mysteriendienst, Mithras-, Bacchus-, Serapis- und Kabirenkult untersagt. Er unterband auch die Verbreitung des Gnostizismus (dazu später noch mehr). Durch seine Nachfolger Valentin (372), Theodosius (381) und Theodosius II. (450) wurden diese Verbote erneuert. Die Christenheit übte willentlich eine gewaltige Macht aus: Besonders den Juden und ihren wesentlich älteren Traditionen galt ihr Mißtrauen. Die Katharer wurden vernichtend geschlagen, ebenso die Muslime in verschiedenen – im Namen Gottes (!) – geführten Kreuzzügen. Grundsätzlich war ein Abweichen von der rechtmäßigen Lehre kaum möglich. Thesen, die den Vorstellungen der Zeit nicht entsprachen, fanden durch die Macht der Kirche keine Verbreitung – zumindest nicht offiziell.

Dieser politische Druck, der auf die „verbotenen" Sekten und geheimen Gesellschaften ausgeübt wurde, entfachte in weiten Teilen Europas eine Flucht in den Untergrund. Dieser Aspekt zog sich in den kommenden Jahrhunderten wie ein unsichtbares Band durch die Geschichte. Das beste Beispiel stellt sicherlich das spätere Schicksal des Templerordens dar, der – nach seinem kometenhaften Aufstieg, verbunden mit unermeßlichem Reichtum – durch die römisch-katholische Kirche verboten und fast ausgelöscht wurde.

Wie sehr das alte Wissen über die Jahrhunderte und sogar Jahrtausende hinweg immer auf geheime Weise weitergetragen wurde, wird sehr schnell deutlich, wenn wir die Ein-Dollar-Note der Vereinigten Staaten betrachten, deren Hauptsymbolik aus der dreizehnstufigen Pyramide und dem Seeadler, dem geheimnisvollen Mysterienvogel des einstmals größten Priesterzentrums der Antike – Heliopolis –, besteht. Auch das geheime Wissen um die heiligen Obelisken hat bei den Geheimgesellschaften über die Jahrhunderte hinweg nie an Bedeutung verloren – der mystische und okkulte Hintergrund wurde bewahrt. Und das bis zum heutigen Tag, denn ob im Herzen der Vatikanstadt, vor der Peterskirche, vor der „City" in London, in der anderen bedeutenden Machtzentrale New York oder beispielsweise am Weißen Haus in Washington – überall symbolisieren die alten Obelisken (einige sind auch neu!) die Macht ihrer jeweiligen weltlichen Herrscher! Zufall?

## *Logen kontra Kirche*

Kommen wir nun zu einem menschheitsgeschichtlichen Eckstein – die Jesus-Kontroverse – und in diesem Zusammenhang zu dem Jahrtausende alten Konflikt zwischen Logen und Kirche. Wenn ich gerade von einem Eckstein sprach und zudem von einem menschheitsgeschichtlichen, dann ist das keineswegs untertrieben. Außerdem betrifft es nahezu jeden Leser der christlichen Religionszugehörigkeit. Dabei ist es unbedeutend, daß an dieser Stelle der eine oder andere Leser denken wird, daß ihn das nicht betrifft, aufgrund von Gleichgültigkeit der Kirche gegenüber oder aus dem Grund, daß seine Kirchenzugehörigkeit längst der Vergangenheit angehört.

Viele Leser – die mit Gleichgültigkeit ausgestatteten und auch die „Ausgetretenen" – werden nach den weiteren Ausführungen in dem einen oder anderen wichtigen historischen Punkt in einigen ihrer Entscheidungen und Gedanken sicherlich bestätigt, werden aber auch zweifellos feststellen, daß sie in der Vergangenheit über wesentliche Hintergrundinformationen leider nicht verfügt haben. In bezug auf die „unbefleckte" Kirche wird unweigerlich die Frage auftauchen: Warum werden die Gläubigen nicht über bedeutende historische Fakten (oder eben noch nicht endgültig bewiesene Fakten, wie beispielsweise die Person Jesus betreffend) informiert? Wenn Sie erst einmal in diese Thematik eintauchen, werden Sie feststellen, daß diese so tief und unerforscht ist wie die Unterwasserwelt, und die ist schätzungsweise erst zu fünf bis zehn Prozent erforscht!

Aber – und das sollte mit aller Deutlichkeit gesagt werden – dieses Thema geht uns alle an, denn es steht in einem unmittelbaren Zusammenhang mit unserer aktuellen gesellschaftlichen, kulturellen und weltpolitischen Lage.

Trotz aller Kritik gegenüber der katholischen Kirche, die im Verlauf des Buches bereits wiederholt angedeutet wurde, sollten wir auch nicht kritiklos die Gegenseite außer Acht lassen, vorzugsweise die verschiedenen Logen-Gemeinschaften. Natürlich entstehen Konflikte und unterschiedliche Meinungen nicht so aus heiterem Himmel. Die Kontroverse zwischen Kirche und Logen hat eine lange und fundamentierte Vergangenheit und betrifft im Kern die Person Jesus. Mit ins Boot nehmen müssen wir, neben der katholischen Kirche, auch die zwei anderen Abrahamreligionen: Islam und Judentum – und zwar, um den Gesamtzusammenhang besser verstehen zu können. Hierzu werden wir versuchen, den gemeinsamen Ursprung dieser Religionen darzulegen. Erst dabei wird der offensichtliche Ursprung der biblischen *Abraham-Linie* deutlich.

In den vergangenen zwei Jahrzehnten sind insbesondere Autoren – bekennende Freimaurer – mit verschiedenen Publikationen an die Öffentlichkeit getreten, zumeist in Millionenauflagen. In diesen Werken wurde die Kernthese des Christentums untersucht – die Vergöttlichung Jesu, die Auferstehung und die Himmelfahrt. Titel wie *„Der Heilige Gral und seine Erben"*, *„Unter den Tempeln Jerusalems"*, *„Der Tempel und die Loge"* oder *„Verschlußsache Jesus – Die Qumranrollen und die Wahrheit über das frühe Christentum"* sind einige dieser Werke.

Ein weiterer Bestseller in dieser Reihe von Büchern lautet übersetzt: *„Die Templer-Enthüllung – Geheime Hüter der wahren Identität Christi"* (*„The Templar Revelation – Secret Guardians of the True Identity of Christ"*, Lynn Picknett und Clive Prince).

Da stellt sich der unbefangene Leser doch sogleich die Frage, um welche Geheimnisse es sich da handeln könnte? Oder handelt es sich hier um eine gezielte Weltverschwörung? Sind die Freimaurer die großen Weltverschwörer oder haben sie stichhaltige Beweise, und wenn ja, für was? Wenn es tatsächlich eine andere Identität der Person Jesus gegeben haben sollte, warum wird die Menschheit nicht darüber aufgeklärt, und das beweiskräftig durch Belege von Schriften beispielsweise? Daß es solche Beweise geben soll, davon haben wir ja schon verschiedentlich gehört – wo aber sind diese Beweise?

Der Hauptansatz der genannten Autoren ist wohl der, Licht in die dunkle Vergangenheit zu bringen, wogegen wir ja alle nichts einzuwenden haben. Natürlich sollte dabei nicht außer Acht gelassen werden, daß es sich bei den eben genannten Autoren ausschließlich um solche der Loge der Freimaurerschaft handelt. Die bekannten Autoren *Lincoln*, *Baigent* und *Leight* haben einen Großteil dieser Werke verfaßt!

Aber über wieviel Wissen verfügen diese Autoren wirklich? Treten „geheime" Fakten durch ein Buch gezielt an die Öffentlichkeit, bedarf das immer der Zustimmung hochgradiger Mitglieder der Loge, das ist *kein* Geheimnis! Die Autoren geben zwar verschiedentlich, in beschreibender Form, Stationen und Handlungen ihrer Einweihungsrituale in den verschiedenen Graden bekannt, lassen den Leser aber über ihre wirklichen Einweihungsgrade möglicherweise im Ungewissen, denn neben den bekannten traditionellen Graden des Lehrlings, des Gesellen und des Meistergrades (blaue Freimaurerei) gibt es bekanntermaßen die Hochgrade (Schottischer Ritus/rote Freimaurerei; genauere Erklärung folgt später). Wissen die Autoren nicht mehr, oder präsentieren sie uns nur die halbe Wahrheit? All diese gerade gestellten Fragen sind sicherlich nicht unberechtigt. Das wird kritisch und mit Respekt gegenüber denjenigen Lesern erwähnt, die Mitglied der gleichnamigen Loge sind und für die diese Thematik und die weiteren Ausführungen neu sein werden.

Es gibt keine halbe Wahrheit, sondern nur eine ganze Wahrheit. Jede *halbe Wahrheit* ist eine *Halbwahrheit* und ist befleckt, sie ist letztlich eine Mixtur aus wahr und unwahr!

Weil wir gerade über geheime Dinge und Organisationen sprechen, sollten wir diesbezüglich noch einem Gedankengang Einlaß gewähren. Zunächst die spezifische Frage zu diesem Gedankengang:

***Wann ist eine Organisation eigentlich als Geheimgesellschaft zu bezeichnen?***

Die Frage ist nicht unwichtig, denn viele Geheimgesellschaften haben sicherlich einen Grund für ihr geheimes Treiben und Handeln, das sollte grundsätzlich respektiert werden. Nur müssen wir heute Einschränkungen bei der Bezeichnung „Geheimgesellschaft" vornehmen, denn über die meisten Logen ist mittlerweile vieles bekannt, und das weil diese Organisationen eben an die Öffentlichkeit getreten sind und sich gewissermaßen „geöffnet“ haben. Hierbei sollten wir nicht vergessen, daß verschiedene Gemeinschaften und Organisationen erst durch politischen Druck und den Einfluß großer Religionsgemeinschaften, vorzugsweise der katholischen Kirche, dazu genötigt wurden, in den Untergrund abzutauchen und „geheim“ zu werden.

Heute werden die Freimaurer fälschlicherweise immer noch als eine Geheimgesellschaft betrachtet, was im Grunde nicht oder zumindest nur teilweise richtig ist. Nehmen wir beispielsweise an, daß die Freimaurer im Besitz geheimer historischer Schriften sind, in denen es um die Person und das Leben Jesu geht, dann könnte man diese mögliche Tatsache als etwas *Geheimes* bezeichnen. Die gleiche Bewertung müßten wir dann auch der katholischen Kirche zukommen lassen, die nicht mehr oder weniger als eine geheime Gesellschaft bezeichnet werden müßte, denn auch sie ist zweifellos im Besitz von Fakten (zum Beispiel Jahrtausende alte Schriften oder die letzte Prophezeiung von Fatima), die sie der Öffentlichkeit vorenthält – *geheim*hält!

Diese interessanten Gedankengänge ziehen natürlich weitere Fragen nach sich, die zu allerlei Spekulationen führen, wie beispielsweise die Frage nach der Anzahl der Personen der Gruppe oder „Eingeweihten“ der verschiedenen „geheimen“ Organisationen, die wirklich Zugang zum *„Allerheiligsten“* ihrer jeweiligen Gemeinschaft haben.

**Anmerkung:**

Wenn es mir als Autor vielleicht nicht immer gelingen mag, sowohl der einen als auch der anderen Seite gegenüber neutral und *gleich-gültig* zu erscheinen, bitte ich um Nachsicht und Verständnis. Allen Beteiligten möchte ich an dieser Stelle jedoch versichern, daß dies immer mein tiefstes Anliegen ist. Meine persönliche Weltanschauung ist weder politisch oder religiös nach heutiger Dogmatik noch findet sie ihre Grundlage in irgendeiner anderen Organisation.

Welche Weltanschauung jeder Leser auch immer haben mag, welcher Konfession oder „geheimen“ Organisation er oder sie angehören mag, gleich welche Hautfarbe oder Religionszugehörigkeit jemand hat, ob arm oder reich, all das spielt für mich keine Rolle, sondern nur für denjenigen selbst! Jeder Mensch hat immer die freie Entscheidung über all sein Tun und Handeln!

Welche Weltanschauung er auch immer haben mag, es wird seinem Lebensmuster – seiner Lebensmelodie – entsprechen. Er vergeudet auch nicht seine Zeit damit – es ist nicht *zu-fällig*, denn „Zufall“ beruht immer auf Kausalität und somit auf Resonanz. So sollte jeder sein Leben in der Art und Weise fortsetzen, wie er es für richtig hält.

*„Die Wahrheit steht über allen Dingen“*, vorzugsweise auch über allen Religionen, Organisationen und Logen, denn sie alle berufen sich ja letztlich darauf, im Besitz der ganzen Wahrheit zu sein, welche das auch immer sein mag.

## *Freimaurer im Vatikan*

Das Freimaurertum – die „Gegenkirche“ – und die katholische Kirche haben seit jeher ein angespanntes Verhältnis, was eigentlich keiner weiteren Erklärung bedarf. Hierüber könnten gleich mehrere Bücher verfaßt werden. Wir wollen uns an dieser Stelle nur einigen Beispielen zuwenden.

Obwohl das offizielle Gründungsjahr der Freimaurer (Gründung der englischen Großloge) auf 1717 festgelegt wurde, gibt es verschiedene Hinweise, daß es Freimaurerlogen bereits viel früher gegeben hat. Verschiedene Quellen weisen darauf hin, daß der König von Schottland, James I. (1566-1625), im Jahre 1602 in die „Loge von Scoon und Perth“ eingeweiht wurde. Ein Jahr später wurde er zum König von gesamt England ausgerufen und residierte in London. In dieser Zeit entstand die noch heute als klassische Standardübersetzung geltende *King James Bible*. Das Vorwort dieser Erstausgabe wurde von König James höchstpersönlich verfaßt und enthält Bemerkungen, die gegen das Papsttum gerichtet sind und als abschätzig und gehässig eingestuft werden könnten. Der Konflikt wurde also bis in die Bibel (zumindest bis ins Vorwort) hineingetragen.[29]

So hat beispielsweise Pius VIII. (1761-1830) eine Enzyklika gegen die Freimaurer veröffentlicht. Pius VIII. wurde 1829 zum Papst gewählt und starb nach nur einjährigem Pontifikat.

Im Jahre 1738 ließ Papst Clemens XII. einen päpstlichen Erlaß herausgeben, der verlangte, daß jeder Katholik, der den Freimaurern beitrat oder schon beigetreten war, exkommuniziert wird.

Papst Leo XIII. gab am 20. April 1884 die Enzyklika *Humanum genus* („Das Menschengeschlecht") heraus, in der er gegen die Freimaurerei als antichristliche Bewegung Stellung bezog. Er brauchte massive Worte und sprach direkt vom *„Reich Satans... unter dessen Herrschaft all jene stehen, die dem ewigen göttlichen Gesetz den Gehorsam verweigern, die über Gott hinweggehen oder gegen ihn etwas unternehmen... [Die Gegner Gottes sind] miteinander verschworen zu einem erbitterten Kampf unter der Leitung und Hilfe des Bundes der sogenannten Freimaurer. Ohne ihre Pläne zu verheimlichen, stacheln sie gegen die Majestät Gottes auf. Offen und unverhohlen arbeiten sie daran, die heilige Kirche zu vernichten..."*[30]

Interessant ist es natürlich auch, einmal aus der Sicht der Kirche die Welt zu schauen. Hier wird dann von Satan gesprochen oder dem „Fürst der Welt", der hinter den Kulissen der eigentliche Drahtzieher ist und die Fäden in seinen bösen Händen hält. Er benutzt mit Vorliebe einflußreiche Leute, die sich der Sünde ergeben haben und dadurch in seinen Machtbereich geraten und zu seinem Diener geworden sind.

Dabei setzt er die ihm ergebenen Meister und Großmeister der Verführung und des Bösen gezielt gegen die Führungskräfte der Gegenseite ein, um im kirchlichen, religiösen, gesellschaftlichen, politischen, kulturellen und wissenschaftlichen Bereich an die Schalthebel der Macht zu gelangen und beherrschenden Einfluß auszuüben.

So operieren italienische Hochgradfreimaurer schon seit fast zweihundert Jahren an dem Ziel, einen Papst nach ihren Bedürfnissen auf den Stuhl des heiligen Petrus zu erheben. Ein aus dem Jahre 1818 stammendes Dokument mit dem Titel *„Fortdauernde Instruktion. Gesetzbuch und Handreichung der Oberen in der hohen Freimaurerei"* belegt dies. In der Anweisung wird zunächst von dem politischen Ziel gesprochen, der Befreiung Italiens, der die Befreiung der ganzen Welt folgen soll, *„die Bruderrepublik und die Einigung der Menschheit"*. Weiter heißt es in dieser Instruktion: *„Unser Ziel ist... die vollkommene Vernichtung des Katholizismus und selbst der christlichen Idee... Der Papst, wer immer es auch sei, wird nie zu den Geheimbünden* *kommen; darum müssen die geheimen Verbindungen den ersten Schritt zum Papst und zur Kirche tun, mit der Absicht, beide in Fesseln zu schlagen. Das Werk, an das wir uns machen, ist nicht die Arbeit eines Tages, eines Monats oder Jahres. Es kann viele Jahre, vielleicht ein Jahrhundert dauern... Was wir suchen und worauf wir harren müssen wie die Juden auf ihren Messias, das ist ein Papst nach unseren Bedürfnissen... Wir zweifeln durchaus nicht an der Möglichkeit, zu diesem Endziel aller unserer Anstrengungen zu gelangen.*"[31]

Dieses listige Vorhaben wäre im Jahre 1903 beinahe gelungen. Nach dem Tod Papst Leos XIII. hätten die Kardinäle nämlich den letzten Staatssekretär des verstorbenen Papstes, den Hochgradfreimaurer und Kardinal M. Rampolla, zum Papst gewählt. Doch das Unglück – aus Sicht der Kirche – konnte beim dritten Wahlgang am 2. August 1903 noch verhindert werden. Im siebten Wahlgang am 4. August 1903 wurde schließlich der Patriarch von Venedig, Giuseppe M. Sarto, zu Papst Pius X.. Daß Rampolla Hochgradfreimaurer war, erfuhr man erst nach seinem Ableben, als in seinem Nachlaß Dokumente gefunden wurden, die ihn als Freimaurer auswiesen.

Im September 1978 tauchte eine Liste mit hunderteinundzwanzig Namen im Vatikan auf, die in die Hände von Papst Johannes Paul I. gelangte. Bereits zwei Jahre zuvor, im Sommer 1976, tauchte eine solche Liste erstmals in den heiligen Hallen des Vatikans auf. Verzeichnet waren auf der Liste die Namen hoher kirchlicher Würdenträger: Erzbischöfe, Bischöfe, Prälate und einige Laien – mit dem Eintrittsdatum in die Loge. Die Liste fand weltweite Verbreitung. Die Quelle, aus der die Liste ursprünglich stammt, konnte bis heute nicht bestimmt werden.

Einer, der auf dieser besagten Liste verzeichnet war, war der Staatssekretär Jean Villot, der mit einem nicht-öffentlichen Dementi reagierte. Die französische Zeitschrift „*Lectures Francaises*" hatte die genannte Freimaurerliste in der September-Ausgabe 1976 veröffentlicht und dabei den französischen Staatssekretär nicht unerwähnt gelassen. Daraufhin ging Villot in die Offensive, indem er dem Direktor der Zeitschrift einen Brief schrieb, in dem es wörtlich heißt: „*Der Kardinal Villot, Staatssekretär, sendet dem Direktor von „Lectures Francaises" seine besten Grüße. Nachdem er kürzlich erfahren hat, daß diese Zeitschrift in der Septembernummer 1976 seinen Namen erwähnt und ihn als Freimaurer dargestellt hat, erklärt der Kardinal*

*Villot in aller Form, daß er niemals zu irgendeinem Zeitpunkt seines Lebens die geringste Beziehung zur Freimaurerei gehabt hat und ebenso zu keiner anderen gemischten Gesellschaft. Er steht ganz und gar zu den Verurteilungen durch die Päpste...*"

Nur wenige Jahre später stellte sich heraus, daß Villot in seinem Schreiben gelogen hatte. Ähnlich wie bei seinem „Bruder" Rampolla, traten die entscheidenden Beweise nach Villots Tod am 9. März ans Tageslicht.

Auch Pier Compton berichtet in seinem Buch „*The Broken Cross*", wie die katholische Kirche durch Geheimgesellschaften infiltriert wurde. So schreibt er, daß mehrere hundert führende katholische Priester, Bischöfe und Kardinäle Mitglieder in Geheimgesellschaften seien. Er berichtet weiter, daß über siebzig Vatikan-Angestellte, darunter der Privatsekretär Papst Pauls des VI., der Generaldirektor des „Radio Vatikan", der Erzbischof von Florenz, der Prälat von Mailand, der stellvertretende Herausgeber der Vatikan-Zeitung, mehrere italienische Bischöfe und der Abt des Ordens von St. Benedikt, Mitglieder verschiedener Geheimgesellschaften seien. Diese seien wiederum nur diejenigen, die in Italien bekannt geworden sind, ganz abgesehen von der Liste der P2-Loge (P2 ist die Abkürzung für „Propaganda Due").

## *Die Jesus-Kontroverse*

Kommen wir nun zum eigentlichen Streitpunkt! Das Jesus-Bild, das von der Kirche seit etwa zweitausend Jahren propagiert wird, unterscheidet sich in zentralen Punkten von dem Bild der Gegenkirche.

- Zunächst wird die Vergöttlichung Jesu, wie sie durch die Kirche dargestellt wird, bestritten. Jesus sei kein Gottessohn gewesen, sondern erst später – nach seinem Tod – durch politische Macht und gezielte Propaganda durch die Kirche zum Erlöser aufgebaut worden. Die Jesus-Kirche besitzt keinen Absolutheitsanspruch, sie hat ihre Organisation und ihre Religion letztlich gezielt auf einer Lüge aufgebaut.

- Verschiedene Logen vertreten den Standpunkt, Jesus sei durch eine „biographische Verschmelzung"[32] mehrerer Personen entstanden.

- Andere behaupten, Jesus sei ein religiöser Prediger gewesen, der durch seine Messiasversprechen auch nach politischer Macht strebte, um seine Ziele zu erreichen. Er sei ein eingeweihter Schüler von Johannes dem Täufer gewesen, der damals sehr einflußreich war und eine eigene Bewegung anführte. Jesus soll zum inneren Kreis der Bewegung gehört haben, habe aber – spätestens nach der Ermordung des Johannes – eine eigene Bewegung gestartet.
  Zu diesem neuen Kreis – der „Jesus-Bewegung" – habe auch Maria Magdalena (die „Sünderin") gehört. Sie sei aber, entgegen der historischen Überlieferung, Jesu Begleiterin, wenn nicht sogar seine Gemahlin gewesen, denn alle Rabbis – Jesus wurde Rabbi genannt – seien verheiratet gewesen. Jesus sei nicht am Kreuz gestorben und später möglicherweise in Südfrankreich untergetaucht. Selbst wenn er am Kreuz gestorben wäre, so seien der Auferstehungsmythos und die Himmelfahrt eine spätere Mystifikation der Person Jesus. Maria Magdalena sei später nach Südfrankreich gegangen und habe in den jüdischen Kolonien im Exil weitergelebt und dort eine eigene Dynastie (mit einem Kind von Jesus) gegründet – die Merowinger-Könige und ihre Nachfahren seien Abkömmlinge dieser Dynastie, die auf das Hause David zurückgehe.[33]

- Eine weitere These behandelt der Autor Holger Kersten in seinem Bestseller *„Jesus lebte in Indien"*. Aufgrund schriftlicher Überlieferungen kommt er zu dem Ergebnis, daß Jesus sich über einen langen Zeitraum in Indien aufgehalten haben muß und später dorthin zurückkehrte, wo er schließlich auch verstarb.

- Dann gibt es Literatur, die zu beweisen versucht, daß Jesus kein Jude war, sondern Kelte, dessen Vorfahren aus Gallien kamen. Diese hätten ihren neuen Standort Galiläa genannt in Erinnerung an ihren Ursprungsort. Daher habe Jesus auch blonde Haare und blaue Augen gehabt und sei hochgewachsen gewesen, im Gegensatz zur dortigen Bevölkerung. Jesus könne keine Jude gewesen sein, meinen diese Kritiker, da er ja nicht einmal hebräisch gesprochen habe, sondern aramäisch. Hier wird auch das Turiner Grabtuch angeführt, das beweise – sofern dieses tatsächlich echt ist –, daß Jesus nordische Gesichtszüge hatte. Die Lehre, die Jesus vertrat, war auch den in Palästina ansässigen Völkern völlig fremd, den Kelten jedoch nicht, da sie das Gesetz von Ursache und Wirkung in ihren Lehren bereits vertraten.

- Noch spektakulärer ist die Behauptung, Jesus habe einen Zwillingsbruder gehabt. Es existiert ein Buch mit dem Titel „*Die zwei Jesusknaben*“ (Autor unbekannt), in welchem viele alte Gemälde vom Jesuskind gezeigt werden, die im Original zwei Jesuse zeigen, die im nachhinein so gefälscht wurden, daß nur noch ein Kind zu sehen war.

- Eine weitere Variante behauptet, Jesus habe es nie gegeben und sei in Wirklichkeit der germanische *Odin* gewesen, der Jahrhunderte zuvor ebenfalls gekreuzigt und mit einem Speer in die Seite gestochen wurde. Man habe demnach alte germanische Sagen übernommen, so wie die Kirche später ihre Kirchengebäude auch auf germanische Kraftplätze gebaut hatte und das dort natürliche rechtsdrehende Wasser plötzlich als „Heilwasser“ verkaufte.

- Und es gibt die Variante, die ich später intensiv beleuchten werde, nämlich daß Personen aus dem ägyptischen Raum zu Hebräern umgefälscht wurden.

Das sind natürlich massive Vorwürfe gegen die Kirche und die durch sie propagierte Vergöttlichung Jesu. Für viele Christen werden diese Ansichten und Vorwürfe natürlich erschütternd sein, auf der anderen Seite stellen sie erklärte und offizielle Glaubensinhalte der genannten und einflußreichen Organisationen dar. Wir dürfen gespannt sein, was in naher Zukunft zu dieser zentralen Thematik weiter ans Tageslicht gelangen wird. Hier wird unser Blick gleichermaßen auf Kirche und Logen gerichtet sein – beide sind am Zug, die dunkle Vergangenheit in den zentralen Fragen zu erhellen.

Wir wollen nun einmal beide Seiten genauer betrachten und versuchen, die jeweiligen Standpunkte darzustellen. Auch wenn wir keine Lösung für die zentralen Fragen erwarten können, so gibt es doch einige hochinteressante und teilweise auch sehr brisante Fakten, die für sich sprechen.

Dabei sollte nicht vergessen werden, daß es sich hier um einen historischen Konflikt handelt, der Jahrhunderte alt ist und immer auch Grundlage für Glaubenskriege war und daß bis zum heutigen Tag (siehe Nah-Ost-Konflikt) Millionen von Menschen ihr Leben lassen mußten!

## *Die Johannes-Bewegung*

Wir wollen uns der Frage zuwenden, warum Johannes der Täufer bei den Logenverbänden eine so wichtige und zugleich zentrale Rolle einnimmt.

Erinnern wir uns an die Ansichten der Logenverbände, die gerade vor wenigen Absätzen angesprochen wurden, nämlich daß Jesus ein Schüler von Johannes dem Täufer gewesen sein soll.

Die Johannes-Logen spielen im Freimaurertum eine zentrale Rolle. So fand die offizielle Gründung der Freimaurer-Gesellschaft am Johannes-Tag, dem 24. Juni 1717, in England statt.

Johannes der Täufer (Johannes der Evangelist) ist „*...seit uralten Zeiten der Schutzpatron der Steinmetzgilden und der ihnen angeschlossenen Bruderschaften. Zumindest in England. Er wird schon 1136 auf einer Inschrift aus der Monrose-Abtei als Patron bezeichnet... In den schottischen Logen wurde Johann der Evangelist ausschließlich verehrt. Alle Logen legten sich seinen Namen bei: ‚St. John's Lodge'. Er wurde bildlich dargestellt mit einer Schriftrolle in der einen und mit einem Kelch in der anderen Hand, aus dem sich eine Schlange hervorringelte. Zu seinen Füßen der Adler. Die Schlange erinnert hierbei an die erfolglosen Versuche, ihn zu vergiften... Die Gründung der Großloge von London fand 1717 an seinem Festtag statt. Im allgemeinen wird auch das Johannisfest am 24. Juni, dem Geburtsfest von Johannes dem Täufer, von fast allen Logen begangen, in englischen und einzelnen deutschen Logen wird auch der dem Evangelisten geweihte Tag, das Winter-Johannisfest, am 27. Dezember gefeiert.*“[34]

Den meisten Lesern wird bekannt sein, daß Jesu öffentliches Auftreten mit seiner eigenen Taufe durch Johannes den Täufer begann. Dieser Johannes war zu dieser Zeit sehr einflußreich und hatte eine große Anhängerschaft, unter der viele eben Johannes als den kommenden „Retter“ ansahen und ihn entsprechend verehrten. Er konfrontierte durch seine Predigten und Ansichten aber auch, indem er den Tempel in Jerusalem hart kritisierte und neue Rituale einführte, die im Judentum unbekannt waren, beispielsweise die Wassertaufe. Seine Anhängerschaft wuchs und schien die Tempelpriester von Jerusalem zu beunruhigen und ihnen immer mehr ein Dorn im Auge zu sein, gegen den etwas unternommen werden mußte. Laut den historischen Überlieferungen wurde Johannes, nachdem er Jesus getauft hatte, vom jüdischen Magistrat Herodes Antipas verhaftet. Dennoch, so erfahren wir aus dem Neuen Testament, wurde es Johannes gestattet, einige seiner Anhänger weiterhin zu empfangen. Zur selben Zeit machte Jesus durch seine Lehren und vor allem durch seine Wundertaten immer mehr von sich reden.

So sandte Johannes zwei seiner Jünger zu Jesus: *„Die Männer trafen bei ihm ein und sagten: „Johannes der Täufer schickt uns zu Dir und läßt Dich fragen: Bist Du es, der da kommen soll, oder sollen wir auf einen anderen warten?" In jener Stunde heilte er gerade viele von Krankheiten, Gebrechen und von bösen Geistern und schenkte vielen das Augenlicht. So gab er ihnen zur Antwort: „Geht hin zu Johannes, was ihr gesehen und gehört habt: Blinde sehen, Lahme gehen, Aussätzige werden rein, Taube hören, Tote stehen auf, Armen wird die Heilsbotschaft verkündet, und selig ist, wer sich an mir* (Jesus; Anm. d. A.) *nicht ärgert.""* (Lukas 7, 20-23)

Betrachten wir einen anderen Hinweis: Der Geschichtsschreiber Josephus Flavius (ca. 37-100), der Johannes den Täufer ausführlich erwähnt, berichtet sonderbarerweise nicht über die besondere Begegnung (aus der Bibel) von Jesus und Johannes. Über Jesus berichtet Flavius kein einziges Mal, was völlig unverständlich ist! Es ist nicht schlüssig, daß ein Historiker eine Person, die angeblich so große Massen bewegte wie Jesus, nicht einmal erwähnt. War Jesus zu der Zeit vielleicht gar nicht so bedeutend wie heute angenommen wird? Oder gab es den Weisheitslehrer Jesus, wie die Bibel ihn beschreibt, vermutlich gar nicht? Flavius berichtet, daß Johannes eine große Anhängerschaft hatte und sehr einflußreich war und somit Herodes Antipas und auch den Tempelpriestern zu gefährlich wurde, woraufhin Herodes Antipas ihn verhaften und töten ließ. Das wiederum paßt nicht zu der Tatsache, daß es Johannes gewährt wurde, seine Anhänger im Gefängnis zu empfangen, wodurch er ja auch Botschaften austauschen konnte und genau genommen aus dem Gefängnis heraus Anweisungen geben und auf seine Anhängerschaft weiter einwirken konnte, somit in seiner Rolle als religiöser Anführer – bis zu seinem Tod – nur bedingt eingeschränkt zu sein schien. Im Neuen Testament finden wir hierauf keine Antwort, dahingegen aber im Großen Evangelium des Johannes von Jakob Lorber (4,12;6-9), wo wir auf eine unerwartete Antwort stoßen: So soll Herodes zu Ohren gekommen sein, daß die Tempelpriester Mörder angestellt hätten, die Johannes töten sollten; daraufhin habe er Johannes zum Schein verhaften lassen, um ihn vor der Mordintrige der Tempelpriester zu schützen: *„Hier will ich ihn in einem guten Gefängnisse wohl verwahren; aber soll er mit seinen Jüngern freien Verkehr haben.“*

Es gibt noch einen anderen nennenswerten Aspekt um Herodes Antipas. Dieser war verheiratet mit der Tochter des Araberkönigs *Aretas*, lebte aber mit der Frau seines Halbbruders zusammen, was skandalös war und zwangsläufig einen Krieg mit dem Araberkönig heraufbeschwor. Geschäftig und wohl nicht ohne Kalkül versprachen die Tempelpriester der Frau, die Beziehung zu segnen, wenn sie die Verschwörung gegen Johannes unterstütze. Auch Johannes gehörte zu denen, die Herodes von der Frau abrieten, was diesen nur noch mehr darin bekräftigte, den „Täufer“ umbringen zu lassen. So kam es zu der Geburtstagsfeier, bei der Herodes in *Verblendung* der Tochter dieser Frau eine Bitte zu erfüllen versprach, *worauf sie auf Anstachelung ihrer Mutter hin den Kopf des Johannes forderte.*[35]

Wie bereits erwähnt, hatte Johannes schon zur der Zeit als Jesus auftrat und immer mehr von sich reden machte – durch seine Weisheitslehren und seine Wunderheilung (Lukas 7) – eine große Anhängerschaft. Da viele seiner treuen Anhänger davon überzeugt waren, daß eben *ihr* Johannes der erwartete Messias sei, kam es, besonders nach dessen Ermordung, zu entsprechenden Reaktionen, sowohl in Form von Schriften über Johannes als auch in mündlicher Form. Daran mag auch nichts geändert haben, daß Johannes selbst die Wahrheit kannte und einige seiner Anhänger aus dem engen Kreis bewußt zu Jesus sandte, um diesen fragen zu lassen: *„Bist Du es, der da kommen soll, oder sollen wir auf einen anderen warten?“*

Das alles änderte aber nichts an der Dynamik, die sich daraus entwikkelte und nach dem Tod des Täufers eintrat. Nach dessen tragischer Ermordung – er wurde enthauptet – entstanden neben den mündlichen

Überlieferungen auch neue Schriften über ihn und eine eigene Johannes-Kirche. Es kam dazu, daß viele Johannes-Anhänger nach dessen Ermordung zu Jesus *übertraten*, wodurch die Spaltung beider Bewegungen noch größer wurde. Dennoch wuchs auch die Johannes-Bewegung weiter.

Aus der Apostelgeschichte erfahren wir in diesem Zusammenhang, daß der Apostel Paulus Mitglieder der Johannes-Bewegung traf, als er einige Jahre später in die Stadt Ephesus kam. Diese Gemeinde in Ephesus war von dem Johannes-Schüler Apollos aus Alexandria gegründet worden (Apostelgeschichte, 18, 24). *Johannes hatte also auch noch nach Jesu Kreuzigung eine wachsende Anhängerschaft von Alexandrien in Ägypten bis Ephesus in Kleinasien!*[36]

Da nicht alle Johannes-Anhänger zu Jesus übertraten, kam es verständlicherweise immer mehr zu einer Rivalität zwischen beiden Gruppen. Diejenigen, die an Johannes festhielten und nicht überwechselten, erkannten Jesus wohl kaum als den *Erlöser* oder *Retter* an. Es kochten auch Gerüchte hoch, daß Jesus-Anhänger mit dem Mordkomplott an Johannes in Verbindung stünden, was ja verständlicherweise nicht abwegig zu sein schien – zumindest aus ihrer Sichtweise! Nach Jesu Tod und mysteriöser Auferstehung kamen aus dem Lager der Johannes-Anhänger Gegenstimmen und Stimmen des Zweifels auf, *geschürt durch die offizielle Stellungnahme des Jerusalem-Tempels, die besagte, die Jesus-Anhänger hätten den Leichnam entwendet, um eine Auferstehung vorzutäuschen.*[37]

Diese Darstellungen über Jesu Kreuzigung und Auferstehung wurden sogar in den jüdischen ***Talmud*** aufgenommen. So heißt es darin, daß Jesus sich in Ägypten aufgehalten habe und als Eingeweihter der ägyptischen Magie fremde Lehren und Götter ins jüdische Land habe bringen wollen. Er wurde der Zauberei für schuldig befunden, weshalb er angeklagt und zum Tode verurteilt wurde.

Auch der ***Koran***, der erst einige Jahrhunderte später entstand, widerspricht ebenfalls der Auferstehungserklärung der Kirche, indem er behauptet, Jesus sei nicht am Kreuz gestorben! Interessant ist, daß der Talmud und auch der Koran die Auferstehungserklärung und somit die Vergöttlichung Jesu ablehnen, aber gleichzeitig auch widersprüchliche Meinungen bezüglich der Kreuzigung vertreten!

Welchen Stellenwert die Johannes-Bewegung bis heute hat, können wir anhand der vorliegenden Überlieferungen recht klar erkennen; vor allem den Einfluß, der unzweifelhaft in das Freimaurertum einfloß, denn wie bereits weiter oben erwähnt wurde, fand die offizielle Gründung der Freimaurer-Gesellschaft am Johannes-Tag statt.

Es gibt viele andere Gruppierungen, die sich in ihrer Tradition auf Johannes den Täufer berufen und somit auch abweichende Ansichten über Jesus vertreten. Ein Beispiel für eine dieser Gruppen, die bis zum heutigen Tag diese Tradition aufrechterhalten, sind die Mandäer im heutigen Gebiet Irak/Iran. Sie besitzen eigene Schriften und berichten, daß ihre Tradition ursprünglich aus Ägypten stamme. Sie berufen sich auf Johannes den Täufer, der nicht ihr Gründer, aber ihr größter Führer gewesen sei.

Ich möchte aber noch einen weiteren Gedankengang mit anfügen, der unweigerlich eine Frage mit sich bringt: Warum ließ sich gerade Jesus von Johannes dem Täufer taufen? Daß er sich überhaupt taufen ließ, ist zumindest in bezug auf seine später proklamierte Vorrangstellung recht fragwürdig. Das stellt doch die Göttlichkeit Jesu – zumindest nach kirchlichem Glaubenssatz – eindeutig in Frage! Eigentlich hätte der Täufer die Taufe von Jesus empfangen müssen. Zudem wissen wir, daß die bei den Juden auch vorher bekannte rituelle Waschung der Tradition nach von Sünden befreien oder diese eben tilgen sollte. Warum sollte der Sohn Gottes von Sünden befreit werden?

Irgend etwas stimmt hier nicht!

Abb.3:
Laut biblischer Überlieferung erhält Jesus die Taufe durch Johannes; hier dargestellt auf einem Bild im koptischen Kloster Makarius, Ägypten.

Hierauf gibt es nur wenige klare Antwortmöglichkeiten:

- Eine Erklärung wäre, daß es die ganze Geschichte um Jesus, Johannes den Täufer und die besagte Taufe Jesu gar nicht gegeben hat oder all das erfunden wurde.

- Eine andere Erklärung wäre, daß Jesus selbst, der ja unzweifelhaft als Mensch geboren wurde, in seinen und auch in den Augen Johannes des Täufers gar nicht diesen höchsten, unbefleckten – gottgleichen – Stellenwert hatte.

Das Problem des göttlichen Stellenwertes Jesu darf aber nicht ungelöst bleiben; es muß also eine elegante Lösung gefunden werden. Da hilft nur noch ein Griff in die theologische Trickkiste. Und diesen Teil übernimmt dann der Evangelist mit Namen Johannes, indem er die von seinem Meister zum Jordan getragenen Verfehlungen flugs zur „Sünde der Welt" macht und Jesus zum „Lamm Gottes", das sie für die anderen trägt. Dank sei dem Herrn, so stimmt es wieder. „Eine geniale Lösung."[38]

## *Die Anfänge der katholischen Kirche*

Beide Bewegungen, die Johannes- und die Jesus-Bewegung, entwickelten sich nach deren Ableben oder Weggang in parallelen Richtungen weiter. Aus der Jesus-Bewegung und seiner zahlreichen Anhängerschaft entstand in den nächsten Jahrhunderten die römische Kirche, die alle anderen Jesus-Gemeinden und Jesus-Schriften ausmerzte. Sie vereinnahmte insbesondere die Apostel Petrus und Paulus und baute in ihrem Namen eine Institution auf, die zwar das Zeugnis von der Auferstehung Jesu am Leben erhielt, aber jegliche esoterischen Erkenntnisse verbannte und verteufelte. Dadurch entstanden im Laufe vieler Konzile menschengemachte Dogmen, mit denen der kirchliche Absolutheitsanspruch gerechtfertigt wurde.[39]

**Beispiel Paulus:**
Paulus gehörte der gehobenen Schicht an, wurde streng im pharisäischen Sinn erzogen und genoß eine umfassende Erziehung und Ausbildung. Etwa im Alter von 18 bis 20 Jahren (nach der biblischen Kreuzigung

Abb.4:
Der Autor im Gespräch mit Vater Irenaeus im koptischen Kloster des heiligen Makarius, Ägypten

Abb.5:
Unterirdische Grabanlage im Kloster Makarius. Hier fand man die Gebeine von Johannes dem Täufer.

Abb. 6:
Heute werden die leiblichen Überreste Johannes des Täufers in einem Schrein gleich oberhalb der Fundstätte aufbewahrt.

Abb.7:
Das koptische Kloster des heiligen Makarius in Unterägypten liegt zirka 120 Milometer nördlich von Kairo. Es wurde 360 n.Chr. vom heiligen Makarius gegründet.

Abb.8:
Alter Gebäudeteil der Klosteranlage mit einer Zugbrücke.

Abb.9:
Koptische Mönche vor der Bibliothek des Klosters. Hier befinden sich alte Schriften, die auch bestätigen sollen, daß Johannes der Täufer hier beigesetzt wurde.

Jesu) ging er nach Jerusalem und widmete sich als Schüler Gamaliels I. intensiv dem Studium der Theologie. Als fanatischer Eiferer, geradlinig und gesetzestreu, bekämpfte er die frühen christlichen Sekten, die seiner Laufbahn im Wege standen. Wenig später war er dann von der Faszination ergriffen, die von Jesus und seinen Lehren ausging und erkannte die Möglichkeit, daraus selbst Nutzen zu ziehen und selbst zu einem Führer einer großen Bewegung zu werden.

Tatsache ist, daß es ebenso wie im Falle der Apostel und Jesus selbst, auch über Paulus keine einzige historische Schrift gibt. Alle Kenntnisse über ihn entstammen fast ausschließlich den ihm zugeschriebenen Briefen der Apostelgeschichte (die teilweise gefälscht oder aus wenigen echten Textfragmenten zusammengestückelt sind). Als unecht gelten die Briefe an Timotheus, an Titus und der Hebräerbrief. Ebenfalls stark umstritten ist die Echtheit des Briefes an die Epheser, des Kolosserbriefes und des zweiten Tessalonicherbriefes.

Somit ist das, was wir heute als Christentum bezeichnen, eine künstlich geschaffene gesetzgebende Lehre, die man richtigerweise als Paulinismus bezeichnen muß, wie der Autor Holger Kersten auch in seinem Buch *„Jesus lebte in Indien"* feststellt.

*Dieses Glaubenssystem stützt sich in allen wesentlichen Punkten nicht auf die Botschaft Jesu, sondern auf die absolut verschiedenen Lehren des Paulus. Das Christentum heutiger Prägung nahm seinen Anfang erst zu dem Zeitpunkt, als sich der Paulinismus als Staatsreligion durchgesetzt hatte.*[40]

*Ihm* (Paulus) *liegt wenig an den Worten und Lehren Jesu, aber alles an seinen eigenen Lehren; Paulus hat Jesus auf den Thron gesetzt und den Christus aus ihm gemacht, der Jesus nie sein wollte. Jesus wollte die Unmittelbarkeit der Beziehung zwischen Gott und den Menschen, und nicht den bürokratischen Instanzweg.*[41]

Der Autor Armin Risi schreibt über die negative Infiltration der Kirche: *„...kam es zur Verabsolutierung Jesu und zur Bildung von totalitären Machtstrukturen, die nur noch wenig mit den ursprünglichen Anliegen Jesu zu tun hatten. Die christliche Kirche wurde mit ihren eigenen Waffen geschlagen: Sie ließ sich durch Selbstbetrug in Gewalttätigkeiten und Morde (Inquisition,*

*Völkermorde, Machtintrigen usw.) hineinziehen. Sie verlor jegliche esoterische Einsicht und verteufelte alle Formen von medialer Neuoffenbarung; demgegenüber entfernte sie sich auch immer mehr von den ursprünglichen Lehren, indem sie ihre Machtbestrebungen und Absolutheitsansprüche mit einer Litanei neuer Dogmen zementieren mußte:* ***Jesus = Gott; unbefleckte Empfängnis; Jungfrauengeburt Jesu; die Kirche sei die einzige Verbindung zu Jesus usw.. Diese unhaltbaren Behauptungen mußten am Schluß dadurch bewiesen werden, daß der Papst sich selbst per Dogma für unfehlbar erklärte.*** *"* (Herv. d. d. A.)[42]

Die Kirche tat alles, um die Identität Jesu nach ihrer Vorstellung in späteren Konzilien zu dogmatisieren. Dafür mußte die wahre Identität Jesu verheimlicht werden. Führen wir uns die Ansichten der „Gegenkirche" über Jesus vor Augen, wird sogleich klar, daß das offizielle Bild der Kirche von Jesus wie ein Kartenhaus zusammenfallen würde, wenn sich herausstellen sollte, daß ihr Heiland beispielsweise nicht am Kreuz starb oder es gar überlebte, er als Rabbi verheiratet war und möglicherweise noch Geschwister hatte oder sogar eigene Kinder. Die römisch-katholische Kirche ist in diesen Punkten seit Jahrhunderten in großer Erklärungsnot und bis heute nach dem Muster verfahren, sich selbst zu vergöttlichen – mit überwältigendem Erfolg, was andererseits durch den erschreckend geringen, allgemeinen und historischen Wissensstand ihrer großen Glaubensschar weltweit bestätigt wird! Eine Tatsache wurde dabei besonders außer Acht gelassen: *Es gibt bis heute nicht einen einzigen Beweis, der das Leben und Wirken Jesu überhaupt bestätigen würde*!

*„Die Kirche hat sich"*, so der Autor Armin Risi, *„durch ihre Dogmen und eigenmächtigen Verfälschungen der Urlehre auf ein Glatteis manövriert, das sehr leicht einbrechen kann. Das erste, was nicht mehr aufrechterhalten werden könnte, wäre der Anspruch der Kirchen, ein Monopol auf Jesus zu haben. Jesus hat zweifelsohne weniger mit den kirchlichen Vorstellungen zu tun, als die Kirchen sich heute vorzustellen vermögen. Dementsprechend sind auch die Dogmen – ein Gottessohn wie Jesus könne nur durch Jungfrauengeburt auf der Erde erscheinen und habe selbstverständlich zölibatär gelebt – unwahr und irreführend. Diese Ansichten entsprangen den diabolischen Machtprinzipien, Frauen als Abbilder der Eva seien minderwertig, Sexualität sei etwas Teufli-*

*sches, esoterisches Wissen (insbesondere die Reinkarnation) sei eine Irrlehre, der Mensch sei von der Kirche abhängig, alle Nichtgetauften kämen in die Hölle usw..*"[43]

Mit wenigen Worten bringt der Autor Armin Risi hier auf den Punkt, was die Kirche an unhaltbaren Bausteinen seit Jahrhunderten propagiert, um ihr Gesicht nicht zu verlieren. Sie bringt sich bis heute um die Chance einer eindeutigen und dringend notwendigen Reformation. Gleichzeitig gibt es der Gegenseite reichlich Zündstoff, ganz gleich ob diese mit ihren Ansichten über Jesus richtig liegt oder ob es sich hierbei teilweise oder ganz um Halbwahrheiten handelt oder sogar um gezielte Unwahrheiten.

„*Glaubt nicht, daß ich fasele, daß ich dichte;*
*Geht hin und findet mir andere Gestalt!*
*Es ist die ganze Kirchengeschichte*
*Mischmasch von Irrtum und von Gewalt.*"

(J. W. von Goethe)

## *Dogmatisierung auf den Konzilien*

Ökumenische Konzile sind Versammlungen der Bischöfe und verschiedener kirchlicher Würdenträger zur Erörterung und Entscheidung zur kirchlichen Lehre. Die auf den Konzilien gefaßten Beschlüsse gelten als gesamtkirchlich bindend. Die katholische Kirche zählt einundzwanzig ökumenische Konzile, wovon die orthodoxe Kirche nur die ersten sieben bis zum zweiten Konzil in Nicäa im Jahre 787 anerkennt.

Werfen wir einen Blick auf die ersten Konzile der jungen Christenheit und auf deren Entschlüsse, die darin gefaßt wurden und zu festen unerschütterlichen Glaubenssätzen (Dogma) der Christenheit wurden:

**1. Konzil:**
Das erste Konzil der jungen Christenheit wurde durch Kaiser Konstantin (ca. 274-337) im Jahre 325 einberufen und in Nicäa abgehalten.
Kaiser Konstantin legalisierte das Christentum bereits zwölf Jahre zuvor im Römischen Reich, war aber eigentlich ein Anhänger des Sonnen-Kultes – er war kein getaufter Christ!

Das stellen auch die Autoren Knight und Lomas durch ihre langjährigen Nachforschungen über Konstantin fest: „*...Erst auf seinem Sterbebett ließ er sich taufen – denn vielleicht hatten die Christen ja doch recht. Das kann man nur eine billige und überlegte Versicherung für das Leben nach dem Tod nennen... Zu dem Zeitpunkt, als sich der Kaiser zum erstenmal näher mit den Christen befaßte, war ihr Anteil an der Bevölkerung ziemlich hoch, denn einer von zehn Bürgern war ein Angehöriger dieser jüdischen Splittergruppe. Er schlichtete Streitfragen zwischen unterschiedlichen christlichen Fraktionen, die sich gegenseitig der Fälschung bezichtigten, und er muß gespürt haben, daß diese Religion langsam zur Vorherrschaft drängte.*“[44]

Kaiser Konstantin war klug in seiner Entscheidung, denn er erkannte sehr schnell, daß es immer noch zu viele verschiedene Religionen gab und daß die Christen untereinander viel zu sehr zerstritten waren, was ohne gezielte Einflußnahme zu einer Aufsplitterung verschiedener Glaubensformen geführt hätte, die wiederum seine Macht stark eingeschränkt hätte.

So rief Konstantin das erste internationale Konzil der Christen ein, um das offizielle Christusbild zu etablieren, was ihm auch gelang. Ob nun ehrenhaft oder nicht, in jedem Fall aufgrund seiner Scharfsinnigkeit, verdient Konstantin zu Recht den Titel, den die Geschichte ihm zusprach: „Konstantin der Große“.

Zurück zum ersten Konzil in Nicäa: Konstantin suchte 318 der insgesamt 1.800 Bischöfe des Römischen Reiches aus und führte sie aus allen Ecken und Enden des Reiches – Frankreich, Spanien, Ägypten, Syrien, Persien, Armenien und natürlich aus dem heiligen Land – zusammen.

Weil die Christen mit Abstand die größte Sekte des Imperiums waren, fand dieses Konzil in Nicäa, in der heutigen Türkei, statt und bekam so den Charakter eines Parlaments des wiedervereinigten Imperiums.[45]

**Fassen wir den entscheidendsten Entschluß des Konzils kurz zusammen:** Gott und Jesus waren nicht wesensgleich, sondern nur ähnlich. Es gelang Konstantin, seinen Plan umzusetzen, denn das Konzil beschloß die *Wesenseinheit* von Gottvater und Jesus. Durch kaiserliches Reichsgesetz wurde dieser Beschluß – die Vergöttlichung Jesu – zum ersten bedeutenden Kirchendogma (Glaubenssatz) der jungen Christenheit. Die Bischöfe verabschiedeten per Akklamation das „*Nicäische Glaubensbekenntnis*“.

Nebenbei bemerkt, erwies der „Große“ Konstantin der Kirche noch einen weiteren Dienst.

Die Begräbnisstätte Jesu war bis zu dieser Zeit unbekannt gewesen. Da entdeckte Konstantin im Jahre 326 – durch „göttliche Inspiration“ – das Grab des gerade göttlich gewordenen Jesus. Angetrieben wurde er wohl auch durch seine Mutter, Kaiserin Helena, die sehr wohl eine Christin war, und in einem schon als Wahn zu bezeichnenden Eifer nach allerlei heiligen Orten und Reliquien suchen ließ. Vier Jahre nach „seinem Fund“ ließ Konstantin in Jerusalem die heilige Grabeskirche erbauen. Im gleichen Jahr zeigte sich Konstantin von seiner anderen Seite. Er ließ einige nahe Verwandte ermorden: seinen Sohn Crispus; seine Gattin Fausta, die er in siedendes Wasser tauchen ließ; und nicht zu vergessen seinen Schwiegervater Maximilian. Da offenbaren sich uns doch recht aufschlußreiche Gesichter des Kaisers und Pontifex, der die *Glaubensbekenntnisse zu Nicäa* entscheidend mitgestaltete und daraufhin allen christlichen Gemeinden in einem Rundschreiben mitteilte, die Abstimmungen der 318 Bischöfe seien *„Gottesurteil“*. Alles was der Kaiser nun sagte war „göttliches Gesetz“, alles andere Häresie (von der offiziellen Kirchenmeinung abweichende Lehre, Irrlehre, Ketzerei), das Werk des Teufels. Viele Schriften wurden daraufhin mit dem Titel „gnostisch“ versehen und aus der gerade neu definierten Religion des Christentums verbannt. Noch grotesker erscheint der Entschluß, daß Konstantin schließlich zum Heiligen der armenischen, griechischen und russischen Kirche erhoben wurde.

**2. Konzil:**

Das zweite Konzil fand im Jahre 381 in Konstantinopel statt. Es wurde von Kaiser Theodosius I. (347-395) einberufen. An der Versammlung nahmen 150 Bischöfe teil.

Auch Theodosius zeichnete die Kirche mit dem glorreichen Beinamen „der Große“ aus, gemäß seinen zweifelhaften „Heldentaten“. Er stand seinem Kollegen Konstantin in moralischer Hinsicht nicht nach, denn mit Unterdrückung, unerträglichen Lasten und Folter erinnert die Geschichtsschreibung ebenfalls an diesen römischen Imperator. Im Jahre 390 – etwa zehn Jahre nach dem zweiten Konzil – ließ er, der „Große“, im Zirkus der Stadt Thessaloniki (Saloniki) in einem grausamen Blutbad 7.000 aufständische Bürger umbringen. Er erklärte die christliche Lehre zur Staatsreligion.

Theodosius beauftragte seinen Bischof Ambrosius von Mailand, alle heidnischen Kultstätten zu zerstören. Wer sich nicht taufen lassen wollte, wurde umgebracht!

Auf diesem christlichen Konzil wurde beschlossen, die Dreieinigkeitslehre von Vater, Sohn und Heiligem Geist als festes Glaubensbekenntnis zu installieren. Sie wurde zum *Nicänisch-Konstantinopolinischen Glaubensbekenntnis*. Ab diesem Zeitpunkt wurde die *Wesenseinheit* von Nicäa nun zur Wesensgleichheit von Vater, Sohn und Heiligem Geist – die Dreieinigkeitslehre ist bis zum heutigen Tag fester Glaubenssatz der Kirche.

Eine der großen Gegenbewegungen aus dem frühen vierten Jahrhundert waren die Anhänger des *Arianismus*, benannt nach dem Priester *Arius*. Nach arianischer Lehre ist Jesus nicht wesensgleich mit Gott, aber dessen vornehmstes Geschöpf.

Arius wurde in Libyen geboren und studierte an der theologischen Schule des Lucian von Antiochia. Seine Priesterweihe erhielt Arius in Alexandria, verwickelte sich aber mit seinem Bischof in einen Streit über die „Gottheit" Christi. Schließlich wurde er 325 wegen seiner Auffassungen und wohl auch aufgrund seiner wachsenden Einflußnahme nach Illyrien verbannt, doch die Auseinandersetzung um seine Lehre griff bald auf die gesamte Kirche über und hielt sie über ein halbes Jahrhundert in Atem. Im Jahre 379 wurde die Lehre durch Kaiser Theodosius I. verboten, konnte aber auch dadurch nicht ganz zerschlagen werden.

Trotz der Verurteilung starb die Lehre des Arius aber nicht aus. Im Jahre 334 rief Konstantin I. Arius aus dem Exil zurück. Kurz darauf entschlossen sich zwei einflußreiche Herren, den Arianismus zu unterstützen: der nächste Kaiser Constantius II. und der Bischof und Theologe Eusebios von Nikomedien, der spätere Patriarch von Konstantinopel. Etwa um 359 hatte sich der Arianismus durchgesetzt und war die offizielle Glaubenslehre des Römischen Reiches – man höre und staune! Die Arianer waren aber unter sich zerstritten und spalteten sich bald in zwei Gruppen auf. Erst durch den Tod von Constantius im Jahre 361 gelang es der alten nicäischen Orthodoxie, von Theodosius 379 anerkannt und auf dem zweiten Konzil in Konstantinopel (381) erneut bestätigt zu werden. Damals wie heute wurde nicht diskutiert, sondern rigoros entschieden – im „Namen Gottes" und zum Wohle der Kirche!

**3. Konzil:**

Das nächste Konzil fand im Jahre 431 in Ephesus statt. Im Altertum war die Stadt bekannt für ihre Kultstätten. Sie war ein wichtiges Zentrum des frühen Christentums. Das größte und bedeutendste christliche Bauwerk war übrigens die dem Apostel Johannes gewidmete Kirche aus dem vierten Jahrhundert, die nach ihrer Zerstörung im sechsten Jahrhundert vom byzantinischen Kaiser Justinian I. wieder aufgebaut wurde.

Das Konzil wurde gemeinsam vom oströmischen Kaiser Theodosius II. (409-450) und vom weströmischen Kaiser Valentianus II. (425-450) einberufen.

Beide Kaiser hatten anscheinend wenig Interesse an den weltlichen und geistigen Problemen der Zeit, was als Erklärung dafür angesehen werden könnte, daß sie die Versammlungen nur selten mit ihrer Anwesenheit beehrten.

Theodosius II. galt als führungsschwacher Kaiser, der sehr stark unter dem Einfluß seiner älteren und machtbesessenen Schwester Pulcheria stand. Sie übte für ihren Bruder zeitweise sogar die Regentschaft aus und rühmte sich damit, jungfräulich zu sein, was wohl außer ihr niemand so recht zu glauben schien.

Mit der Einberufung des Konzils wollte man die Auseinandersetzung beenden, die durch den Nestorianismus hervorgerufen worden war. Nestorius, der Patriarch von Konstantinopel, weigerte sich, den Titel „Gottesgebärerin" für Maria zu akzeptieren. Er hob die Verschiedenartigkeit der menschlichen und göttlichen Natur Jesu hervor und betrachtete Maria als Mutter des Menschen Jesus und nicht des göttlichen Christus. Dem entgegen stand aber bereits der anerkannte Lehrsatz, daß Jesus eine einzige Person gewesen sei: gleichzeitig Gott und Mensch.

Ein ähnliches Bild präsentiert auch der weströmische Kaiser Valentianus II.. Er stand unter der Vormundschaft seiner Mutter Galla Placidia, und sein Leben endete durch Mord.

Was aber wurde auf dem dritten Konzil in Ephesus beschlossen? Die Verehrung der Maria als Gottesmutter. Maria erhielt den Titel „Gottesgebärerin". Festzuhalten ist, daß es sich hierbei nicht um eine „göttliche Eingebung“ handelte, sondern um eine politisch motivierte Entscheidung! Ephesus war der Sitz der Muttergöttin Artemis. Es ging darum, die bereits aus anderen Religionen existierenden Muttergöttinnen zu neutralisieren und gleichzeitig eine Muttergöttin in der jungen christlichen Religion zu etablieren. Deshalb wurden auch sogleich den Artemis-Statuen in Ephesus nach dem Konzil-Beschluß Heiligenscheine angepaßt und ihre Namen in „Gottesmutter“ und „Gebärerin Gottes“ abgeändert.

Da viele andere Religionen, die zudem älter als das Christentum waren, bereits eine „Muttergöttin“ kannten, die selbstverständlich nicht auf natürliche Weise empfangen hatte, war die Jungfrauengeburt Marias unabdingbar.

Auch wenn dieser höchst zweifelhafte Glaubenssatz bis heute von der Kirche aufrechterhalten wird, gibt es doch viele unter den Millionen Gläubigen, die heute diesen alten dogmatisierten Glaubensatz nicht mehr akzeptieren, aber in Wirklichkeit gar keine Vorstellung davon haben, was diese Irrlehre für ein Ziel verfolgt und welche Objektivität sie ihren Glaubensbrüdern und -schwestern nimmt, die ohne Hintergrundwissen sind.

Aber es ist auch Licht am Ende des Tunnels: Mittlerweile gibt es auch unter den Theologen einige, die beginnen, diesen zweifelhaften Glaubenssatz öffentlich anders zu bewerten. Ohnehin widerlegt das Neue Testament die *„ewige Jungfrau“* selbst, denn in den Evangelien wird eindeutig erwähnt, daß Jesus noch Geschwister hatte.

Auf die Frage, ob Maria Jungfrau war, als sie Jesus empfing, wird dann zumindest schon einmal elegant geantwortet: *„Das wissen wir nicht* (mal wissen sie es und manchmal nicht – interessant!). *Die Empfängnis durch den Heiligen Geist kann auch ein Symbol für die überragende Bedeutung Jesu sein. In der hebräischen Urfassung von Jesaja 7,14 (AT) wird die Geburt des Messias durch eine ‚junge Frau' angekündigt. In der Übersetzung ins Griechische wurde daraus ‚Jungfrau'. Vielleicht sprechen die Evangelisten später von der ‚Jungfrau Maria', um die Prophezeiung im Alten Testament zu erfüllen.“*[46]

## *Das „Wort Gottes"*

Wenden wir uns nun den Schriften des Neuen und Alten Testamentes zu, vorzugsweise denen des Alten Testamentes und denen, die im letzten Jahrhundert wieder ans Tageslicht kamen. Vielen Gläubigen der Christenwelt wird seit Jahrhunderten vermittelt, daß es sich bei den Schriften der Bibel um das „Wort Gottes" handelt, es wird sogar wissentlich von „Urtexten" gesprochen! Viele Menschen haben heute weder den geschichtlichen Hintergrund noch die innere Motivation, diese schwierige Problematik auf ihren wirklichen Wahrheitsgehalt zu prüfen, ja ihn überhaupt in Frage zu stellen. Das „Wort Gottes" wird als Überlieferung eines metaphysischen Gotteswesens dargestellt, das sollten wir an dieser Stelle klar feststellen!

Es wird an dieser Stelle nicht auf die große Widersprüchlichkeit eingegangen, die sich ergibt durch den Gott, wie er sich im Alten Testament darstellt und in dem Milliarden gläubiger Christen den Schöpfer des Universums sehen und den großen Geist, der unser Universum schuf. Diese beiden „Gestalten" haben meiner Meinung nach sehr wenig miteinander gemeinsam, das wird auch jeder Leser feststellen, der das Alte Testament gründlich studiert – es gibt zahlreiche Beispiele, die das mehr als deutlich darlegen!

Zur Verdeutlichung an dieser Stelle vielleicht ein Beispiel: Nehmen wir nur die Person und das Leben Mose, über das ich bereits in meinem ersten Werk *„Den Göttern auf der Spur"* ausführlich berichtet habe. Die Geschichte Mose zu bewerten, ist sicherlich schwierig, denn sie ist in viele Richtungen auslegbar. Sprach Moses mit Gott? Schaute Moses Gottes Angesicht? Muß sich ein allmächtiger Gott so präsentieren beziehungsweise offenbaren? Unserem rationalen Denken kann diese Vorstellung nicht standhalten. Doch mit wem sprach Moses wirklich? Aufgrund der Vielzahl der beschriebenen Begegnungen mit Gott, können wir diese ja nicht einfach als Visionen abtun, um es letztlich für den heutigen Menschen passend zu machen.

Es gibt aber noch einen viel größeren Haken in dieser geschichtlichen Überlieferung: Im weiteren Verlauf des Auszuges („Exodus") beziehungsweise der Geschichte werden die Israeliten angewiesen, Völker und Stämme ausnahmslos zu vernichten. Was ist das für ein Gott, der *„sein auserwähltes Volk“* zu Völkermord auffordert oder sogar zwingt? Im Alten Testament ist das zudem kein Einzelfall. Insgesamt finden wir mehr als siebzig Völker- und Massenmorde, dabei sind die vielen Einzelmorde, Raubzüge, Massenvergewaltigungen und sonstigen Verbrechen, wie beispielsweise Inzucht, nicht mitgerechnet. Ist das nicht erschreckend? Eines will ich diesen erschreckenden Tatsachen noch hinzufügen: Bei aufmerksamem Studium des Alten Testamentes stellen wir zudem fest, daß es bei fast keinem der vielen Verbrechen Verurteilungen beziehungsweise Bestrafungen gab.

Die Bewertung der Gottesfrage des Alten Testamentes ist sicherlich ein ganz heißes Eisen und bis heute ein Streitpunkt, der immer wieder zu sehr kontroversen Diskussionen zwischen Kirche und „Gegenkirche“ führt – und das zu Recht! Die verschiedenen Götter des Alten Testamentes werden gleich noch separat vorgestellt, denn es gab ja nicht nur einen *Herr-Gott*, wie vielleicht der eine oder andere Leser glauben mag.

Es gibt aber noch einen ganz anderen Grund, warum diese Problematik zwischen der Kirche und ihren Gegnern so zentral behandelt werden sollte. Dieses Thema geht uns alle an, es betrifft nicht nur Milliarden von gläubigen Christen, sondern auch die daraus entstandenen Jahrtausende währenden Konflikte zwischen allen drei Abrahamreligionen – so betrifft es auch den Islam und das Judentum –, also über drei Milliarden(!) von Gläubigen der verschiedenen Religionsgemeinschaften, die zudem den gleichen Ursprung haben, das muß man sich einmal bewußt machen! Und damit nicht genug, denn es betrifft vornehmlich auch die vielen verschiedenen Logengemeinschaften, die in den zentralen Fragen Gottes und Jesu ganz anderer Auffassung sind, wie wir sehen konnten. Dieser Konflikt war der Grund für Verfolgung, Folter und unzählige Kriege. Im Namen Gottes wurden Millionen Menschen umgebracht. Hier muß man wohl keine Religion hervorheben oder beim Namen nennen – die Geschichtsschreibung, auch wenn sie in vielerlei Hinsicht falsch ist und teilweise bewußt geändert und gefälscht wurde, liefert genügend Beweise dafür!

Es ist aufgrund der bekannten historischen Ereignisse verständlich, warum es auf der politischen Weltbühne der Gegenwart keinen Frieden geben kann. Die Wurzeln dieses Konfliktes scheinen so alt wie die Menschheit selbst zu sein. Der Konfliktherd Israel beispielsweise muß hier zuerst genannt werden, was nach den bisherigen Ausführungen um so verständlicher sein sollte.

Offenbar hatte Karl Marx einen visionären Moment, als er seinerzeit sagte: *„Solange es Religionen auf der Welt gibt, wird es keinen Frieden geben."*

Wer die Schriften des Alten und Neuen Testamentes gründlich studiert, kommt zu dem unweigerlichen Schluß, daß der Gott des Alten Testamentes nicht der Gott des Neuen Testamentes sein kann. Es herrscht also grosse Unklarheit über die Heiligen Schriften! Warum?

Einige wichtige Darlegungen der sich rivalisierenden Parteien wurden bereits erörtert und haben die Hauptkontroversen klar aufgezeigt. Fehlt beiden Seiten möglicherweise der entscheidende Beweis, um die eine oder andere These der jeweiligen Gegenseite zu entkräften und ihre eigene zu bestätigen? Die bisher dargelegten Fakten sind nicht von der Hand zu weisen, nehmen wir nur als Beispiel die Vorgehensweise der jungen christlichen Kirche bei den Konzilien.

Kommen wir nun zu einem weiteren Meilenstein: den gnostischen Schriften.

## *Die gnostischen Schriften*

Im vergangenen Jahrhundert sind viele interessante und bedeutende Schriften wieder ans Tageslicht gekommen. Dabei handelt es sich um die *„Schriftrollen vom Toten Meer"*, die im Jahre 1947 von einem Beduinen namens Muhhammad adh-Dhib in einer Höhle am Westufer des Toten Meeres in Qumran entdeckt wurden. Die alten Schriften sind zumeist auf Papyrus und Tierhaut geschrieben. Nach wissenschaftlichen Datierungsmethoden, hier nach Radiokarbonverfahren, werden die Schriftrollen auf zirka 250 vor Christus datiert.

Die Qumranschriften bestätigen bereits vorhandene biblische Schriften, doch darüber hinaus enthalten sie eine Vielzahl außerbiblischer Schriften, die völlig neue Texte enthalten.

Bis heute wird den Schriftrollen von Qumran viel zu wenig Aufmerksamkeit beigemessen, ganz zu schweigen von einer fachlichen Diskussion, Aufarbeitung und möglichen Einbeziehung in das vorhandene biblische Werk.

Bei der anderen bedeutenden Entdeckung handelt es sich um die ausführliche Sammlung der sogenannten *„gnostischen Evangelien"*, die man 1945 in Nag Hammadi in Oberägypten entdeckte.

Die „Heiligen Schriften" der Bibel werden in zwei Teile aufgeteilt:

1. die „kanonisierten" Schriften und
2. die „nicht kanonisierten" Schriften.

Unter den „kanonisierten" Schriften verstehen wir die heute allgemein gültige Bibelfassung des Alten Testamentes mit den Büchern Mose, den Büchern der Propheten, den Psalmen und so weiter und des Neuen Testamentes mit den vier Evangelien bis zur Offenbarung des Johannes. Andere, „nicht kanonisierte" Bücher waren beispielsweise die Himmelfahrt des Moses, das Buch Henoch, die Bücher Esra, das Buch vom Leben Adam und Evas und das Buch der Jubiläen. Die „nicht kanonisierten" Bücher wurden von den Kirchenoberen unbegründet abgelehnt und nicht in die Heilige Schrift aufgenommen. Dabei handelt es sich um sage und schreibe über einhundertzwanzig(!) Bücher.

Die dringende Notwendigkeit, den Kanon der Bibel zu überdenken steht wohl außer jeder Frage. Nicht einmal den Ansatz, eine etwaige Diskussion darüber zu führen, haben wir bisher vernommen – über den Grund dafür mag sich jeder seine eigene Meinung bilden.

Viele „nicht kanonisierte" Schriften schienen nicht in das kirchliche und religiöse Weltbild zu passen.

Die Kirchenoberen entschieden auf den ersten nachchristlichen Konzilien, was in der Bibel zu stehen hat und was nicht. Bücher, die nicht in das theologische Weltbild paßten, wurden systematisch abgelehnt.

Heute wird beispielsweise auch die moderne Freimaurerei verschiedentlich als „gnostisch" beschrieben. Werfen wir in diesem Zusammenhang einen Blick auf die Schriften, die in Nag Hammadi gefunden wurden.

Als gnostisch werden im allgemeinen eine Vielzahl von Schriften angesehen, die von der Kirche in der Vergangenheit als häretische Werke angesehen wurden und somit aus der gültigen Lehre verbannt wurden – sie gehören ebenfalls zu den „nicht-kanonisierten" Schriften. Viele der Schriften, die als christliche Gnostik bezeichnet werden, enthalten neben indischen und persischen Einflüssen auch traditionelle hebräische Gedanken.

Der Begriff „gnostisch" hat seinen Ursprung in dem griechischen Wort „Gnosis", was „Wissen" und „Verstehen" bedeutet – aber nicht im wissenschaftlichen Sinn. Vielmehr ist damit das spirituelle „Wissen" und „Verstehen" gemeint, die Erleuchtung, wie wir sie aus dem Hinduismus oder dem Buddhismus kennen. So sahen wohl auch viele christliche Gnostiker Jesus – ein großer Eingeweihter, der diesen Weg auf der irdischen Ebene vollzog und den Menschen einerseits durch seine Weisheitslehre die theoretische Seite erklärte, andererseits durch sein tägliches *Vor-leben* diesen Weg beschritt, um den Menschen zu zeigen, daß es ihre Bestimmung ist, den höchsten Grad an Wissen, Weisheit, Frieden und Liebe zu erlangen – auf Erden! Ähnlich wurden auch andere Weisheitslehrer von ihren Anhängern gesehen und verehrt, wie beispielsweise Gautama Buddha oder Mohammed.

Viele gnostische Schriften enthalten also inhaltlich Aussagen, die gegen die Glaubenssätze der römisch-katholischen Kirche sprachen. Zudem stammen sie aus einer Zeit – viele der Schriften waren etwa vor 1.600 Jahren vergraben worden –, in der sich die junge christliche Kirche gerade etablierte und alle Gegenthesen im Keim zu ersticken versuchte, ihre Anführer verfolgte und Bewegungen offiziell verbot, wie beispielsweise auf den ersten Konzilien – sie wurden verboten und als häretisch abgeurteilt!

Abb. 10:
Schriftgelehrter beim Übertragen eines althebräischen Textes.

*„Das Überleben der organisatorischen und theologischen Struktur der römisch-katholischen Kirche war immer von der Unterdrückung der Gedanken, die diese Bücher enthalten, abhängig.“*[47]

Es gab, wie wir bereits erkennen konnten, grundlegende Unterschiede die Auferstehung Jesu betreffend, und das nicht nur in den Überlieferungen, die später im Koran oder auch im Talmud festgehalten wurden. Auch in den gnostischen Schriften wird die Auferstehung anders beleuchtet. In dem gnostischen Werk *„Traktat über die Auferstehung“* wird das Leben als *seelischer Tod*, dahingegen aber die Auferstehung als der Augenblick der Erleuchtung beschrieben. Das *Auferstehen von den Toten* erhält damit natürlich einen ganz anderen Stellenwert, denn damit ist der nicht irdische, der metaphysische Aspekt gemeint, der eine neue Reise antritt. Ähnliche Gedankengänge finden wir auch im *„Evangelium des Phillip“*, das sich über *„die dummen Christen“* lustig macht, *„die die Auferstehung wörtlich nehmen“*:

*„Die, die behaupten, sie werden erst sterben und dann auferstehen, irren sich. Sie müssen die Auferstehung empfangen, solange sie leben.“*[48]

Halten wir uns einmal die Konsequenzen vor Augen, die sich aus der wörtlich genommenen Auferstehung Jesu und seiner Auffahrt gen Himmel ergeben haben: Die logische und gewollte Konsequenz war, daß sich die gesamte Autorität der römisch-katholischen Kirche auf den Berichten der zwölf Apostel von der Auferstehung aufbaute und somit maßgeblichen Einfluß auf die politische Struktur der frühen christlichen Kirche hatte.

*„Die Führung der Kirche wurde so auf einen kleinen Kreis beschränkt, der unumstößliche Autorität besaß und sich das Recht nahm, seine Nachfolge selbst zu bestimmen. Dies führte zu einer Auffassung religiöser Autorität, die bis heute überlebt hat, nämlich, daß nur die Apostel definitiv religiöse Autorität besaßen und daß ihre einzigen legitimen Erben Priester und Bischöfe sind, die sich bei ihrer Ordination* (Priesterweihe; Anm. d. A.) *auf diese Nachfolge berufen. Selbst heute noch führt der Papst seine Autorität auf Petrus zurück, den ersten der Apostel, der Zeuge der Auferstehung wurde. Diese Sichtweise ist sehr bequem, wenn das Interesse einer Organisation darin besteht, alle religiöse Macht in den Händen zu halten. Es lag somit im Interesse der Führer der Urkirche, die Auferstehung buchstäblich wörtlich zu nehmen, weil sie da-*

*mit selbst zur unfehlbaren Quelle der Autorität wurden. Weil niemand aus den folgenden Generationen den gleichen Zugang zu Christus hatte wie die Apostel, mußte jeder Gläubige zur Kirche nach Rom schauen, die ja von den Aposteln gegründet worden war, und mußte ihre Bischöfe als Autorität ansehen.*“[49]

Die Vertreter der Gegenkirche klagen diese „Amtsanmaßung“ und die folgenschwere politische Verflechtung natürlich zu Recht an und nennen diese unhaltbare Ansicht der Auferstehung wohl zu Recht „den Glauben von Narren“. Es gibt aber auch eine Vielzahl unter den gnostischen Lehrern, die behaupten, Zugang und Einblick zu geheimen Quellen der apostolischen Tradition zu haben, die von den Glaubenssätzen der Kirche wesentlich abweicht. Eine interessante Quelle in diesem Zusammenhang stammt aus der *„Apokalypse des Petrus“*, als der auferstandene Christus die religiöse Autorität der Kirchenoberen in Frage stellt und Petrus erklärt:

*„...die, die sich Bischof und Diakon nennen und sich benehmen, als stamme ihre Autorität von Gott, sind in Wirklichkeit wie wasserlose Kanäle. Obwohl sie keine Ahnung von Mysterien haben, prahlen sie damit, daß das Mysterium der Wahrheit ihnen allein gehöre. Sie haben die Lehren der Apostel falsch verstanden und haben anstelle einer wahren christlichen Bruderschaft eine falsche Kirche errichtet.*“[50]

Die Autorin Elaine Pagels schreibt in ihrem Werk *„Versuchung durch Erkenntnis“* treffend:

*„Auch wenn man die politische Implikation der Lehre von der Auferstehung erkennt, erklärt dies noch nicht ihre außerordentliche Wirkung auf die religiöse Erfahrung der Christen. ...Aber für die Sozialordnung hatte die orthodoxe Lehre... eine ganz andere Wirkung: Sie legitimierte eine Hierarchie von Menschen, deren Vollmacht nun für alle anderen den Zugang zu Gott vermittelte. Die gnostische Lehre war, wie Irenäus und Tertullian erkannt hatten, für diese Ordnung potenziell zerstörerisch: Sie versprach jedem Eingeweihten einen direkten Zugang zu Gott, den die Priester und Bischöfe selbst vielleicht gar nicht kannten.*“[51]

Das Bild von Jesus, das durch die gnostischen Überlieferungen vermittelt wird und auch ein Blick in das Neue Testament vermitteln ein anderes Jesus-Bild. Ob Jesus überhaupt die Absicht hatte, daß sich eine Weltreligion auf seine Person aufbaut und seine Lehre verkündet, das wissen wir nicht. Hätte man ihm zu Lebzeiten zukünftige geschichtliche Ereignisse dieser auf seinen Namen aufgebauten Weltreligion prophezeit, hätte er seine Apostel und seine Anhängerschar womöglich davor gewarnt. Vielleicht hat er das ja sogar, wie die gerade erwähnten Überlieferungen aus „der Apokalypse des Petrus" erklären würden: „*...Sie* (Bischöfe und Diakone; Anm. d. A.) *haben die Lehre der Apostel falsch verstanden und haben anstelle einer wahren christlichen Bruderschaft eine falsche Kirche errichtet.*"

Alle vorgebrachten Ansichten und Überlieferungen über die Auferstehung sind noch immer in der einen oder in der anderen Gruppe ein Streitpunkt, über dessen wirklichen Wahrheitsgehalt bis heute kontrovers diskutiert wird – und den keine der beiden Seiten beweiskräftig belegt hat. Der Gegenstrom, der bereits zu Zeiten der Urkirche existierte, war die christliche Gruppe der Gnostiker. Sie verstanden die Auferstehung als einen metaphysischen Prozeß, der sich während des Lebens ereignet: eine seelische und spirituelle Entwicklung (Auferstehung).

Noch heute sind die Ansätze dieser Lehre teilweise im Neuen Testament und in den Apokryphen, den Spätschriften, ersichtlich – je nach Interpretation versteht sich.

Die „gnostischen Überlieferungen" wurden aus politischen Gründen „verurteilt", verboten und ohne Beweiskraft aus dem kirchlichen Kanon entfernt. Ihre Anführer wurden offiziell zu Häretikern erklärt, denn ihren Wunsch, Wissen zu erlangen, das auch noch zur spirituellen Erlösung und Auferstehung führen sollte, hätte die absolute Autorität der Bischöfe der Kirche niemals geduldet.

## *Die Spur der Abrahamreligionen*

Zusammenfassend muß festgestellt werden, daß beide Seiten, die katholische Kirche wie auch die Gegenkirche, auf eine lange Tradition zurückblicken. Beide Organisationen stehen bis heute quasi in einer wechselseitigen Abhängigkeit. Auch wenn keine der beiden Seiten das gerne hört, aber in der Jesus-Kontroverse verhält es sich nun einmal so. Es liegt bei den Parteien selbst, Licht in ihre zum Teil dunkle Vergangenheit zu bringen, und das mit notwendigen und beweiskräftigen Fakten! Oder ist das gar nicht gewünscht?

Sicherlich eine nicht unberechtigte Frage, denn bei der mächtigen und finanzstarken kirchlichen Organisation steht zumindest in irdisch-materieller Hinsicht so einiges auf dem Spiel – also warum die Spielregeln ändern, wenn alle Mitspieler, in diesem Fall die milliardengroße Anhängerschaft, in ihrer Unkenntnis und mit ihrer Unwissenheit ein seliges Dasein fristen. Schließlich bekommt jeder Gläubige am Ende seines Lebens, dank der göttlichen Autorität der Kirche, einen Fahrschein direkt ins Paradies.

Aber auf der anderen Seite geht es nicht nur um Ideologie und Selbstlosigkeit, sondern auch um weltpolitische Angelegenheiten, wie wir im weiteren Verlauf noch erkennen werden – und wo sind denn die Gegenbeweise?

Kurioserweise melden sowohl die Abrahamreligionen auf der einen Seite als auch die Loge, vorzugsweise die Freimaurer, auf der anderen Seite gewisse Absolutheitsansprüche an, was gleichzeitig bedeuten müßte, daß sich die jeweiligen gegnerischen Gruppen auf dünnem Eis bewegen, das bekanntermaßen irgendwann einmal unter ihren Füßen einbrechen könnte, sie in arge Bedrängnis und letztlich in einen Überlebenskampf führen würde.

Würde der Absolutheitsanspruch auch nur auf einen der Religionszweige zutreffen, dann müßten bezüglich der entsprechenden Lehre, zumindest historisch, unzweifelhafte Dokumente vorliegen oder in jedem Fall unter Berücksichtigung der langen Zeitspannen (mehrere tausend Jahre) eine historisch nachvollziehbare Linie, die gleichzeitig die Gegenthesen der gegnerischen Gruppen entkräftet. Dabei sollte nicht vergessen werden, daß zwischen dem Auftauchen Mohammeds, dem großen Propheten des Islam, und den Zeiten des Abraham, David, Moses und Gilgamesch, so sie alle historische Personen waren, bereits mehrere tausend Jahre lagen.

**Wissenschaftliche und historische Fakten:**

Unsere Untersuchung ist rein wissenschaftlich und orientiert sich an den schriftlichen Überlieferungen und den historischen und archäologischen Fakten. Dazu wollen wir einmal einige Hauptdarsteller unter die Lupe nehmen.

Wie bereits erwähnt, werfen die Schriftzeugnisse vom Toten Meer, die Mitte des letzten Jahrhunderts wieder aufgetaucht sind, ein neues Licht auf gewisse Ereignisse. Viele Ereignisse des Alten Testamentes haben wahrscheinlich nie stattgefunden, das belegen viele neue archäologische Untersuchungen. So hat erst kürzlich Israel Finkelstein, Chef-Ausgräber an der Universität Tel Aviv, in seinem Buch *„Keine Posaunen vor Jericho"* Erstaunliches berichtet. Er bestätigte, daß Kerntexte der Bibel falsch sind:

- Ein Auszug jüdischer Stämme aus Ägypten fand nie statt.
- Kanaan wurde nicht, wie im Buch Josua beschrieben, gewaltsam erobert.
- Die Ur-Reiche von David und Salomon sind Trug. Die israelischen Könige herrschten nur über *„unbedeutende Teile von Randregionen"*, so Finkelstein.[52]

*„Als Märchen und monumentale Camouflage* (abwertende Tarnung von politischen Absichten; Anm. d. A.) *– so steht das Wort Gottes mittlerweile da. Wo Forscher geschichtliche Fakten vermuten, sehen sie nun politische Propaganda.*[53]

Die geschichtlichen Fakten sehen heute nach neuesten Erkenntnissen anders aus. Das meint auch Dirk Kinet, der an der Universität Augsburg biblische Sprache lehrt: *„Wir stehen vor einem Dammbruch."*

So verlief auch die Entwicklung des Monotheismus, darin sind sich viele Experten heute einig, völlig anders als die Bibel uns heute lehren will. Nicht nur Abraham, auf den wir im weiteren Verlauf noch genauer zu sprechen kommen, opferte diesem einzigen Gott, auch Moses kam eine besondere Beziehung zu diesem zu, der sich diesem wiederholt offenbarte. Gemäß der verschiedenen Bibelautoren wurde das Volk Israel zur *Sonder-Ethnie* erklärt – von Gott höchstpersönlich! Doch das auch nur von den verschiedenen Göttern des Alten Testamentes, wie wir gleich noch sehen werden, denn es tauchen im Alten Testament gleich mehrere Götter auf. Doch neueste Entdeckungen von Archäologen zeigen heute ein ganz anderes Bild – demnach hat auch der *„Herrgott"* einmal klein angefangen.

Der Augsburger Experte Dirk Kinet erklärt hierzu: „*Anfangs sei Jahwe nur ein Wettergott gewesen. Er war ein Garant der Fruchtbarkeit, dessen sexuelle Darstellung erst langsam zurückgedrängt wurde.*“[54]

Die neuesten Entdeckungen belegen die Aussagen der Experten, denn Götzen aus Ton und Metall wurden jüngst im Heiligen Land entdeckt, darunter auch kleine Tonfiguren mit drallen Brüsten und Pos. Die Geburt Gottes aus dem Schoß der Vielgötterei – das ist der Rahmen, in dem die neuesten Erkenntnisse angesiedelt sind:

- In Jerusalem blühte die Tempelprostitution,
- Gott besaß ursprünglich eine nackte Begleiterin,
- noch um 100 vor Christus praktizierten die Bauern der Gegend heidnische Rituale.

In Ugarit, etwa vierhundert Kilometer nördlich von Jerusalem, kam *die dunkle Vergangenheit der Religion Israels* zum Vorschein, so der französische Ausgräber André Caquot. Es wurden Ritualtexte und Goldstatuen freigelegt. Ein Fund zeigt ein Männchen mit Bart. Es stellt den weisen Greis und Himmelsvater „El“ dar – eine Urform Gottes.[55]

Diese sehr schmerzhafte Einsicht, daß sich der allmächtige Herr des Alten Testamentes aus einem heidnischen Götzen entwickelt haben mag, ist längst überfällig. Mit den heutigen Entdeckungen und daraus resultierenden Einsichten wird das Jahrtausende alte Glaubenspuzzle immer mehr zu einem Gesamtbild zusammengesetzt. Auch wenn immer noch Teile fehlen, das Gesamtbild scheint sich abzuzeichnen und rückt gleichzeitig *jenes Glaubenswerk ans Licht der Vernunft, das immer noch wie eine düstere und mysteriöse Festung dasteht.*[56]

Der Spiegel schreibt in seinem Artikel „*die Erfindung Gottes*“: „*Immer deutlicher wird, daß Gottes Wort, das ‚Buch der Bücher', voller Mogeleien steckt. Eine Gruppe von Fälschern, ‚Deuteronomisten' genannt, bürsteten Realgeschichte um; sie verzerrten die Wirklichkeit, schafften unbequeme Fakten beiseite und erfanden, nach Art eines Hollywood-Drehbuchs, die Geschichte vom gelobten Land. Wie die Arbeit im einzelnen ablief, ist längst nicht vollständig geklärt. Die biblische Zensurbehörde ging geschickt vor...*“[57]

**Die verschiedenen Namen Gottes im Alten Testament:**

Bevor wir gleich wieder nach Ur und somit zu Stammvater Abraham zurückkehren, wollen wir zunächst die hebräischen Namen Gottes im Alten Testament betrachten. Viele Leser, die mit der Gesamtthematik nicht ganz so intensiv vertraut sind, werden überrascht sein, daß im Alten Testament gleich von mehreren Göttern die Rede ist.

Das hebräische Wort *„Herr"* könnte man natürlich in der Übersetzung auch als die Bezeichnung für *„Gott"* verstehen. Im Hebräischen steht es aber eigentlich für *„einen Mann"*, welcher der *„Herr"* beziehungsweise der *„Herrscher"* ist.[58]

Werfen wir einen Blick auf die verschiedenen Namen, die dem Gott der Israeliten zugeordnet werden:

- **EL:** „Gott" (Genesis, Kapitel 33, Vers 20); im Akkadischen heißt **EL Ilu**, im Arabischen **ilah (Alah?)**
- **EL 'Elyon:** „Der Höchste" (Psalme, Kapitel 21, 33)
- **El 'Olam:** „Der ewige Gott" (Genesis 21, 33)
- **El Shaddai:** „Der allmächtige Gott" (Genesis 17, 1)
- **EL Ro-i:** „Der Gott, der mich sieht" oder „Der Gott des Weitblicks" (Exodus 6, 3)
- **Elohim:** „Götter, Gottheiten, Götterwesen"; dabei handelt es sich um die Mehrzahl des Wortes „Eloho", das „ein Gott" bedeutet und im A.T. über zweitausendmal verwendet wird. **„Eloho"** wird meist einfach mit „Gott" übersetzt.

Die Genesis, deren Ursprung ja bekanntermaßen mehrere tausend Jahre zurückliegt und ihre Wurzeln in der Epoche des Zweistromlandes hat, liefert uns den entscheidenden Beweis selbst, wenn wir nur berücksichtigen, daß das Wort Elohim (Eloho) mehr als zweitausendmal im Alten Testament erwähnt wird: **Der biblische Monotheismus ist eine Spätform und modernisierte Götterverehrung, die sich aus den Hochkulturen des Zweistromlandes und der Hochkultur Ägyptens entwickelte!**

- **Jehova:** Dabei handelt es sich um den persönlichen Namen des Gottes von Israel, der im Hebräischen durch die vier Konsonanten *„YHWH"* ausgedrückt wird, die eigentlich bedeuten *„ich bin"*. Dieser Name erscheint sehr häufig in der Bibel. Meist übersetzt man den Namen Jehovah mit *„Herr"*. Das hebräische Wort *„YHWH"* kann zwar geschrieben werden, wird von den Juden aber nicht laut vorgelesen, sondern als *„Adonai"* ausgesprochen. Dies wird von den Juden bereits seit kurz vor dem Zeitpunkt als Moses nach Ägypten zurückkehrte, um den Pharao herauszufordern, so gehandhabt.

- **Adonai:** Dieses Wort diente in der Bibel als Bezeichnung menschlicher Wesen (*„Der Mann, der im Lande Herr ist..."*, Genesis 42, 30) aber auch als Name für Gott.

- **Adonai Jehovah:** Diese Wortkombination finden wir beispielsweise in der Genesis 15, 2 und in der Genesis 15, 5. Es wird meist mit *„mein Herr Jehovah"* übersetzt.[59]

**Der Stammvater Abraham aus Ur:**

Zu einem recht harten Urteil über Abrahams Handeln kommt der Autor Kenneth C. Davis: *„Wenn ein Mann seine Frau einem anderen Mann überläßt, um seinen eigenen Hals aus der Schlinge zu ziehen, halten wir ihn für einen Feigling. Wenn er mit der Magd seiner Frau schläft, damit er einen Sohn bekommt, nennen wir ihn einen Schweinehund. Wenn er dann seinen eigenen Sohn und die Dienerin aus dem Haus wirft, bezeichnen wir ihn als „total kaputt". Und wenn dieser Mann schließlich auch noch droht, sein Kind zu töten, und sagt: „Das hat Gott mir befohlen", dann würden die meisten wohl sagen, daß er hinter Schloß und Riegel gehört, und zwar auch dann, wenn er vor dem Undenkbaren zurückschreckte. Aber der biblische Erzvater tut all das und gilt wegen seiner Taten dennoch als einer der Helden des Glaubens.*

*Abraham, der von den Juden, Christen und Muslimen gleichermaßen als „Vater aller Länder" verehrt wird, ist ein großes Beispiel für die Tatsache, daß die heroischen Gestalten der Bibel nicht immer große Helden waren – nicht einmal nette Burschen. Tatsächlich waren nicht wenige von ihnen ziemlich erbärmliche Gestalten."*[60]

Führen wir uns die wichtigsten Fakten bezüglich Abraham einmal kurz vor Augen. Woher kam dieser Abraham, der später der Stammvater der gesamten Christenheit wurde?

Die Hinweise auf Abraham (ursprünglich Abram) sind recht beschränkt, aber glücklicherweise wissen wir seit Mitte des letzten Jahrhunderts mehr über Sumer, das viele auch als *Wiege der Menschheit* bezeichnen. Heute wird angenommen, daß Abraham aus Ur stammte, dem heutigen Irak. Der Zeitraum seines Wirkens wird auf etwa 2000 bis 1700 vor Christus eingeordnet. Etwa in dieser Zeit beschloß Abraham, der vermutlich Nomade war, Ur zu verlassen, um nach Kanaan zu gehen: *„Aus deinem Lande, deiner Sippe ziehe fort, aus deinem Vaterhause, ins Land, das Ich dir zeigen werde! Ich mache dich zu einem großen Volke und segne dich und mache deinen Namen hochberühmt, daß du zum Segen werdest."* (Genesis 12, 1-2)

Es gibt über Abrahams Herkunft jedoch noch andere Hinweise in der Genesis. Er sei aus Haran gekommen, einer anderen wichtigen Stadt, die durch alte Handelswege mit Ur verbunden war. Also könnte Abraham theoretisch auch in Haran geboren worden sein und reiste später nach Ur. Eine weitere Möglichkeit äußerte der Bibelforscher Cyrus Gordon: *„Abraham kam in Wirklichkeit nicht aus Ur, sondern aus Urfa im nördlichen Mesopotamien."*

Besonders die Zeitangaben über Abrahams Reisen bieten bis heute Anlaß zu kontroversen Diskussionen zwischen den Gelehrten. So mutmaßt Gordon beispielsweise, daß Abraham um das Jahr 1385 vor Christus lebte. Herkömmlicherweise ordnet man Abrahams Leben und Wirken ja in die Zeit zwischen 2000 und 1700 vor Christus ein. Seine Reisen entsprechen den bekannten Migrations- und Handelswegen, bevor Ur etwa 1740 vor Christus erobert und verlassen wurde. Ein weiteres Problem ergibt sich aus der Erwähnung von Kamelen, auf denen Abraham ritt. Kamele wurden frühestens ab dem 14. Jahrhundert vor Christus gezähmt, und in dieser Region kamen sie nach Schätzungen von Experten vielleicht sogar erst nach dem 10. Jahrhundert vor Christus als Lastenträger zum Einsatz. Als weitere Verwirrung nennt die Bibel die Stadt „*Ur in Chaldäa*". Nach heutiger Gelehrtenmeinung betraten die Chaldäer Mesopotamien erst sehr viel später, nämlich als sie 612 vor Christus Jerusalem eroberten und die Einwohner der Stadt in die babylonische Gefangenschaft führten.

Schenken wir aber dem Alten Testament Glauben, so folgte Abraham dem Aufruf Gottes. Seine Spur führte auch nach Ägypten: Er kehrt nach Palästina zurück, wo er im Alter von 175 Jahren stirbt. Sein Sohn Isaak, der wie sein Vater Nomade war, zeugte Jakob, dessen zwölf Söhne die Stämme Israels bildeten.

Zunächst wollen wir uns der Frage widmen, was vor Abraham war oder gewesen sein könnte? Hier stehen wir vor dem gleichen Problem wie bei dem Schöpfungsbericht des ersten Buches der Genesis, denn auch dort wissen wir, daß die Ursprünge der biblischen Überlieferung aus der sumerischen Kultur, aus dem Zweistromland zwischen Euphrat und Tigris stammen – dem Enuma Elish.

Das Alte Testament berichtet uns, daß die Vorfahren Israels bis zu Abrahams Auftauchen „anderen Göttern" dienten (Josua 24, 2), was auch verständlich erscheint, denn der alttestamentarische Gott Jahwe lag für sie in ferner Zukunft.

*„Selbst nachdem Jahwe sich mit seinem „erwählten Volk" bekannt gemacht hatte, war die Verbindung mit ihm bestenfalls spärlich, denn für mehr als tausend Jahre waren andere Götter genauso populär. Als es für die Israeliten an der Zeit war, die Geschichte und das Erbe ihres Volkes aufzuschreiben, mußten sie riesige Zeitperioden in der Vergangenheit abdecken, und sie bekräftigten alte, mündliche Traditionen, indem sie Einzelheiten einfügten, die erklärten, wie es hätte sein müssen. Abraham war wahrscheinlich deshalb gezwungen, seine Heimatstadt Ur zu verlassen, weil er die „gottlosen" Nomaden aus dem Norden, die langsam dort den Alltag bestimmten, nicht mehr ertragen konnte, denn damals wurde politische Unzufriedenheit immer mit religiöser Unzufriedenheit begründet. In der Bibel wird Abraham als ein Mensch beschrieben, der aus einer Ordnung kam, in der Gottes Regeln mißachtet wurden. Das bezieht sich zweifellos auf die Entthronung des Repräsentanten Gottes auf Erden, des Königs von Ur und seiner Priesterschaft.*"[61]

Was aber wissen wir über die Zeit *vor* Ur, also über den Ursprung der sumerischen Kultur? Dort gab es gleich mehrere Götter, wie uns ja das Alte Testament berichtet. Das wird auch so sein, denn es gilt als wissenschaftlich erwiesen, daß die Geschichte des jüdischen Volkes und seines Wissens im wesentlichen mit dem der ägyptischen Kultur mehr als verwurzelt ist. Das läßt sich durch das Alte Testament bestätigen, denn dort begegnen wir dem Wort *Ägypten* einige hundert Male, im Vergleich dazu begegnen wir dem Wort *Israel* nur ein einziges Mal in der ägyptischen Chronologie.

Der ägyptische Pharao Echnaton, alias Amenophis IV. (1372-1354 v.Chr.), führte in Ägypten den Monotheismus (*Ein-Gottglaube*) ein. Von nun an wurde nur noch der „Gott" Aton als Gott verehrt.

Ursprung bedeutet *Anfang* oder *Beginn*. Suchen wir also nach dem Beginn einer Kultur oder einer Religion, müssen wir nach den Wurzeln „graben" und versuchen, so weit und so tief wie möglich in die Vergangenheit zurück zu reisen – ohne religiöse Vorbehalte.

## Die sumerische Kultur wird wiederentdeckt:

Die wichtigsten Hinweise auf den Beginn der *Abrahamreligion*en können zweifellos nur im Zweistromland entdeckt werden, aber die Städte des Alten Testamentes lagen Jahrtausende unter Sand und Stein begraben. Erst im 19. Jahrhundert gelang durch den Engländer Sir Austen Layard der große „Spatenstich". Zunächst wurden die antiken Städte *Kalach* und *Ninive* freigelegt – eine Weltsensation!

Motiviert durch die Grabungserfolge, wurden immer weitere „biblische" Städte freigelegt. Südöstlich von Babylon fanden die Archäologen *Akkad*, die Hauptstadt des akkadischen Reiches (2350-2200 v.Chr.), südlich davon die Stadt *Kisch* und weiter südöstlich in Warka wurde *Uruk* entdeckt. Viele dieser Ausgrabungen bestätigen Passagen des Alten Testamentes, in dem einige der Städte Erwähnung finden. Zum Erstaunen der Archäologen wurden die Städte älter, je weiter die Forscher nach Südosten vordrangen. Spätestens jetzt stellte sich heraus, daß es eine Kultur im Zweistromland gab, die noch älter war als die frühesten Funde der ägyptischen Kultur. Mit den Ausgrabungen der alten „biblischen" Städte wurden auch die bislang ältesten schriftlichen Zeugnisse unserer Vorfahren gefunden: mehrere tausend Tontafeln und viele alte Rollzylinder.[62]

Die Informationen waren umfangreich und gaben uns plötzlich ein sehr klares Bild der Gesellschaft wieder: Alte Verträge, Gesetzestexte, höfische Anordnungen, Heiratsurkunden, medizinische Verordnungen, philosophische und theologische Schriften und historische Überlieferungen. Besonders interessant waren die Schöpfungsgeschichte und die möglicherweise älteste Sternkarte der Geschichte.

Bereits in meinem ersten Werk *„Den Göttern auf der Spur"* wurde auf die folgenschweren Konsequenzen hingewiesen, die sich durch die Zerstörung der *„Häuser des Wissens"* für die menschliche Geschichtsschreibung und ihre religiösen Erkenntnisse über ihren Ursprung ergeben haben. Dieser *„alte Brauch"*, Schriftgut zu vernichten, wird bis in die Gegenwart von den Mächtigen der Welt praktiziert, die modernste Form nennt man heute „Zensur" (mehr dazu in Band 2!). Der Wissensverlust, der durch die Vernichtung seit alters her entstand, scheint sich bis in die Gegenwart vererbt zu haben:

*„Viele andere Bibliotheken sind im Laufe der Jahrhunderte zerstört worden: Persepolis wurde angesteckt, als Alexander der Große die Stadt eroberte; 83 v.Chr. verbrannten viele Schriftschätze beim Brand von Rom; 146 v.Chr. zerstörten die Römer eine Bibliothek in Karthago mit über 50.000 Schriften; die Schriften der Minoer auf der Insel Kreta wurden größtenteils zerstört; das älteste Schriftgut der Ägypter aus den Priesterzentren in Memphis und Heliopolis ging verloren, und der wohl größte Verlust entstand durch den Brand der Bibliothek von Alexandria, in dem nach Überlieferungen ca. 700.000 Schriftrollen verlorengingen. Die zumeist bewußte Vernichtung ging oftmals mit Machtwechseln, Unruhen und Kriegen einher. Die Häuser des Wissens und der Zeit stellten eine zu große Gefahr für die neuen Herrscher dar. Die Stadt der Bücher des Königs Sargon von Uruk mit akkadischen und sumerischen Schriften wurde komplett zerstört, ebenso wie die Bibliothek von Nippur. Wenige aber bedeutende Reste, die Assurbanipal archivierte, fanden die Archäologen in Lagasch und wie bereits erwähnt in Ninive."*[63]

Assurbanipal war ein kluger und wissensdurstiger Herrscher. Er hatte seinen Schriftgelehrten den Auftrag erteilt, alle überlieferten alten Texte und Schriften zusammenzutragen, zu übersetzen und eine Zweitschrift (Kopie) davon anfertigen zu lassen.

Aus den heutigen Übersetzungen geht hervor, daß viele dieser alten Schriften aus einer älteren Sprache übersetzt wurden: *„übersetzt"* oder *„aus der Sprache von Schumer"*, heißt es dort. Aus einer der persönlichen Inschriften Assurbanipals geht folgendes hervor:

*„Der Gott der Schriftgelehrten hat mir die Gabe verliehen, mich auf meine Kunst zu verstehen. Ich bin in die Geheimnisse des Schreibens eingeweiht worden. Ich kann auch die schwierigen Tafeln auf sumerisch lesen. Ich verstehe auch die rätselhaften in Stein gemeißelten Wörter aus den Tagen vor der Flut."*

Henry Rawlinson übersetzte die Keilschriften und kam zu dem Ergebnis, daß der akkadischen Sprache noch eine vorangegangen sein muß.

Im Jahre 1869 erklärte der Orientalist Julius Oppert, daß er das Rätsel über die Herkunft der alten Schriften gelöst habe. Auf den Kopien aus der Bibliothek von Ninive hatte er zwei Hauptsprachen entziffern können. Eine davon war das Akkadische, die jüngere der beiden Hauptsprachen. Die andere Sprache war älter und war eine Schriftform aus der alten sumerischen Kultur, wie Oppert feststellte.[64]

Die sumerische Kultur war wiederentdeckt. Viele dieser Kopien beziehen sich noch auf die Jahrhunderte vor der Flut und vor der Gründung des sumerischen Reiches. Das bedeutendste Schriftzeugnis ist das *„Atrahasis-Epos"*, das in einem gut erhaltenen Zustand ist. Einer Fassung der sumerischen Königsliste zufolge war Atrahasis der Sohn von Ubara-Tutu, dem König von Schuruppak (dem heutigen Tell Fara in Zentralmesopotamien), der im Gilgamesch-Epos als Vater von Utnapischtim bezeichnet wird. Sowohl Atrahasis (*der ausnehmend Weise*) als auch Utnapischtim (*der das Leben fand*) sind die Vorläufer des biblischen Noah. Es gibt auch einen „sumerischen Noah": Ziusadra (*langes Leben*).

Den Beginn der sumerischen Kultur datiert die Wissenschaft auf ungefähr 3800 bis 4000 vor Christus. In dieser Zeit besiedelten die Sumerer das Zweistromland zwischen Euphrat und Tigris im heutigen Irak. Die Sumerer hatten bereits ein Kanalisations- und Bewässerungssystem, eine moderne Architektur und Baukultur, sie betrieben Schiffahrt, betrieben regen Außenhandel, die Agrarkultur war bereits entwickelt, ein modernes Schulsystem, sie hatten ein Verwaltungssystem, Pharmazeuten und Mediziner. (Die Werke von Zecharia Sitchin sind hier besonders zu empfehlen!)

Heute hat es den Anschein, als sei diese Kultur plötzlich auf der Weltbühne erschienen, ohne sichtbare und wissenschaftlich belegbare vorangegangene Entwicklungsstadien. Interessant ist in diesem Zusammenhang, daß wir heute die gleiche wissenschaftliche Situation im Falle der ägyptischen Hochkultur haben, denn auch dort befinden sich die wichtigen kulturellen Entwicklungsphasen im Schatten der Vergangenheit. Die einzige Erklärung, die heute wissenschaftlich standhält, ist die Mutmaßung, daß es durch große globale Umwälzungen, wie beispielsweise die Sintflut, zu radikalen Einschnitten kam, so daß Wissen in großem Maße verlorenging. Die weltweiten Überlieferungen erbringen hier Beweise genug! Über den ganzen Erdball verteilt finden wir in den verschiedensten Kulturen und Berichten alter Völker die „Legende" von einer großen Flut. Es gibt keinen Zweifel: Die große Flut fand statt!

Neben den Überlieferungen aus dem Zweistromland (Gilgamesch) und den Überlieferungen der Bibel (Noah), finden wir auch bei den Azteken, bei den Mayas, im Hinduismus, bei den Hopi-Indianern und bei vielen anderen Naturvölkern die Bestätigung für eine große Flut. Die Überlieferungen über kosmische Katastrophen und die große Flut könnten ganze Bibliotheken füllen. Um so interessanter und verblüffender ist die Ähnlichkeit der verschiedenen Überlieferungen. Szenerie und Inhalt sind immer die gleichen. In der einen Überlieferung heißt der Hauptdarsteller Noah (so wie in der Bibel) und in der anderen Utnapischtim (im Gilgamesch-Epos), in einer weiteren Ziusudra (bei den Sumerern) und in wieder einer anderen Atrahasis (bei den Akkadern). Es ist ein roter Faden, dem man unweigerlich folgt.

Zu den weltweiten mündlichen und schriftlichen Zeugnissen, die über die Sintflut berichten, wurden auch archäologische Beweise für eine große Überschwemmung vor über 6.000 Jahren in Ur gefunden. Wissenschaftler entdeckten eine zweieinhalb Meter dicke Schicht wassergetränkten Tons, die ein Gebiet von über 100.000 Quadratmetern bedeckt. Das umfaßt ein Gebiet vom Zweistromland, von nördlich von Bagdad bis zur Küste des Persischen Golfes, also ein Gebiet, zu dem Teile des Iran, Irak und Kuwait heute gehören. Durch das Ausmaß der Erdschicht kamen Wissenschaftler zu dem Ergebnis, daß die Flutwelle gigantische Ausmaße gehabt hat und vermutlich alle Menschen der sumerischen Kultur, die sich nicht rechtzeitig in Sicherheit gebracht haben, in den Tod gerissen hat.

Dieses Datum der Sintflut erklärt auch, warum diese Hochkultur gegen 4000 vor Christus plötzlich aus dem Nichts wieder aufgetaucht ist. Die früheren und bedeutenden Epochen dieser Kultur wurden mit dieser Flut praktisch ins Nichts aufgelöst. Die wenigen Sumerer, die sich rechtzeitig in Sicherheit brachten und überlebten, mußten neu beginnen, doch dank ihres hohen Wissensstandes war der Zeitraum bis zum Wiederaufbau Sumers, das wir heute kennen, verhältnismäßig kurz.

Trotz der schriftlichen Zeugnisse und der archäologischen Beweise, die heute über die Sintflut vorliegen, gibt es eine große Opposition, die eine große Flut immer noch in das Reich der Mythen und Legenden zu verlegen sucht. Die weitreichenden Folgen für die Absolutheitsansprüche der gespaltenen Abrahamreligionen, die übrigen Weltreligionen und die verschiedenen „geheimen" Organisationen sind kaum abzusehen, wie aus den vorliegenden wissenschaftlichen Belegen bereits ersichtlich sein dürfte. Von der Zeit vor der Sintflut bis nach Atlantis und zu anderen großen Hochkulturen wie Lemuria, Kasskara oder Mu dürfte es dann nicht mehr weit sein! Und dann? Spätestens dann ist es nur noch eine Frage der Zeit, bis das antiquierte und manipulierte Weltbild über die Entstehung und Entwicklung des Homo sapiens auf dem Planeten Erde, das besonders in den vergangenen zweitausend Jahren verkündet wurde, von der *Sintflut der Erkenntnis* verschluckt wird.

Verschlucken wird diese *Sintflut der Erkenntnis* auch die dogmatisierte Autorität der Historiker und Wissenschaftler, die heute mit fadenscheiniger wissenschaftlicher Beweiskraft – die man eher wissenschaftlich gewordene Glaubensdogmatik nennen sollte – und mit materiellem und organisiertem Rückhalt weltweit eine Halbwahrheit lehren, zum Wohle irgendeiner falschen und unwahren Ideologie oder aus Angst davor, eine halbwahre religiöse Ansicht nicht reformieren zu wollen.

Die schriftlichen Zeugnisse aus dem Zweistromland haben das religiöse Weltbild nicht nur auf den Kopf gestellt. Sie haben es in bezug auf viele Hauptdarsteller oder Ereignisse, wie beispielsweise die Person Moses oder die Schöpfungsgeschichte und die Entstehung des Menschen – Adam und Eva –, deutlich korrigiert. Die geschichtlichen Ursprünge und Zusammenhänge der sumerischen und vor allem auch der ägyptischen Hochkultur sind dabei immer mehr ans Tageslicht getreten, das aber wohl nicht sehr zum Wohle der kirchlichen Weltanschauung und ihrer selbst aufgestellten Dogmatik.

Nach dem Schöpfungsepos aus dem Zweistromland – dem Enuma Elish – erschließt sich uns heute quasi eine Genesis vor der Genesis, in der von einer kosmischen Katastrophe berichtet wird, bis hin zur Entstehung unseres Sonnensystems mit dem Planeten Erde. Die alten Schriftzeugnisse berichten aber auch detailliert über die Anunnaki-Götter, die in der Kindheit der Menschheitsgeschichte zur Erde kamen, um Rohstoffe abzubauen. Durch sie wurde, laut den alten Überlieferungen, der auf der Erde lebende Urmensch gezielt manipuliert – sie schufen einen *Lulu Amelu*, einen Gemischten –, der Homo sapiens ward geboren. Und das ist bis heute der einzige wirklich wissenschaftliche Erklärungsansatz für das sogenannte „missing link", das fehlende Bindeglied in der Menschheitsentwicklung, das die nicht vorhandenen Übergangsphasen (die plötzliche Intelligenzwerdung zum Beispiel) erklären würde.

## *Zusammenfassung und Ausblick*

Bei der weiteren Spurensuche sollte die Frage nach einem Absolutheitsanspruch deutlich verneint werden. Keine der Abrahamreligionen hat nach den bisherigen Erörterungen wohl einen solchen verdient. Deshalb wollen wir nicht in das gleiche Fahrwasser gelangen und eine der Religionen besonders hervorheben, herabsetzen oder gar anklagen, denn nach diesem Muster verfahren sie selbst seit tausenden von Jahren, mit zeitlicher Einschränkung des Islam, der bekanntermaßen erst verhältnismäßig spät auf der Weltbühne der Religionen erschien. Es ist vielmehr wahrscheinlich und erstrebenswert, nach dem Ursprung und somit die gemeinsame Quelle der heutigen monotheistischen Weltreligionen zu suchen.

Heute haben die meisten Christen nur einen sehr kleinen vagen Eindruck von ihrem Gott, der zuerst ein Gott der Hebräer war. Hier stehen wir wieder an der Schwelle des zentralen Problems aller großen Religionsgemeinschaften: dem Absolutheits- oder Auserwähltheitsanspruch!

Wozu dieses unverständliche Anspruchsdenken allein in den letzten zweitausend Jahren geführt hat, zeigen die vielen Millionen Menschen, die in unzähligen Kriegen, deren Wurzeln wohl ausnahmslos durch das Verschmelzen von politischen und religiösen Machtansprüchen gekennzeichnet waren, ihr Leben ließen. Diese Spur ist ja bekanntlich bis in das Alte Testament zurückzuverfolgen.

Die alttestamentarische Geschichtsschreibung führt ihre Abstammung bekanntlich auf *Sem* (Semiten) zurück. August Ludwig Schlözer (1735-1809) prägte den Namen *Semiten*, die rassisch sehr uneinheitliche Völkergruppe mit semitischen Sprachen, die heute eben nur bis in das Zweistromland zurückverfolgt werden kann.

Wobei wir wieder bei der Sintflut wären. Sem war Noahs Sohn, wie auch die Genesis (Genesis 5, 32; 9, 18; 10, 21) erklärt. Doch wie bereits einige Absätze weiter oben dargelegt wurde, war der biblische Noah eine spätere „Verschmelzung". Bereits im Gigamesch-Epos wird in Einzelheiten von der großen Flut und Utnapischtim (Noah) berichtet, wie wir wissen.

*„Geheime Dinge hat er gesehen,*
*was verborgen den Menschen ist, kennt er.*
*Er hat sogar Nachrichten gebracht*
*von der Zeit vor der Sintflut.*
*Er unternahm auch die Reise ins Ferne,*
*beschwerlich und unter Schwierigkeiten.*
*Er kehrte zurück und schrieb seine Mühsal*
*auf eine steinerne Säule."*

Im Falle von Gilgamesch können wir heute mit Sicherheit sagen, daß er etwa um 2800-2600 vor Christus gelebt hat und Herrscher von Uruk war. Gilgamesch war ein weiser und wissender Herrscher. Eine seiner größten Taten war der Bau der Stadtmauer von Uruk, die in dem Epos erwähnt wird. Von einem späteren Herrscher des Stadtstaates Anam wird das bestätigt. In seinem Bericht über den von ihm veranlaßten Wiederaufbau der Stadtmauer, bezeichnet er diese als ein altes Werk Gilgameschs.

Unsere Spurensuche findet immer – zumindest in archäologischer Hinsicht – ihr Ende im Land am Nil, bei den Ägyptern und im Zweistromland in Verbindung mit der Sintflut. Hier verlieren sich die beweiskräftigen Spuren, wie auch die Autoren Knight und Lomas feststellen: „...*Wenn man bedenkt, daß es keine Spur mehr von den Bewohnern des Zweistromlandes gibt, müssen wir einfach glauben, daß viele Sumerer nach Norden und Westen gezogen sind und zu einem bedeutenden Teil Nomaden geworden sind, die später zur jüdischen Nation verschmolzen. Aber alle Beweise zeigen, daß die Juden weder eine Rasse noch eine Nation sind, wie sie später glaubten, sondern eine Mischung aus unterschiedlichen semitischen Gruppen, die alle ohne Heimatland waren und eine theologische Geschichte von einer theologischen Untergruppe adoptierten. Vielleicht einer von zehn Israeliten zur Zeit Davids und Salomons war sumerischer Abstammung, und nur ein winziger Teil dieser Menschen stammte von Abraham ab, der bestimmt nicht der einzige Sumerer war, der während der zweiten Hälfte des zweiten Jahrtausends vor Christus nach Kanaan und Ägypten reiste. Die Habiru* (abwertende ägyptische Bezeichnung für die Hebräer; Anm. d. A.) *waren deshalb von den übrigen Beduinen in Ägypten zu unterscheiden, weil sie Asiaten waren, die seltsame Kleidung anhatten, einen Bart trugen und eine fremde Sprache sprachen.*“[65]

Die Hinweise, die Archäologen bis heute – erst kürzlich – gefunden haben, stellen die biblischen Aussagen der Genesis in zentralen Punkten gründlich auf den Kopf. Es wurde bereits erwähnt, daß Abraham beispielsweise ständig auf Kamelen herumritt. Wie war ihm das möglich, wenn diese Tiere vermutlich erst nach 1000 vor Christus als Lastenträger zum Einsatz kamen. In einer anderen Geschichte des ersten Buches Mose (1,42) zogen zehn der Brüder Josephs hinab nach Ägypten, um Getreide zu kaufen und bezahlten mit Metallgeld. Wie war das möglich? Die ältesten Münzen stammen aus Kleinasien und wurden erst im 7. Jahrhundert vor Christus erfunden.

Verfälschte Geschichtsschreibung durch zu große Zeitspannen, Übersetzungsfehler durch übertragene Fehler beim Anfertigen von neuen Abschriften von älteren oder bewußte Veränderung von Namen, Handlungen und historischen Ereignissen?

Eine weitere historische Aussage der Bücher Mose wurde durch archäologische Grabungen widerlegt. Es betrifft Aussagen aus dem Buch Josua. Hier wird berichtet, wie der Feldherr in seinem Eilkrieg über den Jordan zieht und – angetrieben durch den Jähzorn des Herrn – die Urbevölkerung und die Vielgötterei ausmerzt. Neueste Ausgrabungen durch Israels Antikenbehörde widerlegten diese biblischen Aussagen. Das bestätigt auch Israel Finkelstein, der verantwortliche Leiter der Untersuchungen: *„Die Besiedlung verlief in Wahrheit friedlich und langsam.“*

Fakt ist nach den neuesten Erkenntnissen, daß um etwa 1200 vor Christus semitische Hirtenstämme von der Wüste aus ins westjordanische Bergland kamen und dort seßhaft wurden. Die Menschen schliefen auf Holzpritschen und aßen kein Schweinefleisch. Ihre Häuser boten Platz für vier bis fünf Personen. Nach heutigen Erkenntnissen lebten um 1000 vor Christus in den Bergen von Kanaan nur rund 50.000 Menschen. Der Süden bot den Menschen schwierigere Lebensbedingungen und war dementsprechend sehr dünn besiedelt. Zudem gab es ständig Ärger mit den starken Nachbarn – die Edomiter und Moabiter lebten in der Nähe. In der fruchtbaren Küstenebene hatten sich die vielleicht von Kreta stammenden Philister in riesigen Städten ausgebreitet. Weiter nördlich siedelten Phönizier, die als große Händler und Seefahrer in die Geschichte eingingen. Der uneingeschränkte Herrscher im Land war aber der Pharao. Die Regierungszeiten Ramses II. (1300-1235 v.Chr.) und seines Vaters Seti I. (1312-1300 v.Chr.) fallen in diesen Zeitraum, wie bereits erwähnt. Nach den heutigen Erkenntnissen, vor allem belegt durch die archäologischen Ergebnisse, steht der Auszug Mose aus Ägypten, vor allem in seiner angenommenen Größe, auf sehr wackeligen Füßen. Es scheint schwer vorstellbar, daß Moses in dieser Zeit gegenüber einer solchen militärischen Stärke, wie es diese Dynastien zweifellos waren, Feldzüge hätte anzetteln können. Der einzige Hinweis, der später in Ägypten gefunden wurde, ist die besagte Grabstele des Pharaos Merenptah, auf der ein Stamm Israel genannt wird. Der Text scheint sich jedoch auf eine Strafaktion des Nilkönigs zu beziehen, denn es heißt dort: *„Dein Same, Israel, ist dahin."*

In der Bibel hingegen lesen wir von der glanzvollen Zeit im Land Kanaan. Hier entstanden demzufolge große Monarchien. Wo nach heutiger Auffassung moderner Archäologen einfache Hirten lebten, erstreckte sich angeblich einstmals das große Reich Davids und im Anschluß das seines Nachfolgers Salomon. Dieser wird als großer und mächtiger Herrscher dargestellt. Sein prunkvoller Palast wird in Einzelheiten beschrieben. In seinem Harem weilten mehrere hundert Frauen. Laut der Bibel übertraf Salomon *„an Reichtum alle Könige der Erde"*.

Auch das Haus aus Stein, das er seinem Gott zu Ehren errichtet haben soll und in dessen Allerheiligstem die Bundeslade aufbewahrt wird, konnte bis heute archäologisch nicht nachgewiesen werden. Viele Berichte erscheinen heute höchst zweifelhaft – nicht nur in archäologischer Hinsicht. Zudem sind viele Hauptdarsteller schwer zu identifizieren, und einige, wie beispielsweise auch das Leben und Wirken Mose, sind immer noch zweifelhaft. Wer will den modernen Wissenschaftlern ihre großen Bedenken verdenken, bei so viel Unklarheit, Übertragungsfehlern und Falschdarstellungen des Alten Testamentes.

Die anderen Hinweise, die uns heute bei unserer Spurensuche nach den Quellen der Religionen behilflich sein könnten, sind die schriftlichen Zeugnisse aus diesen Epochen und den späteren Abschriften, wie beispielsweise im Falle der Bibel. Im Falle der Bibel wurde bis zu diesem Punkt recht deutlich dargelegt, wie schwer es ist, die Aussagen zu unterscheiden zwischen wahren historischen Begebenheiten und Fälschung durch bewußte Veränderung historischer Handlungen oder schlichtweg durch die großen Zeitspannen, die zu stetigen Abschreibe- und Übersetzungsfehlern führten.

Ein ganz anderer und bedeutender Aspekt ist aber der, daß heute ein Großteil der Entdeckungen vom Toten Meer vor der Welt geheimgehalten werden. Wie bereits dargelegt wurde, widerspricht bereits der Inhalt der wenigen freigegebenen Schriftrollen dem gegenwärtigen Glauben der Bibel.

Wenden wir uns nun noch etwas näher der unübersehbaren Verschmelzung zwischen den Ägyptern und den Israeliten zu. Mehr als zweitausend Jahre lang ist es gelungen, von der zentralen Bedeutung Ägyptens, dem einstmals heiligen Land, und dessen Bedeutung auf die Entstehung der monotheistischen Abrahamreligionen abzulenken. Nur noch die griechischen und auch die römischen Gelehrten erwiesen der Jahrtausende währenden ägyptischen Hochkultur den gebührenden Respekt.

Im nächsten Kapitel führt uns unsere Spurensuche in das Land der Pharaonen. Die Erzählungen der Bibel über die Israeliten und die Alten Ägypter bilden seit Jahrtausenden einen festen Bestandteil des Wissens der Menschheit.

Die Geschichte des jüdischen Volkes und ihres Wissens ist im wesentlichen mit dem der ägyptischen Kultur mehr als verwurzelt. Das läßt sich durch das Alte Testament bestätigen, denn dort begegnen wir dem Wort *Ägypten* einige hundert Male, im Vergleich dazu begegnen wir dem Wort *Israel* nur ein einziges Mal in der ägyptischen Chronologie.

Von Abraham bis Jesus ist die Geschichte der biblischen Stammväter mit Ägypten tiefer verbunden als das wohl jemals in seiner ganzen Bandbreite erfaßbar wäre.

# Kapitel 3
# SCHAUPLATZ ÄGYPTEN

- Welchen gemeinsamen Ursprung haben die Abrahamreligionen?
- Gibt es für die Königreiche Davids und Salomons überhaupt wissenschaftliche Beweise?
- Gab es einen Auszug aus Ägypten?
- Handelt es sich bei Moses und Echnaton um ein und dieselbe Person?
- Warum haben die Bibelautoren die Namen der Pharaonen nicht mehr erwähnt?
- Wem gehört der Tempelberg in Jerusalem?
- Warum wurde Jesus von keinem zeitgenössischen Historiker seiner Zeit erwähnt?
- Hat Jesus bereits einige Jahrhunderte früher in Ägypten gelebt?

## *Stammväter und Pharaonen*

*„Stammbaum Jesu Christi, des Sohnes David, des Sohnes Abrahams. Von Abraham stammt Isaak ab, von Isaak Jakob, von Jakob Juda...“* (Matthäus 1, 1-2)

Mit diesen Worten beginnt das Neue Testament. Die lange Genealogie soll verdeutlichen, daß Jesus von König David abstammte. König David war wohl der bekannteste Herrscher mit einem Reich, das von den Ufern des Nils bis zu den Wassern des Euphrats im Zweistromland reichte. So berichtet es uns zumindest die Bibel. Übertroffen wurde David offensichtlich noch von seinem Nachfolger Salomon, der – wie gerade erwähnt – den ersten Tempel von Jerusalem erbaut haben soll und in der Bibel als einer der bedeutendsten Könige beschrieben wird, der alle Könige der Erde an Reichtum überstrahlte.

Glauben wir den orthodoxen Zeitinterpretationen, so fand der Tempelbau etwa um 980 vor Christus statt, also rund ein halbes Jahrhundert nach dem biblischen Auszug der Israeliten aus Ägypten. Diese zeitliche Differenz, wie wir sie im 1. Buch der Könige vorfinden, bereitet vielen Forschern bis heute großes Kopfzerbrechen. Demgegenüber steht die allgemein anerkannte Theorie, daß der biblische Auszug Mose aus Ägypten in der Regierungszeit Ramses II. stattgefunden haben muß, zwischen 1290 und 1224. Hier fehlen also bereits etwa zweihundert Jahre. Das erscheint natürlich modernen Bibelforschern sehr unglaubwürdig. Dazu kommt, daß es vor allem in den fünf Büchern Mose zahlreiche Ungereimtheiten gibt und besonders, wie wir bereits sehen konnten, durch neuere archäologische Ergebnisse viele historische Fakten, wie sie uns die Bibelautoren nennen, widerlegt wurden und andere überhaupt noch nicht bewiesen sind.

Wie groß die Zeitspannen waren, die zwischen biblischen Personen, deren Leben und Werk und der biblischen Niederschrift lagen, wurde bereits erwähnt – es waren bisweilen Jahrtausende! Bis heute gibt es heftige Diskussionen bezüglich der Frage nach Alter und Erscheinungsdatum und letztlich auch nach dem Beweis der Autorenschaft vieler Bücher des Alten Testamentes. Drei Lager sind hier vorzugsweise zu nennen:

1. Die Traditionalisten behaupten, die Haupttexte der Bibel seien etwa um 1000 vor Christus entstanden.

2. Die zweite Gruppe ist mit ihren Schätzungen weit vorsichtiger und setzt diesen Zeitpunkt etwa um 600 vor Christus an.

3. Eine weitere Gruppe wiederum hält das Alte Testament für ein „hellenistisches Werk". Es sei im wesentlichen erst nach 330 vor Christus verfaßt worden.

Folgen wir der Spur der biblischen Hauptdarsteller in das Alte Ägypten, ergeben viele historische Aussagen der Bibel erst einen realistischeren Hintergrund. Eines sollte der besonderen Wichtigkeit halber nochmals erwähnt werden: Die gemeinsamen Wurzeln der Ägypter und Israeliten sind von zentraler Bedeutung. Das wird durch das Alte Testament mehr als bestätigt, denn dort begegnen wir dem Wort Ägypten einige hundert Male, das Wort Israel wird dahingegen nur einmal in der ägyptischen Chronologie erwähnt. Deutlich wird dadurch in erster Linie die jeweilige Gewichtigkeit.

Um der authentischen Geschichte der Bibel so nahe wie möglich zu kommen, ist es unumgänglich, ihre Spuren im Land der Pharaonen zu suchen, denn dort führen uns alle Hinweise hin, insbesondere die der Bibel.

Es ist heute erwiesen, daß die Bibelverfasser häufig Namen von Personen, Orten und Wasserquellen erwähnen, die in vielen Fällen gar nicht mit der eigentlichen Geschichte im Zusammenhang stehen, nennen im Widerspruch zu diesen Ereignissen im Alten Ägypten aber nicht ein einziges Mal den Namen eines Pharaos, eine dynastische Zeitangabe oder zumindest einen Wohnort.

Einer der zahlreichen Pharaonen, die im Alten Testament eine Rolle spielen, hat Abrahams Frau geheiratet. Durch einen anderen Pharao bekam Joseph Arbeit und wurde zu seinem Wesir. Er wurde damit der höchste Offizier des Landes. Nach seinem Sieg behielt der Pharao Joseph in seinen Diensten. Welche große Bedeutung Joseph am Hofe dieses Pharaos zuteil kam, wird durch die Tatsache bestätigt, daß dieser Joseph, der in Ägypten Yuya hieß, im Tal der Könige bestattet wurde – als Wesir! Weiter wissen wir, daß das Leben und Werk Mose in Verbindung mit den Pharaonen gestanden haben muß. So berichtet Manetho in seinem Werk: *„Moses, Sohn des Stammes Levi, erzogen in Ägypten und eingeweiht in Heliopolis, wurde ein Hohepriester der Bruderschaft unter der Regentschaft von Pharao Amenophis* (Echnaton)." Das beweist auch die Apostelgeschichte (7, 22), in der es heißt: *„Und Moses wurde unterwiesen in aller Weisheit der Ägypter, und war mächtig in Worten und Werken."*

Salomon heiratete die Tochter eines Pharaos, *„der Pharao, der Joseph nicht kannte"* oder *„der Pharao der Unterdrückung"*. Warum wurden in all diesen Fällen die Namen der Pharaonen mit keiner Silbe erwähnt? Daß die Namen der jeweiligen Pharaonen nicht mehr bekannt waren, ist wohl ausgeschlossen. Warum also wurden all ihre Namen verschwiegen? Die einzige logische Schlußfolgerung kann nur sein, daß dies absichtlich geschah! Das belegt auch die Tatsache, daß Ramses, in Verbindung mit dem Auszug der Israeliten aus Ägypten, in der Bibel ja erwähnt wird (Exodus 12, 37). Warum aber wurden die Namen der anderen Pharaonen sowie andere Angaben und Orte weggelassen?

Daß hier etwas nicht stimmen kann, ist bereits vielen anerkannten Ägyptologen aufgefallen. Viele von ihnen kamen in eine große Konfliktsituation zwischen den ihnen bekannten historischen Fakten und ihrer religiösen Überzeugung. Diese dogmatischen Hürden haben natürlich nicht dazu beigetragen, die Bibelgeschichte entsprechend zu korrigieren. Das erkannte auch der Ägypter Moustafa Gadalla, der dies nach seinen jahrzehntelangen Forschungen in seinem Werk *„Der Betrug mit der Geschichte – die unveröffentlichte Geschichte des Alten Ägypten"* plausibel belegen konnte.

Auch Gadalla erkannte die große Konfliktsituation vieler seiner Landsleute und Kollegen:

*„Inzwischen erhitzen sich die Gemüter seit nunmehr zweitausend Jahren, wenn es um die Ursprünge des Alten Testamentes geht, und bis heute konnten die zahlreichen Fragen immer noch nicht hinreichend beantwortet werden... Die Daten und die erwähnten Lebensjahre der Personen in der Bibel weichen so extrem von der Realität ab, daß sie beim besten Willen niemand ernst nehmen kann. Glauben wir der Bibel, erschuf Gott die Welt im Jahre 4004. Inzwischen liegen uns aber handfeste Beweise darüber vor, daß die Erde im Jahre 4004 längst bewohnt war. Auch die Lebensdauer zahlreicher Figuren der Bibel ist absolut unglaubwürdig...!"*[66]

Hinweise finden wir wieder im Falle Abraham. In der Bibel wird beispielsweise berichtet, Terach, Josephs Urgroßvater, sei siebzig Jahre alt gewesen als sein Sohn Abraham geboren wurde. An einer anderen Stelle heißt es dann aber noch, Terach wäre im Alter von zweihundertundfünf Jahren gestorben. Nur wenige Verse danach erfahren wir dann, Abraham sei gerade fünfundsiebzig Jahre alt gewesen, als sein Vater starb. Würden wir uns an die in der Bibel zuerst genannten Zahlen anlehnen, müßte Abraham zu dem Zeitpunkt einhundertundfünfunddreißig Jahre alt gewesen sein und nicht fünfundsiebzig.

## *Der Ursprung der fünf Bücher Mose*

Werfen wir noch einmal einen näheren Blick auf die fünf Bücher Mose. Sie bilden die Hauptquelle, wenn es heute darum geht, die Entstehung der monotheistischen (Ein-Gottglaube) Weltreligionen zu beleuchten. Der Islam präsentiert sich dabei als die jüngste der Abrahamreligionen. Im Gegensatz zum Christentum gibt es jedoch einen ganz wesentlichen Unterschied. Die Christenheit erhielt „ihre Bücher" über einen Zeitraum von mehreren Jahrhunderten, der Koran wurde dem Propheten Mohammed direkt vom Himmel offenbart.

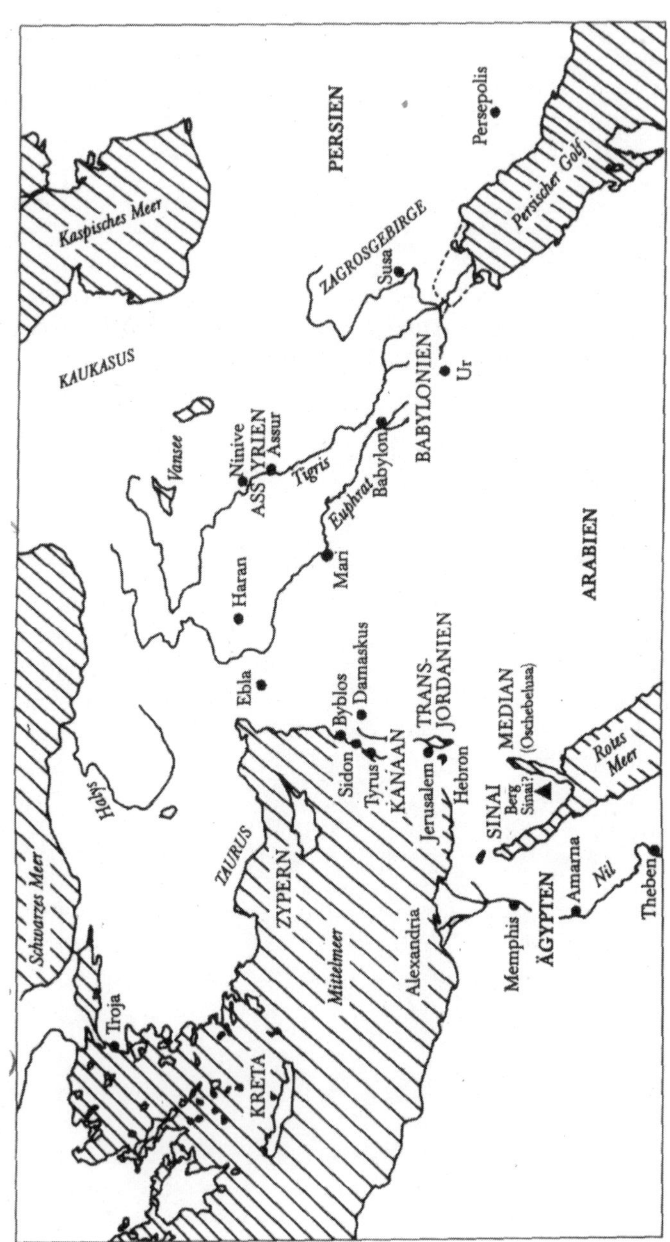


Abb.11:
Die Welt des
Nahen Ostens
im Altertum.

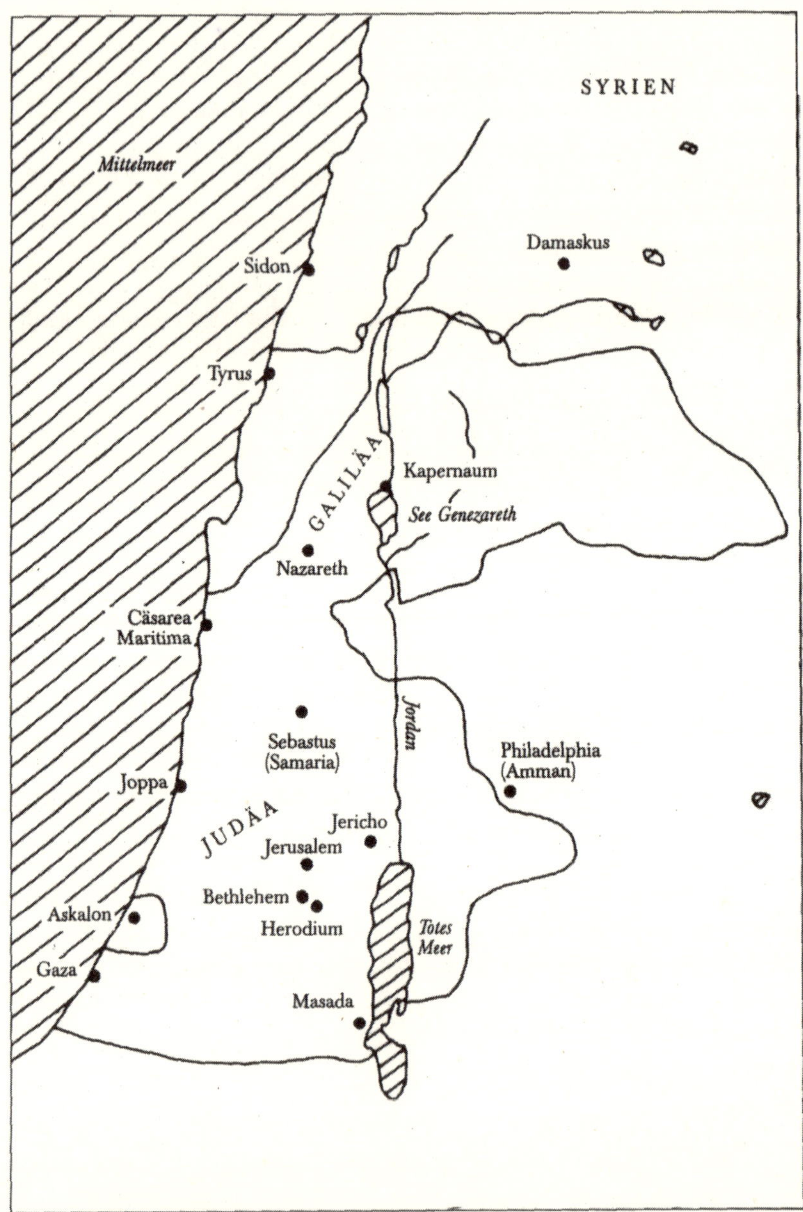

Abb. 12: Die Landkarte zeigt das Gebiet, in dem der biblische Jesus gelebt haben soll.

Im Alten Testament hat es den Anschein, daß alle Wege letztlich immer wieder in Ägypten enden oder eben dort beginnen. Die eine oder andere Erzählung der Bibel über die Israeliten und die Ägypter wird den meisten Lesern noch aus der Kindheit in Erinnerung sein.

Nach oberflächlicher Betrachtung scheint es Moses zu sein, der als der Hauptdarsteller im Alten Testament avanciert – wobei er als historische Person, wie er in der Bibel beschrieben wird, wissenschaftlich nicht endgültig bewiesen ist. Erst durch den sogenannten Exodus – wie auch immer er in Wirklichkeit stattgefunden haben mag – wurden Ägypter und Israeliten zu erbitterten Feinden. Betrachten wir die Geschichte und die daraus resultierenden Folgen, stellen wir fest, daß die Wurzeln der heutigen weltpolitischen Probleme und Krisengebiete, in erster Linie bezüglich des heutigen geopolitischen Krisengebietes „Naher Osten", bereits in der Zeit des Alten Testamentes zu finden sind. In Wirklichkeit führen uns die gegenwärtigen weltpolitischen Konflikte noch Jahrtausende weiter zurück auf dem Zeitpfeil der Menschheitsgeschichte – die Wurzeln aller weltlichen Konflikte der Zeitgeschichte scheinen ausnahmslos mit der Religion verwoben zu sein.

Es ist bereits darauf hingewiesen worden, daß es kontroverse Diskussionen bezüglich Alter und Erscheinungsdatum des Alten Testamentes gibt. Viel wichtiger ist die Tatsache, warum die Bibelhistorie, Personen, Ereignisse und Orte so fraglich sind und warum es so, wie es uns die Bibel lehren will, nicht gewesen sein kann. Daß die Namen der Pharaonen von den verschiedenen Autoren und Übersetzern absichtlich weggelassen wurden, ist wohl nicht in Zweifel zu ziehen.

Unzweifelhaft ist ebenso, daß es durch die großen Zeitspannen zu Veränderungen in der Reihenfolge der historischen Geschehnisse gekommen sein muß. Es war im wahrsten Sinne die *„Reise nach Jerusalem"*, wie man heute noch zu sagen pflegt. Von zentraler Bedeutung ist dabei die jeweilige religiöse und politische Ideologie der jeweiligen Zeit und ihrer Übersetzer, die sich im Laufe der vielen Jahrhunderte und Jahrtausende immer wieder veränderte.

Gemäß den alten Überlieferungen wird es Moses zugeschrieben, der Verfasser der ersten fünf Bücher gewesen zu sein. So lesen wir in der Genesis: „*Und der Herr sprach zu Moses: ‚halte dies in Form einer Schriftrolle fest, damit man sich daran erinnern werde..*'"

Von heutigen Bibelexperten wird die Autorenschaft von Moses aus verschiedenen Gründen in Frage gestellt. So berichten die Bücher Mose beispielsweise über dessen Tod. Daß Moses aber selbst über seinen eigenen Tod berichtet, scheint sehr zweifelhaft, weshalb schon in diesem Punkt anzunehmen ist, daß er zumindest nicht alle Bücher selbst verfaßt haben kann.

Das Deuteronomium (griech.; zweites Gesetz), im Hebräischen *Debarim* (*Rückschau*), das als das „5. Buch Mose" bezeichnet wird und zur jüdischen „Ur-Bibel" gehört, kann ebenfalls von Moses selbst nicht verfaßt worden sein. Das ergibt sich aus einer von den Büchern Mose 2 bis 4 stark abweichenden literarischen Struktur, die auch noch in deutschen Übersetzungen erhaltengeblieben und somit nachprüfbar ist.

Die gebräuchliche Übersetzung des Alten Testamentes basiert auf hebräischen Texten, die im neunten und zehnten Jahrhundert eingebracht wurden. Diese Texte stammen aus dem zweiten Jahrhundert. Im Jahre 70 war nämlich in Jaffa ein Rat einberufen worden, der über die zukünftige Fassung und den zukünftigen Inhalt des Alten Testamentes abstimmte.

Abb. 13:
Die Dankfeier Mose am Roten Meer.

Bekanntermaßen bilden die hebräischen Texte nicht die einzige Grundlage des Alten Testamentes, denn die griechischen Texte aus Alexandria sind noch älter. Bereits König Ptolemy II., der Ägypten von 285 bis 247 vor Christus regierte, soll eine griechische Übersetzung der Bibel in Auftrag gegeben haben. Der höchste Priester von Jerusalem schickte daraufhin zweiundsiebzig seiner Ältesten nach Alexandria und gab ihnen eine offizielle Abschrift der Bücher Mose mit auf den Weg. Sie arbeiteten zweiundsiebzig Tage lang an der endgültigen Übertragung der Bücher Mose ins Griechische. In den folgenden Jahren wurden auch alle anderen Bücher des Alten Testamentes von anderen Gelehrten ins Griechische übersetzt. Das griechische Gesamtwerk „*Septuaginta*" bedeutet in der wörtlichen Übersetzung „*Die Siebzig*" (lat. *siebzig*; nach der Legende von 72 Gelehrten verfaßt).

Im vierten Jahrhundert entstand eine Bibelausgabe von Bischof Ulfilas – eine gotische Übersetzung. Fast zeitgleich gab Papst Damsus im Jahre 383 nach Christus eine Bibel in lateinischer Sprache in Auftrag. Der Übersetzer war Eusebius Hieronymus. Die Übersetzung von Hieronymus basierte zum einen auf der *Septuaginta*, der griechischen Übersetzung des Alten Testamentes, und zum anderen auf den hebräischen Texten. Seine Übersetzung *Vulgata* (lat.; volkstümlich) wurde zu der wichtigsten und wegweisenden lateinischen Bibel-Ausgabe. Im Jahre 1546 auf dem Konzil in Trient wurde sie von den Kirchenoberen schließlich zur offiziellen „Richtbibel" erklärt.

Die gewaltige Aufgabe, die Historie der biblischen Geschichte und ihrer Hauptdarsteller zu erfassen, ist sehr schwierig, wie unschwer zu erkennen ist. Die große Feindschaft zwischen den Israeliten und den Ägyptern hat sicherlich maßgeblich dazu beigetragen, daß das geschichtliche Bild, das uns heute vorliegt, ein anderes *Gesicht* bekommen hat.

Noch ein weiterer und zugleich bedeutender historischer Aspekt sollte bei der äußerst schwierigen Spurensuche berücksichtigt werden: ***das Exil in Babylon.***

Zu Beginn des achten Jahrhunderts zerfiel das Land der Juden wieder in zwei Hälften – Israel im Norden und Juda im Süden. Beide entwickelten sich recht unterschiedlich, was bald zu einem Krieg führte. Im nördlichen Königreich wurde es beinahe zum Brauch, den König zu ermorden. Mord und Totschlag wurden zum erbitterten Alltag.

Das nördliche Königreich hatte von Beginn an große Schwierigkeiten gehabt, was unter anderem sicherlich mit der schlechteren geographischen Lage zusammenhing. Juda, das südliche Königreich, lag abseits der Ost-West-Route, und das Terrain war für ausländische Eroberer schwieriger einzunehmen. So genoß das südliche Königreich stets mehr nationale Sicherheit als das nördliche.

Das nördliche Königreich wurde 721 vor Christus schließlich von den Assyrern überrannt. Das südliche Königreich bestand noch anderthalb Jahrhunderte länger. Im Jahre 597 vor Christus eroberte der babylonische König Nebukadnezar Jerusalem. Er nahm den König gefangen und installierte einen König namens Zedekia auf dem Thron. Der wahre König, Jojachim, wurde mit samt seinem Hofstaat und der intellektuellen Elite des Landes ins Exil nach Babylon verschleppt. Mehrere tausend Juden lebten von nun an fast drei Generationen lang im babylonischen Exil.

Das Zusammengehörigkeitsgefühl und das Bewahren ihrer Bräuche, Riten und darauf ausgerichteten Lebensgewohnheiten wurde durch das Leben im Exil sicherlich noch größer. Auch wenn ihnen die Lebensart in Babylon fremd gewesen sein mag, muß ihnen die Religion überraschend vertraut erschienen sein. Ihre eigenen ägyptisch-kanaanitischen Legenden und die der Babylonier stammten nun einmal aus der gleichen sumerischen Quelle. Spätestens hier merkten die Juden, daß ihre Schöpfungsgeschichte und ebenso der Sintflutbericht aus noch älteren und umfangreicheren Quellen stammte.

Im Gegensatz zu der allgemein herrschenden Meinung ist es sehr in Frage zu stellen, ob die Juden in dieser Zeit bereits als Monotheisten zu bezeichnen waren. Selbst wenn sie Jahwe als ihren obersten Gott angebetet haben, so haben sie bestimmt nach der Ankunft in ihrer neuen Zwangsheimat auch babylonischen Göttern die Ehre erwiesen und diese gleichfalls angebetet. In dieser Zeit war es normal, daß man den Göttern fremder Völker Respekt erwies. Außerdem ist davon auszugehen, daß man das auch aus einem anderen Grund tat, denn man glaubte damals, daß die Macht aller Götter territorial begrenzt sei. Jahwes Einflußbereich war Jerusalem. Zudem gibt es keinerlei Beweise dafür, daß die Juden während ihres Exildaseins auch nur den kleinsten Schrein errichten ließen.[67]

Viele Experten gehen heute davon aus, daß in der babylonischen Gefangenschaft der Großteil der fünf Bücher Mose niedergeschrieben wurde, aus dem tiefen Bedürfnis heraus, die Traditionen und das religiöse Wissen für die folgenden Generationen zu bewahren. Es war sicherlich auch die beste Möglichkeit für die deportierte Priesterschaft, das Exil geistig zu verarbeiten und in der Niederschrift eine von Gott geforderte Pflicht zu sehen.

Das Schicksal des jüdischen Volkes nahm seinen Lauf, und das babylonische Exil nahm 539 vor Christus sein Ende. Der Perserkönig Cyrus nahm ohne Blutvergießen Babylon ein. Er fuhr kurz nach der Eroberung in seinem Streitwagen durch das berühmte Tor der Ischtar, gefolgt von seiner Armee, bestehend aus Persern und Medern.

Die Juden konnten endlich nach Jerusalem zurückkehren und bekamen so ihre Stadt zurück, aber nun war Juda eine Provinz des Persischen und nicht mehr des Babylonischen Reiches.

Wie sehr sich der Einfluß durch die babylonische Gefangenschaft auch in religiöser Hinsicht auf die Juden ausgewirkt haben muß, ist sehr gut an dem Namen ihres neuen Anführers zu erkennen, denn der Name Serubbabel bedeutet „*Samen von Babylon*".

## *Rückkehr nach vier Generationen*

Heute wissen wir dank neuer archäologischer Erkenntnisse, daß die Besiedelung Kanaans nicht, wie im Buch Josua beschrieben, gewaltsam erfolgte. In diesem Zusammenhang kommen wir noch einmal auf Abraham zurück, dem nun einmal eine Schlüsselposition in dem ganzen Szenarium zuteil wird.

Die Bibel berichtet, Abraham habe aufgrund einer Hungersnot Kanaan verlassen und sei mit seiner ganzen Sippe in die Gegend des fruchtbaren Nillandes gewandert. Dort hielt er sich ein gewisse Zeit mit seiner Halbschwester und zugleich Gattin Sarai auf.

Abraham und Sarai kehrten aber aus Ägypten nach Kanaan zurück und mußten feststellen, daß in der kleinen Gemeinde bedeutende Veränderungen vor sich gingen. In der Genesis erfahren wir dazu, wie der Herr zu Abraham spricht: „*Du mußt dir darüber im klaren sein, daß deine Nachkommen als Fremde in einem Land leben werden, das ihnen nicht gehört, und sie werden über vierhundert Jahre hinweg zu Sklaven gemacht und mißhandelt werden. Die vierte Generation wird wieder zurückkehren...*"

Bei genauem Hinsehen wird in diesem Satz ein klarer Widerspruch aufgedeckt. Einerseits wird von vierhundert Jahren Verbannung und Sklaverei gesprochen und andererseits von einer Verheißung der Rückkehr in der vierten Generation. Zwischen vierhundert Jahren und vier Generationen liegen nicht weniger als dreihundert Jahre.

Noch zweifelhafter stellt sich eine andere Verheißung Gottes dar, die wir wenige Sätze weiter vernehmen: „*Ich gebe deinen Nachkommen dieses Land, vom Flusse Ägyptens bis hin zum großen Fluß, dem Euphratstrome...*" (Genesis 15, 18)

Die entscheidende Frage, die hier beantwortet werden muß, um die großen Zeitverschiebungen zu entzerren, ist die Frage: *Wann kamen die Israeliten nach Ägypten, und wie lange dauerte ihr Aufenthalt bis zum Auszug?*

Eine Zeitangabe liefert uns das Alte Testament genauso wenig wie es den Namen oder die Stadt des Pharaos nennt. Lediglich die Zeitspanne, welche die Israeliten in Ägypten verbracht haben sollen, wird uns in der Genesis genannt, wie wir aber sehen konnten mit zeitlichen Differenzen, die etwa 300 Jahren betragen. Welche Zeitspanne stimmt aber nun, die erste oder die zweite Angabe?

1. Eine Zeitspanne von 430 Jahren, wie es im Buch Exodus (12, 40) beschrieben wird: „*Der Israeliten Bleiben in Ägypten betrug 430 Jahre.*"

2. Eine Zeitspanne von vier Generationen, wie im Buch Genesis (15, 13 und 16) im letzten Satz zu lesen ist: „*...Du sollst wissen, daß dein Same wird fremd sein in einem Lande, das nicht dein ist; und da wird man sie zu dienen zwingen, und plagen vierhundert Jahre... Sie aber sollen nach vier Mannesleben wieder hierher kommen...*"

Diese verschiedenen Zeitangaben sind wohl in erster Linie durch die langen Zeitspannen und die vielen Abschriften entstanden.

Im hebräischen Originaltext lesen wir: „*...wa dor rabi´i yashwbw hena...*" Das ist sehr aufschlußreich und liefert einen klaren Hinweis darauf, daß der Aufenthalt über vier Generationen hinweg stattgefunden haben muß. Das bringt auch Moustafa Gadalla sehr klar zum Ausdruck: „*Aus folgenden Gründen entspricht der Aufenthalt über vier Generationen hinweg und nicht eine Zeitspanne von 430 Jahren den Tatsachen: Die genaue Über-*

*setzung des hebräischen Verses lautet: ‚Und die vierte (dor) kehrt hierher zurück.' Grammatikalisch gesehen ist ‚die Vierte (dor)' in dem Fall ein Subjekt zum Verb. Also kann das Wort ‚dor' eigentlich nur ‚Generation' bedeuten. Der Begriff ‚dor' wurde weder im Hebräischen noch im Assyrischen oder in irgendeiner anderen Sprache jemals für einen Zeitraum von vierhundert Jahren verwendet.*

*Zur Bestätigung der richtigen Übersetzung des Wortes ‚dor' mit ‚Generation' dient uns die Tatsache, daß in den Büchern Mose genau vier Generationen zwischen dem Zeitpunkt der Auswanderung nach Ägypten und dem Exodus erwähnt werden.*

*Auch im Talmud finden wir keinerlei Übereinstimmungen mit der Theorie eines Aufenthaltes der Israeliten in Ägypten über einen Zeitraum von 430 Jahren hinweg. Dort heißt es unter anderem: Und die Kinder Israels reisten von Ramses nach Succoth. Zweihundertundzehn Jahre nach ihrer Ankunft in Ägypten verließen die Israeliten das Land wieder – sechhunderttausend Männer, Frauen und Kinder.*"[68]

Es wären dementsprechend also diese „vier Generationen", die in der ägyptischen Geschichte eine bedeutende Rolle gespielt haben müssen.

Der Pharao, der zu der Zeit als Abraham mit seiner Frau Sarah nach Ägypten kam das Land am Nil regierte, muß Tuthmosis III. gewesen sein. Zu diesem Ergebnis gelangt auch Moustafa Gadalla: *„Alle Hinweise führen uns zu Tuthmosis III., bei dem es sich offensichtlich um den Pharao handeln muß, der Sarai* (Sarah; Anm. d. A.) *geheiratet und Isaak gezeugt hat.*"[69]

Dem historischen Verlauf der Bibel zufolge kamen hebräische Stämme unter der Vizeregentschaft Josephs nach Ägypten. Im Buch Genesis 45 wird berichtet, wie sich Joseph seinen Brüdern, die wegen der Hungersnot (Genesis 41) nach Ägypten gekommen waren, zu erkennen gab. Nach der großen Freude wurde auch am Hofe des Pharaos bekannt, daß Josephs Brüder nach Ägypten gekommen waren. Daraufhin beriet der Pharao samt seiner Minister und wies Joseph sogleich an, seinen Brüdern zu sagen, sie mögen ins Land Kanaan reisen und ihren Vater und ihre Familien herbringen.

Auch hier müssen wir von einem namentlich nicht bekannten Pharao sprechen, denn sein Name wird nicht genannt, obwohl er Joseph und seiner Familie einen überaus großen Dienst erwies. Andererseits ist auffällig, daß die Bibelautoren Joseph in ein recht selbstherrliches und vor allem in ein falsches Licht rücken, wenn er – Joseph – zu seinen Brüdern sagt: *„Macht euch schnell auf den Weg und bringt meinem Vater die Botschaft: ‚Dein Sohn Joseph läßt dir sagen: Gott hat mich zum Herrn über ganz Ägypten gemacht.'"*

Neben der Bedeutungslosigkeit, welche die Verfasser hier dem Namen des mächtigen Pharaos zukommen lassen, wird Joseph von dem Verfasser der Genesis im Gegensatz zur Nichtbenennung des Pharaos gleich zum Herrn über ganz Ägypten gemacht.

So kamen die Hebräer mit persönlicher Genehmigung des ägyptischen Pharaos unter der Vizeregentschaft Josephs nach Ägypten und siedelten in den fruchtbarsten Gebieten des Nillandes an (Genesis 45).

Joseph war der Sohn des Jakob, des Enkels Abrahams, und dessen Sohn war Isaak, denn so berichtet es uns die Bibel:

- Sarah (Sarai) gebar Isaak
- Isaak zeugte Jakob in Kanaan
- Jakob zeugte Joseph
- Joseph wurde von seinen Brüdern an Händler verkauft und gelangte so nach Ägypten, wo er später zum Wesir (höchster Würdenträger) und Berater des Pharaos Tuthmosis IV. (1425-1408 v.Chr.) ernannt wurde. Er war auch Wesir unter dessen Nachfolger Amenophis III. (1408-1372 v.Chr.).
- Josephs Tochter Teye heiratete Amenophis III. und gebar ihm zwei Kinder: Echnaton (Amenophis IV.) und Sememhkharere. [70]

Die vier Generationen der Auswanderer setzen sich demnach wie folgt zusammen:

- Joseph
- Teye
- Echnaton
- Tutenchamun

*Chronologie der 18. Dynastie*

| Name des Königs | Regierungsdauer | Lebensdauer |
|---|---|---|
| Ahmosis | 22 Jahre | 1580-1558 v.Chr. |
| Amenophis I. | 28 Jahre | 1558-1530 v.Chr. |
| Tuthmosis I. | 20 Jahre | 1530-1510 v.Chr. |
| Tuthmosis II. | 5 Jahre | 1510-1505 v.Chr. |
| Hatschepsut | 20 bzw. 22 Jahre | 1505-1484 v.Chr. |
| Tuthmosis III. (David) | 55 bzw. 34 Jahre | 1505-1450 v.Chr. |
| Amenophis II. | 25 Jahre | 1450-1425 v.Chr. |
| Tuthmosis IV. | 17 Jahre | 1425-1408 v.Chr. |
| Amenophis III. (Salomon) | 36 Jahre | 1408-1372 v.Chr. |
| Amenophis IV. Echnaton (Moses) | 18 Jahre | 1372-1354 v.Chr. |
| Semenkhkare | | 1354-1354 v.Chr. |
| Tutenchamun (Jesus) | 9 Jahre | 1354-1345 v.Chr. |
| Aye | 4 Jahre | 1345-1341 v.Chr. |
| Horemheb | 13 Jahre | 1341-1314 v.Chr. |

**Wichtige Anmerkung:**
Bei allen Zeitangaben handelt es sich um Annäherungswerte, so daß Abweichungen von einigen Jahren sowohl bei der Regierungsdauer als auch bei der Lebensdauer möglich sind.

*Chronologie der 19. Dynastie*

| Name des Königs | Regierungsdauer | Lebensdauer |
|---|---|---|
| Ramses I. | 2 Jahre | 1314-1312 v.Chr. |
| Seti I. | 12 Jahre | 1312-1300 v.Chr. |
| Ramses II. | 65 Jahre | 1300-1235 v.Chr. |
| Merenptah | 11 Jahre | 1235-1224 v.Chr. |
| Amenmesse | 3 Jahre | 1224-1221 v.Chr. |
| Sethos II. | 6 Jahre | 1221-1215 v.Chr. |
| Siptah | 6 Jahre | 1215-1209 v.Chr. |
| Tworsre | 1 Jahr | 1209-1209 v.Chr. |
| Setnakhte | 3 Jahre | 1207-1204 v.Chr. |
| Ramses III. | 32 Jahre | 1204-1172 v.Chr. |

## *Isaaks Vater, der Pharao*

Da uns die Bibel den Hinweis liefert, daß Sarah sowohl mit Abraham als auch mit dem nicht benannten Pharao verheiratet war, könnten für die Identität der Vaterschaft also zwei Männer in Frage kommen.

Im folgenden wollen wir noch einmal einen genaueren Blick auf Abraham werfen und auf den zu der Zeit herrschenden Pharao, der, wie bereits erwähnt wurde, Tuthmosis III. gewesen sein muß.

Im Buch Genesis 12 ist nachzulesen, daß Abraham aufgrund der Hungersnot Zuflucht in Ägypten suchte. Im Nilland angekommen, gab sich seine Frau als seine Schwester aus. In der späteren Niederschrift der Bibel wird berichtet, daß Abraham sich offensichtlich vor dem Pharao gefürchtet habe. Wegen der anmutenden Schönheit seiner Frau entschied er, sie als seine Schwester auszugeben:

*„Ich mache mir Sorgen, weil du so schön bist. Wenn das die Ägypter sehen, werden sie sagen: ‚das ist seine Frau', und sie werden mich totschlagen, um dich zu bekommen. Sag deshalb, du seiest meine Schwester..."* (Genesis 12, 11-13) In Ägypten angekommen, ließ der Pharao Sarah sogleich in seinen

Palast holen. Der Pharao war aber *freundlich zu Abraham und schenkte ihm Schafe und Ziegen, Rinder, Esel und Kamele, Sklaven und Sklavinnen.* (Genesis 12, 16)

Der Pharao, der offensichtlich nicht gewußt hatte, daß Sarah bereits verheiratet war, mußte dieses Geheimnis erfahren haben. Er ließ Abraham zu sich rufen, erfahren wir aus der Bibel:

*„Warum hast du mir das angetan? Du hättest mir doch sagen können, daß sie deine Frau ist! Aber du hast sie für deine Schwester ausgegeben, nur deshalb habe ich sie mir zur Frau genommen. Nun sie gehört dir; nimm sie und geh! Der Pharao befahl einer Abteilung Soldaten, Abraham und seine Frau und seinen ganzen Besitz über die Grenze zu bringen.“* (Genesis 12, 18-20)

Die Geschichte nahm ihren Lauf, und so kehrte Abraham gemeinsam mit Sarah nach Kanaan zurück, wo er aber feststellen mußte, daß sich weitreichende Veränderungen ereignet hatten. An dieser Stelle berichtet uns die Bibel nun, daß Gott mit Abraham einen Bund schließt. Zunächst verspricht der Herr Abraham in der Genesis (15, 18):

*„Ich gebe deinen Nachkommen dieses Land, vom Flusse Ägyptens bis hin zum großen Fluß, dem Euphratstrome...“* Weiter heißt es dann in Kapitel 17: *„Du wirst zum Vater zahlreicher Völker werden. Deshalb sollst du nicht mehr Abram heißen sondern Abraham. Du wirst so viele Nachkommen haben, daß sie zu ganzen Völkern werden, und sogar Könige sollen von dir abstammen.“*

In diesem Zusammenhang gibt der Herr Abraham eine weitere Zusage:

*„Deine Frau Sarai sollst du von jetzt an Sara nennen. Ich will sie segnen und dir auch durch sie einen Sohn schenken. Sie soll die Mutter ganzer Völker werden, und Könige sollen von ihr abstammen.“* (Genesis 17, 15-16)

Bei dem vorausgesagten Sohn handelt es sich unzweifelhaft um Isaak. Zwei andere Aspekte stellen die Aussagen der Bibel über Abraham und Sarah jedoch in ein zweifelhaftes Bild. Zum einen bei dem Versprechen im letzten Satz des biblischen Verses, daß in Zukunft Könige von ihr abstammen sollen. Mit diesem Versprechen werden überhaupt das erste Mal in der Geschichte hebräische Könige erwähnt, denn bis zu diesem Zeitpunkt lebten die Hebräer bekanntermaßen in Nomadenstämmen. Jeder dieser Stämme hatte ein Oberhaupt, aber keinen König.

Die zweite Aussage, die höchst sonderbar erscheint, ist, daß die Bibel einerseits berichtet, Sarah sei während der Ehe mit Abraham unfruchtbar gewesen. Daher hatte sie Abraham sogar ihre ägyptische Sklavin Hagar angeboten, damit diese ihm einen Sohn gebären konnte. Hagar gebar Ismael. Wie konnte es aber sein, daß Sarah einen Sohn gebar und plötzlich doch fruchtbar war. Das war sicherlich auch für Abraham eine große Überraschung, oder stimmt auch hier etwas nicht an den historischen Fakten, die uns die Bibel vermittelt? Wer könnte also Isaaks Vater gewesen sein? Da Sarah sowohl mit Abraham als auch mit dem Pharao verheiratet war, kämen grundsätzlich beide als Vater in Frage.

Im Talmud wird beispielsweise berichtet, daß Isaak bei seiner Geburt seinem Vater Abraham überhaupt nicht ähnelte: *„An dem Tag, von dem an Abrahams Sohn Isaak nicht mehr gestillt wurde, gab Abraham ein großes Fest, und alle Völker der Welt verspotteten ihn und sagten: ´Seht euch den alten Mann an, dem seine Frau einen Findling von der Straße ins Haus gebracht hat! Jetzt behauptet er sogar, es wäre sein leiblicher Sohn. Und dann veranstalten sie auch noch ein großes Fest, um ihrer Behauptung den Anschein von Wahrheit zu verleihen.´“*[71]

Andererseits erfahren wir in der Bibel, daß Abraham nach Isaaks Geburt einen Altar aufstellte, weil er beabsichtigte, ihn mit einem Messer zu schlachten und dem Herrn zu opfern. Als er schon nach dem Messer faßte, rief ein Engel vom Himmel her:
*„Halt ein! Tu dem Jungen nichts zuleide! Jetzt weiß ich, daß du Gott gehorsam bist. Du warst bereit, mir sogar deinen einzigen Sohn zu opfern.“* (Genesis 22, 12)

Eine wichtige Frage bleibt unbeantwortet: Hätte Abraham der Aufforderung Gottes tatsächlich Folge geleistet und seinen Sohn geopfert? Von was für einem Gott ist hier andererseits die Rede, der von einem Vater so etwas fordert? Mit Erklärungen wie *„auf die Probe stellen“* ist es hier wohl nicht getan! Diese göttliche Glaubensprüfung, wie sie auch heute noch von vielen Gläubigen gesehen wird, hat mit Göttlichkeit wohl sehr wenig zu tun!

Interessant ist zudem, daß Abraham in dieser biblischen Erzählung nichts unternimmt, was darauf hindeutet, daß er der Aufforderung Gottes unwillig nachgekommen wäre. Warum setzte er sich für seinen Sohn nicht auf die gleiche Weise ein, wie er es für die Menschen Sodoms getan hatte – Menschen, die ihm im Vergleich zu seinem Sohn völlig fremd waren.

Diese nicht untypische biblische Berichterstattung von plötzlich erscheinenden Engeln mit direkter Entscheidungsbefugnis vom Herrn finden wir zuhauf in der Bibel, sowohl im Alten als auch im Neuen Testament. Es ist sicherlich sehr schwer vorstellbar, daß Abraham seinen eigenen Sohn töten wollte, sofern Isaak überhaupt sein leiblicher Sohn gewesen ist. Sonderbar ist auch, daß die Bibelautoren hier klar und deutlich nur von einem *einzigen Sohn* sprechen und Ismael mit keiner Silbe mehr erwähnen.

Der Ägyptologe Moustafa Gadalla bemerkt hierzu treffend, daß Menschenopfer in diesem Teil der Welt zu der betreffenden Zeit überhaupt nicht üblich waren. Und selbst wenn sie es gewesen wären, hätte Abraham doch dann wohl eher seinen ältesten Sohn Ismael opfern müssen!?![72]

Die Verwirrungen spitzen sich im weiteren Verlauf der biblischen Erzählung dann weiter zu, denn der Herr spricht zu Isaak (Genesis 26, 2-3):
„*Geh nicht nach Ägypten! Ich werde dir sagen, wo du bleiben kannst. Lebe hier im Land Kanaan als Fremder, dann werde ich dir beistehen und dich segnen.*“

Welchen plausiblen Grund mag es für diesen Hinweis, der ja wohl auch als eine deutliche Warnung verstanden werden kann, geben? Sollte durch den Befehl des Herrn verhindert werden, daß Isaak in Ägypten nach seinem leiblichen Vater sucht?

Gemäß der biblischen Chronologie erfahren wir, daß Isaak Rebekah heiratete, die ihm Zwillinge gebar: Esau und Jakob. Weiter erfahren wir, daß Esau die Rechte des Erstgeborenen an seinen Bruder Jakob verkaufte. Jakob wiederum hatte elf Kinder. Sein jüngster Sohn hieß Joseph und war derjenige, der die Wanderung der Israeliten nach Ägypten anführte. Diesem Joseph kam im weiteren Verlauf der Geschichte noch eine ganz be-

Abb. 14:
Isaak und Rebekah am Brunnen.

sondere Bedeutung zu, denn er wurde vom Pharao zum zweithöchsten Offizier des Landes ernannt. Er muß am Hofe der beiden Pharaonen eine ganz besondere Rolle gespielt haben, denn ihm wurde die außerordentliche Ehre zuteil, als Wesir im Tal der Könige beigesetzt zu werden.

Zunächst bleibt die Frage zu klären, wer also der herrschende Pharao war, der zu der Zeit, als Abraham mit Sarah nach Ägypten kam, das mächtige Nilland regierte. Die Hinweise führen uns zweifellos zu Tuthmosis III., *„bei dem es sich offensichtlich um den Pharao handeln muß, der Sarai geheiratet und Isaak gezeugt hat.“*[73]

Es gibt dazu zahlreiche und eindeutige Hinweise, wie wir gleich noch sehen werden. Des weiteren sind besonders die historischen Erzählungen bezüglich der Lebensgeschichte Davids und Tuthmosis III. in einem solch hohen Maße identisch, daß die Vermutung mehr als naheliegt, daß es sich bei diesen Männern um ein und dieselbe historische Person gehandelt haben muß.

## *War Tuthmosis III. der biblische David?*

Einen klaren Hinweis bezüglich der Namen liefert uns Moustafa Gadalla: *„Es gab in der Sprache des Alten Ägypten keine kurzen Vokale. Der erste Teil des Namens dieses Königs wurde immer als „Twt“, also aus drei Konsonanten bestehend, geschrieben. Aus unerfindlichen Gründen machten einige Ägyptologen aus dem mittleren dieser drei Konsonanten einfach einen Vokal „u“. Wenn man das ursprüngliche „Twt“ in die entsprechenden hebräischen Buchstaben übersetzt, ergibt sich „Dwd“. Wird dieses „Dwd“ laut ausgesprochen, lautet es „Dawood“. Dabei handelt es sich um eine hebräische Form des Namens ‚David‘.“*

Betrachten wir die Geschichte der biblischen Figur Davids, so stellen wir fest, daß dieser bereits in seiner Jugend bei seinem Volk zunehmend beliebter wurde. Interessanterweise kann heute bewiesen werden, daß die Erzählungen über seine Jugend in der Bibel aus einer älteren ägyptischen Überlieferung abgeleitet wurden – eine Vorgehensweise, wie wir das von den Bibelautoren ja schon zur Genüge kennen. Außerdem sollte erwähnt werden, daß es für die biblischen Berichte über David keinerlei historische Grundlagen gibt.

Auch die Kriegsberichte des biblischen Königs David entsprechen sehr genau den Kriegsberichten über die Herrschaft des Pharaos Tuthmosis III..

Im allgemeinen wird angenommen, daß der biblische David in der ersten Hälfte des zehnten Jahrhunderts vor Christus lebte. Als ein kluger General und ein großer König Israels wird er gesehen, denn gemäß der Bibel einte er die zwölf Stämme, regierte sie 33 Jahre lang und machte Jerusalem zur Hauptstadt. Das Alte Testament berichtet besonders in den Büchern Samuel ausführlich über das Leben und Werk Davids. Aber was können wir davon wirklich glauben? Von dem harten Urteil der heutigen Archäologen, welche die „Superreiche" Davids und Salomons deutlich in Frage stellen, haben wir bereits erfahren.

In den Büchern der Könige werden 42 Könige unter Angabe ihrer Regierungszeiten genannt. Wurden hier vielleicht alte Chroniken und Herrscherlisten benutzt? Nachdem Forscher gezielt die mesopotamischen Keilschriftenarchive durchsucht hatten, tauchten tatsächlich fünf der biblischen Ur-Könige auf – mehr nicht!

Ein wichtiges Beweisstück wurde im Jahre 1993 in *„Tell Dan"* freigelegt, einem Siedlungshügel in Nordisrael. Es ist eine Stele mit Nennung *„Haus David"*. Möglicherweise lebte der Stammvater also wirklich; wenn, dann aber nur – da sind sich die Archäologen nach dem heutigen Erkenntnisstand sicher – als *„Duodezfürst* (Herrscher eines kleinen Fürstentums; Anm. d. A.) *eines Stadtstaates"*, wie Israel Finkelstein bemerkt.

Als kleiner Junge war David Schäfer und Harfenspieler; blond und schön sei er gewesen. Später wurde er Saul vorgestellt, der ihn zu seinem Waffenträger ernannte. Heute kennt fast jedes Kind die Geschichte von David und Goliath. Goliath war ein Riese, schien übermächtig und war zudem gut bewaffnet: *„Er war über drei Meter groß und trug Helm, Brustpanzer und Beinschiene aus Bronze..."* (1 Samuel 17, 4-6) Er kam aus dem Lager der Philister, um die Israeliten einzuschüchtern und sie herauszufordern. So kam es zum gewünschten Zweikampf Mann gegen Mann. David erklärte sich freiwillig dazu bereit, gegen den scheinbar übermächtigen Goliath anzutreten. Nur Saul versuchte, David davon abzuhalten. *„‚Mein König', sagte David, ‚als ich die Schafe meines Vaters hütete, kam es vor, daß ein Löwe oder ein Bär sich ein Tier von der Herde holen wollte. Dann lief ich ihm nach, schlug auf ihn ein und rettete das Opfer aus seinem Rachen. Wenn er sich wehrte und mich angriff, packte ich ihn an der Mähne und schlug ihn tot. Mit Löwen und Bären bin ich fertig geworden. Diesem unbeschnittenen Philister soll es nicht besser ergehen! Er wird dafür büßen, daß er das Heer des lebendigen Gottes verhöhnt hat! Der Herr hat mich vor den Krallen der Löwen und Bären geschützt, er wird mich auch vor diesem Philister beschützen!“* (1 Samuel 17, 34-37)

David streifte sogar die Rüstung wieder ab, die Saul ihm gegeben hatte – ohne Schwert und Rüstung, nur mit Hirtenstock und Schleuder ging er dem Riesen entgegen. Während des Kampfes traf David Goliath mit einem Stein aus seiner Schleuder und streckte den Riesen zu Boden. Dann zog er das Schwert aus der Scheide des Riesen und schlug damit seinen Kopf ab. Wenig später in Vers 54 heißt es dann dazu: *„David nahm den Kopf Goliaths mit und brachte ihn nach Jerusalem; die Waffen Goliaths bewahrte er in seinem Zelt auf.“*

So schön und bemerkenswert die Geschichte auch heute noch auf uns wirken mag, eine historische Analyse läßt die biblische Erzählung ebenso *umfallen* wie den Riesen Goliath.

In der Bibel heißt es, Goliath sei Philister gewesen. Wann aber haben sich die Philister in Kanaan niedergelassen?

Die historischen Beweise treffen hier eine klare Aussage. Demnach hat sich die Gemeinde der Philister nach der Herrschaft von Ramses III. (ca. 1182-1151 v.Chr.) in diesem Gebiet angesiedelt.

Der Autor Moustafa Gadalla merkt hierzu an, daß im sogenannten Harris-Papyrus im Britischen Museum geschrieben steht, daß Ramses III. in Kanaan einen Tempel erbauen ließ. Die Masseninvasion durch „die Völker des Meeres“ begann in Kanaan im Bereich der Küstenebene um das Jahr 1174 vor Christus, also fast zeitgleich mit dem Krieg der Griechen gegen Troja. Die Inschriften auf den Wänden des Tempels Ramses III. im westlichen Theben (Ta-Apet) berichten, daß die Eindringlinge sich dauerhaft im Land niederlassen wollten, zumal es sich um vollständige Familien handelte. Außerdem heißt es in diesen Inschriften, daß es sich bei den „Völkern des Meeres“ um *Peleset* (eine Gruppe von Philistern; das Wort „Palästina“ wurde von Peleset abgeleitet), Tjekker, Sheklesh, Danu und Weshesh handelte. Ramses III. verteidigte das Land in einer Seeschlacht gegen die Invasoren, und vielen der Gefangenen wurde es später gestattet, sich im Südwesten von Kanaan niederzulassen.[74]

Es vollzog sich wohl bereits unter der Regierung Ramses III. ein langsamer Zusammenbruch des Neuen Reiches. Nach dem Ende seiner Herrschaft verlor Ägypten die Kontrolle über Palästina, und die Philister dehnten ihre Ansiedlungen über die Küstenebenen von Kanaan bis zum Toten Meer und zum Jordan hin aus. Zur gleichen Zeit versuchten auch die Israeliten, sich in diesen Gebieten niederzulassen. Da nach dem Ende der Herrschaft Ramses III. eine führende und *ordnende* Macht im Lande fehlte, begannen die Kämpfe zwischen den Philistern und den Israeliten, und gleichzeitig entstanden wohl auch die Geschichten von David und Goliath.[75]

Zusammenfassend läßt sich historisch festhalten, daß David – wenn er tatsächlich gegen die Philister gekämpft haben soll – nicht vor dem zwölften Jahrhundert vor Christus gelebt haben kann, da erst dann die Masseninvasion der Philister in den Küstenebenen stattgefunden hat. Die historischen Tatsachen widersprechen den Zeitangaben in der Bibel bezüglich des Kampfes zwischen David und Goliath, der sich laut Bibel angeblich während der ersten Hälfte des zehnten Jahrhunderts zugetragen haben soll.

Ob sich die bekannte Geschichte so tatsächlich zugetragen hat, wird von vielen Fachleuten ebenso bezweifelt, denn vielleicht war es gar nicht David, der den Gathiter tötete, sondern ein anderer Mann aus Bethlehem, der Elhanan hieß, wie im 2. Buch Samuel, Kapitel 21, Vers 19 zu lesen ist.

David diese Heldentat zuzuschreiben, war später der Versuch, ihn als einfachen Hirten zu beschreiben, der den Krieg nicht kannte, aber es ist unzweifelhaft, daß David sein Leben lang wohl ein großer Soldat und Politiker war.

Die Heldentaten, insbesondere den Kampf gegen den Riesen Goliath, kennt heute beinahe jedes Kind.

Dahingegen wird aber nicht gerne darüber gesprochen, daß David während seiner Flucht vor Saul dem Herrn der Philister diente und gegen die Israeliten kämpfte (!) – eine wohl höchst ungewöhnliche Voraussetzung für den Begründer des größten Geschlechts in Israels Geschichte!

Wie soll man also mit dieser biblischen Geschichte umgehen und letztlich auch mit dem Leben und Werk des *großen* Davids, dem ja zweifellos eine Schlüsselrolle in der biblischen Geschichte um Jerusalem zuteil wird? Das Rad der ungeklärten Fragen setzt sich an dieser Stelle immer weiter fort, angefangen bei Salomon, Davids Nachfolger, dem „König der Könige", dessen große Herrschaft moderne Archäologen – zumindest in dieser Pracht und Größe, wie es die Bibel berichtet –, ebenso wie die des David, schlichtweg ablehnen, wie wir bereits erfahren konnten. Hier paßt also einiges nicht zusammen, um es einmal sehr vorsichtig zu formulieren!

Überraschenderweise – wie könnte es auch anders sein – finden wir in einer alten ägyptischen Erzählung, der *„Autobiographie von Sinûhe"*, viele Parallelen zur biblischen Version von David und Goliath.

Die Geschichte von Sinûhe ist im Mittleren Reich (ca. 2040-1650 v.Chr./11.-14. Dynastie) entstanden und erfreute sich stets großer Beliebtheit bei den Ägyptern. So schrieben noch achthundert Jahre nach ihrer Abfassung die Schreiber der Schreibschulen des Neuen Reiches (ca. 1580-1070 v.Chr./18.-20. Dynastie) quasi als Übungsaufgabe ganze Passagen daraus ab. Ihr Ansehen bestand durchaus zu Recht, denn diese Erzählung verdient es, wie Rudyard Kipling einmal sagte, unter die Meisterwerke der Weltliteratur gezählt zu werden.

Da es die Geschichte von *Sinûhe* in vielen verschiedenen Textfassungen bereits seit dem 20. Jahrhundert vor Christus gab, liegen zwischen der alten ägyptischen Fassung und der biblischen Geschichte von David und Goliath etwa tausend Jahre. Durch ihre enge Verbindung zur großen ägyptischen Kultur ist es einleuchtend, daß die Bibelautoren von dieser so bedeutenden ägyptischen Erzählung von *Sinûhe* gehört hatten.

**Aus der ägyptischen Erzählung erfahren wir**, daß Sinûhes Gegner ein Riese war. In den Sagen und Legenden heißt es, ein Volk der Riesen habe um das 20. Jahrhundert vor Christus, also zu der Zeit, als diese Erzählung entstanden ist, in Kanaan gelebt.

**Aus der Bibel erfahren wir**, daß Goliath von dem Volk der Riesen abstammte. *Bei den Raphaim (den Riesen) und den Philistern handelt es sich aber um zwei völlig verschiedene Volksstämme, die zu völlig verschiedenen Zeiten gelebt haben.*[76]

In beiden Erzählungen wurden die Hauptdarsteller – Sinûhe und David – nach ihrem Sieg zum Befehlshaber der Armee ernannt.

In der biblischen Version wird im Buch Samuel berichtet, daß die Geschichte von David und Goliath sich zu einer Zeit zugetragen habe, in der Jerusalem noch nicht von den Israeliten regiert wurde. Warum sollte David Goliaths Kopf in eine fremde Stadt tragen, die von seinen Feinden regiert wurde? In der Bibel ist aber eindeutig von Jerusalem die Rede: *„David nahm des Philisters* (Goliaths) *Kopf und brachte ihn nach Jerusalem.“* (1 Samuel 17, 54)

Abb. 15:
Aus der altägyptischen Erzählung von Sinûhe und dem Riesen wurde später die biblische Geschichte von David und Goliath.

Aufgrund der historischen Fakten einerseits und der großen Zeitdifferenzen andererseits, ist die biblische Geschichte David und Goliaths sehr wahrscheinlich eine Spätfassung der ägyptischen Sinûhe-Erzählung. Die spätere Übertragung in die Bibel sollte möglicherweise den Helden David stärker hervorheben.

Vergessen wir nicht, auch das sei an dieser Stelle der Wichtigkeit halber nochmals erwähnt, daß auch die archäologischen Hinweise in bezug auf die *Super-Monarchien* von David und seinem Sohn Salomon in Jerusalem dafür sprechen, daß die Geschichte, wie sie uns die Bibel lehren will, wohl eher in das Reich der Märchen gehört.

## *Der Kriegskönig David*

Folgen wir noch ein wenig den Spuren des biblischen Davids, für den nach seinem großen Sieg im Zweikampf gegen Goliath prompt eine Beförderung anstand, denn er wurde ein mächtiger Kriegsherr, der die Befehlsgewalt über Sauls Armeen erhielt: „*Und Saul setzte ihn über die Kriegsleute.*" (1 Samuel 18, 5)

Im 2. Buch Samuel wird von den Feldzügen, die unter Davids Oberbefehl durchgeführt wurden, ausführlich berichtet. Dabei handelt es sich um Kämpfe im Norden von Palästina, in Syrien und in Moab östlich des Toten Meeres. Aufgrund der vielen Überlieferungen und der langen Zeiträume, die zwischen den Handlungen und ihrer tatsächlichen Niederschrift lagen, kam es in den Erzählungen der Bibel zu Verwechselungen bei der Reihenfolge der Ereignisse. Auch die Namen von zwei völlig unterschiedlichen Schauplätzen wurden dadurch vertauscht.[77]

- In der biblischen Historie heißt es im 2. Buch Samuel, Kapitel 8, daß David erfolgreich den Staatenbund des syrischen Königreiches unter der Führung *Hadadezer* vernichtend geschlagen habe. „*David nahm von seinem Heer 1.700 Wagenkämpfer und 20.000 Mann gefangen.*"
  Es wird hervorgehoben, daß David auch *...den König von Zoba in Syrien, Hadadezer, besiegte... Der war gerade ausgezogen, um seine Macht im Gebiet am oberen Euphrat wiederherzustellen... Als die Syrer von Damaskus Hadadezer zu Hilfe eilten, besiegte David auch sie und tötete von ihnen 22.000. Er legte Besatzungen in ihre Städte, machte sie zu seinen Untertanen und zwang sie, ihm regelmäßig Tribut zu zahlen.*" (2 Samuel 8, 3-6)

- Zwei Kapitel weiter wird von Davids Feldzug gegen die Ammoniter berichtet. Hier tauchen die Syrer und Zobaer, die zuvor von Davids Heer vernichtend geschlagen und danach unterdrückt wurden, plötzlich wieder auf und ziehen gegen David in den Kampf. Die Ammoniter hätten die Syrer um militärische Unterstützung gebeten und Zoba, die längst besiegte Stadt, habe zu den Verbündeten Syriens gehört. Aufgrund der vorher geschilderten Berichte kann das wohl kaum möglich sein!

- Weiter erfahren wir, die Verbündeten der Ammoniter seien nach Davids Sieg über ihre Truppen in ihre Stadt Rabbah (die heutige Stadt Amman, die Hauptstadt Jordaniens) geflohen, um Zuflucht zu suchen. Davids Armee sei daraufhin nach Rabbah zurückgekehrt, um es zu belagern. Das wiederum scheint unmöglich, wenn Zoba bereits eingenommen wurde und David seine Garnisonen in Syrien errichtet hatte. Die betrachteten Ereignisse, wie sie in der Bibel beschrieben werden, können so nicht stattgefunden haben. Wenn sie sich tatsächlich historisch ereignet haben, dann nur in umgekehrter zeitlicher Reihenfolge.[78]

Auch bei den in der Bibel genannten Städtenamen handelt es sich ganz offensichtlich um Verwechselungen. Bei der Stadt Rabbah handelt es sich, wie bereits erwähnt, um Amman, die heutige Hauptstadt Jordaniens. Bis heute wurden zur Untermauerung dieser Behauptung keine archäologischen Beweise gefunden. Den Bibelautoren muß ganz einfach ein Fehler unterlaufen sein, als sie die von David angegriffene Stadt *Rabbah* nannten. Das stellt auch der Ägypter Moustafa Gadalla fest: *„In Wirklichkeit handelt es sich nämlich um die Stadt Megiddo.“*[79]

Moustafa Gadalla weiter: *„Sogar in der Bibel wird die Richtigkeit der Erzählung um Rabbah angezweifelt. Die militärische Bedeutung und der legendäre Ruf von Megiddo als Schauplatz zahlreicher internationaler Kampfhandlungen werden von Johannes* (Offenbarung, 16, 16) *näher betrachtet. Armageddon (Har Megiddo, der Berg Megiddo) ist nämlich der wahre Schauplatz, an dem am Ende aller Tage die Könige der Welt gemeinsam ihren letzten Kampf gegen die göttlichen Mächte antreten werden.*

*Im 2. Buch Samuel* (Kapitel 10, 2) *wird uns berichtet, wie David die Stadt Rabbah einnahm, deren König Hanun hieß. Sieben Kapitel weiter finden wir jedoch Rabbah als unabhängige Stadt unter ihrem König Shobi wieder, der Mitleid mit David und seinem Volk hatte, weil sie 'hungrig, müde und durstig in der Wüste' waren.* (2 Samuel 17, 28-29)

*Der Ort Rabbah besaß zu jener Zeit nur eine sehr geringe Bedeutung.*

*Salomon, Davids Nachfolger, der das Erbe des Königreiches angetreten hatte, ohne einen weiteren Krieg zu führen, erließ den Befehl, 'zu bauen die Mauer von Megiddo'.* (1 Könige 9, 15)

*Megiddo wird im ersten Buch von den Königen, Kapitel 4, Vers 12, ebenfalls als eines der Besitztümer von Salomon erwähnt.“*[80]

Auch für einen tatsächlich existierenden Ort *Zobath* finden sich weder in Syrien noch in Kanaan Hinweise, die wiederum belegen könnten, daß diese Stadt zu der Zeit, die David (10. Jahrhundert v.Chr.) oder Tuthmosis III. (15. Jahrhundert v.Chr.) zugeordnet wird, überhaupt existiert hat.

Bei der Stadt *Zobath* muß es sich in Wirklichkeit um den Ort Qadesh handeln, eine bedeutende Stadt im nördlichen Syrien am Fluß Orontes.[81]

## *Der Kriegskönig Tuthmosis III.*

Abb. 16: Tuthmosis III. – Basaltstatue aus Karnak.

Um die historischen Ereignisse um König David – die zudem nicht in den biblischen Zeitrahmen passen, den Bibelautoren angeben – zu widerlegen, betrachten wir an dieser Stelle den ägyptischen Pharao Tuthmosis III. (1505-1450 v.Chr.), der in der 18. Dynastie regierte.

Tuthmosis III. wurde nach dem Tode Hatshepsuts zum alleinigen Herrscher des mächtigen Pharaonenreiches. Zu dem Zeitpunkt als Tuthmosis III. die Herrschaft übernahm, war es bereits über vierzig Jahre hinweg nicht mehr zu größeren Kämpfen der Ägypter im westlichen Asien gekommen. In dieser Zeit hatte der syrische König von Qadesh eine Armee im Staatenbund zwischen Syrien und Kanaan in einen bedeutenden Aufstand gegen das Pharaonenreich in ihrem Land geführt, die sich seit der Zeit der Herrschaft von Pharao Tuthmosis I. (1530-1510 v.Chr.) dort aufhielt.[82]

Es ist historisch nachgewiesen, daß Tuthmosis III. im Anschluß an diesen Aufstand im Laufe der nächsten zwanzig Jahre siebzehn Feldzüge im westlichen Asien durchführte. Ein Schriftgelehrter des Pharaos, der die Feldzüge begleitete, verfaßte genaue Aufzeichnungen darüber. Diese Aufzeichnungen wurden auf den Innenwänden des von Tuthmosis III. errichteten Karnak-Tempels in Luxor bildlich festgehalten.

Es ist unzweifelhaft, daß die Schlacht bei Megiddo für Tuthmosis III. zu der bedeutendsten Schlacht seiner Herrschaft zählte. Das wird dadurch belegt, daß dieser Schlacht im Karnak-Tempel und auch an anderen Orten in Einzelheiten immer größere Bedeutung zugeschrieben wurde als anderen Kampfhandlungen des Pharaos.[83]

Die historischen Einzelheiten über die Kämpfe Tuthmosis III., die an den Wänden des Karnak-Tempels beschrieben werden, decken sich genau mit den Erzählungen der biblischen Autoren über die Kampfhandlungen König Davids. Die einzigen Unstimmigkeiten entstehen durch Verwechselungen der zeitlichen Reihenfolge der Ereignisse und durch die Verwechselung der beiden Städte.[84]

### Schlußfolgerung:

Wir kommen zu dem Ergebnis, daß zahlreiche historische und vor allem auch archäologische Beweise die Kampfhandlungen des Pharaos Tuthmosis III. belegen und die Feldzüge somit stattgefunden haben müssen. Auf der anderen Seite fehlen uns jegliche Beweise, welche die Behauptungen der Bibel um den biblischen David stützen würden. Gemäß den Bibelautoren sollen diese Ereignisse erst fünfhundert Jahre später, zu der in der Bibel David zugeschriebenen Zeit, stattgefunden haben – in der ersten Hälfte des zehnten Jahrhunderts vor Christus.

**Aufgrund der bisherigen Ausführungen ist davon auszugehen, daß es sich bei dem biblischen David und dem ägyptischen Pharao Tuthmosis III. um ein und dieselbe Person handelt!**

## *Abraham und David*

Haben Abraham, der Stammvater der Abrahamreligionen aus Ur, und der biblische König David zur gleichen Zeit gelebt? Betrachten wir hierzu die Geschichte Abrahams in der Bibel, die Moustafa Gadalla in seinen Untersuchungen folgendermaßen zusammenfaßt:

*„Wir finden die Geschichte Abrahams in der Genesis, Kapitel 11, Vers 26, bis Kapitel 25, Vers 10. Dabei werden verschiedene Völker, wie zum Beispiel die Philister, Moabiter, Ammoniter, Aramakaner, Edomiter, Amalekiter und Kanaaniter erwähnt.*

*Bei diesen Völkern handelt es sich genau um diejenigen, die gemäß dem 2. Buch Samuel, Kapitel 8, zu Davids Königreich gehörten.*

*Im 2. Buch Samuel wird uns berichtet, daß sich David während der Belagerung der befestigten Stadt in der Festung Jerusalem aufhielt. Von dort aus ließ er Bathseba, die Ehefrau von Uria, dem Hethiter, zu sich rufen, die bei der Belagerung den Streitkräften des Königs diente. Er ließ sie in sein Haus und 'schlief bei ihr' (2 Samuel, 11, 4). Daraufhin wurde Bathseba schwanger. Später heißt es im 2. Buch Samuel, daß das Kind der Sünde erkrankte und starb.*

*Dabei fallen uns die Übereinstimmungen zwischen Abraham und Uria sofort auf. Beide sind Ausländer. Abraham stammte nämlich aus Kanaan, lebte aber in Ägypten. Uria war ein Hethiter, der in Jerusalem lebte. Beide mußten mit ansehen, wie ihre Frau von einem König schwanger wurde und einen Sohn gebar, dem es bestimmt war, frühzeitig zu sterben. Eine Ausnahme bildet hier nur Isaak, dessen Leben in letzter Minute gerettet wurde.*

*In der Geschichte über David in der Bibel wird Uria, der Hethiter, als Ehemann von Bathseba vorgestellt. Wenn er tatsächlich Uria hieß, setzt sich sein Name aus den beiden folgenden Bestandteilen zusammen:*

*Ur – einem Wort aus der Sprache der Hurrier (aus dem nördlichen Mesopotamien), das 'Stadt' bzw. 'Licht' bedeutet – und Yah (iah), die Kurzform des Namens Jehovah, des Gottes der Israeliten. Deshalb steht dieser Name also in der Übersetzung für 'Das Licht Jehovahs'. Dennoch soll er ein Hethiter gewesen sein. Können wir uns aber tatsächlich vorstellen, daß ausgerechnet ein Hethiter, einer der traditionellen Feinde Ägyptens und der Israeliten, einer der Helden in Davids Armee gewesen sein soll?*

*Wir sollten besser annehmen, daß es sich bei Uria, dem Hethiter, um eine erfundene Person handelt.*“[85]

Der Autor Gadalla weist zudem eine Verbindung zwischen den Namen Uria und Abraham schlüssig nach:

„*Ur – ist der Geburtsort von Abraham (so steht es in der Bibel geschrieben). Yah (iah) – ist die Kurzform des Namens Jehovah, des Gottes der Israeliten. Deshalb ist es auf jeden Fall weitaus sinnvoller, die logische Schlußfolgerung zu ziehen, daß der Name Ur-iah eigentlich Abraham zugesprochen werden muß, da er sowohl auf seinen Geburtsort, als auch auf seinen Gott hinweist.*“[86]

Gadalla stellt auch unzweifelhaft eine Verbindung zwischen *Sarai* (Sarah) und *Bathsebah* her:

*„Ursprünglich wurde der Name 'Bathsebah' („Bathsebah" in der deutschen Übersetzung der Bibel) 'Beth-Sheba' geschrieben und gesprochen. 'Beth' bedeutet 'Mädchen' bzw. 'Tochter'.*

*'Sheba' steht für ein Gebiet im Süden von Kanaan, das nach der lokalen Quelle 'Beer-Sheba' benannt wurde.*

*Also könnte man den Namen 'Bathsheba' mit 'Mädchen (bzw. Tochter) aus Sheba' übersetzen. In der Bibel wird uns berichtet, daß Sarah aus Sheba stammte und nach ihrer Vertreibung aus Ägypten mit ihrem Mann Abraham dorthin zurückkehrte.*

*Demzufolge handelt es sich bei Sarah und dem 'Mädchen (bzw. der Tochter) aus Sheba' auch um ein und dieselbe Person."*[87]

Der Ägyptologe und Autor Moustafa Gadalla ist bei seinen jahrzehntelangen Recherchen und Forschungen zu höchst brisanten Ergebnissen gekommen, wie wir bereits erkennen konnten. Das stellt die Ursprünge der Abrahamreligionen gründlich auf den Kopf. Man könnte aber auch sagen, daß es gewisse historische Berichte der Bibel in ein – nach den Ergebnissen Gadallas – anderes Licht rückt. Zudem, und das ist unzweifelhaft, werden biblische Erzählungen, wie beispielsweise über die großen Monarchien von David und seinem Nachfolger Salomon, nicht nur einfach in Frage gestellt, sondern auch beweiskräftig widerlegt! Vergessen wir dabei nicht die jüngsten archäologischen Erkenntnisse, die zu Beginn des Kapitels erörtert wurden.

Lassen wir noch einmal Moustafa Gadalla zu Wort kommen: ***„Es dürfte nun also eine völlig logische Schlußfolgerung sein, bezüglich ihrer Namen und Lebensgeschichten Uria mit Abraham und Bathsheba mit Sarah in Verbindung zu bringen und letztlich gleichzusetzen. Bewiesen werden kann diese Schlußfolgerung durch die wirklichen Personen, die sich hinter den Namen Uria (Abraham) und Bathsheba (Sarah) verbergen, und durch ihre Beziehung zum Kriegskönig. Daraufhin stellen sich aber auch einige bedeutende Fragen: Ist es möglich, daß sich Abraham und Sarah nie in Ägypten aufhielten und daß Sarah ein Verhältnis mit dem Pharao hatte, während er sich zu der Zeit der Belagerung zu Megiddo auf den Hügeln von Jerusalem aufhielt? Sollte Abraham ursprünglich auch dort Isaak opfern?***

*War der Herr dieser Berge der Pharao, also auch derjenige, der Abraham schließlich dazu brachte, Isaak am Leben zu lassen? War es demnach auch dieser Herrscher bzw. Pharao, der zu dem Sohn, Isaak, sprach: 'Gehe nicht nach Ägypten...', wie es in der Genesis, Kapitel 26, Vers 27, geschrieben steht?*"[88]

## *Zi-On – das heilige Heliopolis*

Bei dem Namen *Zion* handelt es sich um einen Begriff, der ursprünglich nicht aus dem Hebräischen stammt, wie Gadalla nachweisen konnte. Ursprünglich setzt sich das Wort aus zwei Silben zusammen: „*Zi*" und „*On*".

„*Zi*" ist ein hebräisches Wort, das soviel wie „*unfruchtbarer Ort*" bedeutet. „*On*" ist der altägyptische Name für die heilige Stadt Heliopolis der Alten Ägypter. Bei dem Namen „*Zion*" handelt es sich um eine hebräisch-ägyptische Wortkombination, die sich mit „*On in der Wüste*" übersetzen läßt.

Heliopolis liegt im heutigen Nordosten von Kairo in Wüstennähe und hat heute neben einem Obelisken von Sesostris I. und einigen Schutthügeln keine Sehenswürdigkeiten aus der großen Zeit des Altertums mehr vorzuweisen.

Vergleichen wir die Aussagen der Bibel im 2. Buch Samuel über Davids Eroberung Jerusalems auf der einen Seite mit den historischen Beweisen über das Leben und die Taten des Pharaos Tuthmosis III. auf der anderen Seite:

Im 2. Buch Samuel, Kapitel 5, 6 bis 7, wird beschrieben, wie David Jerusalem eroberte: „*Der König* (David) *zog nun mit seinen Mannen nach Jerusalem wider den Jebusitern, die im Lande wohnten... Aber David erstürmte die Burg Zion, das ist die Davidstadt.*"

Ob die Stadt von David gewaltsam eingenommen wurde, wie es aus diesen Versen zu vermuten ist, kann nicht bewiesen werden. Bereits im 24. Kapitel (22-23) des 2. Buches Samuels wird berichtet, wie David auszog, um ein Stück Land vom König dieser Region zu kaufen. Das Land gehörte Arauna, dem König der Jebusiter. Arauna unterbreitete David folgendes Angebot: „*Mein Herr, der König wolle nehmen und opfern, was ihm beliebt!*

Abb. 17:
Amenophis III. und Teye aus dem königlichen Grabmal westlich von Theben.

Abb. 18:
Zugang zur unterirdischen Grabanlage Tuthmosis III. im Tal der Könige.

Abb. 19:
Der Autor in der Grabkammer KV 34 von Tuthmosis III.

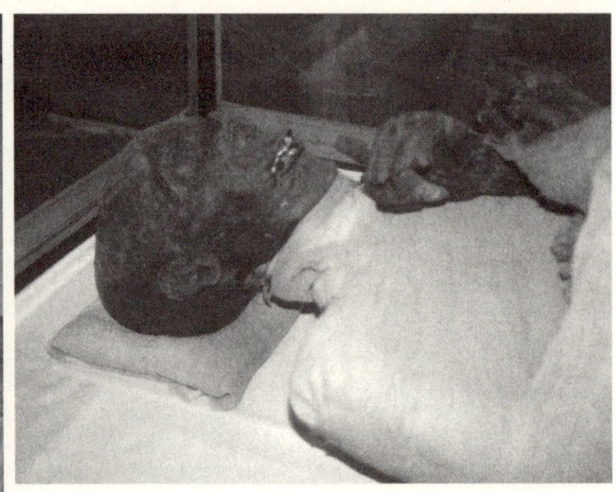

Abb. 20:
Die Mumie Tuthmosis III. im Labor des ägyptischen Museums in Kairo.

Abb. 21:
Die „Israel-Stele" im ägyptischen Museum in Kairo. In der zweiten Zeile von unten steht das Wort „Israel":
*„Dein Same, Israel, ist dahin!"*

Abb. 22:
Zwei Freunde:
Fergany Al Komaty, bekannt als *„The man of the pyramid"*, mit Jan Udo Holey alias Jan van Helsing vor der Sakkara-Pyramide.

*Hier sind die Rinder zum Brandopfer und die Dreschwagen und das Rindergeschirr zum Holz. Dies alles, oh König, schenkt Arauna dem Könige... Da sprach der König zu Arauna: 'Nein! Ich will es von dir um Entgeld erwerben!'"*

Aus den Aufzeichnungen im Karnak-Tempel in Luxor über das Leben und die Taten des Pharaos Tuthmosis III. wissen wir, daß dieser diesen Ort zu einer heiligen Stadt machte. Die Überlieferungen belegen, daß er sich über einen Zeitraum von sieben Monaten dort aufgehalten hat – „*in einer Festung im Osten dieser Stadt*" –, während seine Truppen die Feinde von Megiddo belagerten. Es finden sich aber keinerlei Hinweise in den Aufzeichnungen, die auf eventuelle Feinde in der Festung hinweisen!

Im 2. Buch Samuel, Kapitel 6, Vers 14, wird dann berichtet, wie die Israeliten kurz nach Davids Ankunft die *Lade* aufstellen: „*Sie aber brachten die Lade des Herrn und stellten sie an ihren Platz, in dem Zelte, das David für sie aufgeschlagen hatte.*"

Der Begriff der *heiligen Lade des Herrn* war den Israeliten vermutlich durch Moses überliefert worden, der „*...unterwiesen wurde in aller Weisheit der Ägypter und mächtig war in Worten und Werken*", wie uns in der Apostelgeschichte (7, 22) berichtet wird.

Weiter heißt es, daß durch die Ankunft der Lade des Herrn in Jerusalem dieser Ort zum heiligen Zentrum für alle israelischen Volksstämme wurde.[89]

In den Aufzeichnungen über die Werke Tuthmosis III. im Karnak-Tempel heißt es: „*...erwacht (zum Leben) im Zelt des Lebens, des Wohlstandes und der Gesundheit, in der Stadt Arauna. Und sie zogen weiter gen Norden und folgten ihrer Majestät, und sie trugen meinen Vater Amen-RA, den Herrn des Thrones der beiden Länder (damit er uns den Weg wies).*"

Der Pharao führte also das Heiligtum des *neter* (Gottes) *Amen-RA* mit sich als er in den Krieg zog, und es blieb bei ihm in der Nähe der Festung. Durch die Anwesenheit dieses Heiligtums wurde der Platz somit zu einem heiligen Ort. In den historischen Aufzeichnungen über Tuthmosis heißt es, daß er einen Ort auswählte, um dort einen Schrein für seinen Gott errichten zu lassen.

Die Beziehung zwischen den beiden Königen Tuthmosis III. und Arauna wird in den *Tell-el-Amarna-Briefen*, die aus dem 14. Jahrhundert vor Christus stammen, eindeutig beschrieben. In einem dieser Briefe, der vom Herrscher Jerusalems an Akhenaton, den Sohn und Nachfolger von Amenophis III., gerichtet ist, heißt es: *„Und siehe, dieses Land Jerusalem wurde mir weder von meinem Vater noch von meiner Mutter vermacht. Die mächtige Hand (des Königs) übergab es mir.“*[90]

Halten wir fest, daß der ägyptische Pharao Tuthmosis III. das Heiligtum seines Gottes *Amen-RA* mit sich führte und einen Ort auswählte, an dem er einen Schrein für seinen Gott errichten ließ. Wie wir sehen konnten, decken sich die historischen Taten von Tuthmosis III. mit der biblischen Erzählung über König David, der einen „Tragekasten“ für das Heiligtum des israelischen Volkes erbauen ließ. Den Tempel für den *heiligen Schrein* ließ jedoch erst der Nachfolger König Davids (Tuthmosis III.) erbauen – König Salomon.

## *Die heilige Stadt Jerusalem*

Das heutige Jerusalem auf den Bergen Judäas ist, zumindest für einen Großteil der Menschheit, eine heilige Stadt. Der Ursprung der drei *Abrahamreligionen* mit ihren heute über drei Milliarden Gläubigen ist mit dieser Stadt mehr als verbunden. Ob für Mohammedaner, Juden oder Christen – Jerusalem ist heilig und wird natürlich unweigerlich mit dem Leidensweg Christi in Verbindung gebracht. So ist Jerusalem auch die Stadt des Friedens, wie bereits der alte akkadische Name für Jerusalem – „Urusalem“ – erkennen läßt.

Die Wortkombination, bestehend aus *„Uru“* (abgeleitet von *yarah*, was für *„zu finden“* oder *„zu gründen/zu errichten“* steht) und *„Salem“* (Frieden), könnte man somit auch mit *„Fundament/Grundlage des Friedens“* oder auch mit *„Frieden errichten/herstellen“* übersetzen.

Wieviele Friedenszeiten hat es in den vergangenen 3.500 Jahren in und um Jerusalem wirklich gegeben? So scheint auch die aktuelle politische Gegenwart nur ein Spiegel der Vergangenheit zu sein – der vergangenen Jahrtausende! So war Jerusalem, mehr als irgend eine andere Stadt der Erde, in den vergangenen Jahrtausenden eine Stadt der Unruhen und Kriege – leider! Auch die Prophezeiungen (Kapitel 1) über die großen Unruhen, Katastrophen und Kriege, die mit dem Übergang in das neue Zeitalter einhergehen sollen, sagen Jerusalem keine rosige Zukunft voraus, wie uns auch das Lukasevangelium (21, 5-6) berichtet:

*„Es werden Tage kommen, da von dem, was ihr hier seht, kein Stein mehr auf dem anderen bleibt, der nicht abgebrochen werden wird... Wenn ihr aber von Kriegen hört und Aufständen, so laßt euch nicht schrecken; denn dies muß zuvor eintreten; aber nicht gleich das Ende...“*

Vielleicht täte man gut daran, die Auslegungen bezüglich Jerusalem in einem größeren, kausalen Zusammenhang zu sehen beziehungsweise sie in einen zu setzen, der sich sicherlich nicht in einen Zeitrahmen von ein paar tausend Jahren eingrenzen lassen wird. Schenken wir den Prophezeiungen zur Jahrtausendwende (Kapitel 1), die ja zweifellos mit unserer weltlichen und mehr noch mit der heutigen politischen Gegenwart übereinzustimmen scheinen, Glauben, so könnte man Jerusalem – in religiöser und politischer Hinsicht – sehr gut als eine Herzkammer unseres gesamten Planeten bezeichnen.

Und die drei Abrahamreligionen werden die Grundlagen für weitere Jahrhunderte oder Jahrtausende Krieg oder für den Beginn des ersehnten Friedens des gesamten Planeten schaffen.

Eine eigenartige Festung auf dem südöstlichen Hügel von Judäa, 56 Kilometer östlich des Mittelmeeres auf einer Höhe von 740 Metern, war das erste Bauwerk an dem Ort, an dem später die Stadt Jerusalem erbaut wurde. Der Pharao Tuthmosis III. war es, wie wir gerade erfahren haben, der diesen Ort zu einer heiligen Stadt machte. Aus den historischen Überlieferungen wissen wir, daß er sich über einen Zeitraum von sieben Monaten dort aufgehalten hat, während seine Truppen die Feinde von Megiddo belagerten.[91]

Die historischen Schilderungen über die Feldzüge des Pharaos sind an dieser Stelle sicherlich nicht in Frage zu stellen, im Gegensatz zu den vielen Ungereimtheiten vieler biblischer Erzählungen mit den zeitlichen Verschiebungen und Verwechselungen von Orten und Namen. Der Ort aber, an dem der Pharao während des Feldzuges sein Hauptquartier aufschlug, hieß weder zu diesem noch zu einem späteren Zeitpunkt Jerusalem. Lediglich von einer *„Tochter"* Jerusalems finden sich in alten Aufzeichnungen aus vorchristlicher Zeit einige Hinweise auf diese einstmalige Festung nahe des Mittelmeeres.[92]

Es lassen sich auch klare Hinweise in den *Tell-el-Amarna-Briefen* finden, die etwa 1.400 Jahre vor Christus in akkadischer Sprache verfaßt wurden. In diesen alten Dokumenten wird eine Stadt mit dem Namen **„mat Urusalim"** genannt, was man mit *„das Land Jerusalem"* übersetzen kann. Die Briefe belegen eindeutig, daß sich Jerusalem damals unter ägyptischer Herrschaft befand und eine ägyptische Garnison beherbergte.

Aus den umfangreichen Überlieferungen, die uns heute aus der Pharaonenzeit noch vorliegen, erscheint weder bei Tuthmosis III. noch bei einem seiner Nachfolger in den Auflistungen über die eroberten Städte der Name *„Jerusalem"*. Der ägyptische Name für Jerusalem war **Qadesh**, welcher wiederum in den Auflistungen über asiatische Städte bei den meisten Pharaonen der damaligen Zeit Erwähnung fand. Sowohl in der Bibel als auch im Koran wird der Name Qadesh als Synonym für Jerusalem verwendet.[93]

Bereits zu der Zeit Tuthmosis III. gab es mehr als nur einen Ort mit dem Namen Qadesh. Bei näherer Betrachtung und unter Berücksichtigung der historischen Ereignisse lassen sich die verschiedenen Orte mit diesem Namen auch richtig zuordnen.

Bei dem einen Qadesh muß es sich demnach um eine bedeutende Stadt im Norden Syriens handeln, am Ufer des Flusses Orontes, des heutigen Tell Nabi Mind, südlich des Sees Homs.[94]

*„Das andere Qadesh..."*, so schreibt Moustafa Gadalla, *„...finden wir im oberen Galiläa, nördlich von Hazor, an einem strategisch unbedeutenden Ort. Der berühmte israelische Archäologe Yohanan Aharoni schreibt dazu: 'Das raue, hügelige und reichlich unwirtliche Gebiet im oberen Galiläa war in der späteren Hälfte der Bronzezeit (1550-1200 v.Chr.) kaum bewohnt.'*

*In Übereinstimmung mit dieser Aussage bestätigen die uns bisher vorliegenden archäologischen und historischen Beweise die Annahme, daß es sich bei diesem Ort zu jener Zeit um eine nur sehr kleine und unbefestigte Ansiedelung gehandelt haben muß.*

*Da in den Aufzeichnungen über das Leben und die Taten von Tuthmosis III. zunächst Qadesh und gleich darauf Megiddo als die hauptsächlichen Ziele seines ersten Feldzuges genannt werden, müssen wir logischerweise ausschliessen, daß es sich bei dem dort erwähnten Qadesh um jene unbedeutende und kaum bewohnte nordpalästinensische Stadt im oberen Galiläa gehandelt haben kann.*"[95]

## *Der biblische Joseph in Ägypten*

Die Bibel berichtet uns, daß die Familiengeschichte von Isaaks Sohn Jakob im Land Kanaan seinen Anfang nahm.

Jakob liebte seinen jüngsten Sohn Joseph mehr als all seine anderen Kinder.

Bei seinen Brüdern wurde der Neid und die Eifersucht auf Joseph immer größer. So beschlossen sie, ihn loszuwerden, und sie verkauften ihn als Sklaven nach Ägypten. Dort stieg Joseph mit der Zeit zum zweithöchsten Kommandanten des Pharaos auf und gewann großen politischen Einfluß. Er war der einzige, der die Träume des Pharaos deuten konnte, heißt es in der Bibel.

Den größten Teil seines Lebens verbrachte Joseph also in Ägypten, das ist unzweifelhaft! Auch Josephs Brüder und sein Vater folgten ihm nach Ägypten, wo sie letztlich starben und auch einbalsamiert wurden.

Bis heute wurden keinerlei historische Aufzeichnungen oder archäologische Beweise in bezug auf den biblischen Joseph und seine Familie gefunden. Dafür gibt es in der ägyptischen Historie eindeutige Beweise dafür, daß sich die Erzählungen über den biblischen Joseph und seine Familie mit den historischen Berichten über den ägyptischen Yuya und seine Familie decken.

Am 5. Februar 1905 wurde im Tal der Könige in Luxor von James E. Quibell Yuyas Grab entdeckt. Die Entdeckung Quibells stellt die Wissenschaft bis heute vor einige Rätsel, denn es gibt bis heute keine plausible Antwort auf die Frage, warum man einen Mann wie Yuya ausgerechnet im Tal der Könige bestattet hat und nicht im Tal der Adeligen, wie es üblich gewesen wäre. Yuya war wohlbemerkt der einzige Adelige, der gemeinsam mit den großen Pharaonen im Tal der Könige bestattet wurde. Es steht außer Frage, daß er durch sein Lebenswerk Außergewöhnliches für das ägyptische Volk geleistet haben muß! Yuya war der Wesir (Minister) von Tuthmosis IV. (ca. 1425-1408 v.Chr./18. Dyn.) und Amenophis III. (ca. 1408-1372 v.Chr./18. Dyn.).

Um einen Zufall oder ein Mißverständnis wird es sich hier nicht gehandelt haben – daß er gemeinsam mit den Königen bestattet wurde, war eine hohe Auszeichnung für Yuya!

Bis heute zählt Yuyas Mumie zu den am besten erhaltenen Mumien, die bisher in Ägypten gefunden wurden. Der Leichnam hatte aber noch eine Besonderheit, die bis heute Fragen aufwirft. Die Hände der Mumie waren nicht in der üblichen *Ausar-Form* (Osiris-Haltung) über der Brust gefaltet. In Yuyas Fall lagen die Handflächen an seinem Hals unterhalb des Kinns.

Gemäß der ägyptischen Tradition wurden Yuya verschiedene Titel verliehen, die er sich im Laufe seines Lebens verdient haben mußte. Der wichtigste Titel auf seinem Grab lautet: ***„ntr n nb tawi“***. Das heißt: ***„der heilige Vater des Herrn der beiden Länder“***.

Bei dem „Herrn der beiden Länder“ handelt es sich um den offiziellen Titel für den Pharao. Yuya erhielt den Titel *„der heilige Vater des Pharaos“*, was wiederum genau der Aussage aus der Bibel (Genesis 45, 8) entspricht, in der sich Joseph seinen Brüdern (seine Brüder kamen aufgrund der Hungersnot nach Ägypten) endlich zu erkennen gab: *„Und nun, ihr habt mich nicht hergesandt, sondern Gott,* ***der hat mich Pharao zum Vater gesetzt*** *und zum Herrn über sein Haus und einen Fürsten über ganz Ägyptenland.“* (Herv. d. d. A.)

Yuyas Tochter Teye war mit Amenophis III. verheiratet und schenkte ihm einen Sohn, welcher der nächste Pharao Ägyptens wurde. Dieser Pharao war kein Geringerer als Amenophis IV. (Echnaton). Dadurch wurde Yuya zum *Großvater* eines Pharaos.[96]

Eine Frage stellt sich jedoch gleich dem kritischen Betrachter: Warum hat man die Mumie des biblischen Josephs im Tal der Könige gefunden, wenn doch die Bibel berichtet, Josephs Leichnam wurde auf seinen eigenen Wunsch hin in das *Land seiner Väter* mitgenommen. Warum soll denn nicht eben das *Land am Nil* mit diesem *Land der Väter* gemeint sein?

Abb. 23:
Das Tal der Könige in Oberägypten. Hier wurden die großen ägyptischen Herrscher der 18. bis 20. Dynastie bestattet.

Abb. 24:
KV 46 im Tal der Könige. Hier wurde Yuya (der biblische Joseph) mit seiner Gemahlin Thuya bestattet.

Abb. 25:
Stefan Erdmann kommt aus der Grabanlage Yuyas.

Abb. 26:
Der Holzsarkophag Yuyas befindet sich heute im ägyptischen Museum in Kairo.

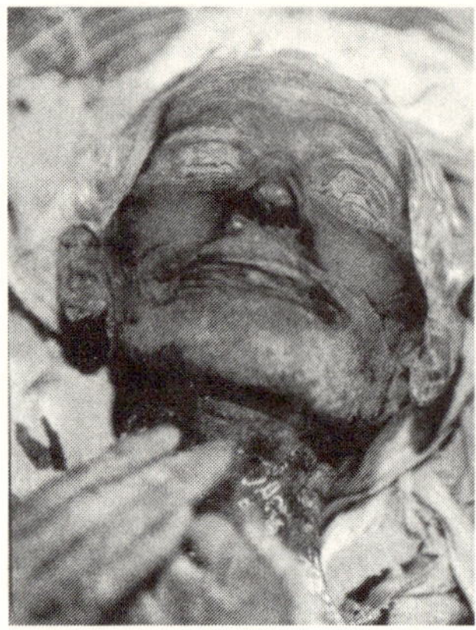

links
Abb. 27:
Die Mumie Yuyas.

Abb. 28:
Stefan Erdmann im Gespräch mit dem Ägyptologen und Experten für Mumifizierung Dr. Nasry Iskander in dessen Labor im ägyptischen Museum in Kairo.

Kurz vor seinem Tode, so berichtet die Genesis (50, 25-26), sagte Joseph den Exodus voraus: „*...Gott wird euch nicht vergessen. Er wird euch wieder in das Land zurückbringen, das er Abraham, Isaak und Jakob versprochen hatte. Darum nahm er einen Eid von den Kindern Israels und sprach: Wenn euch Gott heimsuchen wird, so führet meine Beine von dannen.*“

In Vers 26 erfahren wir dann von Josephs Tod: „*Also starb Joseph, da er ward 110 Jahre alt. Und sie salbten ihn und legten ihn in eine Lade in Ägypten.*“

Schon hieraus wird ersichtlich, daß Joseph sich klar zu seinem Land – Ägypten –, in dem er gerettet wurde und vom Sklaven zum Wesir des Pharaos aufstieg, bekennt. Joseph war sich, als er eine ägyptische Frau heiratete, auch im klaren darüber, daß seine Kinder nicht als Hebräer aufwachsen würden, da sie aufgrund der Tradition der Religion der Mutter Folge leisten mußten.

Wenn Joseph den Exodus wirklich voraussah, was ja nicht in Frage gestellt werden kann, dann sollte man eigentlich von ihm erwarten, daß er die Israeliten dazu aufgefordert haben müßte, das Land rechtzeitig zu verlassen.

Um so widersprüchlicher ist die Sache mit der doppelten Beisetzung. Man kann doch nicht annehmen, daß Joseph einerseits in Ägypten begraben werden wollte, die Israeliten aber gleichzeitig aufforderte – noch während sie auf der Flucht waren, um ihr Leben zu retten –, drei Generationen nach seinem Tode sein geheimes Grab aufzusuchen, um ihm seinen Wunsch zu erfüllen, seine Gebeine von dannen zu tragen. Diese Annahme ist wohl mehr als zweifelhaft![97]

Moustafa Gadalla merkt in diesem Kontext noch an: „*An dieser Stelle muß betont werden, daß die Geschichte von Joseph, wie wir sie heute in der Bibel lesen, in der Zeit zwischen dem 9. Jahrhundert v.Chr. und dem 2. Jahrhundert v.Chr. insgesamt dreimal geschrieben, neu überarbeitet und ergänzt worden war, bevor ein Autor des 2. Jahrhunderts v.Chr. aus den drei ihm vorliegenden Versionen eine neue Geschichte zusammenstellte und dieser auch noch selbst einen Teil hinzufügte, der Josephs Tod und seinen Wunsch beschreibt, in Kanaan noch einmal neu beerdigt (?) zu werden.*

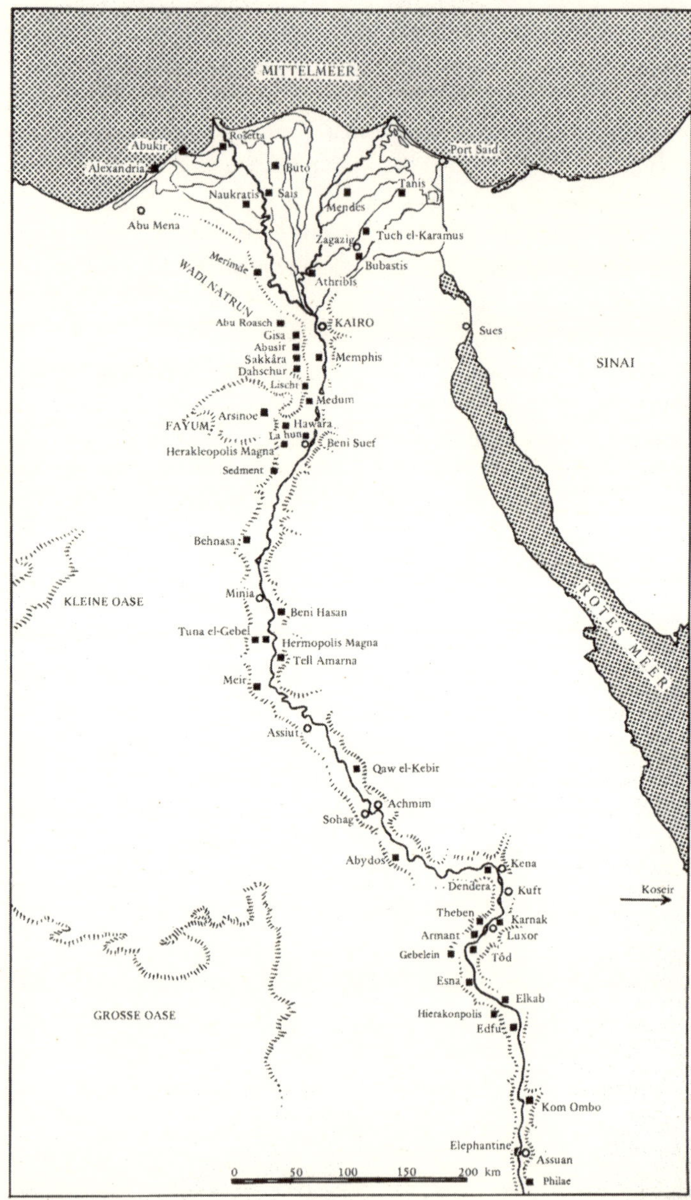


Abb. 29:
Die altägyptische Hochkultur erstreckte sich entlang des Nils.

*In der Bibel finden sich keinerlei Hinweise auf die Zeit, die Joseph in Ägypten verbrachte. Nach dem Exodus, der im Grunde genommen die endgültige, schmerzhafte Trennung zwischen den Ägyptern und den Juden darstellt, versuchen beide Seiten ständig, die früher vorhandenen Beziehungen untereinander zu leugnen. Deshalb wird in der Bibel auch kein einziger Pharao bei seinem wirklichen Namen genannt.*"[98]

Bis heute schenken die meisten Bibelgelehrten den Erzählungen des jüdischen Historikers Josephus Glauben und seinem Buch „*Contra-Apionem*", das immerhin erst gegen Ende des 1. Jahrhunderts unserer Zeitrechnung geschrieben wurde. Josephus behauptet darin, daß der Auszug der Israeliten nach Ägypten und der Exodus während der Herrschaft des Hyksos (ca. 1663-1550 v.Chr.) stattgefunden haben.

Der Historiker Josephus berichtet damit über Ereignisse, die bereits über 1.700 Jahre zurücklagen, das sollte man sich klar vor Augen halten. Dazu kommt, daß Josephus wiederum seine Informationen auf Quellen von Manetho zurückführt, der seinerseits im 3. Jahrhundert vor Christus lebte – 1.300 Jahre nach dem angenommenen Auszug!

Das deckt sich mit der allgemeinen Auffassung vieler Fachleute, welche die Bedeutung eines Auszuges, wie die Bibel es beschreibt, als gering betrachten und vor allem in einer unbedeutenden Größenordnung vermuten.

Wie bereits erwähnt, wird in der ägyptischen Geschichte überhaupt nur einmal das Wort *Israel* erwähnt, was zweifellos für eine sehr geringe Bedeutung spricht, was das Wirken dieser Volksgruppe in Ägypten betraf.

Da es keine Spuren für einen so großen Auszug gibt, war dieser politisch unbedeutend und hat wohl nur eine verhältnismäßig kleine Gruppe umfaßt. Über so ein bedeutendes Ereignis, darüber sind sich die Ägyptologen einig, hätte es Aufzeichnungen gegeben. Diese Schlußfolgerung der Ägyptologen ist aus noch einem anderen Punkt sehr einleuchtend, denn die 18. und 19. Dynastie galt mit als die mächtigste und größte Epoche der ägyptischen Hochkultur – innen- wie außenpolitisch!

Zu diesem logischen Schluß kamen auch die Autoren Knight und Lomas:

*„Es wird uns gesagt, daß sich 600.000 Israeliten zu einer vierzigjährigen Reise durch die Wüste aufmachten, aber jedem intelligenten Menschen ist klar, daß bei einem Exodus nur ein Bruchteil dieser Zahl teilgenommen haben konnte. Es gibt in der ägyptischen Geschichte keine Spur eines solchen Ereignisses, und wäre es in einer solchen Größenordnung gewesen, wie die Bibel es uns weismachen will, dann gäbe es eine Spur. Hätte die Gruppe diese Größe gehabt, dann wäre es ein Viertel der Gesamtbevölkerung gewesen, und wenn man bedenkt, welche Wirkung eine solche Emigration auf die Ernte und den Arbeitsmarkt gehabt hätte, wäre es unmöglich, einen solch tiefen gesellschaftlichen Einschnitt nicht aufzuzeichnen."*[99]

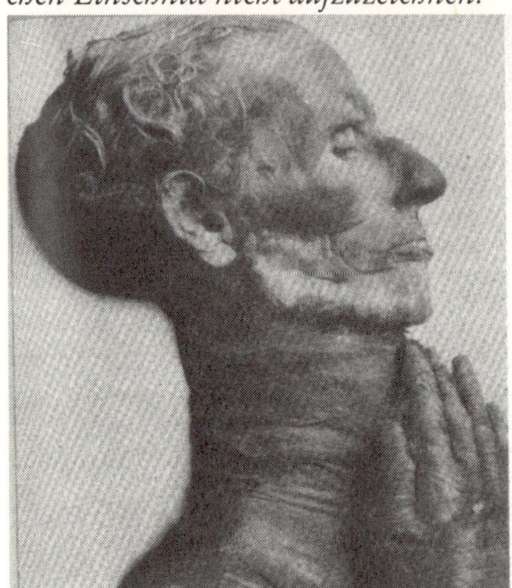

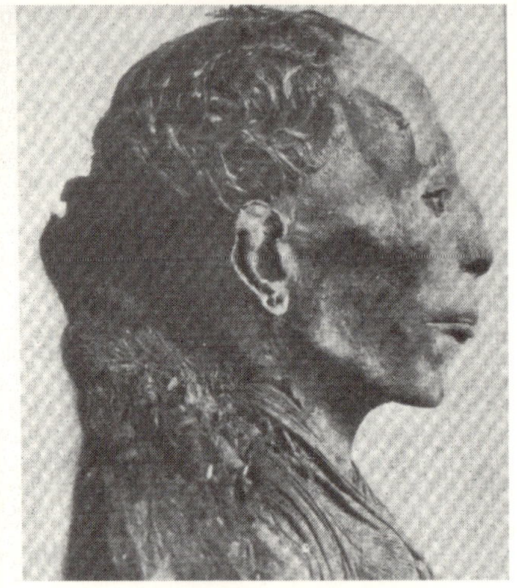

Abb. 30 und 31: Die Seitenprofile von Yuya und seiner Frau Thuya, der Mutter von Teye.

Abb. 32 und 33: Links ist die Totenmaske von Thuya abgebildet, der Frau von Yuya.

Rechts sieht man eine Büste ihrer Tochter Teye, der Mutter von Echnaton

## *War Amenophis III. der biblische Salomon?*

In Verbindung mit der Gleichsetzung des biblischen Königs Salomon und des ägyptischen Pharaos Amenophis III. spricht Moustafa Gadalla sogar von einem Betrug mit der ägyptischen Geschichte – eine brisante Aussage!

Gerade in diesem Fall der historischen Ereignisse sind die mehrmaligen, über viele Jahrhunderte unternommenen Versuche, die Beziehungen zwischen Ägypten und Israel zu verbergen, sehr offensichtlich, so Gadalla.

Nach dem bisherigen, chronologischen Verlauf unserer Betrachtung ist das auch verständlich, denn die verwandtschaftlichen Beziehungen zwischen dem angeblichen Vater des Salomon (Amenophis III.), dem großen Kriegskönig David (Tuthmosis III.) und seinem dynastisch *„unreinen"* Sohn verdeutlichen das. Der Vater des wahren Königs Salomon, des Pharaos Amenophis III., war, wie wir erkennen konnten, der hebräischstämmige biblische Joseph (Yuya), der *„Vater des Herrn der beiden Länder"*.

Im Verlauf unserer bisherigen Betrachtungen wurde bereits auf die heute vorliegenden archäologischen Ergebnisse hingewiesen. Viele der heutigen Archäologen gehen mittlerweile davon aus, daß ein Auszug jüdischer Stämme aus Ägypten nie stattfand und auch Kanaan nicht, wie im Buch Josua beschrieben, gewaltsam erobert wurde. Die *Ur-Reiche* von David und Salomon hat es, so wie sie in der Bibel beschrieben werden, nie gegeben. Die israelischen Könige herrschten nach archäologischer Auffassung nur über „unbedeutende Randregionen". So verlief auch die Entwicklung des Monotheismus, so sind sich viele Experten heute einig, völlig anders als die Bibel uns heute lehren will. Die wissenschaftlichen Beweise sind hier also Mangelware!

Werfen wir einen Blick in das Alte Testament, um zu erfahren, was die Bibelautoren über Salomon berichten.

Gemäß der Bibel soll Salomon im zehnten Jahrhundert vor Christus gelebt haben. Salomon war der Sohn von König David und war dessen Nachfolger als König von Jerusalem. Er regierte von ca. 967 bis 928 vor Christus, so die Bibel. Sein Königreich erstreckte sich von den Grenzen Ägyptens bis zum Euphrat (1. Könige 5, 1). Salomon soll große Baumaßnahmen veranlaßt haben, darunter den Bau des Tempels in Jerusalem. Laut Bibel übertraf Salomon *„an Reichtum alle Könige der Erde"*.

Warum lassen sich für so einen bedeutenden König wie Salomon nicht unwiderlegbare historische und vor allem auch archäologische Beweise finden?

Zur Regentschaft Salomons in Jerusalem hieß der ägyptische Pharao Siamun. Er regierte Ägypten von 976 bis 956 vor Christus. Es gibt jedoch keine historischen Aufzeichnungen, in denen ein Herrscher mit Namen Salomon erwähnt wird, was wiederum die großen Zweifel heutiger Gelehrter bezüglich Leben und Werk Salomons zu Recht zusätzlich bestätigt. Außerdem waren die ägyptischen Herrscher zumeist sehr gewissenhaft, was die Aufzeichnungen über ihr Leben und ihre kriegerischen Erfolge betraf.

Die 18. und auch noch teilweise die 19. Dynastie der Ägypter galt als eine der erfolgreichsten Epochen. Hier erreichte das Nilland die letzte große Hochblüte an Macht, Eroberung und Bautätigkeit, was besonders durch die bautechnischen Großleistungen des Amun – und des Karnak-Tempels in Theben (Luxor) unter Amenophis III. – deutlich wurde. Deshalb nannte man Amenophis III. auch den *„König der Könige"* beziehungsweise den *„Herrscher aller Herrscher"*, eine Bezeichnung, die auch König Salomon in der Bibel zugesprochen wird.

Große Bautätigkeiten gehen aber immer auch mit Friedenszeiten einher. Tuthmosis Herrschaft verlief bekanntermaßen weitgehend friedlich, was sich wiederum auch mit den Erzählungen über Salomons Herrschaft deckt. In der wörtlichen Übersetzung bedeutet der Name Salomon (hebr.: Shelomoh) *„Frieden"* oder *„Sicherheit"*. Amenophis III. schloß mit anderen einflußreichen Herrschern der damaligen Welt verschiedene Verträge, um landesübergreifend den Frieden zu sichern.

Wir erfahren im Alten wie auch im Neuen Testament, daß Salomon nicht der ursprüngliche Name des Königs war. Der Prophet Nathan gab Salomon den Namen *Jedidiah* (*um des Herren Willen*). Der Name *Jedidiah* läßt sich mit *„wegen des Herrn"* oder auch *„im Namen des Herrn"* übersetzen. In neueren Lutherbibeln wird der Name auch als *„Liebling des Herrn"* übersetzt, wobei dahingegen in älteren Lutherübersetzungen der Name nicht übersetzt wird, Nathan erhält den Auftrag lediglich *„im Namen des Herrn"* (2 Samuel 12, 25).

Vergleicht man die Lebensgeschichte des ägyptischen Pharaos Amenophis III. mit der des biblischen Salomon, stellt man erstaunliche Parallelen fest, die zu dem Schluß führen könnten, daß es sich bei König Salomon um Amenophis III. handelt.

Bei den Hebräern sah man den König als Sohn der Gottheit an, so wird es unter anderem in Psalm 2, Vers 7, berichtet: *„Du bist mein Sohn, heute habe ich dich gezeugt.“* Der Gott der Israeliten bezeichnete seinen königlichen Sohn auch als *„Gesalbten“*: *„Der seinem Könige groß Heil beweiset und wohltut seinem Gesalbten, David und seinem Samen ewiglich.“* (Psalm 18, 51; siehe auch Psalm 2, 2 und Psalm 20, 7).

Die Gleichsetzung, von der in der Bibel zu lesen ist, war ursprünglich eine rein ägyptische Betrachtungsweise, die von den Hebräern übernommen wurde. Ebenso war es ein ägyptischer und kein hebräischer Brauch, Könige zu salben. Das hebräische Wort für *„der Gesalbte“* ist *„MeSHeḢ“* und ist unverkennbar von dem ägyptischen *„Meseh“* abgeleitet worden.

Abb. 34:
Salomon, der König der Könige? Oder verbirgt sich hinter ihm in Wirklichkeit Amenophis III.?

Hier mit der Königin von Saba.

Wir können im Zusammenhang mit den heutigen, zeitnahen Überlieferungen eine interessante Parallele zu den Jahrtausende alten Übersetzungen erkennen und mutmaßen. So ist beispielsweise in neueren Lutherübersetzungen in allen drei Quellen (Psalm 2, 2, Psalm 18, 51 und Psalm 20, 7) das Wort *„salben“* oder *„Gesalbter“*, das zweifellos von großer Bedeutung ist und zudem klare Rückschlüsse auf den Ursprung Ägypten zuläßt, gar nicht mehr erwähnt. Dahingegen sind in älteren Übersetzungen, die nur einige Jahrzehnte zurückliegen, diese Wörter noch zu finden. Und so werden Erzählungen, Handlungen und Eigennamen verändert und wichtige Fakten, die entscheidende Rückschlüsse liefern, durch andere Begriffe ersetzt (zum Beispiel wird aus einer Lade ein Sarg; Genesis 50, 26). In der Bibel gibt es dafür unzählige Beispiele, wie wir im Laufe des Kapitels erkennen konnten. Durch diese Beispiele wird auch deutlich, was im Laufe der letzten Jahrhunderte und Jahrtausende bei den immer wieder erfolgten Abschriften (von Abschriften, die wiederum nur Abschriften waren) an Wahrheitsgehalt verlorenging. Ob und inwiefern dies absichtlich geschah und die jeweilige Ideologie der Übersetzer dabei eine Rolle spielte, steht auf einem ganz anderen Blatt.

Zurück zu Salomon: Eine weitere Parallele findet sich in bezug auf die Frauen, die beide heirateten. Der Pharao Amenophis III. heiratete seine jüngere Schwester, eine Ägypterin, um den Thron zu erben, da dieser innerhalb der königlichen Familie jeweils der älteren Schwester zustand.

Über Salomon wird berichtet: *„Und Salomon befreundete sich mit Pharao, dem Könige in Ägypten, und nahm Pharaos Tochter und brachte sie in die Stadt Davids...“* (1. Könige 3, 1)

Warum sucht sich ein israelischer König nicht eine israelische Frau, sondern heiratet stattdessen eine ägyptische Königstochter?

Moustafa Gadalla schreibt, daß die Stellung der Tochter des Pharaos als Salomons erste und bedeutendste Frau zeigt, daß es sich – genau wie bei Amenophis III. – um eine Frau seiner eigenen Nationalität gehandelt haben muß. Wenn Salomon der König von Israel gewesen wäre, hätte er eine israelische Frau heiraten müssen, um mit ihr die Thronerben zu zeugen, da es bei den Israeliten festgelegt war, daß die Abstammung von der Seite der Mutter her verfolgt und aufgezeichnet wurde.

Salomon soll aber ausschließlich ausländische Frauen geheiratet haben, zu denen auch die Tochter des Pharaos gehörte. Sogar die Mutter seines Kronprinzen *Rehoboam* war eine *Ammonitin* mit Namen *Naama*, wie im 1. Buch der Könige 14, Vers 21, zu lesen ist.

Der Pharao, dessen Tochter Salomon geheiratet hat, wird bekanntermaßen nicht erwähnt. Ihm wird jedoch nachgesagt (1. König 9, 16): *„Der Pharao, Ägyptens König, war nämlich heraufgezogen, hatte Gezer erobert und eingeäschert, die kanaanitischen Bewohner der Stadt niedergemetzelt und diese dem Weibe Salomos, seiner Tochter, als Mitgift gegeben.“*

Zu diesem Bibelvers gibt es kein historisches Ereignis, das ihn als eine Beschreibung von tatsächlichen Gegebenheiten einordnen könnte. Keiner der ägyptischen Pharaonen, die während der angegebenen Zeit der Herrschaft Salomons lebten, war jemals in militärische Auseinandersetzungen im westlichen Asien verwickelt gewesen. Die Könige dieser Epoche gehörten nämlich zu den besonders schwachen Königen der 21. Dynastie.[100]

Folgen wir zwei weiteren Spuren der beiden Könige Amenophis und Salomon, die eindeutige Parallelen aufzeigen: die Tätigkeiten als Baumeister und die viel beschriebene Weisheit. Kommen wir zunächst zum Baumeister.

Daß bis zum heutigen Tage die archäologischen Beweise für die großen und mächtigen Königreiche David und Salomons Mangelware sind, wurde bereits wiederholt erwähnt. Wie ausführlich Salomons „Superreich" dahingegen im Alten Testament beschrieben wird, wurde in dem Zusammenhang ebenfalls erwähnt. So baute der große Salomon *„...des Herrn Haus und sein Haus und Millo und die Mauern Jerusalems und Gazor und Megiddo..."* (1. Könige 9, 15). Salomon werden aber noch viele andere Baumaßnahmen zugeschrieben, wie wir erfahren.

Der mächtige König baute auf dem Berg Moriah im Norden Jerusalems einen Tempel. An diesem Ort steht heute der Felsendom. Aus diesem Grunde können auch gegenwärtig keine Ausgrabungen durchgeführt werden, um nach archäologischen Beweisen für den alten Tempel zu suchen.

Suchen wir nach der Parallele in der ägyptischen Chronologie, werden wir schnell fündig. Gemeint ist der nicht mehr existierende Gedenktempel, den Amenophis III. im Westen von Theben (Ta-Apet) erbauen ließ. Heute stehen an diesem Ort auf der westlichen Nilseite Luxors nur noch zwei beeindruckende Statuen, bekannt als die zwei Memnonkolosse. Die beiden Statuen standen an den Seiten des Tempeleingangs und stellen den mächtigen Herrscher sitzend dar, sind etwa 20 Meter hoch, mit allein zwei Meter langen und einen Meter dicken Füßen.

Die beiden Statuen lassen sich mit den beiden Säulen vergleichen, die im Zusammenhang mit Salomons Tempel in der Bibel erwähnt werden. Auch die beiden ägyptischen Statuen haben Namen, wie auch die in der Bibel beschriebenen Säulen.

Bei einer Stele, die der Archäologe Sir Flinders Petrie im Tempel fand, handelt es sich um eine Inschrift Amenophis III.. Hier wird der Tempel näher beschrieben: „*...eine unbesiegbare Festung aus Sandstein, die rundum mit Gold verziert ist, deren Böden silbern funkeln und deren Türöffnungen aus Elektrum* (das Elektron; Anm. d. A.) *bestehen... Zur Anlage des Tempels gehören außerdem königliche Statuen aus Granit, Quarzit und Edelsteinen, die für die Ewigkeit bestimmt sind.*“

Diese Beschreibungen erinnern stark an die Erzählungen der Bibel über den prunkvollen Tempel Salomons.

Amenophis III. ließ sowohl in Ägypten als auch in der Gegend um Kanaan viele andere Tempel errichten. So wurde durch archäologische Untersuchungen bewiesen, daß mehrere in der Bibel Salomon zugeschriebene Tempel in Wirklichkeit während der Herrschaft des ägyptischen Pharaos in Kanaan erbaut wurden. Zudem weisen Salomons Tempel viele typisch ägyptische Merkmale auf. So symbolisieren beispielsweise die beiden Säulen am Haupteingang des Tempels die Trennung zwischen dem spirituellen Einen in zwei Teile, man muß hindurchgehen, um in die inneren Bereiche zu gelangen. Ein anderer ursprünglich ägyptischer Brauch war, die Gottheit in einer Arche zu tragen und sie anschließend ins Allerheiligste zu tragen.[101]

Über den königlichen Palast selbst erfahren wir, daß dieser im Norden von Jerusalem, südlich des Tempelbezirkes, errichtet worden sein soll. Trotz umfangreicher archäologischer Ausgrabungen in diesem Gebiet, wurden bis heute keine Überreste eines solchen Palastes gefunden. Übrigens wurde dieser in den folgenden Epochen nach Salomons Tode nie wieder erwähnt, obwohl er doch von so großer Pracht und vor allem von so zentraler religiöser Bedeutung war!

Bei dem Vergleich des Palastes König Salomons und dem Palast des Amenophis III. in Theben gibt es erstaunliche Übereinstimmungen.

In den Jahren zwischen 1910 und 1920 wurden in der nahen und unmittelbaren Umgebung des Amenophis-Tempels intensive Ausgrabungen vorgenommen. Das Ganze stand mit unter der Leitung des Metropoliten Museum of Art in New York. Man stellte nach Beendigung der jahrelangen Ausgrabungen fest, daß die Tempelanlage des königlichen Palastes Amenophis III. genau mit der Beschreibung des Palastes des biblischen Königs

Salomon übereinstimmt, wie es im 1. Buch der Könige, Kapitel 7, Verse 2-12, beschrieben wurde. Salomons Palast war, wie auch Amenophis Palast, in fünf Bereiche aufgeteilt:

- den königlichen Palast
- das Haus der Tochter des Pharaos (die er zur Frau genommen hatte)
- den Thronsaal
- die Säulenhalle
- das Haus des libanesischen Waldes

Am Rande sei erwähnt, daß seit dem Jahre 2002 im Amenophis-Tempel wieder Ausgrabungen stattfinden, die Ergebnisse aber noch ausstehen.

Ein weiteres Puzzleteil fand die britische Archäologin Kathleen Kenyon im Jahre 1961. Sie entdeckte die Überreste der Stadt Millo unter der alten Festung von Jerusalem. Die ersten Bauten wurden von ihr auf die Zeit des 14. Jahrhunderts vor Christus datiert, also die Zeit der Herrschaft Amenophis III..

Der biblische König Salomon wird in den biblischen Erzählungen als ein sehr weiser König beschrieben. Als Gott ihm einen Wunsch ermöglichte, bat Salomon nicht um Geld und Güter, sondern um Weisheit. So heißt es im 1. Buch der Könige, Kapitel 10, Vers 23: *„Also ward der König Salomon größer an Reichtum und Weisheit denn alle Könige auf der Erde."* Nur daß dafür Überlieferungen und archäologische Beweise Mangelware sind, wie wir wissen.

So ist es auch nicht verwunderlich, daß Salomon zugeschrieben wird, der Verfasser der hebräischen Bücher der Weisheit und der Poesie zu sein. Natürlich fällt es schwer, das zu glauben, denn daß er sämtliche Bücher, die eine große Anzahl von Sprichwörtern, geistigen Versen, Weisheiten und Psalmen enthalten, verfaßt haben soll, kann ebenfalls nicht bewiesen werden. Wer könnte sie verfaßt haben?

Auch hier lassen sich Übereinstimmungen mit Amenophis III. finden. Viele Forscher vermuten in bezug auf die Autorenschaft der hebräischen Bücher der Weisheit, daß sie auf der Grundlage der ägyptischen Prinzipien von Amenemope (Amenophis III.) verfaßt wurden.[102]

## *Januar 2003 – neue Entdeckungen in Jerusalem*

Abb. 35:
Steintafel in althebräischer Schrift. Fundort: Jerusalem 2002. Ihre Echtheit wird von Wissenschaftlern angezweifelt.

Mitte Januar 2003 berichtete die israelische Zeitung *Ha'aretz* über einen sensationellen Fund rund um den Tempelberg. Hat die heilige Erde nach Jahrtausenden nun doch einen eindeutigen Beweis für den Tempel Salomons, das erste Gotteshaus des Judentums, freigegeben?

Mittelpunkt der brisanten Angelegenheit ist der Fund einer Steintafel (27 mal 31 cm groß), die in althebräischer Schrift von Ausbesserungsarbeiten am Tempel berichtet, die der *„König von Juda, Sohn des Ahaziah"* einst durchführen ließ. Das würde sich mit den Erzählungen aus dem Alten Testament (2. Könige, 12) decken, das ebensolche Reparaturen am Tempel Salomons in ähnlichen Worten beschreibt. Als Auftraggeber wird in der Bibel der historisch unbekannte König Joasch genannt, der Juda am Ende des achten vorchristlichen Jahrhunderts regiert haben soll.

Es handelt sich nicht nur historisch, sondern vor allem auch politisch um einen höchst brisanten und möglicherweise bedeutenden Fund, so er sich denn als echt erweisen sollte.

Dieser Fund würde Jahrtausende währenden Spekulationen endlich ein Ende setzen. Er würde die Ursprünge der jüdisch-christlichen Religion von der Legende in die geschichtliche Realität holen.

Natürlich kochen nach so einem Fund die Emotionen gleichsam über, ohne die endgültigen Untersuchungsergebnisse abzuwarten. So sprach der Archäologe Gabriel Barkai von der Bar-Ilan-Universität von dem *"bedeutendsten Fund in der Geschichte Israels"*. Doch ist wohl anzunehmen, daß das politische Interesse an der Echtheit eines solchen Fundes weit größer wäre, denn die Joasch-Tafel könnte dem Streit mit den Palästinensern um den Tempelberg eine bedeutende Wendung geben. Doch wie ist es nun um die Echtheit dieser Tafel wirklich bestellt?

Die israelischen Forscherkollegen Barkais sind mittlerweile geteilter Meinung. Die erste archäometrische Analyse gab Barkai zunächst Recht. Fast ein Jahr lang wurde der Stein von Shimon Ilani und Amnon Rosenfeld vom staatlichen Geological Survey akribisch untersucht. Sie haben die Tafel mit dem Elektronenmikroskop abgetastet und ihre Zusammensetzung mit Röntgenstrahlen und einem Spektrometer analysiert. Ilani kam zu dem Ergebnis, daß es sich um ein authentisches Stück handeln müßte.

Als die ersten Bilder der Tafel Mitte Januar 2003 durch die Presse gingen, hatten die Schriftkundler keine Möglichkeit einer Analyse. Noch bevor sie das Original in Augenschein nehmen konnten, widersprachen viele Epigrafiker (Inschriftenkundler) den Naturwissenschaftlern und sprachen von einer Fälschung.

Kurzfristig kamen Wissenschaftler aus Deutschland, Israel und den USA zu einer Konferenz zusammen, um über den Fund detaillierter zu diskutieren. „*Einem königlichen Schreiber, der die Buchstaben derart schlampig gesetzt hätte, wären die Hände abgehackt worden*", waren die Schriftexperten sich einig. Ein anderer Experte, Ernst Axel Knauf, Hebraist an der Universität Bern, bemerkte: „*Der Fälscher kann offenbar nur Althebräisch... Da wurden schlicht ein paar Bibelstellen kombiniert.*" Die Zeichenformen habe der Fälscher aus moabitischen und judäischen Vorbildern des neunten bis siebten Jahrhunderts zusammengemischt. Beim Abschreiben unterliefen ihm gleich mehrere Fehler. „*Ein Wort ist so entstellt, daß es gar keinen Zusammenhang ergibt*", und ein anderes Wort sei in dieser Form erst Jahrhunderte später in Gebrauch gekommen, so Knauf.[103]

Auch das Material unterstreicht die Vermutung der Experten, daß es sich um eine Fälschung handelt. So bemerkte der Tübinger Bibelarchäologe Siegfried Mittmann: „*Bauinschriften in Sandstein habe ich noch nie gesehen. Sie sind normalerweise aus Basalt oder Kalkstein.*"

Auch Nadav Na'aman, Historiker an der Universität Tel Aviv und Spezialist für das Buch der Könige, äußerte sich sehr kritisch bezüglich der Echtheit der Tafel.

Nach Na'aman soll das Buch erst Jahrhunderte nach den Ereignissen, die es beschreibt, entstanden sein. Die Urheber mußten sich auf Überlieferungen stützen. Das besagte zwölfte Kapitel müßte eine Inschrift des Königs Jaosch zum Vorbild gehabt haben, vermutet der Historiker schon länger. „*Die Tafel ähnelt keiner königlichen Inschrift, die ich kenne*“, so Nadav Na'aman.

Bisher ist nicht einmal endgültig geklärt, wo die Tafel ans Tageslicht kam, was die Kritiker nur bestätigt und sicherlich aufgrund der großen politischen Brisanz zu allerlei Diskussionen führt. Gerüchten zufolge habe ein Jerusalemer Sammler, der bis heute im Hintergrund bleibt, die Tafel zuerst dem Israel-Museum angeboten. Seine Anwälte und die beteiligten Wissenschaftler weigern sich, den Fundort zu nennen. Wovor haben die Beteiligten Angst?

Die Tageszeitung *Ha´aretz* berief sich auf mysteriöse Quellen und schrieb, daß die Tafel bei muslimischen Grabungsarbeiten auf dem Tempelberg gefunden worden sei. Dort, am dritthöchsten Heiligtum des Islam, baut die *Al-Aksa-Stiftung* an der größten Moschee des Vorderen Orient. Doch nur wenige Tage nach der ersten Meldung schrieb die *Ha´aretz* dann, daß die Tafel woanders her sei: vom muslimischen Friedhof vor dem goldenen Tor, einem inzwischen vermauerten Zugang zum Tempelbezirk.

Der genaue Fundort wäre von großer Bedeutung, darüber sind sich alle Wissenschaftler einig. Warum wurde von beginn an ein Geheimnis um den eigentlichen Fundort gemacht? Spielen hier politische Überzeugungen mal wieder die Hauptrolle? Schließlich geht es hier ja um entscheidende Beweise, die Legenden und Erzählungen der Bibel belegen würden. Daß diese Tafel ausgerechnet zum jetzigen Zeitpunkt auftaucht, unterstreicht einmal mehr die politische Brisanz dieses Jahrtausende alten Konfliktes rund um Jerusalem und den Tempelbezirk. Die Palästinenser dahingegen fürchten nichts mehr als erneute israelische Ansprüche auf den Tempelberg.

Vor etwa drei Jahren ließ die palästinensische Bauleitung hunderte von Lastwagenladungen Aushub vom Tempelberg in das nicht weit entfernte *Kidron-Tal* kippen, bevor er von Archäologen durchsucht werden konnte. Es ist also davon auszugehen, daß weitere Schriftfunde in naher Zukunft ans Tageslicht treten werden. Welcher der beiden Seiten sie helfen werden, bleibt abzuwarten.

Eine Frage sollte dennoch gestellt werden: Wären die Naturwissenschaftler auf der einen Seite hundertprozentig von der Echtheit der Tafel überzeugt, warum wurde dieser Fund in den vergangenen Monaten in den Medien nur zweitrangig behandelt?

Zumindest für eine Seite der Gläubigen wäre es doch die Weltsensation – so die Tafel wirklich echt ist!

## Schlußfolgerung:

**Aufgrund der bisherigen Ausführungen – insbesondere der Gegenüberstellung des biblischen Königs Salomon mit dem ägyptischen König Amenophis III. – erhalten wir neben verschiedenen Indizien handfeste Aussagen und somit beweiskräftige Angaben aus der ägyptischen Chronologie, die zwingend den Schluß nahelegen, daß es sich bei dem biblischen Salomon und dem ägyptischen Pharao Amenophis III. um ein und dieselbe Person handelt.**

**Die Entdeckung der Steintafel in Jerusalem belegt einerseits das dringende Bedürfnis der endgültigen Klärung der Besitzansprüche rund um den Tempelberg und den Tempel Salomons, aber andererseits auch die Ohnmacht aufgrund nicht vorhandener beweiskräftiger Fakten – die Legenden und Erzählungen um Salomon bleiben Legenden und Erzählungen!**

## *Moses alias Echnaton?*

Kommen wir zu den beiden letzten Puzzleteilen in unserer Untersuchung: **Moses und Jesus**.

Das Wissen um das Leben Mose ist aus verschiedenen Gründen für die Menschen von ganz besonderer Bedeutung. Gemäß der Bibelautoren wurde er auserwählt und eingeweiht, er sprach mit dem allmächtigen Gott, er führte das Volk der Israeliten aus der ägyptischen Knechtschaft, ihm überreichte Gott die Zehn Gebote und gab ihm schließlich noch die Bauanleitung für die Bundeslade.

Bevor wir auf die Zusammenhänge und die Parallelen zur Chronologie von Echnaton eingehen, soll hier eine anderer interessanter Hinweis erfolgen, der auf eine mögliche Quelle der Moses-Legende hinweist. Es handelt sich dabei um die Überlieferungen des berühmten akkadischen Königs Sargon I., der viele Jahrhunderte lang Babylon und Sumer regierte. Erinnern wir uns daran, daß die Juden mit diesen Überlieferungen direkt in Verbindung kamen, beispielsweise in der babylonischen Gefangenschaft.

Sargon weist eindeutige Parallelen zur Moses-Erzählung auf. Auch in seinem Fall wird von seiner Mutter berichtet, die *wankelmütig* war und ihren Sohn *im geheimen gebar*. Um ihrem Sprößling das Leben zu retten, legte sie ihn in einen Weidenkorb und versiegelte den Deckel mit Teer. Dann warf sie ihn in den Fluß, in dem er nicht unterging.

Die Geburtsgeschichte von Moses ist vermutlich im sechsten Jahrhundert vor Christus entstanden, König Sargon I. lebte, wie erwähnt, viele Jahrhunderte vor Moses.

Es gibt weitere und teilweise noch ältere Quellen, die erkennen lassen, daß die Moses-Geschichte keinen Anspruch auf Einmaligkeit hat, sondern ebenso aus älteren Quellen entlehnt worden sein kann.

Interessant ist, daß die Helden sich in den folgenden Quellen eines *„heiligen Feuers"* bedienten und auch sonst große Magier waren, wie es auch aus der Moses-Geschichte bekannt ist.

Da wäre beispielsweise die Legende des antiken, ursprünglich arabischen Gottes *Bacchus*, der wie Moses aus dem Wasser gerettet wurde, trockenen Fußes das Rote Meer durchquerte, der Gesetze auf steinerne Tafeln schrieb, dessen Armeen von einer Feuersäule geführt wurden und von dessen Stirne Lichtstrahlen ausgingen.

Das indische Epos Ramayana berichtet von dem Helden Rama, der schon vor mindestens fünftausend Jahren sein Volk in das Innere Asiens und nach Indien führte. Wie später Moses, so war auch schon Rama ein großer Gesetzgeber und Volksheld. Er ließ in einer Wüste, durch die er sein Volk führte, dem Boden Quellen entspringen (vgl. 2. Mose 17,6), zeigte seinen Leuten eine Art Manna als Nahrung (vgl. 2. Mose 16) und heilte eine Epidemie mit Hilfe des heiligen Somatrankes, dem indischen „Wasser des Lebens". Schließlich eroberte der indische Held Rama das „Gelobte Land" Ceylon, auf dessen König er einen Feuerengel fallen ließ. Nach Ceylon war er über eine während der Ebbe auftretende Landbrücke gelangt, die noch heute Rama-Brücke heißt.[104]

In Abbildungen wurde Rama wie Moses mit vom Kopf ausgehenden Lichtstrahlen (den Flammen des Erleuchteten) dargestellt.

Ein anderer bekannter Held der Antike ist Zarathustra. Auch er besaß ein heiliges Feuer, mit dem er allerlei Kunststückchen vollführte. Den griechischen Schriftstellern Eudoxos, Aristoteles und Hermodoros von Syrakus zufolge lebte ein Zoroaster (Zarathustra) bereits fünftausend Jahre vor Moses. Auch die Zarathustra-Geschichte gleicht der des Moses in vielen Einzelheiten. Auch er war von königlichem Geblüt, wurde seiner Mutter weggenommen und ausgesetzt. Im dreißigsten Lebensjahr wurde er Prophet einer neuen Religion. Gott erschien ihm in Licht gekleidet auf einem Feuerthron und unter Donnergrollen auf dem von Flammen umgebenen heiligen Berg „Albordj" und gab ihm dort sein heiliges Gesetz. Schließlich wanderte auch Zoroaster mit seinen Anhängern in ein ferngelegenes „Gelobtes Land". Als er an ein Meeresufer gelangte, teilte sich unter dem Beistand seines Gottes das Wasser, so daß das von Gott erwählte Volk trokkenen Fußes das Meer durchqueren konnte.[105]

Die Übereinstimmungen der verschiedenen älteren Quellen mit der Moses-Geschichte sind unzweifelhaft und widerlegen einmal mehr eindeutig die Einmaligkeit der biblischen Version des Helden Moses.

Wie bereits weiter oben erwähnt, spielten bei allen Helden ein „heiliges Feuer" und verschiedene magische Praktiken eine große Rolle. Bereits aus der biblischen Moses-Geschichte erfahren wir, daß jeder, der sich Moses in den Weg stellte, vernichtet wurde. Immer wieder spielte Feuer – von Moses eindrucksvoll inszeniert – eine zentrale Rolle bei seinen Macht- und Vernichtungsaktionen. Aus verschiedenen Quellen erfahren wir von einer ganzen Reihe magischer Praktiken, derer er sich bediente. Wegen seines Auftretens vor den ägyptischen Zauberern (2. Mose 7, 8-13) galt Moses schon bei den Alten Griechen als großer Magier. Bereits in frühchristlicher Zeit wurden als Ergänzung zum Pentateuch apokryphe Schriften magischen Inhalts verfaßt, die sich auf die Autorität des Moses beriefen. Diese in der Neuzeit bekanntgewordenen Schriften des „sechsten und siebenten Buches Mose" gehen auf die alte ägyptische Tradition zurück und berichten von verschiedenen Zauberformeln, Wundermitteln, magischen Grabtexten und Texten mit Geheimlehren unterschiedlicher Herkunft.

Im Jahre 1928 konnte Jens Juergens in seinem Buch *„Der biblische Moses"* nachweisen, daß ägyptische Priester bereits vor 6.000 Jahren die Herstellung von Schießpulver beherrschten und es unter anderem für Feuerwerke, aber auch als Machtdemonstration einsetzten. Auch die Nachforschungen des bekannten englischen Archäologen Sir Flinders Petri belegen eindeutig, daß nicht nur die ägyptischen Tempel dem Moses unterstanden, sondern auch die königlichen Gebiete des Sinai und damit das seit dem fünften Jahrtausend vor Christus betriebene Schwefelbergwerk „Gnefru". Das Rezept zur Herstellung von Schießpulver kannte Moses aus den Geheimlehren der Priester von Heliopolis, und die Zusammensetzung (Schwefel, Salpeter und Holzkohle) war rein technisch gesehen keine Schwierigkeit. Wenn seine Untertanen nicht gehorchen wollten, dann schickte er ein vernichtendes Feuer, das seine Wirkung nicht verfehlte.[106]

Die Geschichte Mose bietet noch einen anderen, möglicherweise entlehnten Hinweis, denn sie greift zur Geburt des Staates (dessen Grundlage durch Moses gelegt wurde) das alte Thema der Schöpfung aus dem Wasser auf. Das war von den Autoren besonders geschickt, denn somit konnten sie plausibel erklären, wie ein General der ägyptischen Armee zum Stammvater der Juden wurde. Dazu kamen noch ein paar andere Aspekte, um das Bild geradezurücken, so zum Beispiel die Behauptung, daß Mose Mutter Levitin gewesen sei. Die Leviten waren später der Stamm, aus dem die Priester kamen, und so zogen die Autoren den logischen Schluß, daß Moses Priester gewesen sein mußte und somit ein Levit.[107]

Die Geschichte Mose und der Israeliten steht bekanntermaßen in einem direkten Zusammenhang mit dem Land der Pharaonen. Allgemein wird das Leben und Wirken des biblischen Moses in die 19. Dynastie der Ägypter eingeordnet. Dennoch ist das Leben Mose und seine wirkliche historische Beweisbarkeit nicht endgültig geklärt.

Anzunehmen sind die Regierungszeiten Ramses II. (1300-1235 v.Chr.) und seines Vaters, des Pharaos Seti I. (1312-1300 v.Chr.). Dazu gibt es archäologische Beweise – durch den Archäologen Sir Flinders Petrie – in einer vor ungefähr einhundert Jahren gefundenen Grabstele. Durch sie läßt sich der Auszug der Israeliten aus Ägypten auf den Zeitraum von ca. 1300 bis 1200 vor Christus bestimmen.

Einer dieser Pharaonen befahl, jeden neugeborenen Israeliten zu töten. Das Schicksal wollte es so: Moses wurde gerettet. Nachdem der Säugling von der Mutter in einem Binsenkorb am Flußufer ausgesetzt worden war, fand ihn die Tochter des Pharaos. Sie hatte Mitleid mit dem Kind und entschloß sich, es aufziehen zu lassen.

Als junger Mann hatte Moses ein Schlüsselerlebnis. Er sah, wie ein Ägypter einen Israeliten verprügelte. Moses kam dem Israeliten zu Hilfe und erschlug den Ägypter. Er mußte in die Wüste fliehen.

Die Erzählung nimmt ihren bekannten Lauf und Moses wird letztlich zum Helden. Es kommt immer mehr zu Begegnungen und Gesprächen zwischen Gott und Moses; der Beginn einer langen, intensiven Zusammenarbeit. Moses erhält praktisch einen Leitfaden, Schutz und freies Geleit für seinen Auszug aus Ägypten, bis er schließlich in den Bergen des Sinais landet und auf einem Berg zweimal die Gesetzestafeln mit den Zehn Geboten bekommt, die Gott persönlich aufgeschrieben hatte! Letztlich findet das Volk, dank Moses, den Weg in das gelobte Land.[108]

**Kommen wir nun zu dem ägyptischen Hauptdarsteller Echnaton, dem Sohn Amenophis III.:**

Der ägyptische Pharao Echnaton alias Amenophis IV. (1372-1354 v.Chr.) führte in Ägypten den Monotheismus (*Ein-Gottglaube*) ein. Von nun an wurde nur noch der „Gott“ Aton als Gott verehrt.

In seinem fünften Regentschaftsjahr traf Echnaton eine sowohl geschichtlich als auch religiös einmalige Entscheidung. Er erklärte den Sonnengott ***Aton*** zum einzigen und alleinigen Gott und gab vor, daß fortan nur noch dieser angebetet werden durfte. Seinen eigentlichen Namen Amenophis IV. lehnte er ab und benannte sich eigenmächtig in ***Ech-n-aton*** um. Er zog samt seiner Gefolgschaft vom traditionellen Zentrum der ***Amun***-Verehrung in Theben in das dreihundert Kilometer nördlich gelegene ***et-Tell-el-Amarna***, wo er ***Achet-Aton***, den ***Hori-***

Bild 36:
Echnaton, Kolossalfigur aus dem zerstörten Atontempel von Karnak.

***zont des Aton***, als neue Hauptstadt seiner Religion gründete. Echnaton war noch in die alte Geheimlehre eingeweiht. Der oftmals vielleicht mißverständlich gefürchtete Pharao Echnaton galt auch als großer Eingeweihter, Mystiker und Träumer.

Es ist wohl nicht verwunderlich, daß eine so revolutionierende Gestalt, wie Echnaton zweifellos eine war, immer wieder die Aufmerksamkeit der Gelehrten auf sich zog. Die Erzählungen und Legenden, die sich bis in die Gegenwart um seine Person ranken, sind ebenso kontrovers, wie wohl sein gesamtes Leben und Werk. Einige Gelehrte sahen in ihm jenen Pharao, der die Kinder Israels unterdrückte, andere sahen ihn als Opfer des Auszuges der Kinder Israels. Für Freud war er der Mentor Mose und geistiger Ahnherr des jüdischen Monotheismus. Außerdem kam er in seinen Untersuchungen sogar zu dem brisanten Ergebnis, daß es sich bei Echnaton und Moses um ein und dieselbe Person gehandelt haben müßte. Nach Glanvilles Ansicht verdiente er als König nichts als Tadel, Breasted feierte ihn als ersten Individualisten der Geschichte, für Gardiner wiederum trug er Züge eines Fanatikers, und Pendlebury hielt ihn für einen an religiösem Wahn Leidenden. Nur eine außergewöhnliche Persönlichkeit kann über die Jahrtausende hinweg ein derart kontroverses Spektrum an Meinungen und Betrachtungen erzeugen.

Viele Fachleute erkennen heute in der Person Echnaton und Moses ein und dieselbe Person, denn Zentrum des Wissens und der Einweihung war das Wissenszentrum der Hohepriester in Heliopolis.

Was spricht für diese Theorie?

**1. Sigmund Freuds Ergebnisse:**

Der berühmte Psychoanalytiker Sigmund Freud befaßte sich in den dreißiger Jahren des vergangenen Jahrhunderts intensiv mit der Person Moses und seinen Wurzeln im Alten Ägypten. Er schrieb sogar ein Buch mit dem Titel *„Moses und der Glaube an den einzigen Gott“*: Freud behauptet in seinem Werk, daß Moses Ägypter und gleichzeitig Anhänger Echnatons gewesen sei.

Außerdem kam Freud zu dem Schluß, daß der Name *Moses* ursprünglich ein ägyptischer Name war.

Im Buch Exodus wird berichtet, daß die königliche Mutter ihn, nachdem er gerettet und schließlich adoptiert wurde, *„Moshe"* nannte, weil er aus dem Wasser gezogen wurde.

Bei seinen weiteren Nachforschungen stellte Freud fest, daß der Name *„Moshe"* ursprünglich eine andere Bedeutung hatte. Bei dem hebräischen Wort *„m sh a"* handelt es sich um ein Verb, das sowohl mit *„etwas zu ziehen"* als auch mit *„derjenige, der etwas herauszieht"* übersetzt werden kann, während der Name *„Moshui"* für *„denjenigen, der herausgezogen wurde"* steht. Im Laufe seiner Untersuchung kam Sigmund Freud zu dem Ergebnis, daß der Name *Moses* nicht hebräischen Ursprungs gewesen sein kann, sondern von dem ägyptischen Wort *„mos"* abgeleitet wurde, das für eine Person verwendet wird, der etwas rechtmäßig zusteht.[109]

Es ist nur verständlich, daß derartige Ergebnisse, selbst wenn sie wissenschaftlich begründet und zudem noch von einer Kapazität wie Sigmund Freud ergründet wurden, große Diskussionen auslösen und besonders aus religiöser Sicht Wut und Unverständnis.

Die eigentliche Grundlage für die bis heute nicht verstummten Diskussionen um Moses, seinen Ursprung und seine Abstammung wurde durch Freud 1937 gelegt. Es gelang ihm, eine sehr naheliegende Theorie zu untermauern – unterstützt durch viele chronologische Gemeinsamkeiten zwischen Echnaton und Moses –, daß es sich nämlich bei Echnaton und Moses um ein und dieselbe Person gehandelt haben müßte.

Im besagten Jahre 1937 erschien ein Artikel Freuds unter der Überschrift: ***„Wenn Moses aber nun ein Ägypter war"***. Bei seinen Untersuchungen hatte Freud eine verblüffende Übereinstimmung zwischen der neuen Religion, die Echnaton seinem Volk aufzwingen wollte, und den religiösen Lehren, die Moses zugeschrieben wurden, entdeckt. Dazu schrieb Freud in dem Artikel: *„Im jüdischen Glaubensbekenntnis heißt es: 'Schema Yisrael Adonai Elohenu Adonai Echod' („Höre, oh Israel, der Herr, dein Gott, ist der einzige Gott"). Der hebräische Buchstabe „d" entspricht dem ägyptischen Buch-*

Abb. 37:
Moses, in der Hand die „Steinernen Schrifttafeln" mit den Zehn Geboten.

*staben „t“ und das hebräische „e“ wird im Ägyptischen zum „o“. Deshalb könnte man diesen Satz aus dem jüdischen Glaubensbekenntnis auch als: 'Höre, oh Israel, unser Gott Aten ist der einzige Gott' verstehen.*“[110]

Wie bereits vor wenigen Absätzen erwähnt, führte Echnaton in Ägypten den Monotheismus (*Ein-Gottglaube*) ein. Von nun an wurde nur noch der „Gott“ Aton als Gott verehrt.

**Bleiben wir noch kurz beim Namen:**

Wenn wir uns die beiden Vokale *„o“* und *„e“* aus dem Wort „Moshe“, der hebräischen Form des Namens Moses, wegdenken, bleiben nur zwei Konsonanten übrig: das *„m“* und das *„sh“*. Da das hebräische *„sh“* aber dem ägyptischen *„s“* entspricht, läßt sich klar belegen, daß der hebräische Name aus dem Ägyptischen abgeleitet wurde. Sowohl im Hebräischen als auch im Ägyptischen wurden kurze Vokale zwar gesprochen, aber niemals geschrieben.

Im Falle des Namens Moses wurde das *„s“* am Ende der griechischen Übersetzung des biblischen Namens weggelassen.

*„Mos“* war wiederum ein häufig auftretender Bestandteil zusammengesetzter ägyptischer Namen, wie zum Beispiel *„Ptah-mos“* oder *„Twth-mos“*. Das war besonders in der 18. Dynastie gebräuchlich.[111]

**2. Die frühen Kindheitsjahre:**

Echnatons Vater Amenophis III. heiratete seine Halbschwester *Sitamun*, um sich das Anrecht auf den Thron zu erwerben. Erst nach dem Schluß der Heirat folgte er wohl seinem Herzen und nahm *Teye*, *Yuyas* Tochter und somit eine Halbägypterin, zur Frau. Diese Absicht, die er wohl bereits vor der Heirat mit *Sitamun* hegte, hätte bedeutet, daß er eben kein Anrecht auf den ägyptischen Thron hätte erheben können. Er demütigte seine erste Frau *Sitamun* aber auch noch dadurch, daß er Teye als Ägypterin zu seiner königlichen Gemahlin – also zur Königin – machte.

Es gibt jedoch, und das sei hier für eine relativ objektive Betrachtung erwähnt, gewisse Unklarheiten bezüglich Regierungsdauer, Zeitpunkt der Heirat und insbesondere was die Altersbestimmung der Mumie Amenophis III. betrifft.

So sah sich beispielsweise der Anatom Elliot Smith, der die schlecht erhaltene Mumie untersuchte, außerstande, genau zu bestimmen, in welchem Alter Amenophis starb. Daher bleibt offen, ob er zum Zeitpunkt seines Todes dem vierzigsten oder fünfzigsten Lebensjahr näherstand. Seine Regierungsdauer betrug jedoch zwischen 35 und 38 Jahren, deshalb kann er noch nicht einmal das Jünglingsalter erreicht haben, als er den Königsthron bestieg. Die Experten gehen davon aus, daß er damals weniger als neun Jahre alt war, denn nur wenig mehr als neun Jahre betrug die Regierungszeit seines Vaters. Wenn Amenophis III. zu Beginn seiner Regierungszeit tatsächlich noch so jung war, muß von der Annahme der romantischen Liebe zu Teye etwas Abstand genommen werden, da diese wohl sogar noch jünger war.

Der erste Sohn, den Teye Amenophis III. schenkte, wurde Tuthmosis genannt. Er wuchs in Memphis auf und wurde zum obersten Priester ausgebildet. Kurz darauf verschwand er allerdings spurlos.

Es ist anzunehmen, daß Teyes erstgeborenem Sohn ernsthafte Gefahr drohte, da er halb Ägypter und halb Israeli war. Seine Inthronisierung wäre aus Sicht der Priesterschaft sicherlich einer Katastrophe für das ägyptische Volk gleichgekommen, denn dann wären sie von einem zur Hälfte israelischstämmigen König regiert worden. Was das damals wie heute bedeutet hätte, kann man sich bei einem Blick in den politischen Nahen Osten der Gegenwart wohl sehr gut vorstellen.

Teyes zweiter Sohn wurde gemäß den Überlieferungen etwa um 1370 vor Christus in der Grenzstadt Zaraw geboren. (Die Zeitangaben können hier bis zu ca. 20 Jahren schwanken.) Er erhielt den Namen Amenophis IV. und sollte später, wie wir bereits wissen, als Echnaton in die Geschichte eingehen.

Nach seiner Geburt schickte Teye ihn auf dem Wasserweg zu ihren israelischen Verwandten im nahen Goshen, um ihn somit in Sicherheit zu bringen. In der biblischen Geschichte von Moses wird in leicht abgeänderter Form berichtet, wie er als Säugling von einer Prinzessin am Ufer des Nils gefunden wurde.

Auch im Talmud wird über die drohenden Gefahren, denen Teyes Söhne ausgesetzt waren, berichtet. Es wird aber noch ein ganz anderes Motiv für den Versuch, Moses sofort nach seiner Geburt umzubringen, genannt. Im Talmud wird hierzu berichtet, daß ausschließlich(!) Moses – und nicht alle hebräischen Kinder – getötet werden sollte, weil er einen Anspruch auf den ägyptischen Thron besaß.

In Erzählungen der Bibel wird zunächst berichtet, Moses sei der Erstgeborene seiner Eltern gewesen. Später jedoch erfahren wir im Gegensatz dazu, daß er bereits eine ältere Schwester namens Miriam hatte, die heimlich beobachtete, wie ihr kleiner Bruder auf dem Wasser fortgetrieben wurde:

*„...Dann setzte sie das Körbchen aus Binsen ins Schilf am Ufer des Nils. Die Schwester des Kindes versteckte sich in der Nähe, um zu sehen, was mit ihm geschehen würde.“* (Exodus 2, 3-4)

Da kam die Tochter des Pharaos an den Nil, um zu baden. Sie erblickte das Körbchen im Schilf und ließ es durch ihre Dienerinnen zurückholen. Sie öffnete es und fand einen weinenden Säugling. Sie sagte voller Mitleid:

*„Es ist ein hebräisches Kind.“* (Exodus 2, 6)

Dann bot die Schwester des Kindes ihre Hilfe an:

*„Soll ich eine hebräische Frau rufen, die das Kind stillen kann? 'Ja, tu das', sagte die Tochter des Pharaos. Da holte das Mädchen die Mutter des Kindes, und die Tochter des Pharaos sagte zu ihr: 'Nimm dieses Kind und stille es für mich. Ich werde dich dafür bezahlen. So kam es, daß die Frau ihr eigenes Kind mit nach Hause nehmen und stillen konnte. Als der Junge groß genug war, brachte sie ihn wieder zurück. Die Tochter des Pharaos adoptierte ihn als ihren Sohn. Sie sagte: 'Ich habe ihn aus dem Wasser gezogen.' Darum gab sie ihm den Namen Moses.“* (Exodus, 2, 7-10)

Am Beispiel des biblischen Joseph wurde bereits aufgezeigt, daß ihm der Pharao, nachdem er ihn *annahm* und zu seinem Wesir beförderte, einen ägyptischen Namen gab, der besser zu seiner neuen Identität und den neuen Aufgaben für seinen ägyptischen Herren paßte. Es ist sehr unwahrscheinlich, daß die königliche Mutter ihrem adoptierten Kind einen hebräischen Namen gegeben haben soll. Außerdem wird sie sicherlich nicht Hebräisch gesprochen haben, wodurch sie gar nicht in der Lage gewesen wäre, ihm einen passenden hebräischen Namen zu geben. Aber entscheidend ist, daß es in keinster Weise der Tradition entsprochen hätte, wenn sie sich für einen hebräischen Namen entschieden hätte.

Heute ist das okkulte Wissen über die große Bedeutung des Namens fast verlorengegangen. Die meisten Menschen kennen nicht einmal die Bedeutung ihres eigenen Namens und haben schon gar keine Erkenntnis darüber, daß ihr Name oder der Name ihres Kindes eine Formgebung für das Leben ist. So überschwemmen heute immer mehr energetisch schwache und verzehrte Modenamen die Gesellschaft.

Noch heute kennen wird die Aussage: *Nomen est Omen* – Buchstabe für Buchstabe! Die *„Alten"* wußten, daß jeder Buchstabe wie ein Mantram (Sanskrit; Mantra, magische Formel) ist, ein heiliger Laut. So ergeben alle Buchstaben unseres Namens eine Melodie – unsere Lebensmelodie. Jeder Buchstabe hat eine eigene Kraft und Aufgabe.

Wie groß die Bedeutung aber war, können wir auch vielfach in der Bibel nachlesen, wo beispielsweise Zacharias oder Maria durch einen Engel Namen für ihre Kinder erhielten. Das okkulte Geheimnis der Namen hatte in alten Zeiten eine hohe Bedeutung und lag hauptsächlich in den Händen der Priesterschaft.

Wenn es also, wie es aus dem Altertum immer wieder berichtet wird, zu Namensänderungen kam, hatte das immer eine große Bedeutung, beruhend auf tiefsten okkulten Erkenntnissen, und so läßt es sich auch sehr logisch erklären, daß dem adoptierten Moses kein hebräischer Name gegeben worden sein kann.

Auch die Behauptung der Bibel, daß die Tochter des Pharaos das Kind adoptiert habe, entspricht wohl nicht der Wahrheit. Nach den Geboten der Sitten und Gebräuche der damaligen Zeit durfte eine unverheiratete Prinzessin kein Kind adoptieren.

Es ist zudem sehr auffällig, daß die biblische Geschichte von den beiden Müttern, die darum stritten, wer von ihnen denn nun die leibliche Mutter des Kindes war und ihren Streit Salomon vortrugen, sehr auffallend der Geschichte des Moses ähnelt, der im Palast des Pharaos aufwuchs, wo er zwei Mütter besaß. (1. Könige 3, 16-28)

**3. Was wissen wir noch über die beiden Personen, was uns schließlich in unserer Vermutung, daß es sich bei Echnaton und Moses um ein und dieselbe Person handelt, bestätigen würde?**

Über Echnaton wissen wir heute, daß er den Großteil seiner Jugend im östlichen Nil-Delta und in dem heiligen Priesterzentrum Heliopolis verbrachte. Im östlichen Nil-Delta wurde er vermutlich durch *Aten* deutlich beeinflußt. Maßgeblicher wurde er zweifellos in Heliopolis (*Onnu*) geprägt beziehungsweise beeinflußt, denn Echnaton wurde sicherlich noch in die altägyptische Geheimlehre eingeweiht, denn er galt schon zu Lebzeiten als Eingeweihter und Mystiker.

Auch hier gibt es eindeutige Parallelen zu Moses. Verschiedene Historiker früherer Zeiten vertraten die Meinung, daß auch der biblische Moses in seiner frühen Jugend in Heliopolis gelebt habe und dort in die Mysterien eingeweiht wurde. So berichtet zum Beispiel Manetho, der selbst als Hohepriester in Heliopolis lebte und die mehrbändige „*Aigyptiaka*" verfaßte, daß Moses in Heliopolis in aller Weisheit der Ägypter unterwiesen und eingeweiht wurde.

Es ist anzunehmen, daß Echnaton im Alter von etwa zehn Jahren (zu der Zeit hieß er noch Amenophis IV.) wieder nach Theben (Ta-Apet) umziehen durfte. Die angesehenen ammonitischen Priester und die einflußreichsten Familien Ägyptens, die Vertreter der alten Tradition, der Amun-Verehrung, traten dem jungen Echnaton aufgrund seiner unreinen Abstammung nicht mit dem nötigen Respekt entgegen. Die Ammoniter waren es, die ihn als rechtmäßigen Thronerben ablehnten.

Als sich der gesundheitliche Zustand seines Vaters Amenophis III. zusehends verschlechterte, übernahm Teye mehr und mehr die Repräsentanz der Regierungsangelegenheiten. Teye hatte aber wohl auch Sorge, die Thronerbe für ihren Sohn zu sichern. So organisierte sie für ihn die Heirat mit seiner Halbschwester Nofretete, welche die gemeinsame Tochter von Amenophis III. und seiner ersten Frau, der eigentlichen Thronerbin, war. Die historische Gestalt der Nofretete hat ebenso die Geschichtsbücher gefüllt und vor allem die Arbeit der Romanschriftsteller beflügelt. Das heutige Bild und die vielen Erzählungen über sie sind in vielen Punkten zweifelhaft und dienen wohl eher der Ankurbelung des Konsumverhaltens vieler Ägyptenbesucher. Ihre historische Gestalt entspräche Mose Schwester Miriam in der biblischen Erzählung.

Durch den zunehmenden Einfluß Teyes kam es dann auch zu der Entscheidung Amenophis III., seinen Sohn Amenophis IV. (Echnaton) frühzeitig zu seinem Co-Regenten zu ernennen.

Wie groß der Einfluß Königin Teyes gewesen sein muß, verdeutlicht die Tatsache, daß ihr Name – obwohl sie nicht die Herrscherin auf dem Thron war und es auch nicht den Sitten entsprach – als der Name der ersten Königin regelmäßig in den Inschriften erwähnt wird. Diese Ehre war bekanntlich nur den großen Königen vorbehalten. Außerdem wurde sie stets in der gleichen Größe dargestellt wie der Pharao Amenophis III..[112]

Ein wichtiger Hinweis sollte an dieser Stelle noch erfolgen: Der deutliche Umbruch, der durch Echnaton (Monotheismus) herbeigeführt wurde, muß deutlich revidiert werden, denn wie bereits am Beispiel und im Zusammenhang mit der babylonischen Gefangenschaft der Juden aufgezeigt wurde, dauerte diese Entwicklung wahrscheinlich viele Jahrhunderte. Es wird leider kaum erwähnt, daß beispielsweise bereits Echnatons Vater den Gott Aton verehrte, nur setzte er die anderen Götter deshalb nicht zurück.

Es gibt zahlreiche weitere auffällige Parallelen zwischen Echnaton und der biblischen Figur Moses, welche die These bestätigen, daß es sich bei ihnen wohl um ein und dieselbe Person gehandelt hat.

**4. Ein letztes Beispiel soll an dieser Stelle die These weiter festigen:**
Im Talmud ist zu lesen, daß Moses im Alter von 18 Jahren aus Ägypten floh, weil er einen Ägypter erschlagen hatte. So wurde er später Soldat und kämpfte auf der Seite des Königs von Äthiopien gegen die Rebellen, die von einem Ägypter angeführt wurden. Der König setzte sich in diesem Kampf durch, und Moses wurde berühmt und zugleich befördert. Nach dem Tode des Königs ernannte man ihn zu seinem Nachfolger und gab ihm die Witwe des Königs zur Frau.

König Moses regierte *„gerecht und rechtschaffen"*, aber die Königin Adonith wollte ihren Sohn auf dem Thron sehen und sprach zu ihrem Volk: *„Warum sollte euch ein Fremder regieren?"* Aus dem Talmud erfahren wir, daß Moses sein Amt daraufhin freiwillig niederlegte und das Land wieder verließ. Die Trennung muß aber diplomatisch und in *„Freundschaft"* erfolgt sein, denn Moses wurden noch zahlreiche Ehrungen erteilt.

Zwischen den Erzählungen über Moses im Talmud und der Lebensgeschichte Echnatons in Amarna lassen sich zahlreiche Übereinstimmungen finden.

1. Moses war einige Zeit bevor er auf die Sinai-Halbinsel auswanderte zum König ernannt worden – Echnaton ebenso.

2. Beide übernahmen das Amt des Hohepriesters.

3. Bei dem Hinweis im Talmud auf Äthiopien, das als Stadt beschrieben wird, handelt es sich vermutlich um eine Verwechselung mit Amarna.

4. Der Name der ägyptischen Königin, die Moses zur Frau nahm, wird mit Adonith (Aten-it) angegeben. Dieser Name wurde von dem Namen Aten (Echnatons Gott) abgeleitet.

5. Der Wunsch der Königin, daß ihr Sohn anstelle von Moses König werden sollte, erinnert an die Amtsübernahme durch Tutenchamun nach der Herrschaft seines Vaters Echnaton.[113]

## Schlußfolgerung:

Gemäß den Ausführungen um Moses und Echnaton (Amenophis IV.) ist davon auszugehen, daß es sich bei den beiden um ein und dieselbe Person handeln muß!

Das wiederum stellt auch einen logischen Zusammenhang bei den weiteren Ausführungen und Untersuchungen zu dem ägyptischen Pharao Tutenchamun und dem biblischen Jesus dar.

## *Die Suche nach den Königsmumien*

Besonders die Suche nach den Königsmumien Echnatons und Nofretetes hat die Forscher in den letzten Jahrzehnten sehr beschäftigt, denn mit ihnen fehlen zwei ganz wichtige Bausteine, insbesondere in bezug auf die alttestamentarische Geschichtsschreibung und die Schlüsselfigur Moses.

Lange wurde vermutet, daß Nofretete sowie auch Echnaton keine ehrenvolle Bestattung erhielten, was jedoch durch jüngere archäologische Funde widerlegt wurde. Aber wo sind die Mumien des charismatischen Herrscherpaares? Als Bestattungsorte kamen nur Amarna (et-Tell-el-Amarna), die Stadt, die durch Echnaton gebaut wurde, oder das Tal der Könige in Frage.

Es gab in der jüngsten Vergangenheit einige interessante Entdeckungen im Tal der Könige.

**Beispiel 1:**
In dem von Victor Loret im Jahre 1898 entdeckten Grab von Amenophis II. wurde durch den bekannten Ägyptologen Dr. Iskander vor einigen Jahren eine versiegelte Seitenkammer geöffnet. Dahinter entdeckte der Forscher ein Mumienversteck, das er auf die Regierungszeit Echnatons datierte. Einige Mumien waren so stark beschädigt, daß man den Eindruck gewann, daß dies von Gewaltanwendung herrührte oder durch Plünderer hervorgerufen wurde. Eine andere Erklärung, die aber später ausgeschlossen wurde, war eine fehlerhafte Mumifizierung.

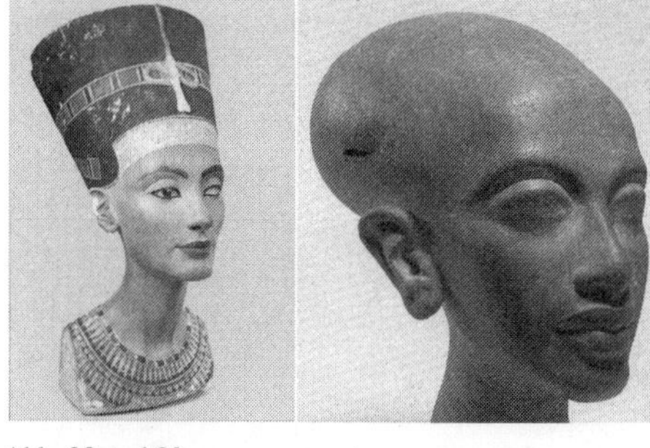

Abb. 38 und 39:
Nofretete – mit und ohne Kopfbedeckung.

Am besten erhalten war eine weibliche Mumie, die aber im Alter von etwa zwanzig Jahren starb. Somit war bewiesen, daß es sich nicht um Teye gehandelt haben kann, die über fünfzig Jahre alt wurde. Dr. Iskander schloß nicht aus, daß es sich bei der weiblichen Mumie eventuell um Nofretete handelt.

**Beispiel 2:**

In einem anderen unscheinbaren Grab entdeckte Theodore Davis bereits im Jahre 1907 Reste einer rätselhaften Grabausstattung – es ist das Grab KV 55 im Tal der Könige aus der Amarna-Zeit.

Es wurde später geplündert, wies aber dennoch – als Davis es 1907 entdeckte – Spuren einer königlichen Bestattung auf. Das wertvollste war dabei ein aufgebrochener Goldsarkophag, der einen mumienhaften Körper mit überkreuzten Armen beinhaltete, dessen Gesichtsmaske größtenteils abgerissen war. Die bis auf das Skelett zerstörte Mumie identifizierten die Ausgräber zunächst als Königin Teye. Später wurde jedoch durch genauere Untersuchungen festgestellt, daß es sich um einen Mann handelte!

Damit war Raum für neue Spekulationen entstanden. Verschiedentlich wurde von Wissenschaftlern angenommen, daß es sich bei der Mumie um Semenkhkare handelt, der in einen ursprünglich für Echnaton vorgesehenen Sarg gelegt worden war.

Auf einem Schrein wurden Fragmente mit dem Namen *Teye* gefunden. Außerdem fand man magische Ziegel mit dem Namen Echnatons. Besonders der vergoldeter Sarkophag stellte die Wissenschaftler vor ein Rätsel. Leider waren jedoch alle Kartuschen mit dem Königsnamen zerstört. Feinsäuberlich hatten Priester die Maske mit den Gesichtszügen herausgekratzt. Handelte es sich vielleicht tatsächlich um Echnaton?

Tatsache ist, daß dieser König nicht identifiziert werden sollte. Dennoch, auf dem Sarkophag steht zwar nicht mehr der Königsnahme, aber: *„Das vollendete Kind des lebenden Aton, von dem gilt: Er ist dort/hier lebend jetzt und immerdar bis in alle Ewigkeit.“*

Dieser Beiname ist bisher nur für einen Pharao belegt – Echnaton! Ein weiteres Indiz, das für Echnaton sprechen würde, sind die vier Kanopenkrüge aus Alabaster für die Eingeweide der Mumie, die ursprünglich für Kija , die Nebenfrau des Pharaos bestimmt war. Ihr Porträt ziert die Gefäße, die später eine neue Beschriftung erhielten – Echnaton und Aton. Zwar entfernte man später diese Namen, dennoch konnten sie rekonstruiert werden.

**Abschließend noch weitere Details welche die These untermauern:**
Die „nubische Perücke" auf dem Oberdeckel des „Goldsargs" ist für Echnaton mehrfach bezeugt. Auch der gefundene Goldschrein der Teye würde die These stützen, denn Teye war die Mutter Echnatons und seine Ratgeberin.

In weiteren Untersuchungen verglich Dr. Iskander Röntgenbilder des Schädels des unbekannten Königs mit denen Tutenchamuns und stellte dabei fest, daß es sich um enge Verwandte gehandelt haben muß, so deutlich waren die Übereinstimmungen der beiden Schädel.

Eine Tatsache, die *dagegen* spricht, daß es sich bei dem unbekannten König um Echnaton handelt, ist die, daß der unbekannte König vermutlich im Alter von etwa zwanzig Jahren starb – zu jung für Echnaton! Andere Fachwissenschaftler dahingegen, wie beispielsweise Professor Dr. Dietrich Wildung, bestätigen eine ältere Altersangabe, was wiederum dafür spräche, daß es sich um Echnaton handeln kann!

Neben den Übereinstimmungen der Schädelform des Toten mit der Mumie von Tutenchamun, belegt eine weitere Untersuchung die Verwandtschaft der Verstorbenen: Beide hatten dieselbe, seltene Blutgruppe A2, Untergruppe MN. Der Serologe Dr. Conolly konnte sie 1959 aus einer Gewebeprobe des Tutenchamun bestimmen.

Neben den bereits erwähnten Übereinstimmungen der Schädelform des Toten und der Mumie Tutenchamuns, würde letztlich nur eine abschliessende genetische Untersuchung der Mumie von Yuya (der biblische Joseph), dem Großvater, endgültigen Aufschluß geben. Ob diese aber durchgeführt werden wird, ist zum gegenwärtigen Zeitpunkt sehr fraglich, aufgrund der weitreichenden Brisanz dieser Angelegenheit! Mehr dazu gleich in den folgenden Absätzen.

**Beispiel 3:**
Eine andere nicht endgültig identifizierte Mumie befindet sich im Labor von Dr. Iskander im Ägyptischen Museum. Lange Zeit wurde angenommen, es könne sich um die Mumie von Amenophis III. handeln – Echnatons Vater. Interessanterweise stellte Iskander bei einem Vergleich der Schädel durch Röntgenbilder fest, daß der *unbekannte König* mit der noch nicht endgültig identifizierten Mumie in seinem Labor nicht verwandt ge-

Abb. 40:
Diese Mumie aus dem Tal der Könige (KV 55) konnte bisher noch nicht identifiziert werden. Handelt es sich womöglich um Echnaton?

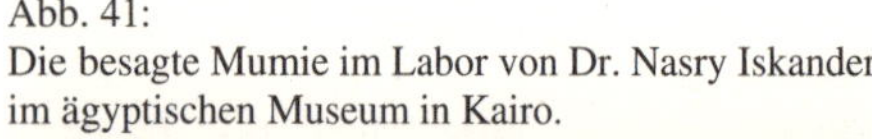

Abb. 41:
Die besagte Mumie im Labor von Dr. Nasry Iskander im ägyptischen Museum in Kairo.

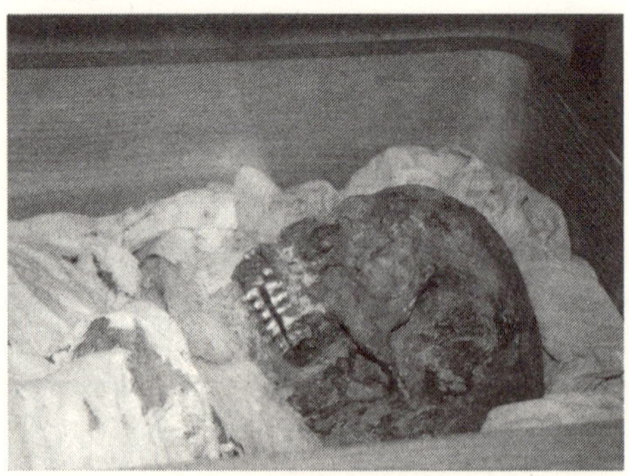

Abb. 42:
Der geheimnisvolle Sarkophag aus der Grabkammer KV 55 – heute nach einer aufwendigen Restauration in München.

wesen sein kann. Das wiederum macht das „Chaos" perfekt, denn somit könnte es sich bei der Mumie im Labor des Ägyptischen Museums, die man lange für Amenophis III. hielt, in Wirklichkeit um Echnaton (alias Moses?) handeln, wie verschiedene Wissenschaftler vermuten. Bewiesen ist das allerdings gegenwärtig (Anfang 2003) noch nicht!

## *Verhinderte Wissenschaft in Kairo*

Es wäre nicht das erste Mal, daß in Ägypten Wissenschaft und Erkenntnissuche behindert werden. Bei dem nun folgenden Beispiel muß sogar von gezielter Verhinderung gesprochen werden.

Bei meinen Untersuchungen zu diesem Buch führten mich meine Recherchen in den letzten anderthalb Jahren viele Male nach Ägypten in das einstmals *Heilige Land*. Gerade mein letzter Aufenthalt in Kairo führte mich auf eine sehr interessante Spur in Verbindung mit der 18. Dynastie rund um Amenophis IV. alias Echnaton/Moses und den in aller Welt bekannten Pharao Tutenchamun.

Im Mittelpunkt stand die wissenschaftliche Arbeit eines der bekanntesten ägyptischen Wissenschaftler, Dr. Nasry Iskander, der zudem weltweit als einer der anerkanntesten Experten der ägyptischen Mumifizierung gilt.

Seine *„heiligen Hallen"*, wo er das große Mysterium der Mumifizierung mehr als dreißig Jahre lang erforschte und erstaunliche Ergebnisse erzielte, befinden sich im berühmten Ägyptischen Museum am Tarir Square, das ein Muß für jeden Kairobesucher ist.

Seit einigen Jahren können Besucher einige der bekannten Mumien der 18. und 19. Dynastie – wie beispielsweise Tuthmosis IV., Seti I. oder Ramses II. – in der Mumienhalle im Obergeschoß des Museums betrachten.

Einige Hauptdarsteller der 18. Dynastie – Ahmosis, Tuthmosis I., Tuthmosis III. und eine noch nicht zugeordnete Mumie –, die für mich interessant und Gegenstand meiner Untersuchung und Nachforschungen waren, befanden sich in der Untersuchungshalle des Museums, wo ich mit Dr. Iskander verabredet war.

Der Ägypter ist nicht nur eine Experte auf seinem Gebiet, sondern verfügt auch über ein sehr fundamentiertes Wissen, besonders in bezug auf die 18. und 19. Dynastie, dem Zeitraum also, in dem sich insbesondere die wechselseitigen Beziehungen der Ägypter und Hebräer abspielten, die Einzug in die Genesis fanden und bis heute die Glaubensgrundlage des jüdischen Volkes bilden. Wie alle Ägyptologen, so ist sich auch Iskander sicher, daß die Bedeutung der Israeliten – aus rein wissenschaftlicher Sicht – im damals heiligen Land Ägypten in keinster Weise so groß gewesen sein kann, wie das heute von den Hebräern angenommen wird. Außerdem spielte sich dieses ganze Szenarium in einer Zeit ab, in der Ägypten in jeder Hinsicht, also besonders politisch und militärisch, nahezu unantastbar war. So kann der Auszug so, wie er in der Bibel beschrieben wird, niemals und schon gar nicht in der Größenordnung stattgefunden haben. Daß es einen Auszug gegeben haben mag, ließ Iskander als durchaus plausibel erscheinen, aber hier könne man nur von einer kleinen Gruppe sprechen.

Der ägyptische Wissenschaftler hatte zum Ende seiner offiziellen Laufbahn ein besonderes Forschungsziel, und das stand im Zusammenhang mit der 18. Dynastie. Iskander versuchte den Stammbaum und somit die Linie der königlichen Mumien der 18. Dynastie anhand von DNS-Untersuchungen wissenschaftlich zu untermauern.

Im Februar 2001 hatte er einen Großteil der 18. Dynastie per DNS-Analyse bereits bestätigen können. Es fehlte abschließend nur noch die Untersuchung an der Mumie Tutenchamuns. Die wollte Dr. Iskander im Februar 2001 vornehmen. Seine Forschungsarbeit war kein Geheimnis und lief nicht unter dem Motto „Top Secret" – warum auch?

So war man in der wissenschaftlichen Führung im Ägyptischen Museum über sein Vorhaben sicherlich unterrichtet, und für den ehrgeizigen ägyptischen Wissenschaftler sollte es der abschließende Höhepunkt seiner erfolgreichen Karriere werden.

Wie brisant das Ganze jedoch in Wirklichkeit werden sollte, hatte sich Iskander wohl in seinen kühnsten Träumen nicht ausgemalt. Offensichtlich hat er mit seinem Vorhaben, eine DNS-Untersuchung an der Mumie Tutenchamuns durchzuführen, einen empfindlichen Nerv berührt!

An dem Tag, an dem Dr. Iskander zur Tat schreiten wollte, verweigerte ihm das Sicherheitspersonal den Zugang zu Tutenchamun. Wie überrascht der Wissenschaftler in diesem Moment war, kann man sich wohl vorstellen. Aber erst wenn man die Gelegenheit hat, von ihm persönlich eine Beschreibung dieser höchst brisanten Gegebenheit zu erhalten, wird deutlich, wie geschockt Dr. Iskander war, denn es war ihm sofort klar, daß hier nur politische Interessen eine Rolle spielen konnten.

Das bestätigte sich später auch. Der Untersuchungs-Stop erfolgte auf Anordnung höchster Ebene, wie Iskander später erfuhr. Aber warum? Man hatte wohl große Angst vor den Untersuchungsergebnissen, wie sich herausstellte. Im Klartext: Man hatte Angst, daß die Analyse von Dr. Iskander und seinem Forschungsteam ergeben könnte, daß Tutenchamun in Wirklichkeit Hebräer war. Ein Hammerschlag, wie man sich natürlich denken kann. Aber für wen?

Für den Wissenschaftler brach eine kleine Welt zusammen. Wenn man mit ihm über dieses Erlebnis in seiner Wissenschaftskarriere spricht, hört man noch heute tiefe Enttäuschung aus seinen Worten. Es ist wohl offensichtlich, daß er in dieser Angelegenheit Opfer von höchst delikaten politischen Interessen wurde.

Die eine oder andere Frage bleibt bei diesem Vorfall im Ägyptischen Museum natürlich unbeantwortet. Das andere fehlende Bindeglied ist sicherlich die Mumie Amenophis IV. (Echnaton), die man bis heute nicht endgültig zuordnen konnte. Aber im Zusammenhang mit der Untersuchung und Spurensuche in diesem Buch, erhält der Vorfall um Tutenchamun natürlich eine ganz besondere Aufmerksamkeit.

Schon im Falle Echnatons kann heute davon ausgegangen werden, daß dieser zumindest nur halb Ägypter war, denn seine Mutter Teye war die Tochter Yuyas, des biblischen Joseph! Letztlich würde nur eine abschließende DNS-Untersuchung an Yuyas Leichnam Aufschluß geben! Daß so einer Untersuchung stattgegeben wird, ist aufgrund der Brisanz der zu erwartenden Ergebnisse zum gegenwärtigen Zeitpunkt vollkommen auszuschließen. Dadurch bekommen die ohnehin schon weitreichenden Spekulationen nur weiteren Nährboden.

Die Personen, die sowohl in der ägyptischen Chronologie als auch in den biblischen Erzählungen bis in die heutige Gegenwart für die größten Kontroversen sorgen und die meisten Fragen unbeantwortet lassen, sind unübersehbar Yuya (der biblische Joseph), Echnaton, Tutenchamun und die Herrscher der 18. Dynastie auf der einen Seite und die biblischen Stammväter – David, Salomon und allen voran Moses und Jesus – auf der anderen Seite. Daß ihr Leben und Wirken nach gründlicher Gegenüberstellung sehr deutliche Parallelen aufweist, ist bis zu diesem Punkt wohl recht deutlich geworden.

## *Jesus in Ägypten*

Zum Abschluß unserer Untersuchung fehlt natürlich ein Puzzleteil, welches das schiefe Bild über den Ursprung der Abrahamreligionen – besonders in bezug auf Zusammenhang und Verkettung mit der ägyptischen Chronologie – noch mehr erklären würde. Es ist die Person Jesus – zweifellos eine Lichtgestalt der Geschichte, wenn man einmal von all den kontroversen Streitpunkten um sein Leben und Wirken absieht und einfach nur seine Lehre von Frieden und Liebe betrachtet!

Wir wollen an dieser Stelle aber auch die Spuren der historischen Gestalt Jesus suchen und aufzeigen, was in bezug auf sein Leben und Wirken bis heute umstritten ist, was gegenwärtig entgegen der Auffassung vieler Gläubiger Christen gar nicht bewiesen ist und wie seine Entwicklung im Zusammenhang mit Ägypten zu bewerten ist, denn das steht fest: **Auch der Weg Jesu führte nach Ägypten – in das heilige Land.**

„*War Moses Ägypter?*", heißt es auf der einen Seite. „*War Tutenchamun Hebräer?*", hieße es auf der anderen Seite.

**Daher ist die Frage, die uns zum Abschluß dieses Kapitels beschäftigen wird, die, ob die historische Figur, die sich hinter Jesus verbirgt, nicht in Wahrheit der ägyptische Pharao Tutenchamun sein kann?** Eine äußerst delikate und hochexplosive These, die zu sehr kontroversen Diskussionen führen wird – mit einem hoffentlich für alle Seiten konstruktiven Ergebnis!

Die verschiedenen Grundlagen, durch die diese These gestützt wird und die hier gleich aufgeführt werden, sollten zunächst sachlich betrachtet werden. Die Grundlagen für die kontroverse These lieferte unter anderem der unabhängige Ägyptologe Moustafa Gadalla, in Zusammenarbeit mit der Tehuti Research Foundation, einer internationalen Forschungsgesellschaft.

Vorauszuschicken seien an dieser Stelle die wissenschaftlichen Erkenntnisse in bezug auf das Leben und Wirken Jesu, denn es gibt bis heute keinen einzigen unumstößlichen wissenschaftlichen Beweis für das Leben und Wirken der Person Jesus!

**Die Geschichte der Bibel** kennt beinahe jedes Kind. Niedergeschrieben in den Evangelien Matthäus, Markus, Lukas und Johannes, wird vom Kommen des Messias, von der Geburt, dem weiteren Leben, Wirken und der Kreuzigung Jesu berichtet. Hier finden wir auch zeitliche Hinweise, wonach Jesus zur Zeit des Herodes dem Großen (37-4 v.Chr.) in Judäa geboren wurde. Über den Zeitpunkt der Kreuzigung erfahren wir, daß diese sich ereignete, als Judäa bereits zur römischen Provinz unter Pontius Pilatus geworden war, also in dem Zeitraum zwischen 26 und 36 nach Christus.

Vielen Lesern wird im Zusammenhang mit den Evangelien bereits bekannt sein, daß keiner der oben genannten Herren, die über sein Leben und Wirken berichtet und dies niedergeschrieben haben, Zeitzeuge war und Jesus persönlich kannte. Alle möglichen Zeitzeugen und engen Vertrauten dahingegen, haben nie etwas über ihn und sein charismatisches Wirken niedergeschrieben – leider! Das soll nicht heißen, daß das vielleicht nicht doch geschah und noch auf seine Entdeckung wartet. Es ist aber nun einmal der wissenschaftliche Kenntnisstand der Gegenwart, der von der oftmals allzu leichtgläubigen theologischen Fakultät ungern erörtert wird. Glauben ist nicht Wissen, und das Motto sollte auch hier besser lauten:

***„Wissenschaft ist das beste Mittel gegen Aberglauben!“***

In guter Erinnerung ist uns auch noch die gezielte Zensierung verschiedener Schriften, die nicht in den Kanon der Bibel aufgenommen wurden (ca. 120 Schriften). So wurde auch eine Vielzahl christlicher Evangelien nicht zugelassen. Durch den Rat von Trient im Jahre 1546 wurden nur Matthäus, Markus, Lukas und Johannes zugelassen.

Es wird vermutet, daß Markus in der Apostelgeschichte des Neuen Testamentes und auch bei allen vier Evangelisten als Gefährte von Petrus und Paulus bezeichnet wird, da er der Verfasser des ältesten Teils der vier Evangelien war. Damit bot er vermutlich auch die Grundlage für die Schriften der drei anderen Evangelisten Matthäus, Lukas und Johannes, die ihre Schriften erst später verfaßten. Bezüglich der Niederschrift des Markus-Evangeliums vermuten Fachwissenschaftler heute die Zeit zwischen 70 und 80 nach Christus.

Aber auch Markus war, wie bereits erwähnt, leider kein Zeitzeuge der Ereignisse, über die er berichtete. Es ist jedoch denkbar, daß er sich, im Gegensatz zu den drei anderen Autoren, auf Informationen aus zweiter Hand durch Petrus und aus dritter Hand von Paulus berief.

So wahrscheinlich das Leben und Wirken Jesu uns allen – zumindest aus tiefstem Herzen – auch erscheinen mag und trotz der Evangelien des Neuen Testamentes, die allesamt nicht von Zeitzeugen stammen: **Die wissenschaftlichen Beweise für den historischen Jesus sind Fehlanzeige, so viel steht fest!**

Die späteren Niederschriften der Evangelien beweisen das, denn sie zeigen eindeutig auf, daß es bereits nur zwei Generationen nach der biblischen Kreuzigung schon keine chronologisch-historische Grundlage in bezug auf den bedeutendsten Menschen seiner Zeit gab. Wenn schon die frühchristliche Gemeinde nicht mehr über solche Daten verfügte, läßt das die Zweifel an der Authentizität der gesamten Jesus-Geschichte nur noch größer werden.

Daß Geschichten um Jesus sich über die Jahrhunderte eigentlich verwandelt haben und von vielen Christen in aller Welt als Tatsache angesehen werden, läßt sich auf vielerlei Gründe zurückführen. Einer davon ist sicherlich das ständige Wiederholen und nicht zuletzt sicherlich auch das planvolle Vorgehen der politisch orientierten Kirchenoberen auf den ersten Konzilien.

**Die bekannten Historiker**, die in der Zeitspanne gelebt haben, in der Jesu Leben und Wirken stattgefunden haben soll, erwähnen den Messias überraschenderweise mit keinem Wort! Wie läßt sich das erklären?

Einer von ihnen war der schon erwähnte Flavius Josephus. Er stammte aus einer Priesterfamilie und wurde im Jahre 37 nach Christus geboren. Josephus war der Verfasser eines zwanzigbändigen Werkes über die Geschichte der Juden (*„Jüdische Altertümer“*). Zur Zeit des Aufstandes der Juden gegen die Römer in Galiläa im Jahre 66 hatte Josephus das Kommando.

Er berichtete in seinen Werken auch über das Leben und die Hinrichtung von Johannes dem Täufer. Und obwohl in der Bibel recht umfangreich von der Begegnung zwischen Johannes und Jesus berichtet wird, finden wir diese bedeutende Begegnung gar nicht erwähnt – Josephus erwähnt Jesus an keiner einzigen Stelle!

Auch bei den anderen bekannten Autoren Philo Judaeus und Justus von Tiberias wird Jesus nicht erwähnt! Das gleiche gilt auch für Autoren wie Tacitus (ca. 55-120), Plinius (ca. 61-114) oder Sueton (ca. 65-135). Sie alle erwähnen nichts von Jesus, dem großen Verkünder, von seinen großen Taten und Wunderheilungen. Alle letztgenannten Autoren erwähnen lediglich eine *„abergläubische Sekte“* (vermutlich die Essener) der Christen.

Der schon genannte jüdische Schriftsteller Justus von Tiberias war ein Zeitgenosse des Josephus und lebte in Tiberias, nahe bei Kapernaum, wo sich Jesus öfters aufgehalten haben soll. Er verfaßte eine umfangreiche Chronik, die sich aus der Zeit Mose bis in seine Tage erstreckte, doch auch er erwähnt Jesus mit keiner Silbe! Ein anderer Zeitgenosse Jesus war der große jüdische Gelehrte Philon von Alexandrien. Von ihm existieren heute noch etwa fünfzig Schriften. Als Spezialist für biblische Schriften und jüdische Sekten berichtet auch er an keiner Stelle über Jesus.

Irgend etwas stimmt nicht mit der biblischen Jesus-Geschichte! War es etwa sein wesentlich geringerer Stellenwert, der die meisten bekannten Historiker veranlaßte, ihn gar nicht zu erwähnen? Wurde er von der Kirche später auf einen Thron gesetzt, der ihm gar nicht gebührte und den er gar nicht wollte? Wurde er somit Opfer und gleichzeitig Phantom einer dogmatischen Religion mit den heute ältesten und frommsten Märchen von Jungfrauengeburt, Auferstehung und Himmelfahrt?

**Wie läßt es sich erklären, daß eine so bekannte Person, wie Jesus zweifellos eine darstellt, bei jedem dieser bekannten Historiker nicht ein einziges Mal Erwähnung fand?**

Natürlich muß auch die Kirche, welche Jesu Geschichte ihrer Glaubensschar allzu gern als Tatsachenbericht präsentiert, diese höchst schwierige und gleichermaßen berechtigte Frage beantworten. Daß Not bekanntermaßen erfinderisch macht, wird hier von der Kirche deutlich unter Beweis gestellt. So sei das Fehlen des biblischen Jesu in den historischen Schriften damit erklärt, daß es sich bei ihm eben nicht um eine große Persönlichkeit, sondern um einen einfachen Mann gehandelt habe, dem somit gar keine Beachtung oder gar kein Platz in den historischen Berichten eingeräumt wurde. Schlechter kann ein verzweifelter Erklärungsversuch wohl nicht ausfallen, denn die Bibel selbst liefert für diesen notgedrungenen Erklärungsversuch genügend und eindeutige Gegenbeweise.

**Beispiel Herodes:**

Der König von Judäa wußte von der Existenz Jesu, was durch das Matthäus-Evangelium gleich zweimal bestätigt wird: *„...da kamen die Weisen vom Morgenland gen Jerusalem und sprachen: Wo ist der neugeborene König der Juden?“* (Matt. 2, 1-2)

Im gleichen Kapitel unter Vers 6 wurde Herodes prophezeit, daß Jesus in Bethlehem zur Welt komme würde: *„...denn aus dir (Bethlehem) soll kommen der Herzog, der über mein Volk Israel Herr sei.“*

Schon am Beispiel von König Herodes wird deutlich, welchen Stellenwert Jesus bereits bei seiner Geburt hatte und welche Angst er zudem auslöste. Der weitere Ablauf ist vielen Lesern sicherlich bekannt. Jesu Eltern flohen aus Angst vor Herodes mit ihrem *Kindlein* und gingen nach Ägypten! (Matt. 2, 13)

Herodes hingegen erließ den Befehl, alle Kinder zu Bethlehem und an allen Grenzen töten zu lassen. (Matt. 2, 16)

In vielen weiteren Bibelversen steht Jesu Leben und Wirken im Mittelpunkt. Hier wird berichtet, daß er geboren wurde, um *zu regieren* oder um *König zu werden* oder um *zu herrschen*. (Matt. 2, 1-6)

Vergessen wir nicht, daß Jesus vor seinem Tode mindestens zwei Jahre lang öffentlich aufgetreten sein muß und Menschen aus allen Teilen des Landes zu ihm pilgerten.

Schon hier ist zu erkennen, wie bekannt und wie groß die Bedeutung war, die Jesus bereits vor und nach seiner Geburt und auch bis zu seinem Tode zukam.

Vergessen wir nicht, daß die Historiker selbst über das Leben und Wirken Johannes des Täufers berichtet haben. Zwischen dem Täufer und Jesus gab es – laut Bibel – eine bedeutende Zusammenkunft. Das betraf, wie die Bibel berichtet, insbesondere auch die jeweiligen Anhängerschaften der beiden großen Männer und vor allem die Tatsache, daß Jesus von Johannes die Taufe erhielt!

Die Historiker hätten von Jesu Leben und Wirken unter allen Umständen berichten müssen, davon ist auszugehen – aber sie taten es eben nicht!

Daß Jesus nicht erwähnt wurde, muß einen Grund gehabt haben. Daß sein Weg nach Ägypten führte, wird in der Bibel berichtet und fügt sich in das Bild unserer Gesamtuntersuchung nahtlos ein, denn auch das Leben und Wirken der meisten anderen Hauptdarsteller der biblischen Erzählungen spielte sich in Ägypten ab. Wir haben bei allen anderen biblischen Personen klare Parallelen zu ägyptischen Pharaonen festgestellt, die unter anderem auch belegt haben, daß die Zeiträume der ohnehin nicht bewiesenen biblischen Erzählungen weiter zurückliegen müssen.

Das wiederum legt die Vermutung nahe, daß der Grund dafür, daß Jesu Leben und Wirken bei den Historikern kein einziges Mal erwähnt wurde und es zudem bis heute auch keinen einzigen wissenschaftlichen Beweis für sein Leben gibt, darin liegt, daß Jesus bereits einige Jahrhunderte früher gelebt haben muß.

Zugegeben, das ist eine hochbrisante Behauptung, die viele Gläubige – die irrigerweise glauben, die biblischen Berichte über Jesu Leben und Wirken seien bewiesen – wie einen Schlag treffen wird.

Dem Autor geht es hier nicht um die Herabsetzung der Persönlichkeit Jesus oder um eine Provokation. Daß dieser gelebt hat – obwohl es nun einmal bis heute keinerlei Beweise dafür gibt –, davon ist in jedem Fall auszugehen. Auch seine einzigartige Lehre über Liebe und Frieden zeigt seine große historische Bedeutung und mißt ihm zu Recht bis heute eine gewisse Einzigartigkeit zu – so viel steht fest!

Davon einmal abgesehen wollen wir aber nun einen Versuch unternehmen, seine Spuren aufzunehmen, die sicherlich nach Ägypten führen. Selbst wenn er Jahrhunderte früher gelebt hätte, würde das seine Bedeutung und seine Lehre mit keinem Deut geringer erscheinen lassen.

Nicht wenige Forscher haben eine große Übereinstimmung der Stammväter der Bibel und der ägyptischen Chronologie festgestellt. Das betrifft insbesondere auch das Leben und Wirken des biblischen Jesu, das sehr auffällige Übereinstimmungen mit dem Leben Tutenchamuns aufweist, wie wir gleich sehen werden.

**Spurensuche in Ägypten:**

Unsere Spurensuche wird also im einstmals heiligen Land der Pharaonen weitergehen. Daß der Weg Jesu, wie auch der der meisten anderen Hauptdarsteller der Bibel, nach Ägypten führte, ist hinlänglich bekannt.

Dazu gibt es in der Bibel bekanntlich mehr als einen Hinweis, so wird auch noch in Matthäus, Kapitel 2, 15 berichtet: „*...Aus Ägypten habe ich meinen Sohn gerufen.*"

Im Talmud wird in diesem Zusammenhang berichtet: „*Jesus von Nazareth, der in Ägypten Zauberei betrieb.*" (Sanh., 107b)

Der Historiker Philo Judaeus wurde im Jahre 15 vor Christus geboren und starb etwa zwanzig Jahre nach der in der Bibel beschriebenen Kreuzigung. Sein Bruder war Mitglied der jüdischen Gemeinde von Alexandria, und sein Sohn war mit der Enkelin von König Herodes verheiratet. Sofern Jesus zu der Zeit wirklich gelebt hat, hätte Judaeus schon aufgrund seiner familiären Beziehungen zum König eine so charismatische Persönlichkeit wie Jesus erwähnt.

Auch die Rabbis stellen keine Verbindung zwischen Jesus und der Zeit König Herodes und Pontius Pilatus her. Sie behaupten stattdessen, daß ihn ein Priester namens Pinhas ermordet hätte. Das wiederum würde ein Leben Jesu zu einem weitaus früheren Zeitpunkt unterstreichen, denn bei jenem Pinhas handelt es sich um einen Zeitgenossen Mose.

**Die Geburt:**

Die Berichte über die Geburt beider Personen – Tutenchamun und Jesus – weisen eindeutige Parallelen auf. In beiden Fällen handelt es sich um königliche Thronfolger. Bei Tutenchamun wurde der Zeitpunkt wissenschaftlich bewiesen – durch die Untersuchung von einem Leinenhemd aus seinem Grab beispielsweise. Er gehörte zur königlichen Familie, die von Tuthmosis Seite abstammte und in der König Tuthmosis III. (König David) vier Generationen zuvor das Land regiert hatte.[114]

Auch über Jesu Geburt erfahren wir im Evangelium Lukas, Kapitel 1, 32 bis 33, von der königlichen Abstammung: *„Der wird groß sein und ein Sohn des Höchsten genannt werden; und Gott der Herr wird ihm den Stuhl seines Vaters David geben. Und er wird ein König sein über das Haus Jakob ewiglich, und seines Königreichs wird kein Ende sein."*

Beide – Tutenchamun und Jesus – wurden gewissermaßen als ***Sohn des Höchsten*** geboren und haben somit den Anspruch, ihrem Vater (in Jesu Fall *Vorfahren*) auf den Thron zu folgen.

Bei beiden spielt auch die Geburt durch die heilige Jungfrau eine zentrale Rolle. Die große Bedeutung der jungfräulichen Geburt des Königs wurde durch die Inschriften in den Tempeln bestätigt und war somit Jahrhunderte vor der Niederschrift der Bibel bekannt.

Bei Jesus war es die Jungfrau Maria, wie uns bekannt ist. Daß im Falle der Jungfrau Maria viele Aspekte eher dem Wunschdenken der Kirchenoberen zuzuordnen sind, ist hinlänglich bekannt. Auf den nachchristlichen Konzilien wurden die Grundlagen für ihre politischen und dogmatisierten Ziele geschaffen, die ausschließlich eigenen machtpolitischen Interessen galten.

Wie bereits im zweiten Kapitel erklärt wurde, ging es darum, die bereits aus anderen Religionen existierenden Muttergöttinnen zu neutralisieren und gleichzeitig eine Muttergöttin in der jungen christlichen Religion zu etablieren. Deshalb wurden nach dem Konzil-Beschluß auch sogleich den Artemis-Statuen in Ephesus Heiligenscheine angepaßt und ihre Namen in „Gottesmutter" und „Gebärerin Gottes" abgeändert.

Da man in vielen anderen Religionen, die zudem älter waren als das Christentum, bereits eine „Muttergöttin" kannte, die selbstverständlich nicht auf natürliche Weise empfangen hatte, war die Jungfrauengeburt Marias unabdingbar. Auch in dem bis heute der Öffentlichkeit nur begrenzt zugänglichen Teil der Schriftrollen vom Toten Meer, wird eine jungfräuliche Mutter kein einziges Mal erwähnt.

**Die drei Weisen aus dem Morgenland:**

Die berühmte Geschichte von den drei Weisen, die aus dem Morgenland kommen, um dem neugeborenen Jesus ihre Hochachtung zu erweisen, zählt zu den bekanntesten Erzählungen in Verbindung mit der Geburt Jesu. Auch hier gibt es klare Übereinstimmungen zwischen dem ägyptischen Pharao Tutenchamun und dem biblischen Jesus, denn diese Erzählung stammt ursprünglich aus Ägypten.

Das belegen Darstellungen aus dem Tal der Könige. Dort fand man ein Kästchen mit mehreren kleinen, goldenen Tafeln, mit den Namen von Tutenchamun und Aye. Auf einer dieser Tafeln befindet sich auf der einen Seite das königliche Zeichen für Aye und auf der gegenüberliegenden Seite eine Darstellung von drei Fremden, die ihre Hände in Ehrfurcht vor dem Namen des Königs erheben.

Der erste dieser Männer ähnelt einem typischen Syrier von der Mittelmeerküste. Bei dem zweiten handelt es sich um einen Mann aus dem Sudan, und der dritte dieser drei Männer gehört einer weißen Volksgruppe aus dem Norden an und könnte somit ein Libyer sein oder von einer der Inseln im Mittelmeer stammen.

So findet sich also eine Darstellung der drei in der Bibel genannten Volksgruppen Shem, Ham und Japhet – die ursprüngliche Verkörperung der drei Weisen als Vertreter der damals bekannten Völker der alten Welt.[115]

Abb. 43:
Die drei Weisen.
Auch die biblische Geschichte der drei Weisen aus dem Morgenland wurde offensichtlich aus dem Alten Ägypten entlehnt.

**Die verschiedenen Namen:**

Die hohe Bedeutung – auch im Übersinnlichen –, die ein Pharao (großes Haus) und auch *der Name* „Pharao“ in Ägypten hatte, ist für uns heute sehr schwer vorstellbar. Da es die Thematik nicht dringend erfordert, gehen wir an dieser Stelle nicht auf die tiefen okkulten Hintergründe ein.

Die *Götter* kannten die Vorzüge des Königs schon bevor er geboren wurde.

*RA* hat ihn *schon im Ei* zum Thronfolger ernannt. Er hat ihn erschaffen, damit er den Thron besteigt. Der König ist *sein leiblicher Sohn* (Der Sohn des Ra [Re]), den er gezeugt hat.

Der ägyptische König wurde vor dem 1. Jahrtausend vor Christus nicht so tituliert, also zu einem Zeitpunkt als Ägypten seine Blütezeit schon hinter sich hatte und dem Volk eigentlich keine Herrscher von Format, wie in der Zeit seiner Größe, mehr bieten konnte. Der Verlust des okkulten Wissens und Handelns des Pharaos in dieser Zeit läßt sich vor allem damit erklären, daß es einen Riß zwischen dem Repräsentanten des Volkes – dem Pharao – und der eingeweihten, okkulten Priesterschaft gab. Die Könige wurden mehr und mehr weltliche Herrscher, ohne durch die Priesterschaft in die tiefen okkulten Mysterien eingeweiht zu sein. Das war zugleich auch eine zentrale Ursache für den Niedergang der großen Hochkultur.

Dem jungen König Tut-ench-amun gab man bei seiner Geburt zunächst den Namen Tut-anch-aton. Wie wir bereits wissen, entspricht das ägyptische Wort *„Aten"* dem hebräischen Namen für den Herrn – *„Adon"*. Der Name, den er bei seiner Geburt erhielt, bedeutet somit übersetzt: *„das lebende Abbild des Herrn"*. Der König – in diesem Fall Tut-anch-aton – war, wie weiter oben erklärt, der *leibliche Sohn Atens* (des Herrn) *im Himmel*.

Insbesondere die verschiedenen Namen, die dem biblischen Jesus zukamen, sind sehr aufschlußreich.

Am bekanntesten sind die Namen ***Messias*** und ***Christus***. Das Wort *„Christ"* (Christus) wurde von dem griechischen Wort *„Kristos"* abgeleitet, dieses wiederum von dem hebräischen und aramäischen *„Mesheh"* (Messias), was *salben* bedeutet oder einfach *der Gesalbte*. Das Wort *„Mesheh"* ist von dem ägyptischen *„Meseh"* abgeleitet worden. Das bedeutet, daß das Wort *„Christ"* (Christus) für *„den Gesalbten"* steht, also für *„den König"*.

Ebenso war es ursprünglich ein ägyptischer und kein hebräischer Brauch, Könige zu salben.

***Essa*** ist der arabische Name für Jesus und der einzige Name, der im Koran für ihn verwendet wird. Essa war gleichzeitig ein Name, der Jesus von den ersten Christen im ersten Jahrhundert gegeben wurde.

Der Name der jüdischen Glaubensrichtung der „Essener" bedeutet, daß sie diejenigen sind, die Jesus folgen. Damals lebte Philo Judaeus, der um das Jahr 30 herum die ersten Aufzeichnungen über diese Sekte niederschrieb. Das Wort „*Essener*" wurde von dem griechischen Wort „*Essaios*" abgeleitet, obwohl Judaeus behauptete, daß es nicht griechischen Ursprungs war. Zur Zeit von Judaeus gehörten die Essener zu den jüdischen Glaubensrichtungen. Dennoch nannte er sie bei dem Namen, der auch heute noch geläufig ist.

Es muß damals bereits bekannt gewesen sein, daß das Wort „*Essene*" semitischen Ursprungs war und von „*Essa*" abgeleitet wurde. „*Essaioi*" bedeutet nämlich dort in der direkten Übersetzung „*derjenige, der Essa folgt*".

Die Essener wurden von den Historikern der damaligen Zeit – neben den Pharisäern und den Sadduzäern – zu den Gemeinschaften eingestuft, die einige tausend Mitglieder zählten. Sie werden heute auch vielfach mit der Gemeinschaft von Qumran in Verbindung gebracht.

Der Autor Gadalla merkt hierzu an, daß „*...es die Essener, also diejenigen, die Essa (Jesus) folgen, schon vor der römischen Epoche gab, in die Jesus eingeordnet wird.*"[116]

Der Name ***Joshua*** (im Hebräischen: „*Ye-ho-shua*") hat die gleiche Bedeutung wie der Name Jesus („*Ye-shua*"), nämlich „*Yahweh* (der Herr) *ist die Erlösung*". In den griechischen Bibeltexten verwendete man „Jesus" für beide Versionen des Namens. Auch in der „*King James Bibel*" und bei zahlreichen frühen Kirchengelehrten des zweiten und dritten Jahrhunderts heißt es, daß es sich bei „Joshua" und „Jesus" um ein und dieselbe Person handelt.[117]

Im Talmud kam Jesus wenig Beachtung zu, so spricht man von Jesus als „*von einer bestimmten Person*", die jedoch nicht namentlich erwähnt wird.

In einigen Abschnitten wird er allerdings als „***Ben Pandira***" (der Sohn Pandiras) bezeichnet.

Die Juden sahen in Jesus nicht den Sohn Gottes. Sie nahmen an, Pandira wäre der Geliebte von Maria, nicht aber ihr Ehemann gewesen.[118]

Das Wort „Pandira" wiederum ist die hebräische Version eines königlichen Titels aus der Zeit des Alten Ägyptens, wie Moustafa Gadalla schreibt: „*Im Hebräischen lautet der Name* ***Pa-ndi-ra****, in der ursprünglichen*

*Fassung jedoch* ***Pa-ntr-ra****, was als* ***Pa-neter-ra*** *ausgesprochen wird. Seit dem Jahr 3000 vor Christus trugen alle ägyptischen Könige den Titel* ***Pa-neter-ra****, was man als* ***'Sohn des Ra'*** *übersetzen kann. Damit identifiziert der Name 'Ben Pandira' Jesus eindeutig als ägyptischen König.* Den Titel ***'Sohn des Ra'*** *finden wir zum Beispiel eingraviert in Tutenchamuns Stele, die man im Jahre 1905 in der Tempelanlage von Karnak entdeckt hat.«*[119]

Der letzte Name, den wir im Zusammenhang mit Jesus betrachten müssen, ist der Name ***Immanuel.***

Im Buch des Propheten Jesaja finden wir insgesamt drei Hinweise auf *Immanuel.* So wird zum Beispiel in Kapitel 7, Vers 14, berichtet: *„Darum wird euch der Herr selbst ein Zeichen geben: Die Jungfrau wird schwanger und einen Sohn zur Welt bringen und ihn Immanuel benennen."*

Viele Gelehrte sind der Auffassung, daß die Worte Jesajas klar zum Ausdruck bringen, daß diese Geburt zum Zeitpunkt der Aufzeichnungen bereits stattgefunden hatte, daß also der Messias bereits vor der Niederschrift der Verse des Propheten Jesajas geboren und gestorben war. Das wiederum würde bedeuten, daß sich das Leben und Wirken des biblischen Jesu nicht in der römischen Epoche zugetragen haben kann, sondern bereits viele Jahrhunderte früher.

Einen weiteren Hinweis auf Immanuel finden wir bei dem Evangelist Matthäus. Gleich zu Beginn des ersten Buches des Neuen Testamentes wird von der Geburt Jesu durch die Jungfrau Maria berichtet: *„Sie wird einen Sohn bekommen, den du sollst Jesus nennen. Denn er wird sein Volk von aller Schuld befreien. Dies geschah, damit in Erfüllung ging, was der Herr durch den Propheten vorausgesagt hatte: 'Die Jungfrau wird schwanger werden und einen Sohn zur Welt bringen, den wird man Immanuel nennen', das heißt verdolmetscht: Gott mit uns."* (Matt. 1, 21-23)

Gadalla merkt hierzu an: *„Der Name Immanuel könnte auf zwei verschiedene Arten übersetzt werden, wenn man das Wort in seine beiden Hauptbestandteile trennt:*

1. *„Imma-nu" (mit uns) und „El" (Elohim, Gott), also „Gott mit uns".*
2. *„Imman-u" (sein Amun) und „El", also „Sein Amun ist Gott".*

Abb. 44:
Die goldene Totenmaske Tutenchamuns aus dem ägyptischen Museum in Kairo.

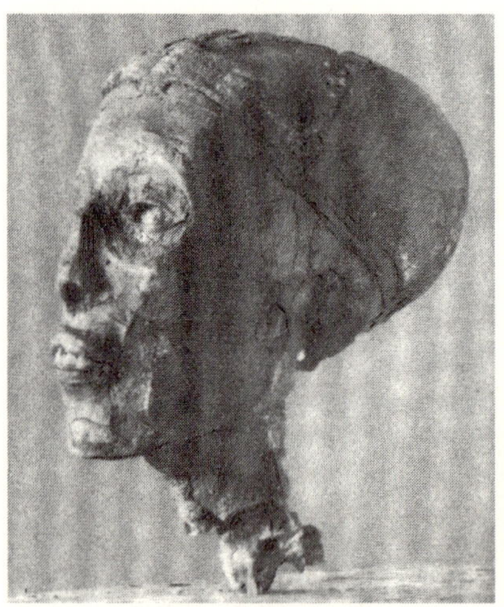

Abb. 45:
Der mumifizierte Kopf Tutenchamuns.

Abb. 46:
Der Kopf des Kind-Königs. Er ist so groß wie bei einem Neugeborenen. Der Schädel weist die dem armanischen Stil entsprechende Form auf.

Gadalla weiter: „*Das hebräische „ayain“, der Anfangsbuchstabe des Namens Immanuel, entspricht dem ägyptischen „aleph“, dem Anfangsbuchstaben des Namens Amun. Die unterschiedlichen Namen Amen/Amon/Amun stehen alle für den gleichen Namen. Die erste der oben genannten Übersetzungen des Namens Immanuel wurde absichtlich besonders hervorgehoben, um die Tatsache zu verbergen, daß ursprünglich die zweite der oben genannten Übersetzungen benutzt worden war, also „Sein **Amun ist Gott**“. Diese letzte Erklärung des Namens spiegelt sich auch in der Namensänderung des Königs von Tut-Anch-**Aton** in Tut-Ench-**Amon** wieder, die er vier Jahre nach der Thronbesteigung durchführte. Sein neuer Name sollte bekanntlich seine Treue und Untergebenheit Amen/Amun gegenüber symbolisieren.*“[120]

**Die Frauen:**

Bei den Frauen Tutenchamuns und Jesu lassen sich viele Ähnlichkeiten feststellen. Im Grab des ägyptischen Königs wurden Behälter aus Alabaster gefunden, die man zum Salben benutzte. Auf der Rückseite seines Thrones finden wir eine Darstellung, wie seine Frau ihn mit Duftölen salbt. Diese Darstellung über Tutenchamun und seine Frau entspricht genau der Beschreibung der Evangelisten der Bibel, wie Maria Magdalena Jesus gesalbt haben soll.

Beiden Frauen wird eine tiefe und harmonische Beziehung nachgesagt, die sie zu ihrem jeweiligen *Mann* gehabt haben sollen. Die verschiedenen Szenen von Tutenchamun und seiner Frau spiegeln immer eine harmonische und tiefe Verbundenheit wider. Das gleiche wird uns auch über Maria Magdalena und Jesus berichtet.

Abb. 47:
Tutenchamun mit seiner Frau Ankhesenamun.

Tutenchamuns Frau und Königin war zudem die einzige Person, die bei den Begräbniszeremonien für ihn und bei der Verkündigung seiner Auferstehung durch die Priester anwesend sein durfte und die anschließend seinen Jüngern die frohe Botschaft überbringen konnte. Auch hier finden wir genaue Übereinstimmungen zu Maria Magdalena in der Bibel.

Bereits im zweiten Kapitel wurde über die bis heute sehr kontroversen Ansichten der verschiedenen Glaubensgemeinschaften in bezug auf Jesus und seine Verbindung zu Maria Magdalena hingewiesen. Durch die Ähnlichkeiten mit Tutenchamun und seiner Frau, die unübersehbar zu sein scheinen, bekommen die kontroversen Ansichten natürlich zusätzliche Brisanz.

In verschiedenen Quellen wird berichtet, daß der Name „*Magdalena*" auf die Stadt Magdala hinweist, einen unbekannten Ort an der Westküste des Galiläischen Meeres. Das hebräische Wort „*migdol*" dahingegen steht für einen „*Turm*". An der berühmten Horus-Straße, die von Ägypten nach Gaza führt, gab es eine Stadt namens Migdol. Im Buch des Propheten Hesekiel lesen wir in Kapitel 29, Vers 10: „*...von Migdol (dem Turm) bis gen Syene (im östlichen Nil-Delta) und bis an die Grenze des Mohrenlands (Äthiopien).*"

Die enge emotionale Beziehung zwischen Maria Magdalena und Jesus kommt in der Bibel wiederholt zum Ausdruck: „*...da kam ein Weib, die hatte ein Glas mit unverfälschtem und köstlichem Nardenwasser, und sie zerbrach das Glas und goß es auf sein Haupt.*" (Mk. 14, 3)

Im Evangelium des Lukas lesen wir über eine andere Begegnung, bei welcher der Ausdruck tiefer Verbundenheit zu erkennen ist: „*...brachte sie ein Gefäß aus Alabaster voll mit Salböl mit, ließ sich hinter ihm zu seinen Füßen nieder und weinte. Dann fing sie an, mit ihren Tränen seine Füße zu benetzen, trocknete sie mit den Haaren ihres Hauptes ab, küßte seine Füße und salbte sie mit dem Salböl.*" (Lukas 7, 37-38)

Maria Magdalena wurde seit ihrer ersten Begegnung mit Jesus seine ständige Begleiterin und wohl auch seine engste Vertraute. Auch eine starke emotionale Beziehung zu Jesus ist nicht von der Hand zu weisen.

Wie schon im vorherigen Kapitel erwähnt, gehen viele Gelehrte bis heute davon aus, daß es sich bei Maria Magdalena um seine Geliebte handelte. Andere Meinungen gehen sogar davon aus, daß es sich bei ihr sogar um seine Frau gehandelt haben muß. Diese Vermutung ist sehr realistisch, denn Jesus wurde *Rabbi* genannt, und Rabbiner heirateten im allgemeinen.

Auch nach der biblischen Kreuzigung wich Maria Magdalena nicht von der Seite Jesu. Sie hielt Wache an dem Ort, an dem man ihn nach der Kreuzigung aufbewahrte. Sie war es auch, der Jesus das erste Mal nach seiner Auferstehung erschien. *„Jesus sprach zu ihr: Maria! Da wandte sie sich um und sprach zu ihm: Rabboni* (das heißt Meister). *Doch Jesus sprach zu ihr: Halte mich nicht fest: noch bin ich nicht zum Vater aufgefahren. Geh aber hin zu meinen Brüdern und sage ihnen: Ich fahre auf zu meinem Vater und zu eurem Vater, zu meinem Gott und zu eurem Gott.*" (Joh. 20, 16-17)

**Der Tod:**

Vergleichen wir die Umstände des Todes von Tutenchamun und dem biblischen Jesus, treffen wir auch in diesem letzten Punkt auf Übereinstimmungen zwischen diesen beiden Personen.

Im Falle der ägyptischen Königsmumie liegen uns natürlich wissenschaftliche Fakten vor, im Falle Jesu haben wir nur die verschiedenen Überlieferungen in der Hand.

Heute wird es als erwiesen angesehen, daß der junge Pharao eines gewaltsamen Todes gestorben ist. Das wurde bei verschiedenen umfassenden Untersuchungen festgestellt. Zahlreiche Knochen und Gelenke waren demzufolge gebrochen. Das Gewebe des Gesichtes hatte sich zusammengezogen, die Zähne hatte der Tote fest zusammengebissen. Für eine Todesursache durch Krankheit wurden keine Anzeichen gefunden. Es deutet also alles auf einen gewaltsamen Tod hin. Daß der König im Augenblick seines Todes große Angst und Schmerzen hatte, wird durch den Ausdruck seiner Augen auf der Totenmaske deutlich.

**Doch was war der Grund für einen möglicherweise gewaltsamen Tod?**

Am naheliegendsten sind zweifellos politische Motive, wie heute von der Mehrheit der Forscher angenommen wird. Tutenchamun war schließlich der erste Herrscher nach der Amarna-Zeit und der Aton-Verehrung.

Als unter Horemheb (ca. 1341-1314 v.Chr./18. Dynastie) der Feldzug gegen die Amarna-Zeit begann, alle Bauten und Tempel Echnatons in Karnak abgerissen wurden und die Stadt *Achet-Aton* fortan nur noch als Steinbruch diente, machte man auch nicht vor dem Andenken Tutenchamuns halt. Daß man auch auf das Andenken Tutenchamuns keinen besonderen Wert legte, belegt, daß unter seiner Regentschaft der Aton-Glaube wohl noch eine Rolle gespielt haben muß. Wäre dem nicht so und Tutenchamun hätte sich eindeutig gegen *Aton* entschieden, hätte er eigentlich als Held in die ägyptische Geschichte eingehen müssen. Ein Mordkomplott könnte in Anbetracht der genannten Thesen also doch einen Sinn ergeben.

Howard Carter, der am 4. November 1922 das berühmte Königsgrab entdeckte, berichtete später über zahlreiche Gegenstände, die eine klare Verbindung *„zu späteren Objekten, Aussagen und Praktiken des christlichen Glaubens“* herstellen.

1. Ein Zepter, das im Zusammenhang mit Zeremonien zur Verteilung von Gaben verwendet wurde. Darauf steht geschrieben: *„Der Wunderbare Gott, der von allen geliebt wird, dessen Gesicht so hell erstrahlt, wie Aten und uns blendet... Tutenchamun.“*

   Dieser Text ähnelt der Beschreibung in der Bibel, in der beschrieben wird, wie sich das Gesicht Jesu vor seinem Tod veränderte: *„sein Gesicht hell erstrahlte.“*

2. Es wurden Früchte und Samen des heiligen Dornbusches, dem Hagedorn, gefunden, einer baumähnlichen Pflanze, die im Alten Ägypten beheimatet war und die man zu pharmazeutischen Zwekken nutzte, die aber auch eine religiöse Bedeutung hatte.

   In der biblischen Beschreibung über seinen Gang zum Kreuz wird berichtet, daß man Jesus eine Dornenkrone aufsetzte, nachzulesen im Evangelium Johannes, Kapitel 19, Vers 2: *„Und die Soldaten flochten eine Krone aus Dornen und setzten sie ihm auf das Haupt...“*

3. In dem Grab im Tal der Könige wurden außerdem zwei feierliche Gewänder gefunden. Bei den Gewändern handelte es sich um zeremonielle Kleidungsstücke, wie sie auch von christlichen Diakonen und Bischöfen getragen wurden.

Abb. 48:
Howard Carter

Die verschiedenen Pflanzen, die im Grab des ägyptischen Königs gefunden wurden, ließen die Wissenschaftler im übrigen zu dem Ergebnis kommen, daß Tutenchamun aller Wahrscheinlichkeit nach im April gestorben ist, zur gleichen Zeit also, zu der auch Jesus gestorben sein soll.

**Was erfahren wir aus den Überlieferungen darüber, wie Jesus gestorben ist?**

Auch wenn es viele Leser vielleicht nicht vermuten werden, aber auch bezüglich dieser brisanten Frage gibt es durch die verschiedenen Widersprüchlichkeiten in den Überlieferungen allerlei Ungereimtheiten.

Im Hinblick auf die Tatsache, daß es bis heute nicht einen einzigen Beweis gibt, der zunächst einmal bestätigen würde, daß Jesus überhaupt gelebt hat, spaltet vielmehr sein Tod und die Frage *Auferstehung* oder *keine Auferstehung* seit zweitausend Jahren die Abrahamreligionen in drei verschiedene Lager, insbesondere mit religiöser und zugleich politischer Brisanz rund um die Stadt Jerusalem und den Tempelberg.

Ist Jesus aber nun wirklich gekreuzigt worden? Die vier Evangelien stimmen in diesem Punkt überein und sprechen eindeutig von einer Kreuzigung Jesu: *„Da sie ihn aber gekreuzigt hatten..."* (Matt. 27, 35)

Auch im Evangelium Markus (15, 24), bei Lukas (23, 33), im Evangelium Johannes (19, 23) und in der Apostelgeschichte (2, 36) wird von einer Kreuzigung berichtet.

Die Todesstrafe der Kreuzigung stellte aber eine römische und keine israelische Hinrichtungsmethode dar. Nur wenn Jesus vor ein römisches Gericht gestellt und zum Tode verurteilt worden wäre, hätte man eine solche Art der Hinrichtung gewählt.

Die Israeliten dahingegen erhängten die zum Tode verurteilten an einem Baum: *„Liegt auf jemand eine Schuld, ein todeswürdiges Verbrechen, und wird er hingerichtet und hängst du ihn an einen Baum.“* (Deut. 21, 16)

Wie in der Bibel wird im Talmud zwar einerseits berichtet, daß Jesus gekreuzigt wurde, aber an einer anderen Stelle heißt es auch, er sei gehängt worden.

- *„Anscheinend wurde der König (Jesus) gekreuzigt.“* (T. Sanh., 9.7)

- *„Jesus wurde gehängt“* (Sanh., 106b) oder

- *„Sie hängten ihn am Abend des Passahfestes.“* (b. Sanh., 43 a)

Selbst im Neuen Testament lassen sich noch Hinweise darauf finden, daß Jesus gehängt und nicht – wie allgemein angenommen – gekreuzigt wurde: *„...Wir sind von all dem Zeugen, was er im jüdischen Land und zu Jerusalem getan hat. Man hat ihn zwar getötet, indem man ihn ans Holz gehängt hat...“* (Apg. 10, 39) oder *„...nahm man ihn vom Holze ab und legte ihn ins Grab“.* (Apg. 13, 29)

Die Begriffe *Kreuzigung* und *Erhängen* besaßen offensichtlich die gleiche Bedeutung. Die Kreuzigung wurde aus Gründen der großen symbolischen Bedeutung im Laufe der Jahrhunderte jedoch dogmatisiert. Der Hinweis, daß die *Kreuzigung* keine israelische, sondern eine römische Hinrichtungsmethode war, unterstreicht deutlich die Vermutung, daß eine Hinrichtung durch *Erhängen* wahrscheinlicher sein müßte.

Im Zusammenhang mit der Verurteilung werden im Neuen Testament die israelischen Priester als die Verantwortlichen genannt: *„Seht, wir ziehen nach Jerusalem hinauf. Der Menschensohn wird den Hohepriestern und den Schriftgelehrten überliefert werden: sie werden ihn zum Tode verdammen...“*

Auch durch Petrus wurden die israelischen Hohepriester angeklagt: *„...welchen ihr erwürgt habt und an das Holz gehängt.“* (Apg. 5, 30)

Das gleiche lesen wir auch bei Paulus: *„Sie haben sogar den Herrn Jesus und die Propheten getötet und uns verfolgt.“* (1 Tessalonicher 2, 14-15)

Den möglicherweise interessantesten Hinweis finden wir jedoch im Talmud. Hier wird der Verantwortliche für den Tod Jesu sogar beim Namen genannt: ***Pinhas*** (b. Sanh., 106b).

***Dieser Pinhas* (Phinehas) *war israelischer Priester, lebte aber im 14. Jahrhundert vor Christus und war ein Zeitgenosse von Moses!***

Er betrachtete die Lehren Jesu, der verkündete, daß alle Religionen friedlich nebeneinander leben und sich gegenseitig respektieren sollten, als Gotteslästerung. Diese politische Intervention Jesu, welche sich gegen die einflußreiche Gruppierung der Tempelpriester richtete (vergleiche Johannes 8, 44) und Grund für seine Ermordung war, stellt im übrigen eine klare Parallele zum Leben, politischen Wirken und zur wahrscheinlichen Ermordung Tutenchamuns dar, der aller Wahrscheinlichkeit nach die *Aton-Verehrung* seines Vaters Echnaton nicht ganz verbannte.

Am Abend des Passahfestes ermordete Pinhas Jesus im Tabernakel am Fuße des Berges Sinai.[121]

Aye (Ephraim), der zweitälteste Sohn von Joseph, dem Patriarchen, welcher der Nachfolger von Tutenchamun wurde, ließ zur Strafe für den Tod von Jesus tausende von Israeliten töten – unter ihnen auch Pinhas.[122]

## Schlußfolgerung:

Es gibt noch zahlreiche weitere Ähnlichkeiten und Übereinstimmungen zwischen dem biblischen Jesus und Tutenchamun. Bereits durch die Beleuchtung der zentralen Fragen konnte verdeutlicht werden, daß sehr viel dafür spricht, daß Jesus bereits viele Jahrhunderte früher gelebt hat und es sich bei dem biblischen Jesus und Tutenchamun um ein und dieselbe Person handelt.

Hier schließt sich auch der Kreis unserer Thesen, die zudem durch die zweifelhaften Ungereimtheiten um die Untersuchungen der Mumie Tutenchamuns durch Dr. Iskander bestätigt werden.

Die bisherigen Ausführungen lassen den zwingenden Schluß zu, daß Tutenchamun die historische Figur ist, die sich in Wahrheit hinter dem biblischen Jesus verbirgt.

Es ist schlüssig, daß Tutenchamun (Jesus) Hebräer war oder zumindest nur Halb-Ägypter, denn sein Vater war Echnaton (Moses) und dessen Mutter war Teye, die ihrerseits Yuyas (der biblische Joseph) Tochter und somit ebenfalls nur Halb-Ägypterin war. Um so verständlicher ist, daß es verschiedenen Gruppen ein wichtiges Anliegen ist, die Wahrheit um die biblischen Hauptdarsteller Abraham, Joseph, David, Salomon, Moses und Jesus auch weiterhin zu verbergen.

Aufgrund meiner Untersuchungen in Ägypten erscheint es sogar sehr naheliegend, daß eindeutige Beweise, also beweiskräftige Fakten (vermutlich alte Schriften), für die genannten Schlußfolgerungen in höchsten ägyptischen Regierungskreisen vorliegen.

*„Die religiösen Gelehrten – egal, ob es sich dabei um Christen, Juden oder Moslems handelt – weigern sich mit aller Macht zuzugeben, daß eine wesentliche Quelle ihrer jeweiligen Glaubenslehre in Ägypten zu finden ist.“*

(John A. West)

**Es bleiben viele offene Fragen:**

- War Tutenchamun semitischer Abstammung?
- Wie wurde Jesus ermordet?
- Wurde die Wahrheit über Jesus bewußt verschwiegen und seine Geschichte aus einer viel früheren Zeit entlehnt?
- Warum wurde die DNS-Untersuchung an der Mumie Tutenchamuns verboten?
- Wird einer DNS-Untersuchung an der Mumie Yuyas stattgegeben?

Fragen über Fragen, die gegenwärtig noch nicht endgültig beantwortet werden können. Die letzte Frage jedoch hat einen ganz besonderen Hintergrund, wie man sich nach den letzten Ausführungen denken kann.

### *Wer hat Angst vor den Ergebnissen einer DNS-Untersuchung an der Mumie von Tutenchamun?*

Daß die Ägyptologen über die Annahme, der Pharao könnte in Wahrheit Hebräer gewesen sein, nicht sonderlich erfreut sein würden, steht wohl außer Frage. Das würde das ägyptische Weltbild sicherlich gründlich auf den Kopf stellen. Aber sicherlich nicht weniger als die Tatsache, daß es sich bei Moses in Wahrheit um keinen Geringeren als den ägyptischen Pharao Echnaton gehandelt haben könnte.

Es wäre aber auf der anderen Seite zugleich ein zusätzlicher Hinweis dafür, daß es sich bei dem biblischen Jesus und Tutenchamun wirklich um ein und dieselbe Person gehandelt haben könnte!

Die Maßnahme, die endgültige Untersuchung der Mumie zu verhindern – durch Anweisung auf höchster Ebene –, zeigt eindeutig, daß es in Kairo konkrete Hinweise dafür geben muß, daß Tutenchamun wirklich semitischer Abstammung war. Daß es sich hier womöglich um das bestgehütetste Geheimnis in Kairo handeln könnte, verdeutlicht eine andere Tatsache. Im Jahre 1968 wurden umfangreiche Untersuchungen an der Mumie durchgeführt, wie bereits erwähnt wurde. Bereits da stellten die Wissenschaftler bei Tutenchamun semitische Gesichtszüge fest![123]

Welche politische Brisanz diese Thematik und die Jesus-Kontroverse in sich trägt, wird erst bei einem Blick auf die politische Weltkarte deutlich – Schwerpunkt: Mittlerer Osten!

Die Abrahamreligionen und ihre mehr als 3,5 Milliarden Anhänger sind in drei verschiedene Lager gespalten. Mord, Terror, Verfolgung, Unterdrückung und Folter sind an der Tagesordnung. Ein zunehmender militärischer Weltenbrand scheint bei genauerer Analyse langfristig nicht mehr zu verhindern zu sein. Diplomatie scheint nicht mehr gefragt zu sein, sondern nur noch politische Medizin, um die Menschen nicht weltweit in Panik zu treiben.

Die zunehmenden militärischen Aktivitäten weltweit und vorzugsweise im Mittleren Osten werden einen Weltenbrand entfachen, wenn nicht ein Wunder geschieht. Auch der 11. September 2001 steht in einem direkten Zusammenhang mit der Thematik in Kapitel 2 und 3 dieses Werkes, wie wir uns in Band 2 näher betrachten werden.

Kann man da von Zufall sprechen, daß die Vereinigten Staaten hunderte von Milliarden Dollar in den Militärhaushalt stecken? Das geschieht ganz bewußt!

Der Militärhaushalt der USA ist nach Schätzungen größer als der Militärhaushalt der fünfzehn größten Industrienationen zusammen!

## *Zusammenfassung und Ausblick*

Fassen wir die wichtigsten Ergebnisse dieses Kapitels noch einmal kurz zusammen:

1. Der Ursprung der Abrahamreligionen liegt in den Tiefen der sumerischen und ägyptischen Kultur, das steht zweifellos fest. Die biblische Schöpfungsgeschichte und die Erzählung über die Sintflut wurden aus viel älteren Quellen übernommen. Es ist beispielsweise auch eindeutig eine Entwicklung des Christentums aus der älteren hebräischen Religion zu bestätigen. Der Islam stellt die jüngste der drei Abrahamreligionen dar.

2. Viele Berichte und Erzählungen des Alten Testamentes sind durch archäologische Beweise widerlegt worden. Die großen Königreiche von David und Salomon, wie sie in den biblischen Berichten dargestellt werden, kann es nach heutigen wissenschaftlichen Erkenntnissen so nicht gegeben haben. Auch der bekannte Auszug aus Ägypten kann in der Form und vor allem in der Größe nach heutigen Erkenntnissen nicht stattgefunden haben. Für die Ägyptologen und viele andere Gelehrte handelte es sich wohl nur um eine kleine Gruppe. In der ägyptischen Chronologie wäre ein Auszug, wie die Bibel ihn beschreibt, sicherlich erwähnt worden.

3. Die Erzählungen der Bibel über die Israeliten und die Alten Ägypter bilden seit Jahrtausenden einen festen Bestandteil des Wissens der Menschheit. Die Geschichte des jüdischen Volkes und ihr Wissen ist im wesentlichen mit dem der ägyptischen Kultur mehr als verwurzelt. Das läßt sich durch das Alte Testament bestätigen, denn dort begegnen wir dem Wort *Ägypten* einige hundert Male, im Vergleich dazu begegnen wir dem Wort *Israel* nur ein einziges Mal in der ägyptischen Chronologie.
   Von Abraham bis Jesus ist die Geschichte der biblischen Stammväter mit Ägypten tiefer verbunden, als das wohl jemals in seiner ganzen Bandbreite erfaßbar wäre.

4. Bei dem Verfassen der fünf Bücher Mose wurden sämtliche Pharaonen, die im Zusammenhang mit der Geschichte des israelischen Volkes standen – bis auf eine Ausnahme –, nicht mehr erwähnt.
   Zwischen den Erzählungen des Alten Testamentes, die über Jahrhunderte hinweg mündlich übergeben wurden, und der endgültigen Niederschrift lagen viele Jahrhunderte. Dadurch kam es zwangsläufig zu Veränderungen, so daß viele Ereignisse ein anderes Gesicht erhielten.
   Besonders die jeweilige Ideologie der Autoren und der jeweiligen geschichtlichen Epoche, in der sie lebten, führte sicherlich auch zu bewußten Veränderungen der mündlichen Überlieferungen.

5. Viele biblische Personen sind historisch nicht bewiesen, wie beispielsweise auch Jesus. Für das Leben und Wirken des biblischen Jesu gibt es gegenwärtig keinen einzigen Beweis. Die vielen Ähnlichkeiten und Übereinstimmungen zwischen dem biblischen Jesus und Tutenchamun legen den Schluß nahe, daß es sich bei ihnen um ein und dieselbe Person gehandelt haben könnte. Besonderes Gewicht erhält diese These dadurch, daß Wissenschaftler bereits 1968 festgestellt haben, daß die Mumie Tutenchamuns semitische Gesichtszüge hat und daß im Jahre 2001 die DNS-Untersuchungen an der Mumie durch höchste ägyptische Instanzen verhindert wurden – vermutlich weil es in ägyptischen Kreisen eindeutige Hinweise darauf gibt, daß Tutenchamun wirklich Hebräer war.

Ebenso schlüssig ist in diesem Zusammenhang, daß es sich bei Echnaton und dem biblischen Moses um ein und dieselbe Person handelt. Echnatons (Moses) Mutter war Teye, die ihrerseits Yuyas (der biblische Joseph) Tochter und somit ebenfalls nur Halb-Ägypterin war.

6. Der Vergleich der biblischen Erzählungen mit der ägyptischen Chronologie rückt das Alte Testament in ein ganz neues Licht. Viele der dort beschriebenen Ereignisse haben wahrscheinlich zu einem viel früheren Zeitpunkt stattgefunden.

7. Die Abrahamreligionen mit ihren gegenwärtig etwa 3,5 Milliarden Gläubigen sind trotz ihrer gemeinsamen Wurzeln festgefahren – durch die jeweilige Inanspruchnahme der Absolutheit. Die Geschichte nahezu aller Kriege der letzten Jahrtausende scheint mit den Religionen fest verwurzelt zu sein, bis in die politische Gegenwart hinein, wie unschwer zu erkennen ist. Schenken wir den Jahrtausende alten Prophezeiungen Glauben, steuern wir auf einen nicht vorstellbaren Weltenbrand (Weltkrieg) ungeheuren Ausmaßes zu.

Historisch und wissenschaftlich gesehen ist die alles entscheidende Frage nach der Göttlichkeit und Auferstehung Jesu nicht geklärt – von keiner der beiden Seiten, so viel steht zum gegenwärtigen Zeitpunkt unzweifelhaft fest!

Selbst die These, daß es sich bei Jesus und Tutenchamun um ein und dieselbe Person gehandelt haben kann, ist in bezug auf die Lehre, die dem biblischen Jesus im Neuen Testament zugeschrieben wird, von absolut zweitrangiger Bedeutung. Die Lehre dieses biblischen Jesu ist und bleibt einzigartig – so viel steht fest! Dieser Weisheitslehrer hatte einen hohen Bewußtseinsgrad erlangt. Wäre seine Lehre richtig interpretiert worden – hier wird vorzugsweise die christliche Religion angesprochen –, stünde eben nur seine Weisheitslehre im Mittelpunkt *allen* menschlichen Handelns. Was aus seiner Lehre letztlich entstand, hätte ein Weisheitslehrer Jesus nie gutgeheißen.

Christus ist ein Zustand der Liebe, der *selbstlosen* Liebe. Genau das wird durch den biblischen Jesus offenbart. Dieses höchste Christusbewußtsein ist der höchste Schwingungszustand, der in der materiellen Ebene, in der dritten Dimension, erreicht werden kann. Somit kann er von jedem Menschen hervorgerufen werden, egal welche Hautfarbe ein Mensch hat, ganz gleich, ob er Christ, Atheist, Buddhist oder Moslem ist. Schließlich kommen wir nicht mit einer dieser Lehren auf die Welt. In dieser Lehre der selbstlosen Liebe spielt das überhaupt keine Rolle mehr.

Auch die Wunder, die durch den biblischen Jesus symbolisiert werden, sind in diesem hohen Bewußtseinszustand gar keine Wunder mehr, sondern nur mehr Ausdruck dieser hohen, universellen, alles durchdringenden Energie.

Auch ein biblischer Jesus hätte nach seiner Geburt den universellen Gesetzmäßigkeiten folgen müssen, das heißt, daß sich dieser hohe Bewußtseinszustand entwickeln mußte. Der Bewußtseinszustand in einem jeden Menschen folgt den gleichen universellen Gesetzmäßigkeiten: Er muß lernen und geschult werden. Nach den Gesetzmäßigkeiten der Einweihung, die bis heute in den Logen noch erkennbar sind, heißt der Weg: Lehrling, Geselle und Meister.

Den Hinweisen zufolge, die wir aus den alten Überlieferungen haben, führte sein Weg nach Ägypten.

In den ägyptischen Priesterzentren – wie Heliopolis beispielsweise – wurden Adepten in der altägyptischen Weisheitslehre unterrichtet.

In einem Zeitraum von vielen Jahren erlangten die Adepten okkultes – geistiges und spirituelles – Wissen, lebten asketisch und schulten Geist und Körper. So wurden sie Meister der Meditation, der inneren Versenkung, die zur seelischen „Erleuchtung“ (höchster Bewußtseinszustand) führt.

Dabei spielt neben dem Priesterzentrum Heliopolis sicherlich auch die große Pyramide eine zentrale Rolle. Nach den Gesetzen der altägyptischen Einweihung wurden alle Adepten hier in die letzte Stufe, in den höchsten Bewußtseinsgrad, eingeweiht. [124]

Vielleicht handelt es sich bei dem gesamten Komplex, der das Leben und Wirken des biblischen Jesu umfaßt, um eine Entlehnung aus der altägyptischen Einweihungslehre, die in der Bibel nur noch in bruchstückhafter und veränderter Form niedergeschrieben wurde.

Unternehmen wir einen kleinen Ausflug in das nächste Kapitel. Hierzu machen wir einen kleinen Zeitsprung in das frühe 12. Jahrhundert, als die Tempelritter auf der Weltbühne erschienen. Um keine Organisation ranken sich so viele Legenden und stehen so viele ungelöste Fragen wie hinter den Templern. Besonders sie werden mit geheimen Schriften und Reliquien in Verbindung gebracht. Ihre Spur verliert sich irgendwo im 14. Jahrhundert, obwohl vermutet wird, daß viele Templer rechtzeitig untergetaucht sind und ihre Macht und ihr Wissen in spätere Logen, wie beispielsweise das Freimaurertum, überging und großen Einfluß auf deren Ideologie nahm.

Abb. 49:
Diese Darstellung des biblischen Jesus entstand nach einer Vision der polnischen Ordensfrau Maria Faustyna am 22.3.1931.

# Kapitel 4
# DIE TEMPELRITTER

- Was war die eigentliche Mission der Tempelritter?
- Was fanden die Templer bei ihren jahrelangen Grabungen unter dem Tempelberg?
- Waren die Templer im Besitz geheimer Schriften, welche die wahre Identität Jesu bestätigen würden?
- Wo befindet sich der Tempelschatz heute?
- Welche Rolle spielt die Geheimgesellschaft *Prieuré de Sion* dabei?
- Warum trat die Prieuré de Sion erst im Jahre 1956 an die Öffentlichkeit?
- Gelangten bereits die Templerflotten im 13. Jahrhundert nach *La Merica* (Amerika)?

## *Das geheime Wirken der Tempelritter*

*„I templari c´entrano sempre" –*
*es gibt überall eine Verbindung*
*zu den Templern!*

Natürlich ist es sehr schwierig, den weiten Weg der geheimen Logen und Vereinigungen bis weit in die Antike genauestens zurückzuverfolgen. Es gab viele Bewegungen, die sich entwickelt haben und nach verhältnismäßig kurzer Zeit wieder von der Bildfläche verschwunden waren. Andere wiederum haben sich mit der Zeit den großen und führenden Logen angeschlossen.

Das Hauptmerkmal aber für eine teilweise undurchsichtige Rückschau in die Antike liegt in der Gehheimhaltung der großen Logen begründet! Ein anderes war die Verfolgung, wie wir das besonders am Schicksal der Templer beobachten können. Dennoch hat keine andere Ordensgemeinschaft, zumindest nicht historisch nachweisbar, so einen großen Einfluß auf den weiteren Lauf der gesamten Geschichtsschreibung genommen, die insbesondere das Christentum betreffen, wie wir noch sehen werden.

Bis heute gehen die Meinungen von Historikern und Forschern auseinander, wenn es um den tatsächlichen Grund für die Gründung der Organisation geht. Nach der allgemeinen Geschichtsschreibung wird angenommen, daß etwa um das Jahr 1118 neun Ritter aus Frankreich kamen, um der immer größer werdenden Zahl der Pilger Schutz vor Überfällen zu gewähren.

Die Vorgeschichte des Templerordens hängt unmittelbar mit dem ersten Kreuzzug (1096-1099) zusammen. Das heilige Land fiel in die Herrschaft der Seldschuken, und in Jerusalem herrschte ein Sultan. Der erste Kreuzzug endete im Juli 1099 mit der blutigen Eroberung Jerusalems. Das Heer der Kreuzritter bestand hauptsächlich aus französischen Truppen und wurde vom Adelsritter Gottfried von Bouillon angeführt.

Nach dem Sieg wurde unter Gottfried von Bouillon das „Königreich Jerusalem" ausgerufen. Nachdem Gottfried ein Jahr später starb, wurde sein Bruder Balduin neuer König von Jerusalem. *Balduin der Erste* blieb bis zu seinem Tod im Jahre 1118 auf dem Thron. Bereits während seiner Regentschaft muß ein reger und zum Teil geheimer Austausch mit Frankreich stattgefunden haben.

Unter den Adeligen des Kreuzzugheeres befand sich auch ein junger Ritter, der neunzehnjährige Hugo de Payens, Neffe des einflußreichen Grafen Hugues de Champagne, der einer der Hintermänner dieser gesamten Aktion war. Hugo de Payens wurde später der erste Großmeister des Templerordens. Den Kreuzzug hatte Hugo zusammen mit seinem vierzig Jahre älteren Freund und Mentor Johannes von Vézelay angetreten, einem Benediktiner-Eingeweihten aus dem Burgund. Der sechzigjährige Rittermönch Johannes blieb in Jerusalem und sollte später als *Johannes von Jerusalem* bekannt werden, der mystische Verfasser von geheimen Prophezeiungen, die für eine lange Zeit nur in Eingeweihtenkreisen einzusehen waren, deren Vision aber die Strategie der Templer nachhaltig beeinflußte.[125]

Hugo de Payens dahingegen kehrte bald nach Frankreich zurück, fasziniert von den jüdischen und moslemischen Geheimlehren und vor allem erschüttert durch die *„verbotene Wahrheit"*, die ihm zu Ohren gekommen war: Jesus sei gar nicht am Kreuz gestorben; die katholische Kirche beruhe auf einem großen Betrug und sei eine Machtorganisation, durch die der „Herr der Lüge" wirke. Nun gehörte auch er zu den Eingeweihten.[126]

Vier Jahre später kehrte er mit seinem reichen Onkel, dem Grafen Hugues de Champagne, wieder nach Jerusalem zurück, wo beide fünf Jahre blieben. Ganz bestimmt hatte ihnen ihr Freund, der alte Johannes, der sich in der Zwischenzeit mit jüdischen Geheimlehren angefreundet hatte, vieles zu erzählen. *„Welchen Geschäften sie auch immer nachgegangen sein mögen, jedenfalls hatten sie bei ihrer Rückkehr uralte hebräische Texte bei sich... Wieder in Frankreich, suchten sie den Abt des sieben Jahre zuvor gegründeten Zisterzienserordens, Etienne Harding, auf. Der Orden nahm sich der hebräischen Texte an, zog sogar Rabbiner aus dem Hochburgenland zu Rate...*"[127]

Im Jahre 1114, fünf Jahre nach ihrer Rückkehr, reisten Graf Hugues und sein Neffe erneut nach Jerusalem und kehrten nach kurzer Zeit – nach getaner Arbeit – wieder zurück.

Was war der Grund, daß sie diese beschwerliche „Pilgerreise" auf sich nahmen, um nur ein paar Monate im gelobten Land zu verweilen? Die Historiker rätseln, wagen aber nicht, die offensichtlichen Schlüsse zu ziehen: Sie waren in den Besitz von geheimen (Halb-)Wahrheiten, Schriften und wahrscheinlich auch Landkarten gekommen, die das damalige Weltbild völlig umkrempelten. Eine Kopie von einer dieser geheimen alten Landkarten wurde aus dem 16. Jahrhundert überliefert und in Konstantinopel entdeckt: die sensationelle Piri-Reis-Landkarte, die neben Europa und Afrika auch Nord- und Südamerika und die *eisfreie* Antarktis darstellt![128]

Bis heute besteht bezüglich dessen, was die Templer wirklich fanden, immer noch großer Aufklärungsbedarf.

Im Jahre 1118 reiste Hugo de Payens zum vierten Mal nach Jerusalem. Diesmal bestand die Gruppe neben Hugo noch aus weiteren acht ausgewählten Männern, darunter auch zwei Zisterziensermönche. Einer von ihnen war der Bruder des neuen Königs von Jerusalem – Balduin II..

Offiziell hieß es, daß ihre Aufgabe darin bestand, die Pilger auf ihrem Weg nach Jerusalem vor Überfällen zu schützen. Diese lange Zeit führende These für die Gründung der Templer ist heute mehr als umstritten. Erstens gibt es keine nachhaltigen Beweise, die eine derart widersprüchliche These stützen, und zweitens ist allein die Vorstellung, daß eine kleine Gruppe von sieben Rittern und zwei Mönchen in der Lage gewesen wäre, die große Überzahl der einheimischen Banditen von ihren Überfällen erfolgreich abzuhalten, mehr als unwahrscheinlich, egal wie gut sie auch bewaffnet gewesen sein mochten. Dementsprechend finden sich auch keine Hinweise darauf, daß sie dieser Tätigkeit nachgingen.

Der neue König Balduin II. unterstützte die Gruppe, die sich selbst „*Die armen Ritter Christi und des Tempels Salomon*" nannte, und brachte sie im Palast auf dem Tempelberg unter, und das sicher nicht ohne Grund! Dadurch entstand auch der Name „Tempelritter".

Durch verschiedene und nachweisbare Quellen müssen wir heute davon ausgehen, daß die Tempelritter eine Sondermission hatten, wodurch sie in den Genuß außerordentlicher Privilegien kamen.

Die Hauptaufgabe der Templer bestand zweifellos darin, ausgiebige Grabungen und Nachforschungen unter dem Jerusalemer Tempelhügel anzustellen.

Gaetan Delaforge kommentiert in seinem Buch „*The Templer Tradition in the Age of Aquarius*":

„*Die wahre Aufgabe der neun Ritter war die, in diesem Gebiet Nachforschungen anzustellen, um bestimmte Reliquien und Manuskripte zu finden, welche die Essenz der geheimen Überlieferungen des Judentums und des Alten Ägypten enthielten und von denen einige wahrscheinlich bis zurück in die Tage Mose reichten.*"

Christopher Knight und Robert Lomas fanden bei ihren Nachforschungen heraus, daß Folko von Chartres, der Beichtvater Balduins II., sie in seiner ausführlichen Chronik, welche die ersten neun Jahre abdeckt, in denen dieser Laienorden existierte, noch nicht einmal erwähnte.

„*Der früheste sichere Beweis von der Existenz der Tempelritter, den wir kennen, datiert aus dem Jahr 1121, als ein gewisser Graf Folko V. von Anjou im Tempel übernachtete und dem Orden danach eine jährliche Summe von dreißig angevinischen Livres zusprach.*"[129]

Die beiden Autoren liefern in ihrem gut recherchierten Werk „*Unter den Tempeln Jerusalems*" noch weitere Hinweise, auf die sie bei ihren Nachforschungen stießen: „*Weitere Beweise dafür, daß die Templer irgend etwas unter den Ruinen des Herodianischen Tempels suchten, fanden wir in den Aufzeichnungen Leutnant Wilsons von den Royal Engineers, der um die Jahrhundertwende eine archäologische Expedition nach Jerusalem leitete. Er sicherte bei Ausgrabungen tief unter dem Tempel viele alte Stücke, die man ganz sicher den Templern zuordnen kann.*"[130]

Durch ihre weiteren Untersuchung trafen die beiden Autoren den schottischen Gelehrten Robert Brydon kennen, der ein Archiv der Templer betreut und viele dieser Stücke in seiner Obhut hat. Knight und Lomas kamen unweigerlich zu dem Schluß, daß die Templer wirklich gezielt etwas suchten. Aber was war das Ziel ihrer Suche, und was haben sie wirklich unter dem Tempel gefunden?

Vielen Lesern wird bekannt sein, daß die Spekulationen über die Templer und ihre Suche in den vergangenen Jahrhunderten die wildesten Gerüchte hervorgerufen haben. Natürlich fanden im Rahmen der Spekulation neben sagenhaften Schätzen auch der Heilige Gral und die Bundeslade ihren Platz. Natürlich sind auch diese Spekulationen keineswegs unbegründet und verständlicherweise mehr im Zusammenhang mit Jerusalem zu sehen als mit irgendeiner anderen Stadt auf unserem Planeten.

Es ist unzweifelhaft, daß die neun Ritter noch lange nach ihrer Gründung unter sich blieben. Erst nachdem sie sage und schreibe neun Jahre in ihrem Quartier neben dem Tempel des Herodes verbracht hatten, suchte Hugo de Payen nach weiteren Rekruten. Was war der Auslöser dieses plötzlichen Sinneswandels?

Ein Grund könnte das Ableben ihres Gönners gewesen sein, denn wenige Monate bevor Hugo de Payen aufbrach, starb Balduin, von dessen Gnaden die Templer all die Jahre gelebt hatten. Es gibt nur zwei logische Varianten für einen Grund für den Sinneswandel und die plötzliche Suche Payens nach neuen Rekruten:

1. Nachdem sie neun Jahre lang durch ihren Gönner Balduin unterstützt wurden, gingen ihnen nach dessen Tod die Mittel aus, bevor ihre unbekannte Aufgabe vollendet war.

2. Die zweite Variante: Vielleicht hatten die Templer bereits ihr Ziel erreicht und waren fündig geworden, wollten Balduin aber nicht daran teilhaben lassen.

Für welche der favorisierten Varianten man sich entscheidet, bleibt natürlich jedem selbst überlassen, vorausgesetzt es gibt nicht einen ganz anderen Grund für de Payens Handeln. Es gibt Hinweise darauf, daß der Grund für das Handeln Hugo de Payens in der ersten Variante zu finden ist. Einen Beleg dafür finden wir in einem Brief, in dem er *seine Sorge bezüglich der Standhaftigkeit seiner Mitritter in Jerusalem zeigte.*[131]

Auf seiner Reise wurde Hugo de Payens von André de Montbard begleitet, dem Onkel des einflußreichen Abtes von Clairvaux (der später der heilige Bernhard wurde). Es war wohl die familiäre Verbindung, die sie als erstes zu Bernhard führte, den die Geschichte seines Neffen zweifellos sehr beeindruckte, denn er entschloß sich sogleich, die Hilfesuchenden zu unterstützen.

Der zukünftige St. Bernhard nutzte seinen Einfluß und bat Papst Honorius II. darum, daß die kleine Gruppe von Rittern in Jerusalem in seiner Obhut eine „Regel" – eine eigene Verfassung, die Verhaltensmaßnahmen enthielt – bekommen sollte, so daß die Templer innerhalb der Kirche Legitimität und einen festen Status bekämen. Das geschah schließlich am 31. Januar 1128, als Hugo de Payen zu dem Konzil von Troyes eingeladen wurde. Als legitimierter päpstlicher Gesandter führte Kardinal Albano den Vorsitz. In der Versammlung saßen die Erzbischöfe von Reims und Sens, nicht weniger als zehn Bischöfe und eine Anzahl Äbte, zu denen auch Bernhard gehörte. Dem Antrag der Templer wurde zugestimmt, und so bekamen die Ritter offiziell das Recht zugesprochen, einen eigenen Mantel – der zu diesem Zeitpunkt nur rein weiß war – zu tragen und eine eigene Verfassung. Jetzt waren sie für die ganze Welt Ritter und Mönche mit einer eigenen Verfassung – legitimiert durch die Kirche, die ihrerseits ebenso mitverantwortlich für die brutale Niedermetzelung des Ordens im Jahre 1307 werden sollte.

Die Autoren Knight und Lomas fanden in Verbindung der in Kraft tretenden Verfassung einen interessanten Punkt heraus, der einmal mehr belegt, daß die Hauptaufgabe der Templer nicht der Schutz der Pilger war, sondern ein ganz anderer, denn in der *Regel* wurde mit keinem Wort der Schutz von Pilgern erwähnt! Zu diesem logischen Schluß waren wir bereits einige Absätze vorher gelangt, daß nämlich ihre Aufgabe nicht darin bestanden haben kann, die Pilger auf ihrem Weg nach Jerusalem zu schützen. Die kleine Templergruppe wäre sicherlich selbst jeder größeren Gruppe von Banditen zahlenmäßig klar unterlegen gewesen. Um so verständlicher, daß es für derart haltlose Thesen keine stichhaltigen Beweise gibt und daß folglich auch in ihrer *Regel* der Schutz von Pilgern gar nicht erwähnt wurde, weil es nicht zu ihren Aufgaben zählte.

## *Der Aufstieg der Templer*

Was danach geschah ist einzigartig in der historischen Geschichtsschreibung. Gemeint ist der kometenhafte Aufstieg und der ebenso schnelle und steile Niedergang des mächtigen Ordens.

Nachdem den Templern im Jahre 1128 offiziell ihre Regel verliehen worden war, nahm ihr Einfluß und ihr materieller Besitz rapide zu. Plötzlich wurden sie von vielen einflußreichen Landbesitzern unterstützt. Überall aus der christlichen Welt flossen ihnen Gelder und Besitztümer zu. Als Hugo de Payen und André de Montbard zwei Jahre nach ihrer Abreise wieder nach Jerusalem zurückkehrten, hatten sie nicht nur den Segen (die Verfassung) des Papstes im Gepäck, sondern außerdem reichlich Geld, Wertsachen, Landbesitz und eine erste Gruppe von mehr als einhundert rekrutierten Adeligen. Bereits 1130 besaßen sie Ländereien in Frankreich, England, Flandern, Spanien, Portugal und Schottland.

Schottland spielte schon während der Zeit der „Templerherrschaft" eine besondere Rolle. So war Hugo de Payens Ehefrau, Catherine de St. Clair, eine schottische Adelige. Bekanntermaßen kam es auch zur Gründung der ersten Templerniederlassung in Schottland. Nach dem Niedergang und der Auflösung des Ordens rissen die Spekulationen darüber nicht ab, daß der Orden in den Untergrund ging und bis heute fortbesteht. Daraus entstanden auch Verschmelzungen mit anderen Logen, wie beispielsweise mit dem Freimaurertum. Die gewaltsame Auflösung führte sie in verschiedene Länder wie beispielsweise nach Schottland, Portugal und – so eine weitere Annahme – auf den nordamerikanischen Kontinent. Das, so wird vermutet, ist auch der Grund dafür, daß in vielen späteren Logen-Gesellschaften Begriffe wie „Schottischer Orden" oder „Schottischer Ritus" auftauchten.

Festzuhalten bleibt, daß die Templer innerhalb von nur wenigen Jahrzehnten zur mächtigsten und reichsten Organisation Europas aufstiegen. Die Klöster und Komtureien dieser geheimnisvollen Gesellschaft schossen wie Pilze aus dem Boden, als Ergebnis der Zusammenarbeit des Templer- und Zisterzienserordens.[132]

Beide Orden, Templer und Zisterzienser, gaben sich nach außen katholisch, hielten aber in inneren Kreisen andere Überzeugungen und Verbindungen aufrecht. Es gibt zwischen beiden Orden einige interessante Parallelen. Zunächst einmal die, daß auch der Zisterzienserorden ein römisch-katholischer Mönchsorden war, deren Mitglieder man auch als „Weiße Mönche“ bezeichnete. Das offizielle Gründungsdatum wird mit 1098 festgehalten, also nicht lange vor dem Auftauchen der Templer.

Auch bei den Zisterziensern gab es eine ähnlich schnelle und starke Entwicklung wie bei den Templern. In den ersten einhundert Jahren wurden in Europa 525 Klöster errichtet – eine beeindruckende Zahl und gleichzeitig ein Zeichen für Einfluß und Reichtum. Um 1300 war die Zahl immerhin auf 694 gestiegen.

Während des Höhepunktes – soweit man das heute zeitlich genau einzuordnen weiß, waren das die Jahre zwischen 1153 und 1170 – war der Großmeister Bertrand de Blanchefort Oberhaupt des Templerordens, und das war in der Tat ungewöhnlich. Er stammte aus einer südfranzösischen Dynastie von Katharern. Da die Templer offiziell aber als katholisch galten, ist dieser Umstand höchst sonderbar, denn daß ein Katharer bei einem katholischen Orden Oberhaupt wird, *ist genauso merkwürdig wie wenn ein Katholik bei den Juden Rabbi würde.* Vierzig Jahre später wurden die Katharer von der christlich-päpstlichen Armee in jahrelangen Aktionen fast gänzlich ausgerottet.[133]

## *Die Templer waren die ersten Bankiers des Abendlandes*

Die Tempelritter waren die ersten Geldverleiher und somit Bankiers des Abendlandes. Das gegenwärtige Geldsystem hat eine lange Geschichte; sein Ursprung reicht bis in die Jahrhunderte vor Christus zurück. Vor der Schaffung des Geldsystems hatten die Menschen vom Nahrungshandel gelebt – sie tauschten Güter untereinander aus oder tauschten Güter gegen Gold.

Mit der Erweiterung der Transport- und Handelswege und der Internationalisierung der Eroberungspolitik erweiterte sich zwangsläufig auch der Radius des Handels und des Warenaustausches. Die Warenmengen wurden größer und über weitere Distanzen transportiert. Dadurch stiegen auch die Profite, die dadurch erzielt wurden. Besonders das Naturalsystem erwies sich als unpraktisch, da es zu mühsam war, große Mengen von Tauschgütern über weite Distanzen zu transportieren. Zudem war es sehr gefährlich, große Mengen an Gold- und Silbermünzen mit sich zu führen, die immer wieder das Ziel von Überfällen bildeten.

Für die Händler war es das sicherste, die erforderlichen Gold- und Silbermünzen nicht mit sich zu führen, sondern im Gegenzug einen entsprechenden Geldwert am jeweiligen Ort zu hinterlegen. So entstanden die ersten Handelskassen, die den Reichtum der Händler aufbewahrten und bewachten, während diese unterwegs waren und unter weit geringerer Gefahr ihren Geschäften nachgingen. Die Händler bekamen als Beleg eine versiegelte und unterschriebene Quittung, einen sogenannten „Wertbrief".

Mit dieser Entwicklung eröffnete sich aber für die Bankiers wenig später eine ungeahnte Möglichkeit. Mit der Zeit häufte sich das aufbewahrte Kapital (Gold- und Silbermünzen) bei den Bankiers, die sich bei den Besitzern durch Wertbriefe verbürgt hatten. So begannen sie, fremdes Gold zu verleihen, was von Beginn an Betrug war, denn das Gold war bereits einer anderen Person – dem Besitzer – verbürgt.

Es dauerte nicht lange bis die Händler nur noch Quittungen weitergaben. Es kamen immer mehr Quittungen in Umlauf, so daß die Händler in allen Städten ihre Quittungen eintauschen konnten. Auf diese Weise entstanden die ersten modernen Banken, die vom Quittungsempfang und Quittungsaushändigen lebten und große Profite einstrichen. Das Papiergeld war geboren, und Gold war zu Geld geworden.[134]

Soviel zu der Entstehung der Banken durch die Wertbriefe. Die Folgen waren aber viel weitreichender, wie auch der Autor Armin Risi schreibt:

*„Auf einmal mußten alle Waren und Dienstleistungen in Papiergeldwerte umgerechnet werden. Es dauerte nicht lange, bis nur noch Papiergeld kursierte. Es mußten Preise und Löhne festgelegt werden. Wieviel „Geld" ist eine Rolle Seide, ein Schwein, ein Klafter Holz, ein Tag Arbeit wert? Alles wurde mit Geldwerten definiert. Arbeit und Güter, d. h. die Menschen wurden vom Geld abhängig und damit auch von denjenigen, die den Geldfluß ermöglichten: von den Bankiers.*

*In der Zwischenzeit hatten die Banken schon längst begonnen, Quittungen auszuhändigen, die gar nicht gedeckt waren. 'Hier haben wir eintausend Kisten Gold in Verwahrung. Wir haben diese Kisten bereits an Darlehensemp-*

*fänger verpfändet, jedoch nicht in Form des Goldes, sondern in Form von Wertpapieren. Wir haben also eintausend Kisten Gold ausgeliehen und haben immer noch eintausend Kisten Gold! Warum also dieses Spiel nicht weitertreiben?'*

*Die Händler und Darlehensempfänger waren so sehr von der Ehrlichkeit und Worttreue der Bank überzeugt, daß sie einfach glaubten, daß der Schein gedeckt sei. Niemand konnte es nachprüfen, weil das Gold per Quittungen überall kursierte und auf diese Weise gar nicht mehr berührt wurde. Heute ist dieser Betrug längst Gesetz. Das Papiergeld muß nur noch bis zu einem gewissen Prozentsatz mit Gold gedeckt sein. Alle Staatsbanken bedrucken Papier und deklarieren es mit einem bestimmten Handelswert. Heute ist der größte Teil des kursierenden Geldwertes nicht einmal mehr als Papiergeld vorhanden, sondern nur noch als imaginäres Spiel von Computerzahlen. Doch dieses Zahlenspiel ist eine Illusion, die jederzeit wie eine Seifenblase platzen kann.«*[135]

## *Mit den Templern erblühte auch die Gotik...*

In der Blütezeit der Templer und auch der Zisterzienser entfaltete sich eine bis zum heutigen Tage einzigartige Architektur: die Gotik. Noch heute suchen die Experten eine klare Übergangsphase oder Zwischenstufe von der Romantik zur Gotik.

In der Zeit zwischen 1130 und 1260 entstanden gleichzeitig rund achtzig Kirchen und Kathedralen von faszinierender und zugleich geheimnisvoller, mystischer Schönheit, zum Beispiel Notre Dame in Paris, Strasbourg, Amiens, Rouen, Reims und Chartres. Als die drei berühmtesten „Templerbauwerke" werden die Westminster Abbey in London (1245ff.), der Kölner Dom (1248ff.) und der Mailänder Dom (1387ff.) gesehen. Diese Kathedralen sind einzigartige Meisterleistungen der Architektur, in denen die Gesetzmäßigkeiten der heiligen Geometrie in Perfektion zur Anwendung kamen. Heute stehen Millionen von Besuchern in diesen „Wunderwerken" und fragen sich, wie das aus des Menschen Hand entspringen konnte. So geheimnisvoll diese Bauwerke auch heute noch auf den Besucher wirken, so geheim und schleierhaft scheint auch der Beginn der gotischen Epoche zu sein. Das plötzliche *Wiederauftauchen* der heiligen Geometrie Anfang des 12. Jahrhunderts kann im Zusammenhang mit den

Templern und ihren geheimen Entdeckungen, unter denen man auch bedeutendes Schriftgut vermutet, stehen.

Ein anderer Aspekt darf dabei nicht vergessen werden: Die gotische Bauphase nahm in einer Zeit ihren Anfang, als die europäischen Fürstenhäuser und Bistümer nur noch über bescheidene Mittel verfügten und nahezu bankrott waren, denn sie hatten große Teile ihres Vermögens in die Kreuzzüge investiert. Genau in dieser Zeit entstanden diese einzigartigen Bauwerke in noch nie dagewesenem Stil, mit einem Großaufgebot von Architekten, mit Herren von Steinmetzen und Bergen von Steinen, die allesamt herantransportiert und verarbeitet werden mußten.[136]

Viele dieser Bauwerke wurden *Notre Dame*, „unserer Dame", „unserer lieben Frau", geweiht und enthielten schwarze Madonnen. Sie wurden an ganz bestimmten Orten errichtet, die bereits in der sogenannten heidnischen Zeit Heiligtümer gewesen waren. Deshalb gibt es Vermutungen, daß die Baumeister mit ihrer Widmung nicht ausschließlich Mutter Maria mit dem Jesus-Kind meinten, sondern vielleicht Maria Magdalena mit dem Jesus-Kind (Kind von Jesus)! Noch verwegenere Annahmen sehen in den schwarzen Madonnenfiguren Mutter Isis mit dem Horuskind. Im Zeitalter der mittelalterlichen Symbolismen brauchen sich diese verschiedenen Optionen nicht gegenseitig auszuschließen. Die Initiative und Intelligenz hinter dieser intensiven Bautätigkeit ging anfänglich ausschließlich von den Templern und ihrem Patronorden, den Zisterziensern, aus. Unter ihrer Führung waren *unbekannte* Architekten am Werk, die aus Berufsethos auch anonym blieben. Diese genialen Meister stammten anfänglich allesamt aus einer Zunft, die den südfranzösischen Goten angehörte. Die Spur führt also erneut in die Bereiche des häretischen Gedankengutes, dem auch die Katharer und Templer insgeheim huldigten.[137]

Abb. 50:
Der Kölner Dom.

## *Wer waren die Katharer?*

Zusammenfassend ist festzuhalten, daß das Hauptanliegen der Templer nicht der Schutz der Pilgerwege war, sondern gezielte Nachforschungen und Ausgrabungen in Jerusalem vorzunehmen. Es wurden konkrete Entdeckungen gemacht, unter anderem alte Schriften, Landkarten und diverse Artefakte. Bis heute wird über den sogenannten Templerschatz immer wieder spekuliert. Die gefundenen Schriften ließen auch verschiedene Verschwörungstheorien aufleben: Die Apostel raubten den vom Kreuz genommenen Jesus; Jesus hat das Kreuz überlebt; die Kirche, die darüber in Kenntnis war, vertuschte dies alles und erfand die Auferstehungsgeschichte quasi als Alibi; Maria Magdalena war Jesus Frau und kam nach Südfrankreich.

Maria Magdalenas Reise nach Südfrankreich spielte bei den vielen verschiedenen Ansichten eine bedeutende Rolle. Es gibt viele Maria-Magdalena-Kirchen. In St. Maximin, in der Provence, werden angeblich die Gebeine Marias aufbewahrt. Hierzu findet alljährlich eine volkstümliche Prozession statt. Die Verehrung, die Maria Magdalena bis heute in Südfrankreich zuteil wird, würde ihre persönliche Gegenwart erklären und die Tatsache, warum gerade hier *von allen Anfang an das größte Zentrum der „Häresie" war. Mit dem Maria-Kreis sind die Goten und die Merowinger verwandt, deren „ungläubige" Nachkommen pauschal „Katharer" genannt wurden.*[138]

Besonders im 13. und 14. Jahrhundert stellten die Katharer in Westeuropa eine ernsthafte Bedrohung für die katholische Kirche dar. Die Überzeugungen der Katharer gründeten in den Maria-Magdalena-Kreisen, worin für die katholische Kirche auch die größte Bedrohung lag. Die Katharer bestritten nicht grundsätzlich die Auferstehung, die ja bekanntlich durch die katholische Kirche mystifiziert und auf den ersten Konzilien bewußt dogmatisiert wurde, sondern vielmehr das kirchliche Jesusbild, da sie „wußten", daß Jesus mit Maria Magdalena verheiratet war und vielleicht sogar Nachkommen hatte.

Diese Lästerung des göttlichen Jesusbildes zwang die Kirche, dringend gegen die Katharer vorzugehen. So ist auch der Niedergang – die militärische Bekämpfung – des Katharismus (Katharer) im Laufe des 14. Jahrhunderts, zumindest aus Sicht der katholischen Kirche, verständlich.

Die Katharer erfuhren das gleiche Schicksal wie die Templer. Im Gegensatz zu den Katharern waren die Templer aber auch von Johannes-Anhängern beeinflußt, von denen sie die Leugnung der Auferstehung und die Kirchenverschwörung übernahmen.

Die Katharer galten als traditionelle Häretiker. Die Templer ihrerseits waren offiziell Katholiken, womit sie äußerlich und auch in verschiedenen Ansichten nicht übereinstimmten. Dennoch fühlten sie sich verbunden, da sich ihre Ansichten über das Jesusbild und die erfundene Auferstehungsgeschichte deckten, wodurch sie zu erbitterten Feinden der katholischen Kirche wurden. Das führte zum Beispiel dazu, daß während der Blütezeit der Templer ein Katharer (der Großmeister Bertrand de Blanchefort) deren Oberhaupt wurde.

## *1956 – die Prieuré de Sion tritt an die Öffentlichkeit*

Der Mythos der Templer – mit ihren antikirchlichen Ansichten über das Jesusbild und die gezielte Verschwörungstaktik der mächtigen Organisation – hat über die Jahrhunderte die daraus entstandenen Spekulationen am Leben erhalten. Auch die gewaltsame und verachtende Niedermetzlung durch die Kirche konnte den mächtigen und einflußreichen Orden bis zum heutigen Tag nicht endgültig auslöschen.

Wie aus der vorangegangenen Betrachtung deutlich wurde, bildeten die Templer und beispielsweise auch schon die Zisterzienser Organisationen nach geheimgesellschaftlichem Muster. Das wird dadurch deutlich, daß sich bereits die Templer und die Zisterzienser nach außen hin katholisch gaben, in den inneren Kreisen aber andere Ansichten und Ideologien vertraten. Erinnern wir uns daran, daß beide, die Templer und die Zisterzienser, durch die Kirche ihre „Regel" – ihre eigene Verfassung – und somit rechtmäßige Anerkennung erhielten.

Von welch großer Bedeutung die Verbindung zwischen den Templern und den Zisterziensern war, wird erst deutlich, wenn man sich vor Augen führt, daß es sich bei den Templern überwiegend um adelige Ritter (Analphabeten) und bei den Zisterziensern um die Gelehrten ihrer Zunft handelte – die Geschichte behielt sie als vielseitige, gebildete und „studierte" Mönche in Erinnerung. Es entstand eine Fusion aus *Rittermönchen* und *Gelehrtenmönchen*![139]

In diesem Zusammenhang ist eine zentrale Frage über die Jahrhunderte nie ganz verklungen: *Gab es einen dritten Orden, der im Hintergrund die Fäden zog und der demgemäß bereits viel früher existierte?*

Seit etwa einem halben Jahrhundert könnte diese Frage mit einem *„Ja"* beantwortet werden, denn im Jahre 1956 trat eine bis dato unbekannte Geheimorganisation an die Öffentlichkeit: die ***Prieuré de Sion***.

Das Erscheinen der *Prieuré* in der Weltöffentlichkeit hat einerseits eine Flut von neuen Spekulationen ausgelöst, aber auf der anderen Seite bringt ihre „Offensive" mehr Licht in die dunkle Vergangenheit rund um den Templermythos und somit auch die Möglichkeit, auf viele Fragen eine Antwort zu erhalten.

Die Prieuré trat in dem besagten Jahr mit der Herausgabe geheimer Dokumente an die Öffentlichkeit. Die Herausgabe erfolgte durch ihren Beauftragten Gérard de Séde.

Das bekannteste seiner Bücher (*„Die Templer sind unter uns oder das Rätsel von Gisors"*) erschien 1963 auch in deutscher Sprache.

Die Prieuré de Sion gesellte sich damit offiziell zu einer Reihe von heute einflußreichen und mächtigen Geheimgesellschaften. Da anzunehmen ist, daß die Prieuré mit den Templern verbunden war, aus deren Wurzeln später die Freimaurer hervorgingen, läßt sich erkennen, daß diese Logen bis heute miteinander vernetzt und verwandt sind. *Das Beispiel der Prieuré veranschaulicht, welch alte Pläne in diesen Geheimgesellschaften am Leben erhalten wurden und nun anscheinend zum letzten Schritt der Veröffentlichung drängen.*[140]

Aus welchen Gründen die Prieuré gerade 1956 an die Öffentlichkeit trat, um die Dokumente über ihre Existenz und ihre Geschichte herauszugeben, ist nicht genau bekannt. Sie beruft sich durch ihre „Dossiers Secret" (geheime Unterlagen) auf eine fast zweitausendjährige Traditionslinie, die auch durch die Merowingerkönige gehe, die in Frankreich zwischen dem 5. und 8. Jahrhundert an der Macht waren. Dabei handelt es sich um das königliche Blut, das sich von David über Jesus und dessen Kinder angeblich bis ins mittelalterliche Frankreich und sogar bis in die heutige Zeit erhalten haben soll.

Auch Gottfried und Balduin de Bouillon seien Angehörige dieser Linie gewesen. Einen großen Einfluß in der damaligen Zeit habe der reiche und bereits erwähnte Graf Hugues de Champagne genommen.

Wie bereits einige Absätze zuvor erwähnt wurde, war es *de Champagne*, der zu den Hintermännern und Strategen des ersten Kreuzzuges gehörte. Nach der Eroberung Jerusalems reiste er gemeinsam mit seinem Neffen, dem adeligen Kreuzritter Hugo de Payens, zweimal in die „heilige Stadt". Hugo de Payens wurde wenig später der erste Großmeister der Templer. Hugues de Champagne unterstützte sowohl die Templer als auch die Zisterzienser. Nach der Heimkehr von seiner zweiten Jerusalem-Reise (1115) schenkte er dem Zisterzienserorden die Länderei von Clairvaux, wonach Bernard von Clairvaux benannt wurde. Als Bernard dem Orden 1112 beitrat, war dieser nur eine unbedeutende Organisation. Bernard seinerseits war der Neffe des besten Freundes von Graf Hugues de Champagne, André de Monbart, der wie auch Hugo de Payens, zu den ursprünglichen neun Tempelrittern gehörte. Schon hier wird deutlich, wie sehr die Geheimorden und deren Hauptakteure untereinander verwandt und verbunden waren.

Bezüglich der kontroversen Ansichten von Kirche und Logen über das Jesus-Bild, sollte in diesem Kontext erwähnt werden, daß am Hof des einflußreichen Grafen Hugues bereits seit dem Jahre 1070 eine Schule für talmudistische Studien bestand. Was der Talmud über die Person Jesus berichtet, war zu der Zeit auch am Hofe des Grafen bekannt und paßte natürlich in das ideologische Bild der beiden Ordensgemeinschaften.

Die Eingeweihten der gerade genannten Kreise waren die Strategen des ersten Kreuzzuges. Nach der Eroberung Jerusalems gründeten diese Eingeweihten den geheimen Orden der Prieuré de Sion.

Der erste Sitz des Ordens war vermutlich die Abtei von *„Notre-Dame du Mont de Sion"* auf dem Sion-Hügel, der südwestlich von Jerusalem liegt. Belegt werden konnte das durch mittelalterliche Chroniken, die tatsächlich aufzeigen, daß Gottfried von Bouillon kurz vor seinem Tod den Bau einer Abtei auf dem Berg Zion veranlaßte. Dieser stand zu diesem Zeitpunkt außerhalb der Stadtmauern Jerusalems. Ende des 17. Jahrhunderts berichtet ein Historiker, daß dem Orden auch Ritter angeschlossen waren, die *„Chevaliers de l´Ordre de Notre Dame de Sion"*.

Die Autoren Baigent, Leigh und Lincoln konnten bei ihren Recherchen sogar ein Dokument aus dem Jahr 1125 aufspüren, in dem der Prior der Abtei auf dem Berg Zion zusammen mit dem ersten Großmeister der Templer erwähnt wird.

Die Prieuré, die der königlichen Linie des Hauses David angehörte, hatte zunächst die Eroberung Jerusalems in die Wege geleitet und es wieder zu ihrem rechtmäßigen Zentrum erklärt. Von nun an zog sie die Fäden – durch die Tempel-Großmeister und die Könige von Jerusalem.

Ihr Ziel ist klar definierbar: Sie bildete die Opposition – die Gegenkirche. Durch ihren Einfluß und ihr geheimes Wissen konnte sie die Großmacht Rom „bekämpfen", die aus ihrer Sicht ihre Kirche auf einer Lüge aufgebaut hatte. Sie waren im Besitz des Pyrenäenschatzes und somit – zumindest aus ihrer Sicht – im Besitz der *„einzigen Wahrheit"*.

Halten wir fest, daß *„ohne die Merowinger die Prieuré de Sion heute nicht existieren würde und ohne die Prieuré die Dynastie der Merowinger längst erloschen wäre."*

## *Die Merowinger*

Die Ansichten über das Jesus-Bild, die Rolle Maria Magdalenas und Johannes des Täufers bildeten die frühchristlichen Grundlagen für die mächtige und einflußreiche Opposition, die der Kirche gegenüberstand. Auch durch den Koran und den Talmud fanden diese Ansichten zusätzliche Bestätigung.

Daß Maria nach der Kreuzigung aus Palästina floh und in den jüdischen Kolonien Südfrankreichs Zuflucht suchte, ist sehr naheliegend. Das zeigt ein anderes bekanntes Beispiel, denn auch der jüdische Herrscher Herodes Antipas, der Johannes den Täufer enthaupten ließ und am Prozeß gegen Jesus beteiligt war, wurde im Jahre 39 durch Kaiser Caligula nach Frankreich (Lyon) verbannt.

Die Legende von Maria, die bis heute nicht endgültig bewiesen werden konnte, spaltet die kirchliche und die antikirchliche Seite bis heute. Aufgrund der vielen Hinweise spricht vieles für den historischen Wahrheitsgehalt dieser Legende um Maria Magdalena. Das Brisanteste an diesem alten Geheimnis bildet jedoch die Aussage, Maria sei nicht allein nach Südfrankreich gekommen, sondern mit einem Kind oder sogar mit mehreren Kindern, denn sie sei Jesu Gemahlin gewesen.

Bei vielen Lesern werden diese Ansichten vielleicht Entsetzen und Unverständnis auslösen, aber diese sollten sich noch einmal vor Augen führen, wie zweifelhaft die Rolle und besonders die Vorgehensweise ist, welche die katholische Kirche in diesem Szenarium bis heute spielt. Der Kirche war durch ihre politische Macht jedes Mittel Recht, ihre Gegner zu bekämpfen und auszulöschen, um ihre selbstgeschaffenen und nicht belegbaren religiösen Standpunkte, die sie bis heute ihren Gläubigen als historische Wahrheit präsentiert, zu verteidigen und zu stärken. Bis heute hat sich das Konzept der Kirche – Glaube ersetzt Wissen – beispiellos durchgesetzt, weshalb sie nach fast zweitausend Jahren immer noch auf einem selbsterrichteten Thron sitzt, umgeben und ernährt von einer Glaubensschar, die in einer unvorstellbaren und beängstigenden Unkenntnis ihren selbstherrlichen und selbsternannten „Gottesvertretern“ folgt und diese verehrt.

Besonders in den letzten Jahrzehnten ist durch das öffentliche Erscheinen der Prieuré de Sion viel Bewegung in diese zweitausendjährige Dynamik gekommen. Das hatte natürlich zur Folge, daß intensive Nachforschungen angestellt und dadurch auch einige neue Bücher veröffentlicht wurden. Die weltweit bekanntesten Veröffentlichungen stammen von den Autoren Michael Baigent, Richard Leigh und Henry Lincoln, die bereits erwähnt wurden. Die drei Engländer haben für die BBC auch einen Dokumentarfilm über die Templer und das Geheimnis von *Rennes-le-Château* gedreht. Die Grundlagen für ihre jahrelangen und intensiven Nachforschungen bildeten die geheimen Unterlagen der Prieuré de Sion.

Auch die Engländer kamen zu einem unzweifelhaften Ergebnis, das sie zu der Hypothese führte, *daß Jesu Frau* (Maria Magdalena) *und Familie nach ihrer Flucht aus Palästina ein Refugium im Süden Galliens fanden, wo sich das Geschlecht in einer jüdischen Gemeinde fortpflanzte. Im Laufe des fünften Jahrhunderts scheint sich dieses Geschlecht durch Heirat mit der königlichen Familie der Franken verbunden und damit die Dynastie der Merowinger begründet zu haben. Mit dieser Dynastie traf die Kirche im Jahre 496 ein Abkommen, was die Vermutung nahelegt, daß ihr die wahre Abstammung der Merowinger bekannt war.*[141]

Die Autoren rekonstruierten nach ihren intensiven Nachforschungen auch den Stammbaum der europäischen Messiasnachkommen, der durch die Jahrhunderte hindurch über die Merowinger bis zu den Kreuzrittern und weiter in die heutige Zeit reicht. Ein direkter Nachkomme der Merowinger im zehnten Jahrhundert war ein gewisser *Eustach*, Graf von Boulogne, dessen Enkel Gottfried von Bouillon war, Herzog von Niederlothringen und Eroberer Jerusalems!

„*Wenn die Merowinger ihre Herkunft tatsächlich von Jesus ableiten, dann hatte Gottfried von Bouillion mit der Eroberung Jerusalems sein rechtmäßiges Erbe wiedererlangt.*

*Gottfried und das auf ihn folgende Haus Lothringen waren natürlich offiziell katholisch. Wenn sie in einer christlichen Welt bestehen wollten, blieb ihnen wohl nichts anderes übrig. In gewissen Kreisen scheint man jedoch über die wahre Herkunft Bescheid gewußt zu haben.*“[142]

## *Der Tempel-Schatz in den Pyrenäen*

Erinnern wir uns daran, daß Titus im Jahre 70 nach Christus nach seiner Eroberung Jerusalems in den Besitz des sogenannten Tempelschatzes gelangte. Aber was befand sich unter den vielen kostbaren und wertvollen Dingen, die später zum „*Tempel-Schatz*“ glorifiziert wurden und bis heute Inhalt kontroverser Diskussionen sind?

Daß es keinerlei Hinweise darauf gibt, daß Titus bei seiner Tempelplünderung auf irgendetwas (zum Beispiel alte Aufzeichnungen) gestoßen ist, das mit der Person Jesus in Verbindung zu bringen wäre, ist verständlich – gerade das ist der Spannungszustand, in dem sich alle in diesem Zusammenhang stehenden Gruppen und Organisationen befinden! Vielleicht wurden geheime Unterlagen, wenn es denn solche gab, auch kurz vor der Eroberung durch Titus vernichtet oder gar an einem anderen Ort versteckt.

Übrigens gab es in der Geschichte eine interessante Parallele, die sich etwas mehr als einhundert Jahre vor Titus in Alexandria ereignete und vielleicht sogar in einem direkten Zusammenhang steht.

Als Caesars Heer nach monatelangem Widerstand der Ptolemäer Alexandria einnahm, stand die Stadt in Flammen, samt der alten Bibliothek. In ihr befanden sich etwa 700.000 Schriftrollen, die in den Flammen zerstört wurden. Es ist müßig, darüber zu rätseln, daß viele bedeutende Schriften nicht nur Jahrhunderte alt waren, wie etwa Manethos mehrbändiges Geschichtswerk die „Aigyptiaka“, sondern noch viel älter waren und weiter zurückreichten, bis in die früheste Zeit, in das Heiligtum nach Heliopolis. Möglicherweise wurden in der Bibliothek auch die Schriften des Thoth aus der Zeit vor der Sintflut aufbewahrt.

Auch hier ging es um bedeutendes Schriftgut, das beim Brand der berühmten Bibliothek verlorenging. Die bedeutenden Schriften der damaligen Zeit wurden in der Zeit der monatelangen Belagerung von den Priestern in Sicherheit gebracht und an einem anderen Ort versteckt. Es ist sehr wahrscheinlich, daß die alten Schriften von Alexandria in einem direkten Zusammenhang mit möglichen Aufzeichnungen im Tempel von Jerusalem stehen. Man bedenke dabei, welche Rolle Ägypten und insbesondere das heilige Priesterzentrum Heliopolis in Verbindung mit der biblischen Geschichte, ihrer Stammväter und insbesondere auch Jesus spielte!

Die Bibliothek war bekannt als der Ort, an dem alle bedeutenden Schriften aufbewahrt wurden, womit auch verständlich wird, wie groß das Interesse für die Eroberer und ihrer religiösen Interessensgruppen war.

Besonders der gerade beschriebene Zusammenhang zwischen der Bibliothek in Alexandria und der Eroberung Jerusalems durch Titus fand in der bisherigen Geschichtsschreibung viel zu wenig Beachtung. Sie haben möglicherweise eine viel größere Bedeutung! Alle Spuren führen immer wieder ins heilige Land nach Ägypten!

Zurück zum Tempelschatz von Jerusalem!

Im Jahre 410 eroberten die *Goten* Rom und kamen somit in den Besitz jener Gegenstände, die Titus im Jahre 70 nach Christus bei seiner Eroberung Jerusalems erbeutete.

Daß die Goten eine ganz besondere Beziehung zu den „heiligen" Gegenständen hatten, wird erst deutlich, wenn man sich vor Augen hält, daß das Geschlecht der Merowinger ja aus der Vermischung der jüdischen Bevölkerung Südgalliens mit den Einheimischen, den Franken, entstand und somit direkt mit den *Goten* verwandt ist! Ein Teil Südgalliens hieß in den ersten Jahrhunderten nach Christus „*Gothien*". Deshalb wurden auch die Juden dieser Gegend manchmal Goten genannt. Die Goten bestanden natürlich nicht nur aus Menschen jüdischer Abstammung.[143]

Die Goten brachten ihren erbeuteten Schatz in die Pyrenäen nach Südfrankreich. Beachtet man die Abstammung der Goten, wird erst verständlich, wie heilig ihnen die alten Gegenstände waren, die direkt aus dem höchsten Heiligtum aus Jerusalem stammten! Da das Heiligtum in Jerusalem nicht mehr existierte, mußte ja schließlich ein anderer und vor allem geheimer Ort zur Aufbewahrung der heiligen Gegenstände dienen. Die neuen Besitzer des „Tempelschatzes", die ja Exiljuden waren, sahen es verständlicherweise als ihre Pflicht und heilige Botschaft, das Geheimnis zu bewahren – bis zur verheißenden Wiederkehr des Messias aus dem Hause David!

Das wiederum würde auch erklären, warum sie den „Tempelschatz" bis zum heutigen Tage vor der Welt geheimhalten.

# *Zusammenfassung und Ausblick*

Wo befindet sich der Tempelschatz heute, den Titus im Jahre 70 nach Christus in Jerusalem erbeutete und der den Goten bei ihrer Eroberung Roms im Jahre 410 in die Hände fiel?

Eine gute, wenn nicht sogar *die* zentrale Frage, die bis zum gegenwärtigen Zeitpunkt nicht oder besser gesagt noch nicht beantwortet werden kann. Die letzten Trümpfe sind noch nicht ausgespielt, davon ist auszugehen!

Die eigentliche Aufgabe und auch das Vermächtnis der Templer läßt sich aber sehr wohl klar definieren.

Die Merowinger wußten um ihre Abstammung und gaben dieses Wissen an ihre Nachfolger weiter. Die Beweise, die ihre Abstammung bestätigen würden, befanden sich aber im Tempelbezirk von Jerusalem. Da Jerusalem aber unter fremder und gleichzeitig unrechtmäßiger Herrschaft stand, kam es zum Gedanken des Kreuzzuges, der erfolgreich durchgeführt wurde. Entscheidend hierfür war die Mobilmachung der Kirche, obwohl die entscheidenden Kräfte, entgegen der Geschichtsschreibung, nicht wirklich katholisch waren.

Jerusalem wurde von dem Merowingernachkommen wieder zurückerobert, und sein Bruder Balduin wurde der erste König.

Gleich nach der Eroberung begann man mit den Nachforschungen im Tempelbezirk. Das allein mag die Rolle der Tempelritter erklären, die im Geheimen Ausgrabungen unter dem Tempel vornahmen. Zu diesem Ergebnis kamen auch die englischen Autoren Lincoln, Baigent und Leight nach ihren jahrelangen Recherchen: *„Die uns vorliegenden Beweise lassen kaum einen Zweifel daran, daß die Templer eigens zu diesem Zweck ins Heilige Land gesandt wurden, um etwas Bestimmtes zu suchen. Sie scheinen ihren Auftrag erfüllt zu haben und mit ihrem Fund nach Europa zurückgekehrt zu sein. Was daraus wurde, wissen wir nicht. Mit hoher Wahrscheinlichkeit jedoch wurde er unter der Ägide Bertrands von Blanchefort, dem vierten Großmeister des Templerordens, in der Nähe von Rennes-le-Château versteckt."*

Die Bedeutung steht aber auch in einem direkten Zusammenhang mit dem gegenwärtigen politischen und religiösen Weltgeschehen.

Sobald das Geschlecht der Merowinger auf dem Thron von Jerusalem saß und damit ihr rechtmäßiges Erbe wiedererlangte, konnte es Anspielungen auf ihre wahre Herkunft bestätigen: „*War ihre Position in Palästina einmal gefestigt, hätte die „königliche Tradition", die sich von Gottfried und Balduin herleitete, vermutlich ihre Abstammung bekannt gemacht. Dann hätte der König von Jerusalem Vorrang vor allen anderen Monarchen Europas gehabt, und der Patriarch von Jerusalem wäre an die Stelle des Papstes getreten. Jerusalem wäre zur Hauptstadt der gesamten Christenheit geworden. Mehr noch: Wäre Jesus als sterblicher Prophet, als Priesterkönig und legitimer Herrscher aus dem Hause David anerkannt worden, hätten ihn möglicherweise auch die Moslems und die Juden akzeptiert. Als König von Jerusalem wäre sein direkter Nachkomme in der Lage gewesen, eines der wichtigsten der von den Tempelherren angestrebten Ziele zu verwirklichen: Die Versöhnung des Christentums mit dem Judaismus und dem Islam.*"[144]

Die historischen Umstände ließen es bekanntlich nie so weit kommen, da das fränkische Königreich Jerusalem seine Stellung nicht festigen konnte. Die Merowinger verloren ihre Krone. Vergeblich unternahmen sie in den folgenden Jahrhunderten mehrere Versuche – unterstützt durch die Prieuré de Sion –, ihr Erbe wiederzuerlangen.

Für den Niedergang und die Verfolgung der Templer liefert uns die Geschichtsschreibung mehre Hinweise. Die Hauptgründe sind aber zweifellos im Zusammenhang mit ihrem Reichtum zu sehen, der ihnen auch zu großer politischer Macht verhalf. Nicht minder steht ihr Niedergang aber auch mit ihrer eigentlichen Botschaft, der Erforschung des Jerusalemer Tempelbezirkes, im Zusammenhang.

Bereits im Jahr 1187 mußte das Tempelritterheer nach einer Niederlage Jerusalem an Sultan Saladin abtreten. Dadurch verlor die Prieuré ihren Sitz und kehrte nach Frankreich zurück. Gemäß den Dokumenten der Prieuré de Sion waren beide Organisationen von 1118 bis 1188 identisch, so daß der Prieuré-Großmeister in dieser Zeit auch Templer-Großmeister war. Der Katharer, der von 1153 bis 1170 Templer-Großmeister war, war also auch Prieuré-Großmeister.[145]

Durch den Verlust Jerusalems durch die Templer, kam es 1188 zur Trennung, wodurch das Schicksal der Templer schlagartig eine neue Wendung nahm. Zudem waren ihre personellen Verluste zu groß, so daß sie sich zwangsläufig von der Bildfläche zurückziehen mußten. Es scheint, als hätten die Templer ihre politische Zielsetzung mit dem Verlust Jerusalems verloren. Ihr Niedergang setzte sich auch in Palästina und Europa langsam fort.

Trotz ihres Machtverlustes verfügten die Templer immer noch über Einfluß und Reichtum. Im Jahr 1291 fiel ihre Küstenfestung Akkon und auch die letzten Bastionen in Palästina, so daß die geschlagenen Templer nach Zypern fliehen mußten. Jacques de Molay wurde 1293 zum neuen Großmeister gewählt. Als sich Molay 1307 wieder nach Paris begab, spitzte sich der Konflikt mit dem französischen König („*Philipp der Schöne*") zu, der in den Templern eine Bedrohung seiner Macht sah. Der König hatte einerseits großen Respekt vor den Templern, denn trotz ihrer großen Verluste bei den Kämpfen um die letzten Bastionen in Outremer kam es zu einem großen Rückfluß an hervorragend trainierten Kämpfern. Philipp wußte aber auf der anderen Seite, daß die Templer nicht mehr so schlagkräftig waren wie zu ihrer Hochblüte.

Die Templer hatten mehr als eintausend Niederlassungen. Der Großteil ihrer imposanten Besitzungen befand sich in Frankreich; die Zentrale in Paris stellte quasi einen eigenständigen Bereich in der französischen Hauptstadt dar.

Der französische König traf im ganzen Land geheime Vorbereitungen, um den Orden mit einem gewaltigen und überraschenden Schlag niederzuwerfen. Der König hatte natürlich auch einen Blick auf das Vermögen der Templer geworfen, das er durch eine Niederwerfung erlangen würde.

Die Prieuré, die von den Vorbereitungen wußte, hatte aber immer noch genug Zeit, um wichtige geheime Dokumente und Kultgegenstände in Sicherheit zu bringen. Durch die Prieuré wurden sowohl eigene Mitglieder als auch die Templer über das Vorhaben des Königs in Kenntnis gesetzt, was vielen Ordensbrüdern das Leben rettete und eine Flucht ermöglichte – davon ist auszugehen.

Die Templer besaßen eine hochwertige Flotte, die am Abend des 12. Oktober 1307 im Hafen von La Rochelle vor Anker lag. Als ein königlicher Stoßtrupp am Freitag, dem 13., im Hafen aufkreuzte, war die Flotte mit angeblich achtzehn Schiffen spurlos verschwunden. Bis heute weiß man nicht, was aus der Templer-Flotte geworden ist!

Ein deutliches Indiz für das Fortbestehen der Templer ist ihre nachweisliche Präsenz in Schottland. In der historischen Schlacht von Bannockburn im Jahre 1314 konnten die schottischen Truppen nur dank eines mysteriösen Umstandes die englischen Truppen endgültig besiegen. In der entscheidenden Phase der Kampfhandlungen tauchte plötzlich eine Reserve berittener Männer auf, die mit ihrer Schlagkraft die englische Milizarmee erfolgreich bekämpfte und in die Flucht trieb. Diese Hauptschlacht wurde am 24. Juni 1314 – dem Johannes-Tag – provoziert. Das präzise gewählte Datum und der Schlachtverlauf trugen eindeutig die Handschrift der Tempelritter.[146]

Die englischen Forscher Baigent und Leigh fanden bei ihren Nachforschungen in Schottland zudem typische Templerbauten und namenlose Gräber der Rittermönche aus dem 13., 14. und 15. Jahrhundert. Außerdem wurde ja bereits im Jahre 1130 durch Hugo de Payens eine der ersten Templerniederlassungen in Schottland gegründet!

Das wichtigste schottische Zentrum aus dieser Zeit, das heute noch besteht, ist die *große Steinkapelle von Rosslyn*, die in den Jahren 1440 bis 1490 erbaut wurde und nur offiziell als christliche Kapelle galt. In Wirklichkeit diente sie als Kultstätte der Templernachfahren.

Diese und viele weitere Spuren und historische Ereignisse belegen, daß die Templer und ihre Nachfahren in Schottland ihre neue Basis hatten und von dort aus weiter wirkten. Die offizielle Gründung der Freimaurer-Bewegung in Form der Großloge in England fand, wie bereits erwähnt, am 24. Juni 1717 statt. Zuvor hatten die Gruppierungen, die aus den verschiedenen Templer-Gemeinschaften hervorgegangen waren, im Geheimen agiert, bis die politische Lage sich änderte und in diesem Zusammenhang die Macht des Vatikans im 16. und 17. Jahrhundert aufgrund der Reformation stark nachließ.

Ein anderer Hinweis, nämlich der, daß die Tempel-Seefahrer bereits im 13. oder 14. Jahrhundert nach „La Merica“ (Amerika) segelten, findet sich in Amerika selbst. In Massachusetts, in der kleinen Stadt Westford in der

Nähe des Atlantiks, gibt es einen Felsen, in den das Bild eines Ritters eingemeißelt ist. Seine Kleidung erinnert an die Uniform der Templer. Überraschend ist, daß auf dem Schild dieses Ritters ein Segelschiff abgebildet ist, darüber Sonne, Mond und ein fünfzackiger Stern, von der Sonne Richtung Mond, Richtung Westen! *Merica* ist der Morgenstern – die Venus – und wurde in der altmandäischen Sprache *Merica* genannt. Aus den gefundenen Schriften und alten Weltkarten, die im Besitz der Templer waren, erfuhren die Templer von diesem „*Land unter dem Stern Merica*" und nannten es in ihrer französischen Muttersprache einfach „*La Merica*".

Passend zu einer frühen Entdeckung Amerikas durch die Templer-Seefahrer, lassen sich auf der anderen Seite des Atlantiks eindeutige Spuren in dem Kultgebäude von Rosslyn (Schottland) finden, das voller Steinmetz- und Pflanzenmotive ist. Zu den dargestellten Pflanzen gehören auch deutlich erkennbare Maiskolben und eine Reihe von Aloe-Kakteen, typische Pflanzen aus Amerika.[147]

Der offizielle Befehl des Königs für die Niederwerfung der Templer erfolgte am 13. Oktober 1307. Allein in Frankreich wurden in über eintausend Zentren gleichzeitig Razzien durchgeführt. Dabei wurden viele Templer verhaftet.

Die Kirche unter ihrem damaligen Oberhaupt Papst Clemens V. unterstützte nur wenige Wochen später die Niederwerfung der Templer und befahl, Mitglieder des Ordens in ganz Europa und Zypern verhaften zu lassen. Die Hauptanklage lautete: *Blasphemie* und *Häresie*! Sie hatten Christus geleugnet und das Kreuz bespuckt. Obwohl viele Aussagen auch unter Folter entstanden, so gilt es als erwiesen, daß die Einstellung der Templer zu Christus in keinster Weise der offiziellen Lehrmeinung der katholischen Kirche entsprach. Obwohl der Orden durch die Kirche seine offizielle Anerkennung („Regel") bekam, vertraten die Templer insgeheim andere Ansichten, die ihnen nun offiziell angelastet wurden.

Viele Tempelritter flohen aus Frankreich, um in den sicheren Regionen Portugals, Englands und Schottlands, in denen der Einfluß des Vatikans nicht so groß war, Schutz zu suchen. Dort schloß sich ein Teil den bereits existierenden Freimaurerlogen an und arbeitete unter der neuen Identität für die protestantische Reformation, um sich für die Verfolgung von der katholischen Kirche zu rächen.

Ein anderer Teil der Tempelritter wurde in Portugal neu gegründet, änderte seinen Namen in die *Ritter Christi* und wurde von Papst Clemens V. rehabilitiert. In Portugal erlangten die *Templer* erneut große Macht.

Phillip IV. ließ am 18. März 1314 ihren Großmeister Jacques De Molay mit zwei Tempelbrüdern vor der Kathedrale Notre-Dame in Paris auf dem Scheiterhaufen verbrennen. Als De Molay in den Flammen des Scheiterhaufens stand, rief er dem Papst und dem König eine Drohung zu, die im nachhinein deutlich belegt, wie mächtig die Templer damals waren: „*Clemens, ungerechter Richter*", lauteten seine Worte, „*ich lade dich binnen vierzig Tagen vor den Richterstuhl des Höchsten. Philipp, dich rufe ich binnen Jahresfrist.*" Er schloß mit der Verwünschung „*Vekam, Adonai!*" – „*Rache, oh Herr!*" Der Papst und der König starben noch im selben Jahr! Der Nachfolger Petri erlag nur einen Monat später einem „Leiden" – angeblich der Ruhr (Infektionskrankheit). Phillip starb noch vor Jahresende, ohne daß man bis heute die genaue Todesursache kennen würde.[148]

Übrigens geht es auf den Vorfall vom 13. Oktober 1307 (Beginn der offiziellen Niederwerfung der Templer durch den König) zurück, daß „*Freitag der Dreizehnte*" bis heute als Unglückstag gilt!

Das Vermächtnis der Templer, ihr kontroverses Christusbild, das der Lehrmeinung der katholischen Kirche klar widerspricht und das Geheimnis um den Tempelschatz Jerusalems konnten mit ihrer gewaltsamen Niederwerfung durch den französischen König und die Kirche nicht beseitigt werden. Viele Templer tauchten rechtzeitig in den Untergrund ab und waren für die Gründung neuer Orden und Organisationen verantwortlich, in denen ihre Ideologie weitergegeben wurde. Zahlreiche Geheimgesellschaften und Orden aller Art führen bekanntermaßen ihren Ursprung auf die Templer zurück. So sind die Templer vermutlich nie ganz von der Bildfläche verschwunden und übten einen großen Einfluß auf Geheimgesellschaften wie die Rosenkreuzer, Freimaurer und auch die Illuminaten aus, die wir im nächsten Kapitel behandeln werden.

# Kapitel 5
# GEHEIMGESELLSCHAFTEN TRETEN MEHR AN DIE ÖFFENTLICHKEIT

- Gelangte das geheime Wissen der Templer in die Hände der Freimaurer?
- Wie groß ist heute der Einfluß des Freimaurertums in der Weltpolitik?
- Haben die Illuminaten das Freimaurertum unterwandert?
- Wer schrieb *die Protokolle* in Wirklichkeit?
- Werden *die Protokolle* gegenwärtig angewendet?
- Wurden bereits im vorletzten Jahrhundert drei Weltkriege geplant?

## *Viele Orden im „Namen Gottes"*

*„Niemand soll und wird es schauen, was einander wir vertrauen, denn auf Schweigen und Vertrauen ist der Tempel aufgebaut."*

(J. W. von Goethe)

Allein die Geschichte der vielen verschiedenen Jahrhunderte alten Mönchsorden wäre eine längere Betrachtung wert, sicherlich auch nicht minder im Zusammenhang mit dem Templerorden und der katholischen Kirche, durch welche die verschiedenen Ordensgemeinschaften – wie beispielsweise die ***Benediktiner***, die bereits im sechsten Jahrhundert gegründet wurden, der ***Franziskanerorden*** (13. Jhd.), der ***Dominikanerorden*** (13. Jhd.) oder auch der ***Malteserorden*** (16. Jhd.) – ihre offizielle Anerkennung („Regel") erhielten.

Dabei spielten immer auch weltliche Interessen eine ganz zentrale Rolle! Ein Beispiel dafür ist der Malteserorden – mit vollem Namen *„Souveräner Ritter- und Hospitalorden vom Heiligen Johannes zu Jerusalem, genannt von Rhodos, genannt von Malta"*. Der Orden ist der katholische Zweig des alten Johanniterordens (12. Jhd.), der sich wiederum aus einem vor dem ersten Kreuzzug in Jerusalem erbauten Hospital entwickelte, das getragen war von einer Bruderschaft vom Heiligen Johannes dem Täufer.

War die eigentliche Aufgabe der „Hospitaliter", wie der Orden anfänglich auch genannt wurde, die Krankenpflege, so kamen später auch die ritterlichen Aufgaben der Verteidigung des Heiligen Landes, des Glaubens und der Schutz der bedürftigen Nächsten hinzu, weshalb die Ritter später auch Johannes-Ritter oder Johanniter genannt wurden, nach ihrem Schutzpatron dem Heiligen Johannes dem Täufer.

Vom späten 12. Jahrhundert an verlegte der Orden mehrere Male seinen Sitz, bis er im Jahre 1530 von Kaiser Karl V. die Insel Malta als Lehen erhielt. In diese Zeit fällt auch die durch die Reformation bedingte Abtrennung der Zunge von England und der deutschen Balley Brandenburg, die als anglikanischer (der Kirche von England zugehörig) beziehungsweise protestantischer „Johannisorden" bis heute mit dem Malteserorden freundschaftlich verbunden sind.

Die Malteser bilden heute eine religiöse Gemeinschaft und einen Ritterorden. Letzterer unterteilt sich in fünf große Priorate und eine Anzahl nationaler Versammlungen, die diplomatische Verbindungen zum Vatikan und verschiedenen Ländern pflegen. 1998 hatte der souveräne Malteser-Ritter-Orden 12.000 Mitglieder in 42 nationalen Vereinigungen, unterhielt diplomatische Beziehungen zu 81 Staaten, hatte Beobachtungsstatus in der UNO und war mit einer Vielzahl von Hilfswerken und Hilfsprogrammen weltweit tätig.

Auch wenn die Malteser während der Reformation ihre englischen und deutschen sowie während der Französischen Revolution ihre französischen Besitzungen verloren, spielte der Orden bis weit ins 19. Jahrhundert hinein in der europäischen Geschichte eine bedeutende Rolle.

Besonders bei dem ***Jesuitenorden*** sind bestimmte Gemeinsamkeiten (zum Beispiel in der Ordensstruktur) mit dem Templerorden offensichtlich. Der Jesuitenorden – *„Gesellschaft Jesu"* (Societas Jesu) – entstand durch den im Jahre 1491 geborenen Ignatius von Loyola. Der spanische Adelige begann seine Karriere als Soldat. Erst als er 1521 in einem Kampf vor Barcelona schwer verwundet worden war, wandte er sich dem geistlichen Leben zu. Nach alter Rittersitte verbrachte er eine Nacht im Gebet vor einem Marienbild, hängte dann sein Schwert neben den Altar und schenkte seine Uniform einem Bettler.

Nach einiger Zeit bei den Dominikanern, in der er sich der Selbstkasteiung und der Meditation hingab, um seine Berufung zu erfahren, pilgerte er nach Jerusalem.

Als Loyola offiziell einen Orden gründen wollte, hatte er zunächst viel Widerstand seitens der Kardinäle gegen sich. Der amtierende Papst Paul III. zögerte lange, bis er im September 1540 der *„Gesellschaft Jesu"* offiziell Anerkennung verlieh. Ursprünglich wollte sich der Orden offiziell den Namen *„Kompanie Jesu"* geben, was aber von der Kirche abgelehnt wurde, weil sie es als zu militärisch ansah. Das hielt die Jesuiten aber nicht davon ab, ihren auf Lebenszeit gewählten „Großmeister" General zu nennen.[149]

Wäre nicht die Bedrohung durch die Reformation gewesen, hätte der Papst den Orden vermutlich nicht anerkannt. Im weiteren Verlauf der Geschichte der Jesuiten wird diese These bestätigt; die Kirchenoberen liebten den Orden nie wirklich – er wurde aber gebraucht!

Im Jahre 1773 wurde der Orden vom Papst sogar verboten. Erst nach den Wirren der Französischen Revolution war die Kirche wiederum auf die Jesuiten angewiesen.

Im 18. Jahrhundert gelang es den Jesuiten, ein Projekt zu realisieren, das dem Templerorden versagt blieb: die Gründung eines eigenen Ordensstaates in Paraguay.

## *Die Rosenkreuzer*

Mit den Rosenkreuzern werden wir uns im weiteren Verlauf nicht näher befassen. Da dieser alte Orden aber geläufig, zumindest vom Namen her bekannt ist, wollen wir an dieser Stelle ein paar geschichtliche Punkte aufführen.

Zur Entstehungszeit der Rosenkreuzer gibt es, wie auch bei anderen Orden, verschiedene Aussagen. So finden wir beispielsweise bei Willliam Bramley über die Entstehungszeit folgenden Hinweis: *„Einer der bedeutendsten Zweige der Illuminati (nicht zu verwechseln mit den Bayerischen Illuminaten von Adam Weißhaupt, der Verf.) in Deutschland waren die mystischen Rosenkreuzer. Das Rosenkreuzertum war zuerst Anfang des 9. Jahr-*

*hunderts von Kaiser Karl dem Großen in Deutschland eingeführt worden. Die erste offizielle Loge der Rosenkreuzer wurde um 1100 nach Christus in der Stadt Worms im Staat Hessen gegründet. Die Rosenkreuzer wurden wegen ihrer geheimen Initiationsgrade berühmt. Zwischen den Illuminati und den frühen Rosenkreuzern bestanden enge Verbindungen, so daß der Aufstieg bei den Rosenkreuzern häufig zur Aufnahme bei den Illuminati führte.*"[150]

In verschiedenen entwicklungsgeschichtlichen Beschreibungen der Rosenkreuzer wird dahingegen behauptet, daß diese erst seit 1614 existieren. In diesem Jahr veröffentlichten die Rosenkreuzer ein Pamphlet ([politische] Streit- und Schmähschrift), mit dem sie ihre Existenz bekanntgaben und die Menschen aufforderten, sich ihnen anzuschließen.

Eine religiöse Bewegung, die in den Pestjahren aus den Wurzeln der Rosenkreuzer entstand, waren die als mystische Religion bekannt gewordenen „Gottesfreunde".

In Deutschland tauchten die „Gottesfreunde" in dem Jahr auf, als Europa zum erstenmal von der Pest heimgesucht wurde. Sie wurden von einem Bankier namens Rulman Merswin begründet, der seine Finanzlaufbahn früh begonnen hatte und zu einem ansehnlichen Vermögen gelangt war. Merswin zufolge trat im Jahre 1347 ein Fremder an ihn heran, der behauptete, ein „Gottesfreund" zu sein. Merswin hat die Identität dieses geheimnisvollen Fremden nie preisgegeben, wodurch der Verdacht entstand, daß er ihn nur erfunden hatte. Es scheint jedoch, daß Merswins „Fremder" wirklich existiert hat und daß er sehr einflußreich war, wie durch den plötzlichen Wandel Merswins und die beträchtliche Unterstützung, welche die Bewegung der „Gottesfreunde" so schnell gewinnen konnte, belegt wird. Die Lehre der „Gottesfreunde" war eine zutiefst mystische, die durch ein System geheimer Grade und Einweihungen vermittelt wurde. Es ist geschichtlich überliefert, daß „erleuchtete" Mystiker und andere Illuminati zu den wichtigsten Förderern Merswins gehörten.[151]

Auch der große Reformator Martin Luther (1483-1546) wurde interessanterweise mit der Bruderschaft in Verbindung gebracht. Luthers Weltbild war offensichtlich sehr von der Mystik geprägt. Luthers Hauptmentor bei den Augustinern, Johann von Staupitz, vertrat eine Theologie, die sich stark an den Schriften der prominenten deutschen Mystiker Heinrich Suso und Johann Tauler orientierte. Tauler gehörte den „Gottesfreunden" an und war einer der meistgelesenen Mystiker des 14. Jahrhunderts. Martin Luther wurde ein eifriger Leser der Werke Taulers. Daß zwischen Luther und der Bruderschaft eine direkte Verbindung bestand, wird durch Luthers persönliches Siegel deutlich. Luthers Siegel besteht aus seinen Initialen zu beiden Seiten zweier bedeutender Symbole der Bruderschaft: die Rose und das Kreuz. Rose und Kreuz sind die Hauptsymbole des Rosenkreuzerordens. Das Wort „Rosenkreuzer" als solches leitet sich von den lateinischen Wörtern „rosa" (Rose) und „crux, crucis" („Kreuz") ab.

Als eine der wichtigsten Führungspersönlichkeiten der Reformation galt Phillip der Großmütige. Er gründete die Evangelische Universität in Marburg und organisierte eine politische Allianz gegen den katholischen deutschen Kaiser Karl V. Nach Luthers Tod wurde seine Bekenntnisgemeinschaft von Sir Francis Bacon (1561-1626) gefördert. Bacon, der einmal Lordkanzler von England war, war auch der höchste Führer des Rosenkreuzerordens in Großbritannien. Einer seiner größten Beiträge zur Reformation erwuchs aus seinen Leistungen als Koordinator eines Projekts, das darin bestand, unter seinem König James I. eine autorisierte protestantische englische Bibel zu schaffen. Diese als „King James Version" bekannte Bibel wurde 1611 freigegeben und entwickelte sich zur meistgelesenen Bibel in der englischsprachigen Welt.[152]

## *Die Freimaurerei*

Eine der ältesten und wohl bekanntesten Organisationen, die heute noch existieren, ist die Freimaurerei. Im Jahre 1888 wurden bei Ausgrabungsarbeiten in der libyschen Wüste Papyrusrollen gefunden, die geheime Treffen solcher Zünfte bereits 2200 vor Christus beschreiben.

Die Freimaurerei wird beschrieben als *eine international verbreitete Bewegung von humanitärer, der Toleranz verschriebener, auf lebendige Bruderschaft abzielender Geisteshaltung, die den Freimaurern über ihre Logen in rituellen Arbeiten vermittelt wird.*[153]

Als Ziel der Maurerei wird die innere Wandlung durch geistige Vervollkommnung des Menschen in Ehrfurcht vor Gott angegeben. Diesen Gott nennen sie den „*Großen Baumeister aller Welten*“.

Das geistige Wissen der Freimaurer wurde durch Symbole, Allegorien und Rituale ersetzt, die ebenfalls der Kommunikation dienen (Geheimsprachen durch Symbole, zum Beispiel Freimaurerhandschlag, Paßworte, Pyramide, Pentagramm, Verwendung der Zahlen 3, 7, 13, und 33 in Wappen, Emblemen und heutzutage Firmenzeichen und Namen). Das wichtigste Symbol in vielen Organisationen und auch bei den Freimaurern ist der Schurz.

Die vielen Jahrhunderte einerseits, und andererseits das Wirken im Verborgenen, das bewußte Geheimhalten der bloßen Existenz der Logen vor der breiten Öffentlichkeit – insbesondere vor einflußreichen und mächtigen Organisationen wie der Kirche –, waren Gründe dafür, daß die Geschichte und das Wissen der Freimaurerei heute äußerst undurchsichtig sind.

Es wird auch zunehmend hypothetischer, besonders bei genauerer Spurensuche in den früheren Jahrhunderten. Im allgemeinen wird angenommen, daß geheimes Wissen in Form von Schriften und mündlichen Überlieferungen über die Jahrhunderte hinweg stetig weitergegeben wurde und bis zum heutigen Tage im Besitz von Geheimgesellschaften ist. Da stellt sich natürlich sofort die Frage: In wessen Besitz befinden sich diese uralten Geheimnisse? Warum werden sie nicht zum Wohle der gesamten Menschheit veröffentlicht?

Viele Forscher und Historiker vertreten heute die Ansicht, daß die Freimaurerei ganz oder teilweise auf den Orden der Tempelritter zurückzuführen ist. Die Tempelritter und deren geschichtlichen, mystischen und okkulten Hintergründe, insbesondere aber die Jahrhunderte alten Artefakte und Schriften, die in ihrem Besitz zu sein scheinen, könnten für den weiteren geschichtlichen Verlauf sicherlich noch von Bedeutung sein.

Im Jahre 1567 teilten sich die englischen Freimaurer in zwei große Logen, die ***Yorker*** und die ***Londoner***. Die wichtigste Zeit für die Freimaurer war allerdings das frühe 17. Jahrhundert. Ihr Charakter einer Handwerkszunft wandelte sich allmählich immer mehr in den einer geheimen, mystischen und okkulten Gemeinschaft. Das lag hauptsächlich daran, daß die Freimaurerlogen in England immer mehr Mitglieder gewonnen hatten, die von Berufs wegen keine Maurer oder Baumeister waren. Dieses Öffnen der Loge für „Nichtmaurer“ hatte zur Folge, daß um 1700 fast 70% aller Freimaurer aus anderen Berufen kamen. Sie wurden „angenommene Maurer“ genannt.

Am 24. Juni 1717, dem Johannes-Tag trafen sich die Vertreter von vier großen britischen Logen in London und gründeten eine neue Großloge, die auch die *„Mutterloge der Welt“* genannt wird.

Das neue System der Einweihungsstufen hatte nun drei Grade: Lehrling, Geselle und Meister (vorher nur eine Initiationsstufe). Diese Stufen wurden allgemein die „blauen Grade“ genannt (in Deutschland Johannisgrade).

Viele Historiker sehen in dem Jahr 1717 den Beginn der Freimaurerei. In England bestand diese aber schon lange zuvor. In einer Legende der Freimaurer heißt es beispielsweise, daß Prinz Edwin von England bereits 926 nach Christus Freimaurerzünfte eingeladen hatte, in sein Land zu kommen, um beim Bau von Kathedralen und Steingebäuden mitzuwirken. Es sind aus den Jahren 1390 und 1410 stammende Schriften der Freimaurer überliefert. In Albert MacKeys *„History of Freemasonary“* sind handschriftliche Protokolle einer Versammlung der Freimaurer aus dem Jahr 1599 abgebildet. Im 16. Jahrhundert waren die Freimaurer in England so fest verwurzelt, daß eine urkundlich gut belegte Spaltung im Jahre 1567 überliefert ist.[154]

Diese Spaltung teilte die englischen Freimaurer, wie bereits schon erwähnt, in die „Yorker“ und „Londoner“ Maurer.

Grundsätzlich unterscheidet man heute zwischen drei Arten der Freimaurerei:

1. **Die blaue Freimaurerei:** auch Johannes-Freimaurerei genannt, mit den drei Stufen: Lehrling, Geselle und Meister. Alle drei Grade werden traditionell durch Einweihung verliehen, durch eine Initiationszeremonie.

2. **Die rote Freimaurerei:** die Hochgradfreimaurerei, mit insgesamt 33 Graden. Dabei findet nur in den Graden 1, 2, 3, 4, 13, 18, 30 und 33 eine Initiation statt. Die anderen Grade werden nur mitgeteilt.

3. **Royal Arch:** der eigentliche Royal-Arch-Grad stammt aus England. Er wird schon in alten Dokumenten erwähnt. Bei ihm soll es sich um eine Sonderloge handeln, für geistig sehr weit fortgeschrittene Freimaurer. Die Mitglieder der Royal Arch unterstehen nicht der Großloge, sondern einem Grand Chapter, Großkapitel. Sehr oft findet man aber Chapter und Loge unter einem Dach.[155]

Besonders in den letzten Jahrzehnten erschienen viele Veröffentlichungen zum Thema Freimaurertum. In vielen Werken wurden dabei sensationelle Enthüllungen bezüglich einer Weltverschwörung des Freimaurertums veröffentlicht, die aber oftmals Seriosität und belegbare Quellen vermissen ließen.

Ein Indiz, das gegen eine solche Weltverschwörungstheorie spricht, ist, daß das Jahrhunderte alte Freimaurertum sich weltweit viel zu uneinheitlich zeigt, um zu einer politischen und gesellschaftlichen Gefahr werden zu können, auch wenn es dieses wollte. Die einzelnen Großlogen entwickelten sich in den verschiedenen Ländern zu unterschiedlichen Zeiten und haben wohl auch heute noch voneinander abweichende Vorstellungen. Eine Großloge kann zwar Patente in anderen Ländern vergeben, aber dennoch hat sie kein Monopol. In Frankreich beispielsweise existierte eine von der englischen United Grand Lodge anerkannte nationale Großloge, aber die größte französische Loge, der Große Orient, arbeitet unabhängig von ihr.[156]

Es gab und gibt Logen, die vornehmlich politisch orientiert sind, wie zum Beispiel die „orangen“ Logen in Nordirland, doch deren Einflußbereich endet an der jeweiligen Landesgrenze. In vielen Logen ist eine vornehmlich politische Orientierung tabu, da sie Zwietracht sät und dem eigentlichen Prinzip der Logenarbeit widerspricht. Es gibt weltweit etwa vierzigtausend Logen mit etwa sechs Millionen Mitgliedern, vier Millionen davon allein in den USA.

Die Geburt der verschiedenen Verschwörungstheorien steht insbesondere in Verbindung mit der englischen und der amerikanischen Geschichte. Dem Freimaurertum eine Weltverschwörung zu unterstellen, ist sicherlich unangebracht. Vielmehr wurde insbesondere die Hochgradfreimaurerei im Zusammenhang mit einer Verschwörung gesetzt, was wiederum durch die Geschichte und ihre führenden Köpfe geschah, die nachweislich in vielen Fällen mit der Hochgradfreimaurerei und deren Zielen und Motiven verbunden waren. *„Die Mitglieder der unteren Einweihungsgrade hingegen hätten keine Ahnung, daß oben in der Hierarchie gewisse „Illuminaten" thronen, ganz zu schweigen, daß sie wüßten, wer diese sind und was diese wollen.*"[157]

Diese These ist sicherlich nachvollziehbar und vor allem logisch, weil sie gerade die hierarchisch aufgebaute geheime Einweihungsstruktur erklärt. Das kirchliche System ist im Grunde nach ähnlichem Muster aufgebaut!

Die Vereinigten Staaten werden oft als Freimaurer-Ideal-Staat bezeichnet, und das aus gutem Grund. Die Gründungsmitglieder der Vereinigten Staaten – einschließlich George Washington – waren Freimaurer, ebenso wie König James IV. von England, König Friedrich der Große von Preußen und viele andere. Auch viele führende Köpfe der beiden Weltkriege – wie beispielsweise Lenin, Trotzki, Stalin, Churchill, Roosevelt und Truman – waren Freimaurer.

## *Adam Weishaupt gründet die bayerischen Illuminaten*

Adam Weishaupt wurde 1748 geboren, in einem Jesuitenkloster erzogen und erlangte schließlich den Titel des Professors der Kanoniker. Mit 22 Jahren wurde er auf den Lehrstuhl für kanonisches Recht an der Universität von Ingolstadt gewählt.

Weishaupt hatte zwar jüdische Eltern, konvertierte jedoch später zum Katholizismus. Er brach mit dem Jesuitenorden, dem er als Priester angehörte. Der Grund dafür lag wohl darin, daß die Jesuiten, die ihn ausbildeten, immer mehr Druck ausübten, da Weishaupt dem Orden nicht offiziell beitrat.

Am 1. Mai 1776 gründete Adam Weishaupt den Illuminatenorden.

In Meyers Enzyklopädischem Lexikon lesen wir über diesen:

*„Ein 1776 von Adam Weishaupt in Ingolstadt gegründeter, über die Freimaurerei hinausgehender Geheimbund, dessen Ziel es war, durch die Prinzipien der Aufklärung, weltbürgerliche Gesinnung zu fördern und das monarchische Prinzip zu bekämpfen. Mitglieder waren unter anderem J. G. Herder, Johann W. von Goethe und Freiherr Adolf von Knigge."*

Der Name *Illuminaten* sagt gleichzeitig schon etwas über die Ziele aus, die Weishaupt mit der Gründung des Ordens verband: die Errichtung einer *„Novus Ordo Seclorum"*, einer neuen Weltordnung. Der Name *Illuminaten* bedeutet, daß alle Mitglieder des Ordens die einzig wissenden, aufgeklärten Menschen sind – die Erleuchteten!

Die bayerischen Illuminaten verwendeten geheime Namen für die einzelnen Personen und auch für die Orte ihrer Logen. Weishaupt nannte sich ‚Spartakus', nach dem Sklaven, der den großen Sklavenaufstand während der Herrschaft von Pompeius dem Großen anführte. Baron von Knigge hatte den Codenamen ‚Philo'; Herr von Zwack, Berater des Prinzen von Salm, hieß ‚Cato'; Professor Westenreider ‚Pythagoras' und so weiter.

Gewöhnlich wird angenommen, daß die Einteilung des Ordens in drei Klassen erfolgte. Die erste bestand aus den *Novizen*, *Minervalen* und *geringeren Illuminaten*. Die zweite Klasse bestand aus Freimaurern (*gewöhnlichen* und *schottischen Rittern*). Der dritten Klasse – der *Mysterienklasse* – gehörten *Priester* und *Regenten*, *Magier* und *Könige* an. Ein König war Weishaupt selbst.

Die Unterwanderung der Freimaurerlogen (siehe Punkt 11 der Protokolle in diesem Kapitel) wurde früh umgesetzt. Am 16. Juli 1782 wurde auf dem Kongreß in Wilhelmsbad die Allianz zwischen den bayerischen Illuminaten und den Freimaurern endgültig besiegelt.

Mit diesem Bündnis vereinigten sich die mächtigsten Geheimgesellschaften ihrer Zeit. Diese Allianz hatte weltweit etwa drei Millionen Mitglieder. Dieses Bündnis hatte auf den weiteren Verlauf der Weltgeschichte grundlegenden Einfluß; von Historikern allerdings, zumindest offiziell, nicht oder – wenn überhaupt – nur gering gewürdigt. Aber auch das wird seine Gründe haben, denn man bedenke, daß dies ebenfalls in unseren geschichtlichen Lehrbüchern nicht erwähnt wird, und es auch in unseren

Schulen, Hochschulen und Universitäten zu keiner Zeit ein Lehrfach gab, das die Geheimbünde und ihren Einfluß auf die Weltpolitik behandelte. Dazu möchte ich noch anmerken, daß es in jedem Fall aus historischer Sicht genügend Erkenntnisse bezüglich der Geheimbünde und deren Einfluß auf die Weltgeschichte gibt, wie das vorliegende Werk nachhaltig belegen wird.

Zurück zum Kongreß von Wilhelmsbad: Hier sollen bedeutende, zukunftsweisende Entscheidungen getroffen worden sein. Allerdings drang davon nur sehr wenig an die Öffentlichkeit. Interessant ist die Aussage des Compte de Virieu, der als Freimaurer an dem Kongreß teilnahm. Er wurde anschließend gefragt, ob er nicht ein paar Beschlüsse preisgeben könne. Er antwortete:

*„Ich werde Ihnen darüber nichts anvertrauen. Ich kann nur soviel sagen, daß dies alles erheblich ernster ist, als Sie glauben. Die geplante Verschwörung ist derart geschickt geplant, daß es Monarchen und Kirche gewissermaßen unmöglich sein wird, ihr zu entrinnen."*

Seit diesem Tag, so berichtet der Biograph M. Costa de Beauregard, konnte der Compte de Virieu vom Freimaurertum nur noch mit Schrecken sprechen, und das wohl nicht zu Unrecht, wie die Zukunft zeigen sollte.

In diesem Zusammenhang ist das Geständnis, das der Pater Abel im Jahre 1898 auf einer Konferenz in Wien machte, von zusammenhängender Bedeutung. Abels Großvater war einer der führenden Männer auf dem Kongreß in Wilhelmsbad gewesen. Pater Abel:

*„Im Jahre 1784 berief die ‚Große eklektische Loge' in Frankfurt eine außerordentliche Versammlung ein. In ihr brachte ein Mitglied das Todesurteil Ludwigs XVI., Königs von Frankreich, und Gustav, des Königs von Schweden, zur Abstimmung. Dieser Mann hieß Abel und war mein Großvater... Auf seinem Sterbebett hat mir mein Vater als seinen letzten Willen ausdrücklich hinterlassen, daß ich mich bemühen solle, die Schmach, die ihm und unserer Familie angetan worden wäre, wieder gutzumachen. Wenn ich diese testamentarische Bestimmung meines Vaters, datiert vom 31. Juli 1870, nicht verpflichtet wäre, auszuführen, hätte ich auch nicht so gesprochen, wie ich es getan habe.*[158]

Das Interesse an den Aktivitäten der Illuminaten wurde stärker, je mehr Informationen über ihre Pläne bekannt wurden. 1785 verließen vier leitende Mitglieder die Gesellschaft und sagten vor einem Untersuchungsgericht aus, das der bayerische Kurfürst einberufen hatte. Ihre überraschenden Enthüllungen räumten jeden Zweifel an der verschwörerischen Natur des Illuminatentums aus.[159]

Die Folge war, daß der bayerische Kurfürst am 11. Oktober 1785 eine Razzia im Hause des Herrn Zwack, Weishaupts Hauptassistenten, durchführen ließ. Die beschlagnahmten Dokumente, die den Plan und die Ziele der Illuminaten (eine „Neue Weltordnung") unterstrichen, wurden anschließend von der bayerischen Regierung veröffentlicht, mit dem Ziel, sie weltweit bekannt zu machen, um unter anderem die Monarchen rechtzeitig zu warnen.

Weishaupt wurde der Professorentitel aberkannt. Er nahm Zuflucht bei einem seiner adeligen Schüler, dem Herzog von Sachsen-Gotha.

Der scheinbare Zusammenbruch beziehungsweise die Auflösung des Ordens wurde dann sehr schnell publik gemacht und daraufhin auch von Historikern immer wieder verbreitet. In Wirklichkeit war dieser „Zusammenbruch" wohl nur ein weiterer Meilenstein der Illuminaten auf ihrem Weg, ihre Ziele zu verwirklichen. Wenn man sich nur einmal die Mitgliederzahl nach der Allianz von 1782 vor Augen führt, die in die Millionen ging, so ist eine Auflösung oder ein Zusammenbruch mehr als unwahrscheinlich. Im Gegenteil, es war eine günstige Gelegenheit, nun noch mehr im Verborgenen zu agieren. Der Name *Illuminaten* oder *Illuminatentum* wurde nun systematisch aus dem Sprachschatz entfernt.

Die Instruktion für den Rang eines Regenten lautete:
*„Die größte Stärke unseres Ordens liegt in seiner Verborgenheit; laßt ihn bei keiner Gelegenheit, an keinem Ort unter seinem Namen erscheinen, sondern immer unter einem anderen Namen und Gewerbe."*

Die europäischen Regierungen ignorierten die Warnungen nach der Veröffentlichung durch den bayerischen Kurfürst. Ein Ergebnis war dann unter anderem die Französische Revolution.

Selbst als Adam Weishaupt im Jahre 1830 im Alter von 82 Jahren starb, versuchte er die Welt davon zu überzeugen, daß das Illuminatentum Vergangenheit war. Auf dem Totenbett inszenierte er eindrucksvoll Reue und kehrte in den Schoß der katholischen Kirche zurück.

Abschließend werfen wir noch einen Blick auf einen wichtigen Aspekt in Verbindung mit dem Kongreß in Wilhelmsbad 1782. In den folgenden Jahren existierte eine starke Bewegung, welche die Emanzipation der europäischen Juden erreichte. Während Juden bis zu diesem Zeitpunkt die Mitgliedschaft bei den Freimaurern versagt war, wurde der Bann jetzt aufgehoben. Es wurde beschlossen, die Zentrale des illuminierten Freimaurertums nach Frankfurt zu verlegen, dem Sitz vieler Bankiers mosaischen Glaubens.[160]

Hier vermuten viele Historiker einen bedeutenden weltpolitischen Eckpunkt, denn durch diese Entscheidung vermischte sich das Logentum seiner Zeit mit der Finanzmacht, die natürlich in engem Zusammenhang mit der Familie Rothschild stand und steht. Wir werden im 6. Kapitel noch einmal auf die Familie Rothschild zurückkommen.

## *Verschwörungspläne sind Jahrtausende alt...*

Bevor wir gleich die Ideologie der Illuminaten näher betrachten, soll in diesem Zusammenhang einmal aufgezeigt werden, daß es bereits vor 2.500 Jahren klassische Leitsätze gab, nach denen Herrscher vorgingen, um ihre Machtpolitik umzusetzen.

Diese Regeln haben sich bis heute vom Grundsatz her nicht wesentlich verändert. Wer diese Regeln nicht kennt, wird kaum verstehen, warum gewisse machtpolitische Abläufe nach immer wiederkehrenden Mustern ablaufen.

Jordis von Lohausen hat in seinem Werk *„Mut zur Macht“*[161] die *„Zehn Regeln“* des chinesischen Meisters Sun-Tsu aufgeschrieben, die bereits 2.500 Jahre alt sind:

1. Zersetzt, was immer im Land eurer Feinde gut ist;
2. macht ihre Götter lächerlich und zerrt alles Herkömmliche in den Kot;
3. unterhöhlt mit allen Mitteln das Ansehen ihrer führenden Schichten, verwickelt sie, wo immer möglich, in dunkle Geschäfte und gebt sie im richtigen Augenblick der Schande preis;
4. verbreitet Streit und Uneinigkeit unter den Bürgern;

5. stachelt die Jugend gegen die Alten auf;
6. behindert in jeder Weise die Arbeit der Behörden;
7. bringt überall eure Spitzel unter und
8. scheut die Mitarbeit auch der niedrigsten und abscheulichsten Kreaturen nicht;
9. stört, wo immer ihr könnt, die Ausbildung und die Versorgung der feindlichen Streitkräfte, untergrabt ihre Disziplin und lähmt ihren Kampfwillen durch schwüle Musik, schickt dann noch leichtfertige Frauen in ihre Lager, und laßt sie das Werk des Verfalls zu Ende führen;
10. spart weder mit Versprechungen noch mit Geld oder Geschenken, denn all dies trägt reiche Zinsen.

Die *„Zehn Regeln“* waren sicherlich Grundlage für viele nachfolgende Herrscher beim Umsetzen ihrer politischen Ziele. Teile davon finden wir auch in dem *„Testament Peters des Großen“*, bei den Illuminaten oder auch bei Machiavelli (Der Fürst) wieder, der als einer der Vorläufer der Illuminaten-Ideologie gilt.

## *Die Ideologie der Illuminaten: Ordnung aus dem Chaos*

Auf den ersten Blick scheint es schwer vorstellbar, daß dem Illuminatentum eine andere Ideologie zugrunde liegt als Unterwanderung, Krieg und Zerstörung, mit dem Ziel absoluter Kontrolle und Macht.

Weishaupt und seine Anhänger hielten sich für die Auserwählten, für die Erleuchteten (die *Lichtbringer*) und Wissenden. Sie allein waren somit die Auserwählten, die der Menschheit Frieden und Ordnung würden bringen können.

Die Grundlage für ihre Ideologie war die Überzeugung, daß der Mensch grundlegend schlecht ist. Er muß quasi zu seinem Glück gezwungen werden, und dazu ist es auch legitim, Betrug und Gewalt anzuwenden. Die Menschen würden dieses Ziel ohne ihre „Hilfe“ nie umsetzen können, was letztlich in einem Chaos enden würde. Sie allein könnten die Menschen aus diesem Chaos ins Licht führen, deshalb waren auch alle nur erdenklichen Mittel heilig, und schließlich waren sie die einzig befugte Instanz für alle etwaigen Regeln.

Die Menschen würden Freiheit, Wohlstand und Freizeit nur mißbrauchen, um ihre schlechten Seiten auszuleben, was zu unkontrollierbarem Chaos führen würde. Deshalb muß ein kontrollierbares Chaos herbeigeführt werden, um daraus eine *Neue Weltordnung* entstehen zu lassen, die absolut kontrolliert ist, so daß alle Ursachen von neuem Chaos sofort erkannt und im Keim erstickt werden können.[162]

Sie selbst – die Auserwählten – legen fest, worin die Freiheit der Menschen besteht. Entscheidend dafür ist, den Menschen von seiner spirituellen Erkenntnisfähigkeit fernzuhalten, also ihn möglichst „niedrig" zu halten, sowie ihn ständig und täglich in existentielle „Not" zu verwickeln. Werfen wir nur einen Blick auf unsere Gesellschaft, stellen wir fest, daß der Mensch ein gottloses, sinnentleertes Leben führt. Der „freie Mensch" ist in Wirklichkeit ein *moderner Sklave*, der den angebotenen Annehmlichkeiten brav Folge leistet. Fernsehen, Computer, Luxus, Genußsucht und Drogenkonsum wie Nikotin und Alkohol sind die wesentlichen Ideale unserer kranken Lust- und Spaßgesellschaft.

## *Machiavelli: Vorläufer der Illuminaten...*

Passend zur Ideologie der Illuminaten gab es bereits im frühen 16. Jahrhundert Vorläufer der Geheimgesellschaft des 18. Jahrhunderts.

Die Grundlage lieferte der Italiener Niccoló Machiavelli (1469-1527). Er war Politiker und Diplomat in Florenz und stand in enger Beziehung mit dem Herrschergeschlecht der Medici, aus dem mehrere Fürsten und Päpste hervorgingen.

Die Familie Medici war mit dem Papsttum in Berührung gekommen, als sie einen Erzbischof finanzierte, den späteren Papst Johannes XXIII.. Den Medicis wurde unter Johannes XXIII. die Aufgabe übertragen, Steuern und Zehnten für den Papst einzuziehen. Die Familie Medici verfügte über ein weitreichendes Netz von Steuereinnehmern und Untereinnehmern. Die Gebühren, welche die Medicis dafür kassierten, trugen dazu bei, daß sie zu einem der reichsten und einflußreichsten Bankhäuser Europas wurden.

Einem dieser Fürsten, Lorenzo de Medici, überreichte Machiavelli im Jahr 1513 eine Schrift mit dem Titel *Il Principe* („Der Fürst"), die erst fünf Jahre nach seinem Tod veröffentlicht wurde. Lorenzo de Medici stand seinerzeit übrigens an der Spitze einer internationalen Bank in Florenz und sein Sohn wurde Papst Leo X., das Oberhaupt der katholischen Kirche.

Die Menschen waren entsetzt. Im Englischen entstand aus Machiavellis Vornamen sogar ein Synonym für den Teufel schlechthin: Old Nick! Gleichzeitig wurde „Der Fürst" heimlich zur Pflichtlektüre für alle Köpfe der adeligen Elite. Es wurde ein neuer Begriff der Staatstheorie geprägt, *Machiavellismus*, mit der Bedeutung: *„eine durch keinerlei moralische Bedenken gehemmte Machtpolitik"*.[163]

Für Machiavelli *„sind die Menschen schlecht"*, deshalb sind auch alle Mittel heilig, die anzuwenden sind, um die Menschen zu steuern und zu unterdrücken: *„...denn ein Mensch, der sich in jeder Hinsicht zum Guten bekennen will, muß zugrunde gehen inmitten von so vielen anderen, die nicht gut sind. Daher muß ein Fürst, wenn er sich behaupten will, die Fähigkeit erlernen, nicht gut zu sein, und diese anwenden oder nicht anwenden, je nach dem Gebot der Notwendigkeit."*[164]

Damit begründete Machiavelli das notwendige Vorgehen eines klugen Fürsten, sein Volk zu hintergehen und zu belügen, denn einen schlechten Menschen kann man, wenn erforderlich, auch schlecht behandeln. *„Wären alle Menschen gut, dann wäre diese Regel schlecht; da sie aber schlecht sind und ihr Wort dir gegenüber nicht halten würden, brauchst auch du dein Wort ihnen gegenüber nicht zu halten."*[165]

Machiavelli war keineswegs ein theoretischer Träumer. Er war ein erfahrener Politiker und dachte rücksichtslos pragmatisch, was er auch historisch durch verschiedene Beispiele in seinem Werk fundamentiert. Will er Macht erringen, so muß ein Fürst bestimmte Regeln der Politik und auch der Kriegskunst kennen.

Über die Eroberung fremder Gebiete schreibt er beispielsweise: *„...die Geschädigten können nicht aufbegehren, da sie arm sind und zerstreut leben. Es gilt also festzuhalten, daß man die Menschen entweder verwöhnen oder vernichten muß; denn für leichte Demütigungen nehmen sie Rache, für schwere können sie dies nicht tun; also muß der Schaden, den man anderen zufügt, so groß sein, daß man keine Rache zu fürchten braucht."*[166]

Der Autor Armin Risi hat ebenfalls in Machiavelli und der nach ihm benannten Staatstheorie, dem Machiavellismus, einen Vorläufer des Illuminatentums erkannt. Er schreibt dazu in seinem Buch *„Machtwechsel auf der Erde"*:

*„Machiavellis Buch beschreibt nichts anderes als die bereits bestehenden Machtprinzipien, nur daß sie hier zum erstenmal im Klartext ausformuliert werden. Der grundlegende Geist entspricht unbestreitbar der Tyrannei (Machtherrschaft), aber nicht der Gewaltherrschaft. Die Grundlage der Herrschaft soll nicht blinde Gewalt sein, sondern Souveränität und Weitsicht. Machiavelli liefert ein Lehrbuch für eine politische Elite, um ihr einen exklusiven Wissensvorsprung zu vermitteln, und war in diesem Sinn ein erklärter Vorläufer der modernen Illuminaten."*[167]

Auch in Meyers Lexikon von 1975 finden wir hierzu eine passende Aussage: *„Als Vorläufer einer erklärenden Geschichtswissenschaft und einer theoretischen Wissenschaft von der Politik hat Machiavelli einen kaum zu überschätzenden Einfluß auf die Staatsphilosophie des 16., 17. und 18. Jahrhunderts ausgeübt."*

Armin Risi bringt es noch besser auf den Punkt, wenn er sagt:

*„Diese harmlose Lexikon-Formulierung erwähnt nicht, wie sich der „kaum zu überschätzende Einfluß" von Machiavellis Gedanken durch das 16., 17. und 18. Jahrhundert hindurch fortpflanzte. Und warum nur gerade bis ins 18. Jahrhundert? Weil der Machiavellismus im 18. Jahrhundert eine weitere Ausformulierung erfuhr und in der Bewegung der Illuminaten aufging! Diese „Bewegung" darf nicht nur als die Weishaupt-Organisation gesehen werden, denn sie war Ausdruck eines neuen Impulses, der dem Zeitgeist entsprach, ähnlich wie heute, mit anderem Vorzeichen, die Bewegung des New Age der Sammelbegriff für viele verwandte Ideale und Organisationen ist."*[168]

## *Das Zeichen der Illuminaten*

Das Zeichen der Illuminaten und die darin umfangreich enthaltene mystische Symbolik soll uns nun kurz beschäftigen, denn sie steht auch in direktem Zusammenhang mit der amerikanischen Unabhängigkeitserklärung von 1776.

Als eben in diesem Jahr (1776) in Philadelphia der Beschluß für die Unabhängigkeit beschlossen wurde, sollte das Band zwischen England und Amerika endgültig zerschnitten werden. Dieses von den beiden Freimaurern Adams und Benjamin Franklin ausgearbeitete Papier („Declaration of Independence") wurde jetzt durch den Hochgradfreimaurer Thomas Jefferson dem Kongreß vorgelegt und am 2. Juli 1776 von einem durch und durch maurerischen Kontinental-Kongreß brüderlich angenommen. Unter den 56 Unterzeichnern der amerikanischen Unabhängigkeitserklärung waren sage und schreibe 50 Freimaurer, umgerechnet also 90%.

An dieser Stelle noch ein paar Worte zu Benjamin Franklin: Die New Yorker Großlogenzeitung *„Masonic Outlook"* schrieb in ihrem Januarheft 1993: *„Es ist fraglich, ob irgendein anderer Mann gleichen Ruhmes und gleicher Staatsstellung von so wichtiger Bedeutung für unsere Nation sich derart im Laufe so vieler Jahre der Freimaurerei gewidmet hat, wie er."* Franklin war seit 1731 Mitglied in der Loge *„Zum heiligen Johannes von Jerusalem"* sowie der Loge *„Neuf Soers"* in Paris. Er avancierte bereits am 21. Februar 1735 zum Provinzial-Großmeister des Staates Pennsylvania.

Das Zeichen der Illuminaten, samt ihrer klaren Zielvorgabe, eine Neue Weltordnung zu errichten, wurde der Welt *eindrucks*-voll vorgeführt, denn wir finden beides auf der Ein-Dollar-Note der Vereinigten Staaten wieder. Dahinter verbirgt sich nicht nur der Beweis von Macht und Stärke der Logenbrüder, sondern ebensoviel Symbolik und Mystizismus, wie wir gleich noch sehen werden.

Eines der Hauptmerkmale ist dabei die Jahreszahl, die wir in der Pyramidenbasis erkennen: MDCCLXXVI = 1776, das Gründungsjahr der bayerischen Illuminaten durch Adam Weishaupt.

Natürlich wird das Jahr 1776 offiziell auf die amerikanische Unabhängigkeitserklärung vom 4. Juli 1776 bezogen. Dies war aber nur eine Unabhängigkeitserklärung der dreizehn Kolonien, die sich damit staatsrechtlich von der britischen Oberherrschaft lossagten, worauf es dann zum Unabhängigkeitskrieg kam. Das Gründungsjahr der USA ist nicht 1776, sondern das Jahr 1789. In diesem Jahr trat die Verfassung in Kraft und George Washington wurde der erste Präsident der USA (1789-1797).

Nun etwas mehr zu der Symbolik auf der Ein-Dollar-Note der USA: Auf der einen Seite zeigt es eine dreizehnstufige Pyramide, deren Schlußstein fehlt. An seiner Stelle schwebt über ihr das mystische Auge im Dreieck, das "allsehende Auge" Gottes, das Symbol des Meisters in der Freimaurerei. Das heißt in der Geheimsprache der Logen, daß der fehlende Eckstein der Gesellschaft das „Göttliche" sein muß. Die mystische Zahl ist 13. Bei den Illuminaten gab es 13 Grade.

In der Numerologie ist 13 die Krönung der 12 – die perfekte Harmonie. Jesus stand als dreizehnter dem Kreis seiner zwölf Jünger vor und symbolisierte die Transformation (Auflösung/Umwandlung) und das Göttliche. Über dem Pyramidensymbol stehen die lateinischen Worte *„Annuit Coeptis"*, darunter *„Novus Ordo Seclorum"*. Sie bedeuten: *„Die Ankündigung der Geburt"* und *„Eine Neue Weltordnung"*. Die andere Seite des Siegels zeigt den weißköpfigen See-Adler, das aber erst seit 1841, davor symbolisierte der Phönix den Wappenvogel auf der Geldnote. Auch hier steht die heilige Zahl 13 symbolisch im Mittelpunkt: Der Phönix hatte an jedem seiner Flügel 13 Federn, in der rechten Kralle erkennen wir 13 Pfeilspitzen, in der linken einen Zweig mit 13 Blättern. Über ihm steht *„E Pluribus Unum"* (aus vielen eines) aus 13 Buchstaben, darüber ein Davidstern aus 13 Sternen und auf der Brust das Banner mit 13 Streifen, welche die 13 Gründungsstaaten repräsentieren sollen. Übrigens war auch ein anderer Freimaurer maßgeblich an der Gestaltung der „One-Dollar-Note" mit beteiligt. Die Rede ist von Henry Wallace. Auch er war nicht nur ein einflußreicher Freimaurer, sondern auch Landwirtschaftsminister und später sogar Vizepräsident der Vereinigten Staaten. Wallace war vermutlich sehr mit den alten ägyptischen Mysterien verbunden.

Er schrieb 1934:

*„Es wird wohl eine eindeutigere Anerkennung des großen Architekten des Universums erfordern, bevor der Apexstein (Pyramidion – das „Allsehende Auge";* Anm. d. A.) *endgültig an seinem Platz befestigt wird und diese Nation in der vollen Stärke ihrer Macht in der Lage ist, durch die Einweihung der „Neuen Weltordnung" die Führung unter den Nationen zu übernehmen."*

Abb. 51:
Die Dollar-Note.

Abb. 52:
Die Illuminaten-Pyramide vergrößert.

Abb. 53:
Der jahrtausendealte Pyramidion-Abschlußstein (Apexstein) mit dem allsehenden „göttlichen Auge“.

*Ägyptisches Museum, Kairo*

## *Die Protokolle der bayerischen Illuminaten*

Zum erstenmal wurde die Öffentlichkeit auf die Existenz der Illuminaten aufmerksam, als sich 1785 ein merkwürdiger Unfall ereignete. Die Geschichte berichtet, daß ein berittener Kurier der Illuminaten mit dem Namen Lanze über Frankfurt nach Paris jagte, um Dokumente über Aktivitäten der Illuminaten im Allgemeinen und ins Detail gehende Instruktionen für die geplante französische Revolution im besonderen zu überbringen. Des Griffin schreibt darüber: *„Die Dokumente stammten von Illuminaten in Deutschland und waren für den Großmeister der G.O.M. (die Großloge von Frankreich) in Paris bestimmt. Als der Kurier bei Regensburg galoppierte, erschlug ihn ein Blitz. Alle Papiere fielen in die Hand der Polizei, die sie an die bayerische Regierung weiterleitete. Diese ordnete eine Razzia des Illuminaten-Hauptquartiers an, bei der weitere Dokumente sichergestellt wurden. So wurde entdeckt, daß die Verschwörer weltweite Ziele hatten."*

Es ist nicht mit Sicherheit geklärt, doch sollen sich unter den Dokumenten, die später bei den Illuminaten gefunden wurden, auch eine Sammlung von 24 Protokollen befunden haben, die als Regeln für die Weltherrschaft angesehen werden können. Wer der tatsächliche Urheber dieser Protokolle tatsächlich ist, darüber gibt es viele Spekulationen. Sie wurden auch unter den verschiedensten Titel publiziert. Das soll uns aber an dieser Stelle nicht vom Wesentlichen abbringen. Es geht hier weniger um die Urheberschaft, sondern um die Mechanismen, die hier vorgetragen werden und die in der gegenwärtigen Weltpolitik Anwendung finden! Wir stellen dabei fest, daß es bereits seit Jahrhunderten Pläne und Regeln gab, wonach die Muster der Machtpolitik verschiedener Herrscher abliefen.

Bevor gleich Auszüge aus den Protokollen wiedergegeben werden, ist der eine oder andere Hinweis, gerade für „Neu-Leser" dieser Thematik, von Bedeutung.

1. Die Protokolle, unbeachtet der Urheberschaft, bilden die theoretische Grundlage für eine systematische und langfristig geplante Umsetzung einer neuen Weltordnung, mit dem Ziel einer zentralen Weltregierung (Eine-Welt-Regierung; Anm. d. A.).

2. Die Schriften, die von einer erschreckenden Menschenverachtung zeugen, sind seit ihrem ersten offiziellen Erscheinen bis zum heutigen Tage Gegenstand heftiger Diskussionen. Die verschiedenen Interessensgruppen schoben die Autorenschaft ihren jeweiligen Gegnern zu.

Der Text der 24 Protokolle umfaßt etwa siebzig Buchseiten. Hier nun einige Auszüge daraus:

### 1. Schuldenwirtschaft oder die Kontrolle des Geldes

„...Die Kontrolle der Nationen wird durch die Errichtung riesiger privater Monopole, als Behälter gewaltiger Reichtümer, sicher sein...

...Damit werden sie zugrunde gehen müssen, zusammen mit dem Kredit der Staaten, am Tage nach dem politischen Zusammenbruch...

...Wirtschaftskrisen zur Schädigung gegnerischer Staaten durch Zurückziehen des Geldes aus dem Umlauf. Durch die Anhäufung großer privater Kapitalien, die dadurch dem Staate entzogen sind, wird dieser Staat gezwungen sein, dieselben Kapitalien als Anleihe von uns zu entnehmen. Die Anleihen belasten die Staaten mit Zinsen und machen sie zu willenlosen Sklaven. Anstatt zeitgemäße Steuern vom Volke abzuverlangen, werden sie zu unseren Bankherren kommen und betteln. Fremde Anleihen sind Blutegel, und es gibt keine Möglichkeit, sie vom Staatskörper wieder zu entfernen, bis sie entweder von selbst abfallen oder der Staat sie abschüttelt. Aber die nicht illuminierten Staaten schütteln sie nicht ab, sondern legen sich immer neuere zu und müssen daher unweigerlich zugrunde gehen.

Durch die Staatsverschuldung werden die Staatsmänner bestechlich werden und dadurch noch mehr in unsere Kontrolle fallen...“[171]

### 2. Die Kontrolle der Presse

„...Wir werden mit der Presse in folgender Weise verfahren:

Sie dient zur Aufreizung und Entflammung der Volksleidenschaften... und die Öffentlichkeit hat nicht die geringste Ahnung, wem die Presse in Wirklichkeit dient... Unter den Blättern werden aber auch solche sein, die uns angreifen, die wir aber selbst gegründet haben, und sie werden ausschließlich solche Punkte angreifen, die wir bereits zur Anordnung bestimmt haben...

...Keine einzige Ankündigung wird ohne unsere Kontrolle an die Öffentlichkeit gelangen. Das wird ja auch jetzt schon erreicht, insofern die Nachrichten aus aller Welt in einigen Nachrichtenagenturen zusammenlaufen. Diese Agenturen werden von uns bereits kontrolliert und lassen nur das in die Öffentlichkeit, was wir gutheißen...

...Unsere Zeitungen werden von allen Schattierungen sein, aristokratisch, sozialistisch, republikanisch, sogar anarchistisch, natürlich nur so lange, als die Verfassung besteht...

...Jene Toren, welche glauben, sie wiederholen die Zeilen einer Zeitung ihres eigenen Lagers, werden in Wirklichkeit unsere Meinung oder eine solche, die uns wünschenswert ist, nachsprechen...“[172]

### 3. Die Kontrolle der Erziehung

„...Die Massen werden nicht zur praktischen Anwendung der vorurteilslosen geschichtlichen Beobachtung angeleitet, sondern zu theoretischen Erwägungen, ohne kritische Beziehung auf folgende Ereignisse...

...Laßt uns für jenes Spiel die Hauptsache sein, daß wir sie überredet haben, die Erfordernisse der Wissenschaft anzunehmen...

...Angesichts dieser Tatsache haben wir unablässig mittels unserer Presse ein blindes Vertrauen auf diese (wissenschaftlichen) Theorien hervorgerufen. Diese Intellektuellen unserer Feinde werden sich mit ihren Erkenntnissen anpreisen. Sie werden alle Ergebnisse der Wissenschaft ohne ihre logische Bestätigung in die Tat umsetzen... Denken Sie nicht, daß diese Feststellungen bloße Worte sind: Denken Sie an die Erfolge, die wir mit dem Darwinismus, Marxismus und Nietzscheismus errungen haben.

...Indem das Volk immer mehr entwöhnt wird, selbst nachzudenken und sich eigene Meinungen zu bilden, wird es schließlich in dem Ton reden, wie wir wollen, daß sie reden...“[173]

### 4. Glaube und Religion

„...Wir werden den Menschen den wahren Glauben nehmen. Wir werden die Grundpfeiler der geistigen Gesetze verändern oder herausnehmen... Das Fehlen dieser Gesetze wird den Glauben der Menschen schwächen, da die Religionen diese Zusammenhänge nicht mehr erklären können... Diese Lücken werden wir durch materialistisches Denken und mathematische Berechnungen füllen...“[174]

**5. Das Verlangen nach Luxus**

„...Um den Ruin der Industrie der nicht illuminierten Staaten zu verstärken, werden wir unter ihnen das Verlangen nach Luxus forcieren. Der gewöhnliche Mensch wird sich jedoch nicht am Luxus erfreuen können, da wir ständig die Preise erhöhen werden, damit der Arbeiter genauso viel arbeiten muß wie vorher, um das Gewünschte zu bekommen...

...Und bis er das System erkennt, wird er bereits darin gefangen sein."[175]

**6. Die Ausbreitung der Macht**

„...Wir werden in der Öffentlichkeit der Freund aller sein... Wir werden alle unterstützen, Anarchisten, Kommunisten, Faschisten... und speziell die Arbeiterschaft. Sie werden uns vertrauen und dadurch zu einem geeigneten Werkzeug werden..."[176]

**8. Das Mittel der Verwirrung**

„...Um die öffentliche Meinung in unsere Hand zu bekommen, müssen wir sie in ein Stadium der Verwirrung bringen...

...Wir werden unter anderem die Presse dazu benutzen, den Menschen so viele verschiedene Meinungen zu präsentieren, daß sie den Überblick im Labyrinth der Informationen verlieren...

...damit werden sie zu der Ansicht kommen, daß es am besten ist, keine spezielle Meinung (politisch) zu haben..."[177]

**9. Die Kontrolle der Politik**

„...Durch unser Einflößen des Liberalismus in die Staatsorganismen, wird ihr ganzes politisches Aussehen verändert...

...Eine Verfassung ist nichts anderes als die hohe Schule der Uneinigkeiten, Mißverständnisse, Zankereien und Parteilaunen, mit einem Wort: eine Schule all dessen, was dazu dient, die Persönlichkeit des Staatsbetriebes zu zerstören...

...Im „Zeitalter der Republiken" werden wir die Herrscher durch die Karikatur einer Regierung ersetzen, mit einem Präsidenten aus dem Volke, aus der Mitte unserer Puppen, unserer Sklaven...

...Wir werden die öffentlichen Wahlen zu einem Mittel machen, das uns auf den Thron der Welt verhelfen wird, indem auch dem Geringsten im Volke der Anschein gegeben wird, durch Zusammenkünfte und Vereinigungen auf die Gestaltung des Staates einzuwirken...

...Wir werden gleichzeitig die Bedeutung der Familie und ihrer erzieherischen Wirkung zerstören und ebenfalls die Möglichkeit selbständiger Persönlichkeit beseitigen...

...Es genügt, ein Volk eine gewisse Zeit lang der Selbstregierung (Demokratie) zu überlassen, um es in einen ordnungslosen Pöbel zu verwandeln...

...Die Macht des Pöbels ist eine blinde, sinnlose und unvernünftige Kraft, immer in der Gewalt der Beeinflussung von irgendeiner Seite. Der Blinde kann aber nicht den Blinden führen, ohne in den Abgrund zu stürzen. Nur jemand, der von Geburt an zum unabhängigen Herrscher erzogen ist, hat Verständnis für das politische ABC...

...Unser Erfolg wird dadurch erleichtert werden, daß wir in unserem Verkehr mit den Menschen, derer wir bedürfen, immer auf die empfindlichste Seite der menschlichen Natur einwirken werden: die Geldgier, die Leidenschaft und die Unersättlichkeit nach menschlichen und materiellen Gütern...«[178]

### 10. Sinn und Zweck des Krieges

„...Um Machthungrige zu einem Mißbrauch der Macht zu veranlassen, werden wir alle Kräfte in Gegnerschaft zueinander bringen. In ganz Europa, und mittels der Beziehungen Europas auch in anderen Erdteilen, müssen wir Gärungen, Zwiespalte und Feindschaften erschaffen...

...Wir müssen in der Lage sein, jedem Widerstand durch Kriege mit dem Nachbarland zu begegnen. Wenn diese Nachbarn es jedoch auch wagen sollten, gegen uns zusammenzustehen, dann müssen wir ihnen durch einen Weltkrieg Widerstand bieten...«[179]

### 11. Die Kontrolle der freimaurerischen Logen

„Mittlerweile jedoch, bis wir in unser Königreich kommen, werden wir den entgegengesetzten Weg beschreiten: Wir werden in allen Ländern der Welt freimaurerische Logen gründen und vermehren und in ihnen alle Persönlichkeiten anlocken, die in der Öffentlichkeit hervorragen können oder es schon tun. Denn diese Logen werden unser hauptsächliches Auskunftsbüro und Einflußmittel sein. Wir werden alle diese Logen unter unsere Zentralverwaltung bringen, die wir allein kennen und die den anderen gänzlich unbekannt ist.

...Wer oder was kann eine unsichtbare Macht überwinden? Genau das ist unsere Macht... Die Freimaurerei dient uns blindlings als Kulisse für uns und unsere Ziele. Aber der Handlungsplan unserer Macht bleibt für das ganze Volk, ja sogar den Rest der eigenen Bruderschaft, ein unbekanntes Geheimnis...“[180]

**12. Die Kontrolle der Nahrung**

„...Unsere Macht liegt auch in der dauernden Nahrungsknappheit. Das Recht des Kapitals erzeugt Hunger, der die Arbeiter sicherer beherrscht, als es der Adel mit der gesetzlichen Königsmacht vermochte...

...Durch Mangel, Neid und Haß, die so erzeugt werden, werden wir die Massen bewegen...

...aber als Landbesitzer kann er uns noch gefährlich werden, da er Selbstversorger ist. Darum müssen wir ihn um jeden Preis seines Landes berauben. Dieses wird am besten erreicht, indem man die Lasten auf den Grundbesitz vermehrt, ...indem man die Ländereien mit Schulden belädt.“[181]

**13. Der Tod**

„...Der Tod ist das unvermeidliche Ende aller, daher ist es besser, jene diesem Ende näher zu bringen, die unseren Zielen im Wege stehen...

...Wir gebrauchen die Freimaurer in einer Weise, daß niemand, nicht einmal das Opfer unseres Todesurteils selbst, jemals Verdacht schöpfen kann; sie sterben alle, wenn es erforderlich ist, wie von einer gewöhnlichen Krankheit...“[182]

Auch wenn diese Illuminaten-Protokolle aus zweiter oder dritter Hand stammen und ihre Autorenschaft bis heute nicht endgültig geklärt ist, sollte man bedenken, daß sie aus dem 19. Jahrhundert, ursprünglich wohl aus dem 18. Jahrhundert stammen, also aus einer Zeit lange vor den beiden Weltkriegen, der technischen Revolution und der rasanten Medien- und TV-Entwicklung des 20. Jahrhunderts.

Selbst wenn man von einer Fälschung ausgeht, sollte man sich gleichzeitig die Frage stellen: *Eine Fälschung wovon? Wurde möglicherweise ein Original ge- oder verfälscht?*

Der entscheidende Punkt in dieser Thematik ist aber ein ganz anderer: Die Protokolle, die Hauptthesen wenn man so will, wurden bereits zu großen Teilen umgesetzt – das ist unzweifelhaft! Das heißt im Klartext: Ob echt oder Fälschung und trotz bis heute nicht endgültig nachweisbarer Autorenschaft:

*Die Protokolle werden angewendet!*

Doch dazu vielleicht einige Hinweise und aktuelle Anmerkungen zu den Protokollen:

- Allein im Jahr 2001 betrug der Fehlbetrag in den öffentlichen Haushalten rund 100 Milliarden DM: „Die Ausgaben bei Ländern, Gemeinden und Sozialversicherungen stiegen gegenüber dem Vorjahr um 1,5 Prozent auf 971,3 Milliarden Euro; die Einnahmen lagen mit 921,7 Milliarden Euro um 5,5 Prozent niedriger."[183]
  Laut „Schulden-Uhr" des Steuerzahlerbundes betrug die Staatsverschuldung am 1. April 2002, 0:00 Uhr = 1.225.214.130.389 Euro, das sind eine Billion zweihundertfünfundzwanzig Milliarden zweihundertvierzehn Millionen einhundertdreißigtausenddreihundertneunundachtzig Euro. Sie haben richtig gelesen. Es lohnt sich, den vorletzten Satz noch einmal zu lesen. Das ist das Ergebnis eines brutalen Kapitalismus![184]

  In einer UNO-Studie wurde 1996 bekanntgegeben, daß die weltweit 358 Milliardäre fast die Hälfte des Welteinkommens besitzen. Würde man statt des Einkommens das Vermögen berücksichtigen, wäre der Gegensatz noch viel größer.[185]
  Diese Verschiebung ist in allen reichen Nationen zu erkennen.
  Ebenfalls im Jahre 1996 veröffentlichte die CDA (Christlich Demokratische Arbeitnehmerschaft – eine CDU-Organisation), daß sich 80 Prozent des Produktivvermögens in Deutschland in den Händen von nur 3 Prozent der Bevölkerung befinden.[186]
  Dabei sind natürlich die Reichen immer bemüht, durch kleine Almosen den Eindruck zu erwecken, daß ihnen die Gesellschaft am Herzen liegt.[187]

John D. Rockefeller, der Begründer eines Ölkonzerns, sah sich als Handlanger Gottes, der andere ausbeuten mußte, um den göttlichen Auftrag auszuführen, Ordnung in die chaotische Welt zu bringen. Eine Kapitalrendite von 25 Prozent machte ihn kaum stutzig. Mit seinem Vermögen von zwei Milliarden Dollar und damit 1,53 Prozent des amerikanischen Sozialproduktes (zum Vergleich: Bill Gates hat heute 90 Mrd. Dollar, gerade 0,58 Prozent der Wertschöpfung), galt er als reichster Mann aller Zeiten. Bis zum Ende seines Lebens behielt er den Glauben, daß Gott ihm all das Geld zum Wohl der Menschen geschenkt habe. Er galt als größter Philanthrop (Menschenfreund) aller Zeiten.[188] Der Großspekulant George Soros hat schon mehr als eine Milliarde Dollar gespendet, um demokratische Organisationen aufzubauen. Sich selbst bezeichnet er als einen finanziellen Philanthropen und philosophischen Spekulanten. Der Schaden, den die Reichen über den Kapitalentzug und ihren ruinösen Wettbewerb verursachten, kann nicht durch Almosen wettgemacht werden. Ohnehin geht es bei den gespendeten Beträgen nur um winzige Bruchteile des angesammelten und immer größer werdenden Vermögens.[189]
Im weiteren Verlauf werden wir zudem sehen, daß viele dieser dann gegründeten „demokratischen Organisationen" und Stiftungen zur politischen Lenkung bestimmter Ideologien benutzt werden.

Ein anderes gutes Beispiel für konzentrierte Finanzmacht auf der Erde ist die katholische Kirche. Sie ist zweifelsohne eine der einflußreichsten, mächtigsten und reichsten Organisationen der Welt. Das Gesamtvermögen wurde in den vergangenen Jahren auf über 900 Milliarden DM geschätzt.

Nur wenige Fragen sollten hier genügen und zum Nachdenken anregen:

1. Was unternimmt die Elite, die reichen Einzelpersonen und als Organisation die katholische Kirche beispielsweise, gegen die Armut und den Hunger in der Dritten Welt?

2. Was zur Stabilisierung des Weltfriedens?

3. Was zum Abbau des Rüstungswahnsinns, der stattfindet?

- Daß sich die Presse bereits seit langer Zeit in der Hand nur noch weniger Finanzmogule befindet (mehr dazu in Band 2!), ist heute kein Geheimnis mehr. Die Medien sind die großen Manipulierer unserer Zeit, sind aber selbst auch nur Manipuliermasse in den Händen jener, welche die Kapitalmacht besitzen.

- Seit Jahrzehnten wird die Umwelt ausgebeutet – warum wird das immer weiter zugelassen?

- Die Aufrüstung der führenden Nationen wird seit Jahrzehnten in bedrohliche Dimensionen geführt. Im Jahre 2002 wurden weltweit **960 Milliarden Euro** (!) für die Rüstung ausgegeben, wobei verschiedene Schätzungen noch weit höher liegen![190]

  Der Grund dafür kann nicht darin liegen, daß sich diese Nationen (führend ist die USA!) dadurch vor Aggressoren schützen oder sie dadurch den Frieden sichern! Die Fakten sprechen dahingegen eine deutliche Sprache, so ist die *Militär-Industrie* der USA der mit Abstand größte wirtschaftliche Faktor der Nation.
  Wäre die politische Situation nicht so erschreckend, sollte man schmunzeln, wenn man bedenkt, daß die *Supermacht Amerika* in der Rüstung führend ist, über den höchsten Rüstungsetat verfügt – also die Nation, die eigentlich zumindest militärisch unantastbar zu sein scheint! Welche andere Nation der Erde würde die *Supermacht Amerika* angreifen?

- Wie bereits erwähnt wurde, sind allein in den letzten Jahrhunderten seit Beginn der *Neuzeit* etwa 200 Kriege geführt worden, alleine im 20. Jahrhundert 62 an der Zahl, darunter zwei Weltkriege – Tendenz steigend! Würde man nur im 20. Jahrhundert die militärischen Operationen der USA dazuzählen, die nicht unter die Bezeichnung „Krieg" fallen, würde sich die Zahl mehr als verdoppeln.

- Warum wird eine abhängig machende Technologie und Medizin vorangetrieben, während alle echten Alternativen benachteiligt, unterdrückt oder (im Fall von Krebs, Aids usw.) wohl sogar verheimlicht werden?[191]

- Warum unterstützt die Elite der Mächtigen angesichts der herrschenden Probleme und Gefahren immer extremere Formen der Wissenschaft (Gentechnik, Atomexperimente, High-Technologie) und Wirtschaft (Globalisierung, Zentralisierung, Monopolisierung) und unterbindet systematisch alle anderen Bestrebungen?[192]

Ich könnte beliebig weitere Anmerkungen und Fragen in bezug auf die Protokolle und die damit in Verbindung stehende aktuelle Weltsituation anführen. Stellen wir die Protokolle also der aktuellen politischen Weltsituation gegenüber, stellen wir unweigerlich fest, daß wesentliche Inhalte der Protokolle schon umgesetzt beziehungsweise derzeit angewendet werden! So ist auch die Umsetzung einer Eine-Welt-Regierung zu großen Teilen längst erfolgt, was allerdings nur erkennbar wird, wenn wir die Protokolle und die besonders damit verbundene geschichtliche Epoche der letzten zweihundertfünfzig bis dreihundert Jahre genauer unter die Lupe nehmen.

Doch durch wen werden die Protokolle angewendet, das heißt, wer hat überhaupt die finanziellen, also die politischen Mittel, sie anzuwenden? Feststeht, daß eine grundlegende Voraussetzung Geld ist.

Eines steht wohl außer Frage: daß es sich bei den Akteuren um mächtige und einflußreiche Gruppen mit einer besonderen Ideologie handelt.

Hierbei sollten wir die Illuminaten (die Lichtträger) aber nicht als eine geschlossene Geheimgesellschaft verstanden wissen, die das Freimaurertum und letztlich alle bedeutenden übrigen Geheimgesellschaften und die Kirche mit der Zeit bewußt und gezielt unterwandert hat, wie in den Protokollen unter Punkt 11 bereits zu lesen ist. Vielmehr sollten wir die Illuminaten als einen anonymen Sammelbegriff werten, der das Ergebnis und den Zusammenschluß verschiedener Organisationen und geheimgesellschaftlich operierender Gruppen darstellt. Dieses Netzwerk besteht unter anderem aus Banken, Versicherungen, tausenden von verschiedenen Stiftungen, internationalen Firmen, Industriekonzernen und Regierungsbehörden, deren führende Köpfe Mitglieder in Geheimgesellschaften und unterschiedlichen Logen sind. Sicherlich spielen die bayerischen Illuminaten um ihren Gründer Adam Weißhaupt dabei keine unwesentliche Rolle, aber die weitere Unterwanderung und Vernetzung ist sehr schwer aufzuschlüsseln.

Durch die Behandlung der Thematik rund um das Logentum, die Unterwanderung des Freimaurertums und die Pläne für die Installierung einer Eine-Welt-Regierung, muß bei vielen Lesern unweigerlich der Eindruck entstehen, daß beispielsweise das Freimaurertum durchgängig bösartig, verschwörerisch und kriminell zu sein scheint. Diesen Eindruck zu erwekken, liegt dem Autor fern. Das muß an dieser Stelle deutlich gesagt werden. Damit bitte ich auch um Verständnis bei allen Lesern, die in Freimaurer- oder anderen Logenverbänden vertreten sind. Das Ziel dieses Werkes ist nicht Anklage oder Verurteilung, sondern Licht in dunkle Bereiche unserer Geschichte zu bringen, um so die politische und geschichtliche Gegenwart besser verstehen zu können.

Die Unterwanderung und Zentralisierung, die gezielt geplant und strategisch höchst intelligent umgesetzt wird, betrifft eben wissentlich(!) nur die Spitze der Loge, respektive die Hochgrade. Das kluge Stufensystem führt letztlich dazu, daß die Masse *nicht* über das Wissen und die Ziele der Hochgrade informiert ist!

Stellen Sie sich eine Pyramide vor, vielleicht sogar die „Illuminaten-Pyramide“ auf der Ein-Dollar-Note der Vereinigten Staaten, denn diese symbolisiert genau das, worauf wir gerade hinaus wollen: Die Elite, die Protagonisten oder Führer, wie man sie auch bezeichnen mag, heben sich von der übrigen Masse, auch von der Masse der Loge, für die sie stehen, ab. Sie bilden das alles kontrollierende und überwachende Auge!

Es ist ein guter Vergleich, sich die Struktur einer Loge als eine Pyramide vorzustellen, die aus verschiedenen Stufen (Graden) besteht. Jeder Neueinsteiger beginnt seine Laufbahn auf der untersten Stufe der Pyramide. Dort wird der Adept geschult und darauf vorbereitet, daß er auf seinem Weg nach oben stetig weiter in Geheimnisse eingeweiht wird, die den „Normalsterblichen“ nie enthüllt werden.

So hat wahrscheinlich der Großteil der Freimaurer nicht die geringste Ahnung davon, was ihre obersten Logenbrüder, die unterwandert und vernetzt sind, im Schilde führen. Ein entscheidender Wandel in der Freimaurerei trat bereits im 17. Jahrhundert ein, als sich nämlich der Charakter einer Handwerkszunft allmählich immer mehr in den einer geheimen, mystischen und okkulten Gemeinschaft wandelte. Einen wesentlichen Aspekt hierzu liefert die Veränderung und Entwicklung der Einweihungsstufen.

Wie bereits erwähnt, hatte das neue System der Einweihungsstufen nach der Gründung der Großloge (*Mutterloge der Welt*) 1717 drei Grade: *Lehrling*, *Geselle* und *Meister*.

1736 wurde dann die *Schottische Großloge* gegründet, die ebenfalls die Zünfte auf ein Minimum beschränkte. Im Vordergrund standen Mystik und Okkultismus. In den schottischen Logen war die Tempelfreimaurerei üblich; später wurde auch die Verleihung des Tempelrittergrades eingeführt.

**Wichtig:**
Als der Unabhängigkeitskrieg vorbei war, spalteten sich die amerikanischen Freimaurerlogen von der englischen Mutterloge ab und schufen ihre eigene *Amerikanische Großloge*. Diese bestand aus dem **„Yorker-Ritus“**, der zehn Grade beeinhaltet (der zehnte ist der Templergrad), und dem ***„Schottischen Ritus“***, der in 33 Grade eingestuft ist. Die Freimaurer glauben, daß der 33. Grad („Oberster Rat“) gleichzeitig die höchste Einweihungsstufe darstellt und es darüber hinaus keine weiteren gibt. Tatsächlich aber muß es darüber noch weitere, einen dem Obersten Rat übergeordneten *„Rat“* geben (Protokolle Punkt 11). Einen möglichen Hinweis darauf finden wir gleich im nachfolgende Kapitelabschnitt.

Es ist letztlich wie ein Puzzle mit tausend Teilen: Jedes Teil ist anders, und erst die Zusammensetzung aller Teile stellt das Gesamtbild dar.

Neben der Frage, ob es einen *Rat* über dem *Obersten Rat* gibt, sollten wir zunächst einer anderen Frage nachgehen:

Wer könnten die „Lichtträger“ sein, die seit Jahrhunderten – bis in die Gegenwart hinein – die Logen unterwandert haben, das Weltfinanzwesen lenken sowie Revolutionen und Kriege planen, um nach Jahrhunderte alten Konzepten zu versuchen, ihr Ziel umzusetzen, eine „Eine-Welt-Regierung“ zu installieren?

## *Die Familie Rothschild*

Wenn wir die Geschichte und die wirklichen Ursachen für weltpolitische Entscheidungen der letzten Jahrhunderte und insbesondere des letzten Jahrhunderts in einem klareren Zusammenhang verstehen wollen, dürfen wir das 19. Jahrhundert noch nicht verlassen.

Zweifellos steht die Familie Rothschild seit jeher im Mittelpunkt des internationalen Bankgeschäftes. Dazu wollen wir den Aufstieg des Rothschild-Imperiums kurz chronologisch betrachten.

Heute üben Familiennamen wie beispielsweise der Name *Rockefeller* oder *Rothschild* unter den Menschen eine gewisse Faszination aus. In erster Linie assoziieren sie mit diesen Namen wohl aber Macht, Geld und Politik. Aber nur wenige Leser wissen Näheres, außer die Familien mit Geld und Macht in Verbindung zu bringen.

Beginnen wollen wir zunächst im 18. Jahrhundert. Im Jahre 1743 wurde Mayer Amschel Bauer in Frankfurt am Main geboren. Sein Vater war Moses Bauer, ein wandernder Geldwechsler und Goldschmied, der sich nach längerer Wanderschaft in Osteuropa in Frankfurt niederließ, nachdem sein erster Sohn geboren worden war. Er eröffnete ein Geschäft in der Judenstraße. Über der Eingangstür brachte er ein großes rotes Schild an. Moses Bauer soll dieses Schild zu seinem persönlichen Wappen erhoben haben, aufgrund der roten Flagge, die das Siegeszeichen für die revolutionären Juden in Osteuropa darstellte.

Wenige Jahre nach dem Tod seines Vaters bekam Mayer Amschel eine Anstellung als Bankgehilfe bei den Oppenheimers in Hannover. Seine Begabung und seine intellektuellen Fähigkeiten ließen ihn auf der Karriereleiter schnell aufsteigen. Er wurde Juniorpartner der Firma. Im Jahre 1750 kehrte Mayer Amschel Bauer nach Frankfurt zurück und erwarb das Bankgeschäft seines Vaters. Das rote Schild hing immer noch über der Eingangstür. Sich der Bedeutung des Schildes wohl bewußt, änderte Mayer Amschel Bauer seinen Namen um in Rothschild.

Sein Aufstieg beschleunigte sich, als er durch seinen geschäftlichen Aufstieg in die Gunst des Prinzen Wilhelm von Hessen-Hanau kam. Den Zugang zum Hof des Prinzen verdankte er seiner Bekanntschaft zu General von Estorff, den er während seiner Tätigkeit bei der Oppenheimer Bank kennenlernte.

Prinz Wilhelm hatte beträchtliche Finanzeinnahmen dadurch angehäuft, daß er seine Truppen gegen gutes Geld an nahezu jede Regierung verlieh. Sein bester Kunde war der englische (Hannoveraner) König. Die englische Regierung brauchte die Truppen auch, um die amerikanischen Kolonisten in Schach zu halten und später auch George Washingtons Armee in „Valley Forge" zu bekämpfen. Rothschild wurde Wilhelms persönlicher Bankier.[193]

Das Vermögen, das Prinz Wilhelm mit dem Verleihen seiner Truppen anhäufte, soll sich auf 200.000.000 Dollar belaufen haben.

Im Jahre 1770 heiratete Mayer Amschel Rothschild Gutele Schnaper. Gemeinsam bekamen sie fünf Söhne und fünf Töchter. Die Söhne hießen: Amschel, Salomon, Nathan, Kalmann und Jakob.

Als Prinz Wilhelm wegen politischer Unruhen nach Dänemark fliehen mußte, ließ er 600.000 Pfund (damals drei Millionen Dollar) zur Aufbewahrung bei Rothschild zurück.

Die drei Millionen Dollar sollen ursprünglich von der englischen Regierung als Lohn für dessen Truppen an Prinz Wilhelm bezahlt worden sein. Für Mayer Amschel Rothschild war es die beste Grundlage, seine Geschäftsunternehmungen auf ein höheres und internationales Niveau auszubreiten. So wurde er der erste internationale Bankier.

Einige Jahre zuvor hatte Rothschild seinen ältesten Sohn Nathan nach England geschickt, um dort die Familiengeschäfte wahrzunehmen. Nach einem kurzen Aufenthalt in Manchester, zog Nathan nach London und eröffnete dort eine Handelsbank.

Damit die Sache gutging, spendete Vater Rothschild seinem Sohn die drei Millionen Dollar, die er von Wilhelm von Hessen hatte.[194]

Über den Beginn des Riesenvermögens der Familie Rothschild berichtet auch die „Jüdische Enzyklopädie" von 1905. Hier heißt es, daß Nathan die Beute in „*Gold der Ostindischen Gesellschaft*" investierte, „*wohlwissend, daß dies für Wellingtons Feldzug auf der Halbinsel benötigt würde.*" Mit diesem Geld erzielte Nathan „*nicht weniger als vierfachen Gewinn: bei dem Kauf der Wellington-Aktien, die er für 50 Cent je Dollar kaufte und zu Pari verkaufte; bei dem Verkauf des Goldes an Wellington; bei dessen Rückkauf; und bei dessen Versand nach Portugal. Das war der Anfang des Riesenvermögens des Hauses*".

Das Kapital stieg nun stetig an und ermöglichte der Familie Zweigniederlassungen in Berlin, Wien, Paris und Neapel. An die Spitze einer jeden neugegründeten Niederlassung setzte Rothschild einen seiner Söhne. Die Bank in Berlin leitete Amschel, Salomon leitete die Wiener Bank, Jakob die Filiale in Paris und Kalmann ging nach Neapel.

Mayer Amschel Rothschild starb am 19. September 1812 unter hinterließ ein ausgeklügeltes Testament, um sicherzustellen, das Familienvermögen zu vergrößern. Dieses Testament sah unter anderem vor, daß das Vermögen nur durch die Männer verwaltet werden konnte. Frauen sollten grundsätzlich nicht an der Verwaltung des Vermögens beteiligt werden. Bei Unstimmigkeiten habe immer der älteste der Brüder die entscheidende Stimme. Alle Schlüsselpositionen seien im übrigen mit Familienmitgliedern zu besetzen.

Der außergewöhnliche Zusammenhalt der Familie ist gleichbedeutend mit der Macht und Stärke des Hauses Rothschild: absolute Geheimhaltung aufgrund totaler Familienkontrolle schufen hierfür sicherlich in erster Linie die Grundlagen.

## *Die Verbindung zwischen den Rothschilds und den bayerischen Illuminaten*

Wie bereits beschrieben wurde, fand durch die bayerischen Illuminaten eine gezielte Unterwanderung des Freimaurertums statt. Diese Unterwanderung wurde bereits früh umgesetzt. Am 16. Juli 1782 wurde auf dem Kongreß in Wilhelmsbad die Allianz zwischen den bayerischen Illuminaten und den Freimaurern endgültig besiegelt.

Führen wir uns nochmals vor Augen, daß sich mit diesem Bündnis die mächtigsten Geheimgesellschaften ihrer Zeit vereinigten. Diese Allianz hatte weltweit etwa drei Millionen Mitglieder. Dieses Bündnis hatte auf den weiteren Verlauf der Weltgeschichte grundlegenden Einfluß. Von Historikern allerdings, zumindest offiziell, gar nicht oder nur gering gewürdigt.

Der wichtigste Aspekt dieses Kongresses war jedoch der, daß in den folgenden Jahren eine starke Bewegung existierte, welche die Emanzipation der europäischen Juden erreichte. Während Juden bis zu diesem Zeitpunkt die Mitgliedschaft bei den Freimaurern versagt war, wurde der Bann jetzt aufgehoben, und es wurde beschlossen, die Zentrale des illuminierten Freimaurertums nach Frankfurt zu verlegen, dem Hauptsitz des damaligen Bankwesens – und auch der Rothschilds.[195]

Kann das nur Zufall gewesen sein?

Es gibt aber dennoch interessante Fakten in bezug auf eine mögliche Unterwanderung der bayerischen Illuminaten durch Frankfurter Bankierskreise und deren Verbündete, die wir im folgenden kurz beleuchten wollen.

Der französische Sozialist Louis Blanc beschrieb Adam Weißhaupt, den Gründer der bayerischen Illuminaten, *„als einen der größten Verschwörer, der je existierte"*.

Blanc war besonders von der Zielstrebigkeit und von der großen Strategie Weißhaupts überzeugt. Viele Ziele, welche die Freimaurerei noch heute nicht erreicht hat, und die sie sich – vermeintlich – erst im Laufe der Zeit aneignete, hatte der Führer der Illuminaten damals schon den seinen aufs Panier (Banner, Fahne) geschrieben: *„Die Aufrichtung eines republikanischen Weltstaates, die Vernichtung des Christentums, die egalisierende Abschaffung des Eigentums durch sozialistische Maßnahmen des Staates. ...Das erste Gebot lautete dabei, daß angesichts des Zieles moralische wie legitimistische Vorstellungen veraltet seien. Alles war erlaubt, wenn es die Gemeinschaft nur weiterbrachte. „Der Zweck rechtfertigt die Mittel" lautete der Grundsatz, den Weißhaupt bei den Jesuiten gelernt hatte. Bar jeden Glaubens war er jedoch bereit, in der Praxis wesentlich weiter zu gehen als seine frommen Lehrmeister.*"[196]

Gab es möglicherweise Hintermänner, die Adam Weißhaupt zentralisierten, ausgestattet mit Konzept, Strategie und den entsprechenden Mitteln? Einen interessanten Hinweis zu dieser Theorie liefert uns der mehrfache sowjetische Sonderbotschafter und Minister Christian Rakowski. Dieser hochrangige Freimaurer nannte während der Moskauer Prozesse in den dreißiger Jahren als versteckten Auftraggeber Weißhaupts den großen Philosophen Mendelssohn, um im gleichen Atemzug zu behaupten, die Illuminaten hätten geheime Beziehungen zu dem ersten Rothschild unterhalten.[197]

Interessanterweise decken sich Rakowskis Angaben vollständig mit einer Aussage des Kommandeur Guy Carr, Nachrichtenoffizier der Königlich Kanadischen Marine, der berichtete, daß der Begründer des Hauses Rothschild die Pläne zur Gründung der Illuminaten entworfen und anschließend Adam Weißhaupt mit deren Aufbau und Weiterentwicklung beauftragt habe.[198]

## *Zusammenfassung und Ausblick*

Wie ein roter Faden zieht sich die Geschichte von Geheimgesellschaften und verschiedenen geheimen Organisationen durch die Jahrhunderte unserer Geschichtsschreibung. Diese im Hintergrund operierenden Gruppen, die nach ihrer jeweiligen Ideologie handelten, hatten immer auch einen unmittelbaren Einfluß auf die Politik, das heißt also auf Staatsführung; Kirche und Königshäuser ihrer jeweiligen Epoche – so hatten sie auch stets Einfluß auf Krieg und Frieden.

Besonders in den letzten Jahrhunderten traten die Geheimgesellschaften mehr an die Öffentlichkeit, wie beispielsweise die Freimaurer im 18. Jahrhundert.

Eine „Neuzeit" oder „große Umgestaltung", wenn man so will, begann mit der Unterwanderung der Freimaurerlogen durch die Illuminaten. Am 16. Juli 1782 wurde auf dem Kongreß in Wilhelmsbad die Allianz zwischen den bayerischen Illuminaten und den Freimaurern endgültig besiegelt.

Nach dem Kongreß in Wilhelmsbad gab es in den folgenden Jahren eine starke Veränderung. Während bis zu diesem Zeitpunkt Personen mosaischen Glaubens die Mitgliedschaft bei den Freimaurern versagt war, wurde der Bann jetzt aufgehoben und es wurde beschlossen, die Zentrale des illuminierten Freimaurertums nach Frankfurt zu verlegen, dem Hauptsitz der privaten Bankiers.

Dies ist die entscheidende Schnittstelle – dies ist besonders wichtig auch für die weitere Geschichtsschreibung und die geschichtlichen Ereignisse, die wir noch behandeln werden –, denn das könnte wiederum den Schluß nahelegen, daß selbst die bayerischen Illuminaten rund um Adam Weißhaupt installiert wurden, da die wahren Hintermänner nicht in Erscheinung treten wollten.

Im nächsten Kapitel werden wir nun die *Pläne* für die Umsetzung, oder anders ausgedrückt, für die langfristige Installierung einer Eine-Welt-Regierung näher betrachten.

Abb. 54:
Adam Weishaupt, der Gründer des bayerischen Illuminaten-Ordens.

# Kapitel 6
# PLÄNE FÜR DIE WELTHERRSCHAFT

- Gibt es eine Weltverschwörung?
- Gibt es eine geheime Macht, welche die Weltherrschaft innehat?
- Welche Rolle spielt das Hochfinanzwesen in diesem Zusammenhang?
- Welche Auswirkungen auf die weitere Weltpolitik hatte die Gründung der *Federal Reserve Bank* im Jahre 1913?
- Gibt es eine *Macht hinter der Macht* der Vereinigten Staaten?
- Werden die Vereinigten Staaten durch gezielte Hintergrundpolitik instrumentalisiert?

*„In der Politik geschieht nichts zufällig. Wenn etwas geschieht, kann man sicher sein, daß es auch auf diese Weise geplant war."*

(US-Präsident F. D. Roosevelt)

## *Albert Pike und Giuseppe Mazzini*

Wir werden uns noch etwas im 19. Jahrhundert aufhalten, um erkennen zu können, wie bedeutend gerade dieses Jahrhundert für den weiteren Weg der amerikanischen, der europäischen und insbesondere auch der deutschen Geschichtsschreibung war und wie sehr es durch die verschiedenen Geheimgesellschaften und ihre führenden Köpfe geprägt wurde und bis heute wird!

Wir nehmen den Faden bei den Illuminaten wieder auf, unternehmen vorher aber noch einen kleinen Abstecher in das Ende des 18. Jahrhunderts.

Bereits im Jahre 1797 erschien ein Buch unter dem Titel „*Proofs of a Conspiracy*" (Beweise für eine Verschwörung). Geschrieben wurde es von keinem Geringeren als John Robinson, Professor für Naturphilosophie an der Universität in Edingburgh. Robinson war außerdem Generalsekretär der angesehenen „Royal Society" der Stadt.

Die „großen Intellektuellen“ – und besonders Adam Weißhaupt – waren töricht genug, jenen John Robinson zum Beitritt zu bewegen und somit in die Reihe der Verschwörer aufzunehmen. Die Hintergedanken von Weißhaupt und Co. waren seinerzeit ganz simpel, denn man erhoffte sich, mit Professor Robinson eine entscheidende Person mit ins Boot genommen zu haben, um die Ausdehnung der Illuminaten auf der Insel zu beschleunigen. Aber der Schuß ging nach hinten los, wie das obengenannte Werk von Professor Robinson belegt. Robinson war entgegen Weißhaupts Plan nicht käuflich und fiel auch nicht auf die Behauptung herein, die Absichten der Illuminaten seien rein ehrenhaft.

Durch den Beitritt und das Spiel, das er vermutlich von Anfang an mit dem Orden spielte, bekam er Zugang zu hochvertraulichen Geheimunterlagen der Illuminaten.

Alles, was heute über die Anfänge des Illuminaten-Ordens bekannt ist, stammt aus Robinsons Buch sowie aus einem Werk, das der Priester Barruel ein Jahr später schrieb (*„Memoirs – Illustrating the History of Jacobinsim“*). Es wird davon ausgegangen, daß beide Autoren nichts voneinander wußten. Jedoch geben uns beide Werke einen klaren Überblick über die Organisation und stützen sich dabei weitgehend auf die Originalschriften des Ordens und der Sekte der Illuminaten sowie auf den offiziellen Bericht der bayerischen Regierung, den sie 1786 nach einer genaueren Untersuchung herausgegeben hatte.

Und nun *Vorhang auf* für das 19. Jahrhundert:

Besonders im 19. Jahrhundert gab es eine sehr schnelle Infizierung durch die Geheimgesellschaften. Ein weiterer und weitaus wesentlicherer Punkt dieses Jahrhunderts war die Schnittstelle des Illuminatentums und der reichen, privaten Bankhäuser. Von großer Bedeutung war zweifellos die Monopolisierung der Geldmacht durch private Bankiers, wodurch diese Familien endgültig eine unermeßliche politische Macht erlangten, die zukunftsweisend war und bis in die heutige Gegenwart Bestand hat.

Im Jahre 1834, also etwa vier Jahre nach dem Tod von Adam Weißhaupt und der wohl inszenierten „Reue“ und „Rückkehr“ in den Schoß der katholischen Kirche, wurde Guiseppe Mazzini, der italienische Revolutionsführer, von den Illuminaten zum Leiter des weltweiten Revolutionsprogramms ernannt. Diese Position hatte er bis zu seinem Tod 1872 inne.

Während seiner Führungszeit des bayerischen Illuminatenordens korrespondierte Mazzini mit Albert Pike, dem *„souveränen Großmeister des alten und akzeptierten Schottenritus* (33. Einweihungsgrad) *der Freimaurer"* der südlichen Jurisdiktion der USA und späteren Gründer des *„Ku Klux Klan"*. Pike war von Mazzini zum Leiter der Operationen der bayerischen Illuminaten in den USA ernannt worden. Mazzini und Pike ergänzten sich gut. Dabei übernahm Pike die theosophischen Aspekte ihrer Operationen und Mazzini den politischen Part. Als die Freimaurerlogen des großen Orients durch Mazzinis revolutionäre Aktivitäten in Europa in Verruf kamen, präsentierte dieser Pike einen genialen Plan. In einem Brief vom 22. Januar 1870 schrieb Mazzini an Pike:

*„Wir müssen allen Verbänden gestatten, wie bisher weiterzuexistieren mit ihren Systemen, ihren zentralen Organisationen und den verschiedenen Arten der Korrespondenz zwischen den hohen Graden desselben Ritus, in ihren gegenwärtigen Organisationsformen. Aber wir müssen einen* ***Superritus*** *schaffen, der unbekannt bleiben soll und in den wir die Maurer hoher Grade nach unserer Wahl berufen werden. Aus Rücksicht auf unsere Mitbürger müssen sich diese Männer der strengsten Geheimhaltung unterwerfen.* ***Mit diesem obersten Ritus*** *werden wir das gesamte Freimaurertum regieren; er wird die internationale Zentrale werden, die um so mächtiger ist, weil seine Leitung unbekannt sein wird."*[201]

Mazzini spricht in diesem Brief von einem *obersten Ritus*, einem *Superritus*, wie er hier selbst schreibt. Dieser Superritus ist im Grunde nichts anderes als das Vorhaben, langfristig das gesamte Freimaurertum zu kontrollieren, insbesondere die Hochgrade der Loge durch einen übergeordneten Ritus zu steuern.

Abb. 55:
Guiseppe Mazzini.

## *Pläne für drei Weltkriege*

Einer der führenden Hochgradfreimaurer des 19. Jahrhunderts war der gerade erwähnte Albert Pike (1809-1895) aus Amerika. Er war die nächste wichtige Persönlichkeit, die in der amerikanischen Szene als ein Führer der Verschwörung auftrat. Er war ein schwarzmagischer Großmeister, Experte in sechzehn antiken Sprachen, Luziferverehrer und Genie.[202]

Der Brief Albert Pikes vom 15. August 1871 wurde vor einigen Jahren im britischen Museum ausgestellt und gibt uns einen klaren Einblick in die Gedankenwelt Pikes:

*„Wir werden die Nihilisten und Atheisten loslassen; wir werden einen gewaltigen gesellschaftlichen Zusammenbruch provozieren, der in seinem ganzen Schrecken den Nationen die Auswirkungen von absolutem Atheismus, dem Ursprung der Grausamkeit und der blutigsten Unruhen, klar vor Augen führen wird. Dann werden die Bürger – gezwungen, sich gegen die Minderheit der Revolutionäre zur Wehr zu setzen – diese Zerstörer der Zivilisation ausrotten. Die Mehrheit der Bürger wird, gottgläubig wie sie ist, nach der Enttäuschung durch das Christentum und daher ohne Orientierung, besorgt nach einem neuen Ideal Ausschau halten, ohne jedoch zu wissen, wen oder was sie anbeten soll. Dann sind die Menschen reif, das reine Licht durch die weltweite Verkündung der reinen Lehre Luzifers zu empfangen, die endlich an die Öffentlichkeit gebracht werden kann. Sie [diese Verkündigung] wird auf die allgemeine reaktionäre Bewegung folgen, die aus der gleichzeitigen Vernichtung von Christentum und Atheismus hervorgehen wird.“*[203]

Dieser Brief Albert Pikes ist ein Dokument aus erster Hand, das uns einen klaren Einblick in die Gedankenwelt der Illuminaten gibt. Im Mittelpunkt ihrer Religion wird Luzifer als Gott verehrt:

*„Folgendes müssen wir der Menge sagen: ‚Wir verehren Gott, aber unser Gott wird ohne Aberglauben angebetet.' Euch, den großen Generalinstruktoren, sagen wir, was ihr den Brüdern der 32., 31. und 30. Grade wiederholen sollt: Die Maurer-Religion sollte von uns allen, die wir Eingeweihte der höchsten Grade sind, in der Reinheit der luziferischen Doktrin erhalten werden. ...Luzifer ist Gott; unglücklicherweise ist Adonai auch Gott. Denn nach dem ewigen Gesetz gibt es Licht nicht ohne Schatten, Schönheit nicht ohne Häß-*

*lichkeit, Weiß nicht ohne Schwarz. Das Absolute kann nur in Gestalt zweier Gottheiten existieren: Das Dunkel dient dem Licht als Hintergrund...*"[204]

Hier wird der Plan für die Übernahme der Welt deutlich. Die Voraussetzung dafür wurde dadurch erreicht, daß die europäischen Nationen im Würgegriff der internationalen Bankiers waren, die im 19. Jahrhundert den endgültigen Sturm auf die Vereinigten Staaten planten.

In dem Brief vom 15. August 1871 legte Pike dem Illuminatenführer Mazzini im groben Umriß seinen Plan für die Eroberung der Welt in drei Weltkriegen dar, so daß der Weg für eine „Neue Weltordnung" (Eine-Welt-Regierung) frei sein würde.

Der ***Erste Weltkrieg*** sollte inszeniert werden, um das zaristische Rußland zu zerstören und dieses weite Land unter die unmittelbare Kontrolle der Illuminaten-Agenten zu bringen. Rußland sollte dann als „Buhmann" benutzt werden, um die Ziele der Illuminaten weltweit zu fördern.

Der ***Zweite Weltkrieg*** sollte über die Manipulation der zwischen den deutschen Nationalisten und den politischen Zionisten herrschenden Meinungsverschiedenheiten fabriziert werden. Daraus sollte sich eine Ausdehnung des russischen Einflußbereiches und die Gründung des Staates Israel in Palästina ergeben.

Der ***Dritte Weltkrieg*** soll sich diesem Plan zufolge aus Meinungsverschiedenheiten ergeben, welche die Illuminaten-Agenten zwischen Zionisten und Arabern hervorrufen wollen. Es ist die weltweite Ausdehnung des Konfliktes geplant.[205]

Teil des Planes ist es ebenfalls, Nihilisten und Atheisten gegeneinander aufzuhetzen, um einen sozialen Umsturz, der durch noch nie gesehene Brutalität und Bestialität erreicht werden würde, zu provozieren.

Nach der Zerstörung des Christentums und des Atheismus würde man den Menschen jetzt die wahre „Luziferische Doktrin" entgegenbringen und damit zwei Fliegen mit einer Klappe schlagen.[206]

Abb. 56:
Albert Pike

**Anmerkung zur heutigen Situation:**

Zwei Weltkriege liegen bereits hinter uns, nicht zu vergessen der Sturz des zaristischen Rußlands und letztlich der Sturz der einstigen Weltmacht Rußland, die systematisch als „Buhmann“ (Feindbild) aufgebaut und in politische und militärische „Armut“ und Abhängigkeit gedrängt wurde.

Besonders nach den Anschlägen vom 11. September 2001 auf das New Yorker World Trade Center und das Pentagon (wird in Band 2 ausführlich behandelt!) ist offensichtlich, daß auch der Fahrplan für einen neuen großen Krieg (Dritter Weltkrieg) eingehalten wird. Natürlich gibt es nicht Knall auf Fall einen Dritten Weltkrieg! Vielmehr wird ein Flächenbrand entfacht – beginnend mit dem Feindbild Osama bin Laden und dem Angriff auf Afghanistan. Der nächste zu erwartende Schachzug mußte demzufolge der Angriff auf den Irak sein, wo mit der Person Saddam Husseins seit mehr als zehn Jahren ein wichtiges weltpolitisches Feindbild aufgebaut wurde. Es war sehr wahrscheinlich, daß dies eine noch nie dagewesene Koalition aller arabischen Staaten nach sich ziehen würde, mit nicht auszudenkenden weltpolitischen Folgen. Schwer einzuschätzen ist dabei zudem, wie sich beispielsweise Nationen wie Rußland, China und Japan weiterhin verhalten werden.

Mit dem Feindbild bin Laden und der Al Kaida wird ja letztlich – wenn auch nicht offiziell – die gesamte islamische Religion als „böse“ und „aggressiv“ und somit als die größte weltpolitische Bedrohung dargestellt. Wer hätte wohl das größte Interesse und den größten Nutzen an einem globalen islamischen Feindbild? Vergessen Sie dabei nicht den Brandherd Israel, der die weltpolitische „Herzkammer“ vieler vorher genannter Probleme ist – Probleme, dessen Wurzeln menschheitsgeschichtlich Jahrtausende zurückliegen.

## *Europa im Griff privater Bankiers*

Die Rothschild-Familie hatte entscheidenden politischen Einfluß auf die europäische Politik des 18. und 19. Jahrhunderts.

Durch die Kontrolle über die bayerischen Illuminaten hatten die Rothschilds jetzt auch direkten Einfluß auf andere wichtige Geheimlogen. Nicht viel von dem, was bei diesem Treffen beschlossen wurde, kam an die Öffentlichkeit, da sich alle Anwesenden der absoluten Geheimhaltung verschworen hatten. An dieser Stelle möchte ich die Aussage des *Compte de Virieu*, die bereits im 5. Kapitel zitiert wurde, der Wichtigkeit halber wiederholen. Er war einer der Freimaurer auf dem Kongreß. Als er gefragt wurde, ob er nicht ein paar Beschlüsse enthüllen könnte, antwortete er:

*„Ich werde Ihnen darüber nichts anvertrauen. Ich kann nur soviel sagen, daß dies alles erheblich ernster ist, als Sie glauben. Die geplante Verschwörung ist derart geschickt geplant, daß es Monarchen und Kirche gewissermaßen unmöglich sein wird, ihr zu entrinnen.“*[207]

Ein anderer Anwesender und seinerzeit großer Europa-Politiker war kein Geringerer als der berühmte Graf von Saint Germain. Dieser warnte später seine Freundin Marie Antoinette vor dem Mordkomplott (die Französische Revolution), das die französische Monarchie stürzen sollte. Unglücklicherweise wurde sein eindringlicher Rat nicht befolgt.

Bis 1815 war Nathan Rothschild – einer der fünf Söhne des Bankgründers Mayer Amschel Rothschild – zum finanzmächtigsten Bankier ganz Englands aufgestiegen. Den frühesten Hinweis auf eine stille Machtergreifung Nathan Rothschilds im Londoner Finanzdistrikt, der ‚City of London', liefert der 22. Juli 1816. An diesem Tage nämlich führte England den bis dahin offiziell nicht vorhandenen ‚Goldstandard' seiner Währung ein. Wer an diesem Tag das englische Gold besaß, hatte fortan die englische Währung in der Hand. Conte Corti schreibt in seinem Buch *„Der Aufstieg des Hauses Rothschild“* (Wien 1949), daß dies jene waren, die am meisten an der Französischen Revolution verdient haben. Kriege dienen schon lange dazu, Nationen zu verschulden und sie so jenen gefügig zu machen, welche die Geldmacht besitzen. Laut Conte Corti war es vor allem das internationale Bankhaus Rothschild und an dessen Spitze Nathan, der auch während der Napoleonischen Kriege immens verdient hatte.[208]

Der größte Coup gelang den Rothschilds im Zusammenhang mit der ***Schlacht bei Waterloo.***

Die Familie hatte seinerzeit bereits ein nahezu perfektes Spionage- und Kuriersystem über ganz Europa aufgebaut. Sie hatte ihre „Agenten“, die Nachrichten einholten, in allen strategisch wichtigen Hauptstädten und Handelsplätzen sitzen.

Der Autor *Des Griffin* schreibt:

*„Rothschildkutschen galoppierten die Landstraßen entlang, Rothschildschiffe segelten über den Ärmelkanal, Rothschildagenten bewegten sich gleich huschenden Schatten auf den Straßen der Städte. Sie transportierten Bargeld, Wertpapiere, Briefe und Nachrichten. Vor allem Nachrichten – die neusten, exklusivsten Nachrichten, die mit Nachdruck an den Aktien- und Warenterminbörsen verarbeitet werden würden.“*[209]

Am 20. Juni 1815 erhielt Nathan Rotschild von einem seiner Agenten den geheimen Bericht über den Fortgang des Krieges. Nathan machte sich daraufhin auf dem schnellsten Weg nach London. An der Londoner Börse angekommen, täuschte er durch den gesamten Verkauf seiner *Consul*-Aktien vor, daß England den Krieg verloren hätte. Das Gerücht verbreitete sich wie ein Lauffeuer: *„Rothschild weiß.“* – *„Wellington hat Waterloo verloren!“* Die meisten Aktionäre gerieten in Panik, alles zu verlieren, und verkauften ihre *Consul*-Aktien. Als nach wenigen Stunden der Wert einer Aktie auf fünf Cent je Dollar gefallen war, kauften ein Dutzend Rothschild-Agenten am Orderschalter auf der anderen Seite der Börse sämtliche *Consul*-Aktien für ein „Butterbrot“.

Nach ihrer vernichtenden Niederlage hatten die Franzosen große Schwierigkeiten, wieder auf die Beine zu kommen und schlossen so 1817 ein nicht geringes Kreditabkommen mit der angesehenen französischen Bank Ouvrard und den bekannten Bankiers Baring Brothers aus London ab. Die Rothschilds hatte man quasi stehenlassen. Ein Jahr später benötigte Frankreich ebenfalls einen Kredit und ließ die Rothschilds wieder stehen. Das gefiel diesen natürlich ganz und gar nicht. Sie versuchten alles, um die französische Regierung zu beeinflussen, das Geschäft doch ihnen zu überlassen – jedoch vergeblich.

Die französischen Aristokraten, die stolz auf ihre Eleganz und höhere Herkunft waren, sahen in den Rothschilds lediglich Bauern – Emporkömmlinge, die man auf ihren Platz verweisen mußte.

Am 5. November 1818 geschah dann etwas ganz Unerwartetes. Nachdem der Kurs der französischen Regierungsanleihen stetig gestiegen war, begann er plötzlich unaufhörlich zu fallen. Am Hofe Ludwig XVIII.

herrschte gespannte Atmosphäre. Die einzigen, die zu dieser Zeit nicht betrübt waren, sondern sogar lächelten, waren die Rothschildbrüder Kalmann und Jakob. Denn sie hatten im Oktober 1818 mit ihren unbegrenzten Reserven und der Hilfe ihrer Agenten riesige Mengen französischer Regierungsanleihen gekauft, die von ihren Rivalen Ouvrard und Baring Brothers emittiert (ausgegeben) worden waren. Dadurch war der Anleihekurs gestiegen. Am 5. November 1818 begannen sie dann, Unmengen der Anleihepapiere auf den offenen Markt in den Haupthandelsplätzen Europas zu werfen und dadurch den Markt in „Panikstimmung" zu versetzen.

Damit änderte sich das Bild schlagartig, und die Rothschilds wurden die „Nummer Eins" in Frankreich. Nun bekamen sie die volle Aufmerksamkeit des französischen Hofes, und das nicht nur in Geldangelegenheiten.

In Paris hatte das Haus Rothschild nach der Niederlage der Franzosen den Einfluß auf das Regierungsgeschehen Frankreichs stark ausgeweitet und in London hatte Nathan Rothschild durch seinen Einfluß auf die „Bank von England" auch direkten Einfluß auf das britische Parlament.[210]

## *Der weitere Siegeszug der Rothschilds*

Die von den Rothschilds in England im Jahre 1815 und drei Jahre später in Frankreich vollzogenen politischen Schachzüge sind nur zwei Beispiele für die vielen anderen, die sie im Laufe der Zeit in der ganzen Welt vollbracht haben.

Die „City of London" war lange Zeit der goldene Nabel der Geldwelt. Das Pfund Sterling war die Weltreservewährung und somit das Eichmaß des internationalen Handels. Der Nobelpreisträger für Ökonomie John Maynard Keynes schrieb dazu:

*„In der zweiten Hälfte des 19. Jahrhunderts überwog der Einfluß Londons auf die Kreditbedingungen in der Welt so sehr, daß sich die Bank von England die Stabführung im internationalen Konzert anmaßen konnte. Sie brauchte lediglich ihre Darlehensbedingungen zu verändern,... und schon bestimmte sie weitgehend die im Ausland geltenden Kreditbestimmungen."*[211]

Nach den „Eroberungszügen" in Europa zu Beginn des 18. Jahrhunderts wuchs natürlich das Interesse der Rothschilds an den Vereinigten

Staaten. Dabei sahen sie in dem „gelobten Land" wohl große Expansionsmöglichkeiten. Die einmalige Verfassung der Vereinigten Staaten hatte den spezifischen Zweck, die Machtbefugnisse der Regierung zu begrenzen und Freiheit und Wohlstand ihrer Bürger zu bewahren. Darin sahen sie wohl aber auch eine Gefahr und Bedrohung ihrer Zukunftspläne. Die „Times" in London schrieb damals:

„*Wenn diese unselige Finanzpolitik, deren Ursprung in der Nordamerikanischen Republik liegt* (das heißt: ehrliches, verfassungsmäßig bewilligtes, schuldenfreies Geld; Anm. d. A.), *sich zu einer dauerhaften Einrichtung entwickelt, dann wird diese Regierung ihr Geld ohne Kosten bereitstellen. Sie wird ihre Schulden abbezahlen und keine Schulden mehr haben* (bei den internationalen Bankiers; Anm. d. A.). *Sie wird zu einem Wohlstand gelangen, der in der Geschichte der zivilisierten Regierungen dieser Welt absolut einmalig sein wird. Geist und Reichtum aller Länder werden nach Amerika wandern. Diese Regierung muß vernichtet werden oder sie wird jede Monarchie auf diesem Erdball vernichten.*"[212]

## *Der erste Versuch scheiterte...*

Die internationalen Bankiers unternahmen einige ernsthafte Versuche, um auch in Amerika eine Zentralbank ähnlich der ‚Bank of England' zu gründen. Die ersten Versuche scheiterten nach wenigen Jahren, da die Mehrheit der Bundesstaaten diese nicht anerkannte.

Einige patriotische Amerikaner warnten eindringlich vor einem Zentralbankensystem, wie zum Beispiel der dritte Präsident der Vereinigten Staaten, Thomas Jefferson (1801-1809). Er sagte: „*Sollte das amerikanische Volk jemals zulassen, daß die Banken die Währungsausgaben kontrollieren, werden seine Kinder erst durch die Inflation, dann durch Deflation allen Besitzes durch die sie umgebenen Banken und Gesellschaften beraubt und eines Tages heimatlos sein auf dem Kontinent, den ihre Eltern eroberten.*"

Auf den ersten belegbaren Beweis für das Eingreifen der internationalen Bankiers und der Rothschilds in die finanziellen Angelegenheiten der Vereinigten Staaten stoßen wir zum Ende der zwanziger und Anfang der dreißiger Jahre des 19. Jahrhunderts, als die Familie Rothschild über ihren Agenten Nicolas Biddle darum kämpfte, die Gesetzesvorlage von Andrew

Jackson niederzustimmen, die vorsah, die Befugnisse jenes „Natterngeschlechtes" – den internationalen Bankiers – zu beschneiden. Die Rothschilds verloren die erste Runde, als Präsident Jackson 1832 gegen die Vorlage zur Erneuerung der Charta, der „Bank of the United States" (eine von den internationalen Bankiers kontrollierte Notenbank), sein Veto einlegte.

Andrew Jackson (1829-1837 siebter Präsident der USA) fand deutliche Worte gegen ein von internationalen Bankiers kontrolliertes Zentralbankensystem in den Vereinigten Staaten. Er verkündete den Banken unmißverständlich:

*„Ihr seid eine Schlangenhöhle. Ich will Euch ausrotten und, beim ewigen Gott, ich werde Euch ausrotten."*

Auch der berühmte Präsident der Vereinigten Staaten Abraham Lincoln (1861-1865) wollte sich dem Druck der Bankiers nicht fügen. Er weigerte sich, den von den Banken geforderten hohen Zinssatz für die Finanzierung des Bürgerkrieges zu zahlen, und ließ stattdessen 450 Millionen US-Dollar in legalen Geldnoten drucken, die sogenannten ‚Lincoln Greenbacks'. Durch den legalen Druck der Geldnoten war dieses Geld der Kontrolle der Banken entzogen – somit verdienten sie keinen Cent daran!

Lincoln hatte gute Chancen, für eine zweite Amtsperiode gewählt zu werden, für die er plante, durch Gesetze die Macht der Bankiers weiter zu mindern.

Doch es kam anders: Lincoln wurde durch John Wilkes Booth ermordet, der, wie sich später herausstellte, Beziehungen zu den internationalen Bankiers hatte.[213]

Die internationalen Bankiers hatten nur eine *Schlacht* verloren. Dennoch unterließen sie keine günstige Gelegenheit, nach Investitionsmöglichkeiten im „gelobten Land" Ausschau zu halten. Interessanterweise finden wir hier einen spannenden Schnittpunkt zwischen den Rothschilds und der mächtigen Rockefeller-Familie. Aus Unterlagen des amerikanischen Repräsentantenhauses ist zum Beispiel ersichtlich, daß 1896 stolze 96 Prozent des amerikanischen Eisenbahnnetzes von der Familie Rothschild beherrscht wurden. Dieselbe Dynastie half der Rockefeller-Clique. Als nämlich John D. Rockefeller, ein Teilzeitunternehmer aus Cleveland, expandieren wollte, erhielt er bei der von den Rothschilds beherrschten National City Bank of Cleveland finanzielle Unterstützung. Rockefeller transportierte sein Erdöl (‚Standard-Oil') nun über die Rothschild-Eisenbahnen. Da er niedrigere Preise für den Transport bezahlen mußte als andere, konnte niemand mit ihm konkurrieren. Laut dem Autor Frederic Morton war es schon 1880 die Spezialität von Edmond de Rothschild in Paris, sich *„das Welt-Erdöl mit Shell und Standard-Oil zu teilen."*[214]

## *Der größte Fang: Die Vereinigten Staaten*

Die internationalen Bankiers arbeiteten, unbeeindruckt von ihren ersten Mißerfolgen, weiter zielstrebig daran, ihre Macht und ihren Einfluß, den sie in Europa erreicht hatten, auch entscheidend auf die Vereinigten Staaten auszudehnen.

Zwischen dem Ende des Bürgerkriegs und 1914 waren ihre Hauptstrategen in den USA unter anderem Kuhn, Loeb sowie J. P. Morgen Co..

Aus einer Chronik, die am 1. Februar in der Zeitschrift „Newsweek" erschien, erfahren wir über Kuhn, Loeb und Co. folgendes: *„Abraham Kuhn und Salomon Loeb waren Kolonialwarenhändler in Lafayette, Indiana, im Jahre 1850. Wie in allen neubesiedelten Regionen üblich, wurden die meisten Geschäfte auf Kredit getätigt. Bald stellten die beiden fest, daß sie Bankiers waren.*

*Im Jahre 1867 gründeten sie Kuhn, Loeb and Co., Bankiers, in der Stadt New York und nahmen einen jungen deutschen Auswanderer, Jacob Schiff, als Teilhaber auf. Der junge Schiff hatte gewichtige Finanzbeziehungen in Europa. Zehn Jahre später stand Jacob Schiff an der Spitze von Kuhn, Loeb and Co., da Kuhn gestorben war und Loeb sich zurückgezogen hatte. Unter Schiffs Leitung brachte die Bank europäisches Kapital mit der amerikanischen Industrie zusammen."*

Schiffs gute Finanzbeziehungen in Europa waren die Rothschilds und ihre deutschen Vertreter, die M. M. Warburg Gesellschaft in Hamburg und Amsterdam.

Einige Absätze zuvor wurde bereits die Schnittstelle Rothschild/Rockefeller beim Erdöltransport angesprochen. Innerhalb von zwanzig Jahren hatten die Rothschilds über ihre Warburg-Schiff-Verbindung das Kapital bereitgestellt, mit dem John D. Rockefeller sein Standard-Oil-Imperium ganz erheblich ausbauen konnte. Des weiteren wurden von ihnen die Aktivitäten von Edward Garriman (Eisenbahn) und Andrew Carnegie (Stahl) finanziert.[215]

Um die Jahrhundertwende wurden die Bemühungen der internationalen Bankiers entscheidend verstärkt, um ihren Einfluß auf die amerikanische Wirtschaft weiter auszudehnen. Im Jahr 1902 sandten die Rothschilds einen weiteren Agenten in die USA, Paul Warburg, um mit der Kuhn, Loeb und Co. Bank zusammenzuarbeiten. Jacob Schiff und Paul Warburg starteten eine Kampagne für die Errichtung der *„Federal Reserve Bank"* als eine fest installierte ***private*** Zentralbank in den Vereinigten Staaten.

Übrigens wanderte neben Paul Warburg auch sein Bruder Felix mit in die USA ein. Ihren Bruder Max ließen sie zu Hause in Frankfurt, um die Familienbank *M. M. Warburg und Co.* weiter zu betreiben. Paul Warburg heiratete Nina Loeb, Tochter von Solomon Loeb von Kuhn, Loeb und Co., Amerikas machtvollstem Familienunternehmen. Bruder Felix heiratete Frieda Schiff, Tochter des Jakob Schiff, der leitenden Macht hinter Kuhn und Loeb.[216]

Zu Beginn des Jahres 1907 hob Jacob Schiff in einer Rede vor der New Yorker Handelskammer warnend hervor:

*„Wenn wir keine Zentralbank mit einer ausreichenden Kontrolle über die Kreditbeschaffung bekommen, dann wird dieses Land die schärfste und tiefgreifendste Geldpanik in seiner Geschichte erleben."*

Und so kam es dann natürlich auch! Kurze Zeit später stürzten die Vereinigten Staaten in eine Währungskrise, deren daraus resultierende Panik am Kapitalmarkt das Leben zehntausend unschuldiger Menschen im ganzen Land ruinierte. Die Panik an der New Yorker Börse brachte der Bank-Elite zudem Milliarden-Gewinne ein. Das war aber nur ein Grund für diese „Krise". Der andere und wohl viel wichtigere war der, daß man nun dem amerikanischen Volk die große Notwendigkeit einer Zentralbank besser vor Augen führen konnte, um Vorfälle wie diesen in Zukunft zu vermeiden.[217]

Paul Warburg sagte dann dem Bank- und Währungskomitee:

*„Bei der Panik von 1907 war mein erster Vorschlag: „Laßt uns eine nationale Clearing-Bank* (Zentralbank) *gründen." Der Aldrich-Plan* (für eine Zentralbank) *enthält viele Dinge, die einfach grundlegende Regeln des Bankgeschäftes sind. Ihr Ziel muß dasselbe sein."*

Die Einführung der *Federal Reserve Bank* (die private Zentralbank Amerikas) im Dezember 1913 ermöglichte nun den internationalen Bankiers, endgültig die Vereinigten Staaten finanziell in den Griff zu bekommen. Paul Warburg wurde der erste Vorsitzende der *Federal Reserve Bank*.[218]

Dem *Federal-Reserve-Bank*-Beschluß folgte der 16. Zusatzartikel der amerikanischen Verfassung. Von nun an mußten die US-Bürger Einkommensteuer bezahlen, was zuvor niemals der Fall gewesen war.

Allein der neuen Zentralbank wurde, dank dieses neuen Gesetzes, das Recht zugesprochen, Papiergeld ohne Gegenwert zu drucken und der amerikanischen Regierung gegen Zinsen zu leihen. Dieses Gesetz war nichts anderes als die offizielle Erlaubnis zum Drucken von Falschgeld, einfach mit der Einschränkung, daß dies nicht jedermann tun darf, auch der Staat nicht, sondern nur die private „Staatsbank". Damit war der amerikanische Staat dem Einfluß der internationalen Bankiers ausgeliefert. Wer das bezweifelt, braucht nur den Verlauf der Geschichte anzuschauen.[219]

Der Auslöser für die Schuldenwirtschaft war der Erste Weltkrieg.

Nach der Wiederwahl Präsident Wilsons, eines Hochgradfreimaurers und Hörigen der Illuminaten, ließen die Steuermänner Amerikas die Katze aus dem Sack: Im offenen Widerspruch zu den inbrünstigen Wahlversprechen stieg Amerika in den Krieg ein, der erst durch diesen Schritt zum *Welt*krieg wurde.

Bald darauf kam es zum Zweiten Weltkrieg. Dieser wurde nur möglich durch die Wiederaufrüstung Deutschlands. Dieselben Mächte, die Deutschland zerstört hatten, rüsteten Deutschland im Geheimen wieder auf.[220]

Die wichtigsten Aktienbesitzer der *„Federal Reserve“* (*Fed*) waren:[221]

1. Rothschild-Banken aus London und Paris,
2. Lazard Brothers Bank aus Paris,
3. Israel Moses Seif Bank aus Italien,
4. Warburg Bank aus Amsterdam und Hamburg,
5. Lehmann Bank aus New York,
6. Kuhn Loeb Bank aus New York,
7. Rockefellers Chase Manhattan Bank aus New York und
8. Goldmann Sachs Bank aus New York.

Vor dem Beschluß für das *„Federal Reserve Gesetz“* des halbleeren Kongreß am 23. Dezember 1913 sagte der Kongreßabgeordnete Charles Lindbergh treffend:

*„Mit diesem Gesetz wird der gigantischste Konzern auf dieser Welt gegründet. Wenn der Präsident* (Wilson) *diese Gesetzesvorlage unterzeichnet, wird die unsichtbare Regierung der Geldbarone legalisiert. Das schwerste Verbrechen des Kongresses ist sein Währungssystem. Das schlimmste gesetzgeberische Verbrechen aller Zeiten wird mit diesem Bank- und Währungsentwurf begangen.“*

Wie Recht hatte doch der ehemalige US-Präsident Theodore Roosevelt, als er sagte:

*„Hinter der sichtbaren Regierung sitzt auf dem Thron eine unsichtbare Regierung, die dem Volk keine Treue schuldet und keine Verantwortlichkeit anerkennt.“*

Und wie sagte doch Präsident Grover Cleveland:

*„Diejenigen, welche die Wirtschaft eines Landes kontrollieren, kontrollieren die Nation.“*

**Anmerkung zur aktuellen Situation:**

Die dramatische Situation der Staatsverschuldung der Bundesrepublik Deutschland wurde bereits erwähnt. Bereits im Jahre 1980 betrug die Staatsverschuldung der Vereinigten Staaten 928.000.000.000 Dollar. Im Jahre 1988 waren es etwa 5.000.000.000.000 Dollar.

Im Jahre 1989 sind alleine schon die Zinsen für die Verschuldung auf 500.000.000.000 Dollar angewachsen. 1992 waren die Obligationen, die durch die FED gehalten wurden 5.000.000.000.000 Dollar. Bis heute ist die Verschuldung bereits in viel größere und weit utopischere Summen angestiegen, wie man unschwer nachvollziehen kann. Alle offiziellen Zahlen, die heute von verschiedenen Instituten veröffentlicht werden, sollten mit der notwendigen Skepsis bewertet werden!

Die Zinszahlungen der Steuerzahler steigen ständig. Und dieses ganze Vermögen hat die *Fed* erschaffen, indem sie der US-Regierung *Geld verleiht*, das die *Fed* an und für sich nur Farb- und Druckgebühren kostet, und dafür hohe Zinsen kassiert. Das ist mit der größte Schwindel in der Geschichte der USA, und kaum jemand nimmt wirklich Notiz davon. Hinzu kommt, daß die *Fed* durch die Obligationen der US-Regierung das Pfandrecht, staatlich und privat, auf den Grundbesitz der gesamten Vereinigten Staaten von Amerika hat. Zahllose Gerichtsverfahren, um das „*Federal-Reserve*"-Gesetz rückgängig zu machen, waren bisher ohne Wirkung.

So werden die Vereinigten Staaten (ohne Staatsbank) durch private internationale Banken beeinträchtigt.[222]

Wie bedeutend die Entscheidungen um das Bankmonopol für den weiteren Verlauf der Weltpolitik wurden, werden wir später noch erkennen. Die Namen der Hauptdarsteller werden sich dann kaum geändert haben, wie wir noch feststellen werden.

Dann werden wir uns – in Band 2 – mit den weiteren, unausweichlichen oder wohl geplanten Folgen beschäftigen, die aus der gezielten Monopolisierung des europäischen Bankwesens und letztlich aus der Gründung der *Fed* in den Vereinigten Staaten unweigerlich resultierten: Revolution und Krieg!

In „*Banken, Brot und Bomben*" Band 2 werden wir hier wieder Anschluß finden, wenn wir nämlich die Hintergründe für die folgenden zwei Weltkriege genauer betrachten. Außerdem werden wir der notwendigen Frage nachgehen, ob sich gemäß der *Pläne* von Albert Pike auch ein Dritter Weltkrieg stattfinden wird. Wenn auch der erste Schuß noch nicht gefallen ist, so scheint nach einem aktuellen Blick auf die politische Weltkarte alles auf eine große, weltweit umspannende kriegerische Auseinandersetzung – ein vielfach beschriebener Dritter Weltkrieg – hinzudeuten.

Dabei stehen natürlich der 11. September 2001 und die daraus weltweit resultierenden Folgen in einem direkten Zusammenhang mit einem möglichen Weltkrieg. Interessant, soviel sei vorab kurz erwähnt, sind in diesem *realen Monopoly* der *„Global Player"* aber, wie es auch in den vergangen Jahrhunderten war, die territorialen und die wirtschaftlichen Interessen – es geht in der großen Krisenregion am Golf um die Endverteilungskämpfe der Rohstoffe auf unserem Planeten.

Nun wollen wir zunächst einige bedeutende Organisationen betrachten, womit wir uns bereits langsam auf die Pfade des zweiten Bandes begeben. Der offensichtliche Ausgangspunkt für die heute führenden politischen Macht-Instrumente (Organisationen) fand im 19. Jahrhundert statt. Somit gehen wir noch einmal zurück in das 19. Jahrhundert. Besonders um die Leser, für die diese Thematik neu sein wird, nicht zu sehr zu verwirren, werden für den weiteren Verlauf nur die wichtigen Organisationen genannt, um insbesondere die politische Gegenwart mit Ausgang des 20. und Beginn des 21. Jahrhunderts besser verstehen zu können. Das Netzwerk der verschiedenen Geheimgesellschaften und Organisationen, das sich besonders in den letzten zwei Jahrhunderten gebildet hat, ist sehr weit verzweigt und teilweise schwer zu durchschauen.

Zunächst betrachten wir einige Geheimgesellschaften und Organisationen, die im 19. und 20. Jahrhundert gegründet wurden.

## *Der B'nai B'rith-Orden*

Kommen wir nun zum unabhängigen Orden B'nai B'rith. Der Name bedeutet übersetzt „Söhne des Bundes", wodurch sich der Orden direkt auf den althebräischen „Bund" mit Gott Jahwe beruft.

In diesem Zusammenhang erklärte der „United Order of B'nai B'rith" (U.O.B.B.) selbst in der Festschrift zum fünfzigjährigen Bestehen in Deutschland: *„Das Wort B'nai B'rith erinnert an jenen erhabenen Moment, da unsere Ahnen am Fuße des Berges Horeb standen und die Botschaft vernahmen: „Ihr sollt mir ein Reich von Priestern, ein heiliges Volk sein!" Nach* *dem „American Yewish Yearbook" besitzt der B'nai B'rith... eine lange Tradition der Verbundenheit und Förderung der Synagoge."*[223]

Am 13. Oktober 1843 hatten sich im Sinsheimer Café, in der düsteren Essexstreet im Wallstreetviertel New Yorks, eine Anzahl Emigranten versammelt, um zu einer Ordensgründung der ganz besonderen Art zu schreiten. Die Männer waren ausnahmslos Deutsche mosaischen Glaubens, darunter ein Fernverwandter der Rothschilds, Morton Cohen. Ihr Ziel war es, eine Loge der Auslese zu gründen. Dem Vorbild des alten und angenommenen „Schottischen Ritus" folgend, umspannte der Orden bald den ganzen Erdball, den er der einfachen Verwaltung halber in 17. „Distrikte" aufgeteilt hatte.[224]

Das Grundmuster der Mitgliedschaft verhält sich in diesem Orden ähnlich wie in anderen. Staatsübergreifend haben sich im B'nai B'rith-Orden führende Medienzare, Bankiers, Politiker, Diplomaten, Verleger, Zeitungsmagnaten, millionenschwere „Kapitalisten" und Gewerkschaftsführer zusammengeschlossen.

Wie in anderen elitären Organisationen, ist also auch hier die hohe Zunft der Gesellschaft vertreten, mit dem einzigen Unterschied, nämlich daß nur Menschen mosaischen Glaubens aufgenommen werden. In diesem Punkt unterscheidet sich dieser Orden von anderen freimaurerischen Vereinigungen.

Die Statuten zerfallen in zwei Grundteile: die Konstitution und die allgemeinen Gesetze. Die in New York bestehende Konstitutions-Großloge ist der höchste Gerichtshof des Ordens. Neben ihr stehen die Distrikts-Großlogen. Der Orden hat drei Grade und besitzt Frauen- und Jugendlogen.[226]

Im weiteren Verlauf werden wir wieder auf den B'nai B'rith-Orden zu sprechen kommen. Zum einen, weil hier möglicherweise eine Verbindung zu weit älteren, Jahrhunderte zurückliegenden orthodoxen Organisationen zu erkennen ist. Zum anderen, weil bis in die heutige Gegenwart hinein besonders der Einfluß einzelner B'nai B'rith-Mitglieder in den Vereinigten Staaten eine nicht unwesentliche Rolle spielt.

## *Gründung der Zionistischen Bewegung*

Der Zionismus, die moderne jüdische Nationalbewegung, wurde Ende des 19. Jahrhunderts ins Leben gerufen, mit dem Ziel, die Lösung der Judenfrage nicht durch Assimilation, sondern durch Gründung eines eigenen jüdischen Staates in Palästina anzustreben.

Das von Theodor Herzl 1896 erschienene Werk *„Der Judenstaat"* gab, so die Historiker, den Anstoß zur Gründung der zionistischen Bewegung. Im Jahre 1897 berief Herzl in Basel den ersten zionistischen Weltkongreß ein und wurde zum ersten Präsidenten der Zionistischen Weltorganisation gewählt. Historiker bewerten Herzls Arbeit als wichtige Voraussetzung für die Gründung des Staates Israel im Jahre 1948.

## *Skull and Bones*

Der Skull & Bones-Orden ist einer der mächtigsten Orden der Illuminati.

Seine Mitglieder nennen ihn *„The Order"* (der Orden). Er ist seit über 150 Jahren als Ortsgruppe 322 einer deutschen Geheimgesellschaft bekannt. Er wird auch „Brotherhood of Death" (Bruderschaft des Todes) genannt.

Der Geheimorden Skull & Bones (Schädel und Knochen) wurde 1833 durch William Huntington Russel und Alphonso Taft in die Yale-Universität eingeführt. Russel brachte ihn aus seinen Studententagen 1832 in Deutschland mit nach Yale. Der Orden wurde 1856 in die Russel-Treuhand einverleibt. William Russel wurde 1846 Mitglied in der staatsgebenden Versammlung Connecticuts und im Jahre 1862 General der Nationalgarde.

Alphonso Taft wurde 1876 Kriegsminister, dann stellvertretender General und 1884 US-Botschafter in Rußland. Alphonsos Sohn wurde später oberster Richter und dann Präsident der Vereinigten Staaten.

Eine alte Tradition ist es, auf den Grabsteinen der Freimaurer des *Meister*-Grads einen Schädel und gekreuzte Knochen darzustellen, sie geht aber auch auf einen Ritus der Tempelritter ab 1127 nach Christus zurück. Vermutlich kommt der Name des Ordens aus einer dieser Traditionen.

Yale ist die einzige Universität mit Gesellschaften, die nur für die *Senior*-Jahrgänge zugelassen sind. Die anderen beiden Gesellschaften der Yale-Universität sind Scroll & Key (Schriftrolle und Schlüssel) und Wolfs Head (Wolfskopf).

Im allgemeinen gehört neben Yale auch Harvard als Elite-Universität zu den Hochburgen von Studentengesellschaften, die Außenposten der Geheimgesellschaften darstellen. Sie dienen der Rekrutierung und Aussortierung ihres Nachwuchses. Alle zukünftigen Politiker, Anwälte und Wirtschaftsleute gehen durch die Schleusen dieser Universitäten. Dadurch wird verständlich, warum so viele Köpfe aus Politik und Wirtschaft direkt mit Geheimgesellschaften verwurzelt sind. Der Einstieg erfolgt bereits sehr früh und ist für die jungen „Adepten" recht verlockend, denn die jungen Studenten knüpfen bereits sehr früh Kontakte zu Persönlichkeiten, die sie auf normalem Weg nicht kennenlernen würden. Ohne diese Persönlichkeiten und die Obhut der Bruderschaft ist eine große Karriere nicht zu realisieren.

Die Kandidaten sind ausschließlich weiß, männlich, Protestanten und kommen gewöhnlich aus sehr reichen Familien. Oft waren schon deren Väter Mitglieder des gleichen Ordens. Während des letzten Studienjahres werden sie *Ritter* genannt, später werden sie *Patriarch* fürs Leben.

Wiedersehenstreffen der Patriarchen finden im „Deer Island Club" in New York statt. Dieser Club wurde durch Patriarch George Douglas 1907 ins Leben gerufen. Der „Deer Island Club" wie auch die *„Russel Trust"* (Russel Treuhand) sind ausschließlich durch *Patriarchen* verwaltet und geführt.

Überraschenderweise sind die wichtigsten Vertreter des *„Eastern Liberal Establishments"* (Ostküsten-Establishment) stets Mitglieder in einer dieser Gesellschaften gewesen. (Laut Gary Allen ist das **Ostküsten-Establishment** die Umschreibung der finanziellen, politischen, akademischen und medienpolitischen Machtstruktur, die von den Rockefellers beherrscht wird.)

„W. A. Harriman Company" ist eine Bank, die in diesem Zusammenhang genannt werden sollte. Ihr Gründer William Averall Harriman wurde 1913 in den Skull & Bones-Orden eingeweiht. In den zwanziger Jahren war W. A. Harriman der Hauptunterstützer der Russen mit Geld und diplomatischen Hilfen. Harriman hatte weitere finanzielle Unterstützung durch die *„Ruskombank"*, die erste russische kommerzielle Bank. Max May, Vizepräsident des *„Guaranty Trust"* (Garantie-Treuhand) und Mitglied der Skull & Bones, wurde der erste Vizepräsident der „Ruskombank". Der „Guaranty Trust" war durch „J.P. Morgan & Co" (Partnerbank zur N.M. Rothschild-Bank) kontrolliert. Einige Partner der J.P. Morgans waren Mitglieder der Skull & Bones. Harold Stanley wurde 1908 eingeweiht, Thomas Corchran 1904. Das ursprüngliche Kapital für die „Guaranty Trust" kam von Whitney, Rockefeller, Vanderbilt und Harriman, alles Familien mit Mitgliedern im Skull & Bones-Orden.

Der einzige Rockefeller, der aufgenommen wurde, war Percy Rockefeller. Er repräsentierte die Rockefeller-Investitionen im „Guaranty Trust" und war gleichzeitig deren Direktor von 1915-1930.[227]

## *The Round Table*

Diese Organisation steht besonders im Zusammenhang mit dem Namen Cecil Rhodes (1853-1902).

Rhodes war einer jener berühmten Exponenten des Imperialismus. Er war Oxford-Absolvent, reiste aber schon sehr früh in die britische Kolonie Südafrika. 1884 wurde er Finanzminister der Kapkolonie, ab 1888 kontrollierte Rhodes die gesamte Diamantenproduktion des Landes, und das entsprach damals etwa 95% der Weltproduktion. Während seiner Herrschaft in Südafrika vergrößerte Cecil Rhodes durch geschickte, teilweise aber auch durch gewaltsame politische und militärische Operationen die Kolonie, die nach ihm benannt wurde („Rhodesien"). 1890 wurde er Premierminister von Südafrika.

Cecil Rhodes gehörte zu den reichsten und bedeutendsten Persönlichkeiten des Empires seiner Zeit. Er war Mitglied des Londoner Parlaments und verschiedenster Geheimgesellschaften.

Trotz seiner schwachen Gesundheit, die ihm ein nur recht kurzes Leben bescherte, hatte Rhodes einen Lebenstraum: eine Weltherrschaft unter britischer Vorherrschaft. Im Jahre 1891 schrieb Rhodes in einem Brief an den Okkultisten William T. Stead:

*„Es wäre besser für Europa, wenn er* (Napoleon) *seine Idee einer universalen Monarchie verwirklicht hätte; sein Vorhaben hätte gelingen können, wäre er nur auf die Idee gekommen, den verschiedenen Teilen* (seines Reiches) *eine autonome Regierung zu gewähren. Dennoch, ich muß zugeben, daß Tradition, Rassen- und Sprachunterschiede seinem Traum entgegenwirkt haben; all das existiert jedoch in bezug auf die heutige englischsprachige Welt nicht! Ganz abgesehen von dieser Union, besteht außerdem die heilige Pflicht, Verantwortung für die noch unzivilisierten Teile der Welt zu übernehmen.“*[228]

Weil sich Rhodes seiner geringen Lebenserwartung bewußt war, verfaßte er immer wieder neue, aktualisierte Testamente. In seinem dritten Testament aus dem Jahr 1888 (das er Lord Rothschild hinterließ, seinem Finanzier im Bergbau) forderte Rhodes, daß mit seinem Vermächtnis eine Geheimgesellschaft gegründet werde, um die Mission des „British Empire“ zu realisieren; diese Gesellschaft solle nach der Satzung des Jesuitenordens aufgebaut werden, wobei der Begriff „römisch-katholische Religion“ durch „British Empire“ ersetzt werden solle.[229]

Da Cecil Rhodes wider erwarten nicht starb, nahm er die Gründung dieser Gesellschaft selbst in die Hand. Er konnte seinen Traum also noch selbst realisieren, und so entstand im Jahr 1891 „Die Cecil-Rhodes-Geheimgesellschaft“.

Neben Cecil Rhodes gehörten anfänglich nur noch zwei weitere Personen der Geheimgesellschaft an: der Magier William T. Stead und Lord Esher, ein Ratgeber und Freund der Queen Victoria. Bald wurden weitere bekannte Persönlichkeiten wie der Earl of Rosebery, Arthur James Balfour, Nathan Rothschild, Alfred Milner und H.A.L. Fisher in die Geheimnisse des Ordens eingeweiht. Die meisten der neuen Mitglieder waren bereits Freimaurer, wenn auch nicht alle.[230]

Alfred Milner wurde 1897 Nachfolger von Rhodes und damit neuer Gouverneur von Südafrika und förderte den Burenkrieg:

Ein „Picknick mit Schweineschießen“ sollte nach Meinung der Engländer der Krieg gegen die Buren sein, stattdessen dauerte er fast zwei Jahre und acht Monate. Die Buren waren eben doch nicht so schnell kleinzukriegen. Deshalb sperrte man – mangels der damals noch nicht möglichen Flächenbombardierungen – kurzerhand 117.000 Zivilisten in Konzentrationslager (die 1901 vom Feldmarschall Lord Kitchener eingerichtet worden waren), um damit den Widerstand der noch kämpfenden Männer zu brechen. Der spätere große Europäer Winston Churchill sagte damals (als Abgeordneter des britischen Unterhauses):

*„Es gibt nur ein Mittel, um den Widerstand der Buren zu brechen, das ist die härteste Unterdrückung. Mit anderen Worten: Wir müssen die Eltern töten, damit die Kinder vor uns Respekt haben."*

Von den damals noch kämpfenden Männern fielen fünftausend im Kampf, von den Zivilisten gingen indessen an die dreißigtausend in den vierzig Konzentrationslagern des Lord Kitchener zugrunde. Ein seltsamer Zufall übrigens: Lord Kitchener zählte zum Freundeskreis des „Ordo Novi Templi" des Wieners Lanz von Liebenfels (der Hitler direkt beeinflußte), eine Nahtstelle zwischen Theosophie, Ariosophie und dem Thule-Orden. Und Karl Haushofer, der als die „graue Eminenz" des Dritten Reiches gilt, schrieb eine Kitchener-Biographie.[231]

Dieses Beispiel ist einerseits sehr interessant, und andererseits zeigt es die ideologische Verbundenheit von Geheimgesellschaften auf, die äußerlich zunächst gegensätzlich erscheinen. Ein britischer, militanter Imperialist (Lord Kitchener) und der Wiener Neotemplerorden des von Liebenfels? Das paßt auf den ersten Eindruck nicht zusammen.

Der südafrikanische Gouverneur Alfred Milner wurde während des Ersten Weltkrieges britischer Kriegsminister. Nach dem Tod von Cecil Rhodes gründete Milner neben der „Secret Society" die Geheimgesellschaft ***„The Round Table"***, die innerhalb weniger Jahre in allen Kolonien des Empires Tochter-Organisationen bildete.

*The Round Table* arbeitete hinter den Kulissen der britischen Regierung. Sie beeinflußte die Außenpolitik und Englands Verhalten im Ersten Weltkrieg.[232]

*„Ich behaupte, daß wir die erste Rasse in der Welt sind und daß es um so besser für die menschliche Rasse ist, je mehr von der Welt wir bewohnen."*

(Cecil Rhodes, 1877)

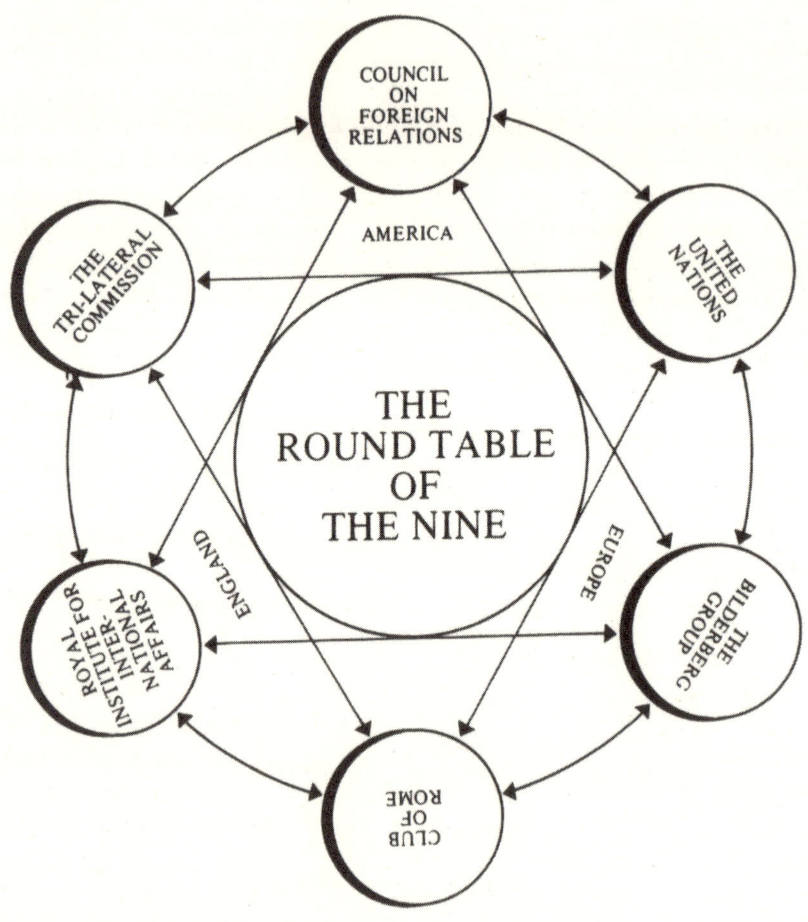


Abb. 57:
Die Vernetzung durch den Round Table nach Stan Deyo.

## *CFR – Rat für auswärtige Angelegenheiten*

Nach dem Ersten Weltkrieg (1919) ging aus dieser Gruppe der „*Council on Foreign Relations*" (CFR; „Rat für auswärtige Angelegenheiten") hervor. In England wurde diese Frontorganisation „*Royal Institute of International Affairs*" (RIIA; „Königliches Institut für internationale Angelegenheiten") genannt.

Professor C. Quigley schreibt hierzu:

*„Am Ende des Krieges von 1914 wurde klar, daß die Organisation dieses Systems (Round-Table-Gruppe) sehr stark ausgedehnt werden mußte. Wieder einmal wurde diese Aufgabe Lionel Curtis anvertraut, der in England und allen Kolonien Frontorganisationen der Round-Table-Gruppe gründete. Diese Frontorganisationen wurden Royal Institute of International Affairs (RIIA; „Königliches Institut für internationale Angelegenheiten") genannt. Die Kernorganisation war in jedem Bereich die Round-Table-Gruppe. In New York war die Frontorganisation als Council on Foreign Relations (CFR; Verband für ausländische Beziehungen) bekannt und war in Verbindung mit der sehr kleinen amerikanischen Round-Table-Gruppe der Hintergrund für J.P. Morgan & Co. Die amerikanischen Organisatoren wurden von der Zahl der Morgan-‚Experten' beherrscht, die zu der Pariser Friedenskonferenz (Versailler Vertrag; Anm. d. A.) gingen und dort Verbindung zu der gleichartigen Gruppe englischer ‚Experten' aufnahmen, die sich aus der Milner-Gruppe rekrutierten. Die Pläne des Royal Institute of International Affairs und des Council on Foreign Relations wurden in Paris entworfen..."*

Obwohl die Bedeutung von Morgans Leuten in Verbindung mit der Gründung des CFR betont wird, war der Hauptagent der offiziellen Gründung Colonel House. Er war es, der bei dem Schlüsseltreffen am 19. Mai 1919 im Majestic-Hotel in Paris als Gastgeber für die Round-Table-Gruppe fungierte – sowohl für die amerikanische als auch für die englische.

Das Material der Organisation und die Memoiren des Colonel House weisen ebenfalls auf diesen als den Hauptverantwortlichen für die Bildung des CFR hin. Der 25. Jahresbericht des CFR sagt folgendes über die Gründung in Paris aus: „*Das Institut für internationale Angelegenheiten, gegründet 1919 in Paris, war zu Beginn aus zwei Abteilungen zusammengesetzt. Eine im vereinigten Königreich, die andere in den Vereinigten Staaten...*"

Später wurde der Plan, eine vorgetäuschte Autonomie zu schaffen, geändert, weil *„...es unklug zu sein schien, eine einzige Institution mit Unterabteilungen zu errichten"*.

Es mußte also den Anschein erwecken, als ob der CFR in Amerika und das RIIA in England zwei voneinander wirklich unabhängige Körperschaften seien. So sollte die amerikanische Öffentlichkeit nicht gewahr werden, daß der CFR in Wirklichkeit eine Tochter der Round-Table-Gruppe ist.[233]

Wenn wir Professor Quigley folgen, waren die bedeutendsten Finanzdynastien in Amerika nach dem Ersten Weltkrieg – abgesehen von Morgan – die Rockefellers; Kuhn, Loeb & Co.; Dillon Read and Company sowie Brown bros. Harriman. Alle waren im CFR vertreten, zu dessen Gründungsmitgliedern im übrigen auch Paul Warburg gehörte. Ebenso gehörten alle die Insider zu den Gründungsmitgliedern, die das *Federal-Reserve-System* erschufen und von denen auch viele die bolschewistische Revolution mitfinanzierten. Hier einige Namen von der Gründerliste des CFR: Jacob Schiff, Averell Harriman, Frank Vanderlipp, Nelson Aldrich, Bernard Baruch, J.P. Morgan, J.D. Rockefeller. Sie alle erschufen den CFR als Mittel für ihre Zwecke.[234]

Der CFR wurde bekannt als *„das Establishment"*, *„die unsichtbare Regierung"* und *„das Rockefeller-Ministerium für auswärtige Angelegenheiten"*. Diese halbgeheime Organisation wurde unbestritten die einflußreichste Gruppe in Amerika.[235]

Der CFR hat seinen Sitz in New York und besteht gegenwärtig aus etwa 1.400 Mitgliedern, *„die die wichtigsten Posten in der US-Regierung, der Politik, der Wirtschaft, den Massenmedien, im CIA, ja sogar in den Religionen innehaben. Mit großzügiger Unterstützung der Ford-Carnegie- und Rokkefeller-Stiftungen ebenso wie der großen, international maßgebenden Konzerne IBM, ITT, Standard Oil in New Yersey übt der CFR einen übermächtigen Einfluß auf die Regierung der Vereinigten Staaten, auf den Kongreß und auf die beiden bestimmenden politischen Parteien, die Demokraten und Republikaner, aus. Die Mitglieder des ‚Council on Foreign Relations' sind Amerikaner, denen ihre internationalen Beziehungen die Ausübung einer engen Kontrolle über die Staaten der westlichen Welt erlauben, sei es direkt, sei es mittelbar durch gleichartige oder angegliederte Gesellschaften oder durch* *internationale Organisationen wie die Weltbank, in denen sie den Vorsitz führen.«*[236]

Fünfzig Jahre lang war der CFR praktisch wie eine graue Eminenz im politischen Hintergrund tätig. Besonders interessant ist in diesem Zusammenhang, daß in den ersten fünfzig Jahren seines Bestehens der CFR in den Massenmedien fast nicht erwähnt wurde. Wenn man weiß, daß unter den Mitgliedern des CFR die leitenden Direktoren der „New York Times", der „Washington Post", der „Los Angeles Times", der „Knight-Zeitungen", der Rundfunkgesellschaften NBC und CBS, der „U. S. News & World Report" und vieler anderer sind, dann kann man sicher sein, daß die Anonymität nicht zufällig war, sondern gewollt.

Eine der zentralsten Personen seit Gründung des CFR ist zweifellos David Rockefeller. Die Verflechtung des politischen Netzwerkes der Rokkefeller-Familie ist nicht zu begreifen, ohne den Hintergrund und den weltumfassenden Einfluß dieser Organisation zu wissen. Interessant sind in diesem Zusammenhang die Bestseller-Werke von Gary Allen, die *„Insider"*, der Anfang der 70er Jahre des vergangenen Jahrhunderts zu den er-

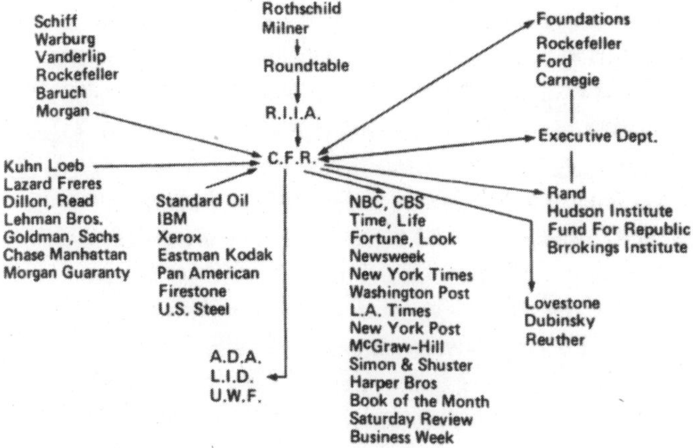


Abb. 58:
Aufstellung der Weltregierung nach Gary Allen.

sten Autoren zählte, die über dieses mächtige und einflußreiche Establishment schrieben.

Weitere Organisationen, die aus der Wurzel Round-Table-Gruppe und letztlich aus dem CFR hervorgingen, waren die Vereinten Nationen, die Bilderberg-Gruppe und die Trilaterale Kommission.

## *UNO – United Nations Organisation*

Ein entscheidender Schritt in Richtung Weltregierung, der aus dem CFR resultierte, wurde unmittelbar nach Beendigung des Zweiten Weltkrieges mit der Gründung der UNO getan.

Die UNO (United Nations Organisation) wurde 1945 in San Francisco gegründet, wobei bei der Gründungsversammlung unter den amerikanischen Delegierten mindestens 74 CFR-Mitglieder waren.

Unter ihnen war auch Nelson Rockefeller. Später stifteten Nelson und seine Brüder das Grundstück für das UNO-Gebäude am New Yorker East River.[237]

Gary Allen schreibt dazu in „*Die Rockefeller-Papiere*“: „*Die Lösung dieses Problems liegt für die Rockefellers seit mehr als fünfzig Jahren klar auf der Hand: Man gründe eine Weltregierung, die man kontrolliert, und sorge dafür, daß diese Regierung über alle anderen herrscht.*“[238] Gesagt getan!

So eine „Neue Weltordnung“ (wie sie die Gründung der UNO zweifellos darstellt) bedeutete für den CFR nicht die Gründung eines zahnlosen Debattierklubs. Es sollte vielmehr eine internationale Herrschaft über die Streitkräfte, die Waffen, die Gerichte, die Steuerbehörden, die Schulen, die Regierungen und alles andere auf dieser Erde werden.

Gary Allen weiter: „*Die Rockefellers werden ihr Baby weiter hochpäppeln wollen, bis es über alle diese Machtbefugnisse und noch mehr verfügt. So viel steht bereits fest, daß die „Neue Weltordnung“, die diese Leute anstreben, keine mit den Ketten einer Verfassung gebundene Republik sein soll, die dafür eintritt, daß wir alle mehr Freiheit haben, und wo die Rechte des Bürgers vor einem tyrannischen „Großen Bruder“ geschützt werden. Die „Neue Weltordnung“, an die die Rockefellers denken, ist eine Weltdiktatur.*“[239]

Es ist natürlich davon auszugehen, daß bei allen entstandenen Tochterorganisationen das Ziel – die Einrichtung einer „Neuen Weltordnung" – mit äußerster politischer Zielstrebigkeit und nahezu uneingeschränkten Finanzmitteln verfolgt wurde. Also: Wer das Geld hat, hat die Macht, und wer die Macht hat, hat das Recht und bestimmt die Politik auf der Welt.

James Warburg, CFR-Mitglied, sagte vor dem Senatsausschuß für auswärtige Angelegenheiten am 17. Februar 1950:
*„Wir werden zu einer Weltregierung kommen, ob sie es wollen oder nicht – durch Unterwerfung oder Übereinkunft."*

**Anmerkung zur aktuellen politischen Gegenwart (März 2003):**
Der Satz von James Warburg läßt sich in das politische Puzzle der Gegenwart einfügen, wenn im März 2003 die UNO einmal mehr über Krieg oder Frieden entscheiden muß, obwohl die USA bereits im Vorfeld auch einen militärischen Alleingang gegen den Irak angekündigt haben.

War ein Irak-Krieg also bereits zum Zeitpunkt der militärischen Mobilmachung oder vielleicht sogar schon davor beschlossene Sache? Wieviel politische Macht hat eine UNO, und welchen Sinn ergibt diese Organisation, wenn sie im Ernstfall quasi handlungsunfähig zu sein scheint und von den US-Verantwortlichen im Weißen Haus als bessere *Debattier-Gemeinschaft* behandelt wird?

Vor Ausbruch des zweiten Irakkrieges hatte es lange und zähe Verhandlungen durch die UNO gegeben – ohne Erfolg! Zu dieser Zeit sagte der bekannte Professor Michael Doyle und einstige Vordenker der Vereinten Nationen: *„Wir haben eine solch dramatische Zeit seit der Kubakrise 1961 nicht erlebt. Es geht nicht nur um Krieg und Frieden. Es geht um die Neuausrichtung globaler Machtverhältnisse."*[240]

Eine etwas bessere Formulierung und diplomatischere Umschreibung im globalen Machtspiel um eine *Neue Weltregierung* unter dem Dach der UNO?

Der zähe Kampf der USA und ihres engsten Verbündeten England ist sicherlich noch in bester Erinnerung. Monatelanges politisches und diplomatisches Tauziehen im Kampf um Stimmen, um letztlich den „Segen" der UNO für einen Irakkrieg zu erhalten. Zusätzlicher Beigeschmack waren

Manipulationsvorwürfe und heftige Vorwürfe an *Old Europe*, das – angeführt von Deutschland und Frankreich – eine friedliche Lösung suchte, wodurch die weltweite Haltung für eine friedliche und diplomatische Lösung großen politischen Zuspruch aus Europa erhielt.

Die UNO-Charta besagt, daß militärisches Handeln gegen eine Nation *nur* durch einen Beschluß des Sicherheitsrates legitimiert werden kann, was wiederum den Angriff der USA mit ihren Verbündeten klar als Völkerrechtsverbrechen erklären würde. Die einzige Ausnahme, die einen Krieg gerechtfertigt hätte, wären Verteidigungsmaßnahmen Amerikas aufgrund eines Angriffes des Iraks, der – wie jeder weiß – nicht stattfand!

Als klar war, daß Präsident Bush den Weg über die UNO gehen würde, beglichen die USA plötzlich ihre Schulden bei der Weltorganisation von nicht weniger als 582 Millionen Dollar!

Zu Beginn des Konfliktes schien noch Einigkeit in der UNO zu herrschen. Mit klaren 15:0 Stimmen im Sicherheitsrat wurde dem Irak im November 2002 mit ernsthaften Konsequenzen gedroht, falls er sich nicht aktiv und vollständig entwaffne. Die USA hielten die Resolution 1441 als Rechtsgrundlage für ausreichend, um gegen den *aktuellen Erzfeind* in den Krieg zu ziehen. Erst der Brite Tony Blair und der Spanier José María Aznar überredeten den US-Präsidenten, eine weitere Resolution einzubringen, die feststellen würde, daß Saddam Hussein die Resolution 1441 nicht erfüllt habe. Das war die Kriegsresolution.

Die Angelegenheit nahm ihren diplomatischen Lauf, und in den weiteren Monaten bis Anfang 2003 wurden die Stimmen *gegen* einen eventuellen Krieg gegen den Irak – der scheinbar zwischen den USA und England schon beschlossen war – weltweit immer lauter. Immer offensichtlicher wurde, daß der Irak, zumindest militärisch, keine so große Gefahr für die Weltsicherheit darstellt, wie das über Monate durch die Medien hochstilisiert wurde. Auch die monatelange Suche der UN-Inspektoren brachte nicht den endgültigen Beweis dafür, daß der Irak über Massenvernichtungswaffen verfügt, die einen Angriffskrieg der USA mit ihren Verbündeten in irgendeiner Weise rechtfertigen würden.

Als dann die USA mit ihren Verbündeten erkannten, daß eine weitere UNO-Resolution im Sicherheitsrat aussichtslos erschien, sah man eine Zustimmung der UNO nicht mehr als notwendig an – so einfach ist das! Die US-Regierung warf der UNO offiziell sogar Versagen vor. Hätten sie diesen klugen Schachzug, verkündet durch die Regierungsansprache des US-Präsidenten George W. Bush am 17. März 2003, nicht gewählt, hätte es in letzter Sekunde weltweit folgenschwere Proteste gegen einen Waffengang gegeben.

## *Die Bilderberg-Gruppe*

Diese Organisation wurde im Jahre 1954 gegründet, vorgeblich, um die internationalen Beziehungen der USA innerhalb des westlichen Bündnisses zu korrigieren. In jedem Jahr seit 1954 werden zwischen 60 und 80 Amerikaner und Europäer eingeladen, um die dringendsten Probleme der Welt zu diskutieren.

Die Bildberg-Gruppe besteht aus Politikern, Wirtschaftlern, Geschäftsleuten, Finanziers und Diplomaten.

Als diskreten Ort für die geplanten Treffen fand Prinz Bernhard von Holland das abgelegene *Hotel de Bilderberg* in der Nähe des holländischen Ortes Oosterbeck – daher der Name dieser Organisation.

Prinz Bernhard war der Hauptsprecher und Hauptorganisator der Gruppe, bis er sich durch den Lockhead-Skandal zurückziehen mußte. Er wurde durch den englischen Lord Home ersetzt.[241]

Dieses Machtzentrum, mächtiger als Washington, Moskau, Paris oder Berlin, tagt hinter hermetisch verriegelten Türen – kein Journalist hat Zutritt zu diesem Geheimtreff der rund einhundert Bilderberger, zu deren illustrem Kreis unter anderem gehörten und gehören: Helmut Schmidt, Walter Scheel, Henry Ford II., Giovanni Agnelli, Stavros Niarchos, Franz Josef Strauß, Prinz Philip, Edmond de Rothschild und Marcus Wallenberg.

Man kennt sich, man plaudert völlig entspannt unter Ausschluß der Öffentlichkeit über öffentliche Belange und – man nimmt Direktiven mit nach Hause: direkte Vorgaben aus dem Hause Rockefeller, die sich in der Innenpolitik der NATO-Länder niederschlagen.[242]

*„Bei den Bilderberg-Konferenzen handelt es sich um inoffizielle und informelle private Gesprächskreise hochrangiger Persönlichkeiten aus aller Welt, die ad personam eingeladen werden.*

*Bilderberg-Konferenzen sind ohne feste Organisationsstruktur oder Statut und dementsprechend ohne Mitgliedschaft. Sie dienen dem Meinungsaustausch der Teilnehmer. Da es sich um keine offiziellen Veranstaltungen handelt, verfügt die Bundesregierung über die einschlägige Medienberichterstattung hinaus über keine zusätzlichen Informationen."*

Das war die „elegante" und nichtssagende Aussage der Bundesregierung auf eine Anfrage des Abgeordneten Kleinert und der Fraktion der Grünen nach Zweck und Themen der 36. Bilderberg-Konferenz im Juni 1988. Immerhin nahm Helmut Kohl nicht an einem privaten Golfturnier teil, sondern an einer Geheimkonferenz, an der auch David Rockefeller, Henry Kissinger, Königin Beatrix sowie andere hochrangige Politiker, Diplomaten, internationale Bankiers und Industrielle teilnahmen.[243]

## *Trilaterale Kommission*

Die *Trilaterale Kommission* (*„The Trilateral Commission"*) trifft seit Anfang der 70er Jahre des vergangenen Jahrhunderts regelmäßig zusammen. Ihre drei Seiten (*Tri* – drei) sind: Nordamerika, Europa und Japan.

Die meisten ihrer Mitglieder sind ebenfalls Mitglieder des CFR, RIIA, der UNO, der Bildberg-Gruppe oder des Club of Rome.

Die Gründungsversammlung war von David Rockefeller einberufen worden, dem führenden Mann im Rat der auswärtigen Beziehungen und Vorstandsvorsitzenden der Chase Manhattan Bank. Wenn David Rockefeller 200 führende Bankiers, Geschäftsleute, Politiker und Gewerkschaftsführer aus aller Welt einlädt, mit ihm gemeinsam eine übernationale Planungskommission zu bilden, dann kann man gewiß sein, daß es sich bei der Einladung um so etwas handelt wie um den Befehl des Herrschers.[244]

Zum Direktor der Kommission wurde kein Geringerer als Zbigniew Brzezinski ernannt, der auch Funktionär des CFR ist und später auch Berater von Präsident Carter wurde.

Brzezinski schrieb in einem Artikel für die CFR-Zeitschrift „Foreign Affairs“:

*„Die Welt wird sich wahrscheinlich nicht (freiwillig) unter einer gemeinsamen Weltanschauung oder einer Superregierung vereinigen. Die einzige Hoffnung besteht jetzt darin, daß sie aus der gemeinsamen Sorge um ihr eigenes Überleben heraus handelt...“*[245]

Für Brzezinski stand sehr schnell fest, daß der freiwillige Zusammenschluß sich nicht in absehbarer Zeit erreichen ließe; man müsse es jetzt mit einer anderen Methode versuchen. Und wie sah diese andere Methode aus? Einfach ausgedrückt, geht es darum, den Nationen genau die Kontrolle aufzuerlegen, welche die Anhänger der Weltregierung anstreben, das aber unter dem Vorwand zu tun, daß damit wirtschaftliche, ökologische oder Energieprobleme gelöst werden sollen.[246]

Übrigens, der CIA-Manager Milton Katz und David Rockefeller lernten 1972 den damaligen Provinzgouverneur James Earl Carter aus Georgia kennen und hievten ihn in die Trilaterale Kommission. Daß der von Rokkefeller favorisierte Jimmy Carter dann auch tatsächlich ins Weiße Haus einzog, dafür sorgten zwei weitere Trilaterale: Cyrus Vance und eben Zbigniew Brzezinski; sie ebneten Carter den bereits vorgezeichneten Weg.[247]

Gary Allen schrieb in „*Die Insider*“ über die Trilaterale Kommission:

*„Die Trilaterale Kommission ist von David Rockefeller geschaffen worden, um damit seine internationalistischen Freunde dahin zu bringen, daß sie ihren privaten Einfluß auf die Regierungen ihrer Länder gebrauchen und sie auf dem „richtigen“ Kurs halten, nämlich auf dem Weg zur großen Fusion. Und ein Land, das sich vielleicht über diese Warnungen hinwegsetzt und seinen „inneren“ Sorgen zu viel Aufmerksamkeit schenkt, wird sich vielleicht schon bald in einer schweren Krise bei der Versorgung mit Lebensmitteln, Brennstoffen und finanziellen Mitteln finden, daß ihm die große Wirtschaftsdepression der dreißiger Jahre wie ein Zug durch das Gelobte Land erscheinen mag.“*[248]

## *Club of Rome und Komitee der 300*

Diese beiden Organisationen stehen in einer wechselseitigen Abhängigkeit. Ein interessantes und empfehlenswertes Werk zu dieser Organisation ist sicherlich *„Das Komitee der 300“* von Dr. John Coleman, das im Literaturverzeichnis aufgeführt ist.

Der Name *„Club of Rome”* (COR) hat weder etwas mit der Stadt Rom oder dem Vatikan noch mit den Katholiken zu tun. Diese Organisation besteht aus den ältesten Familien des „Schwarzen Adels“ und den 13 Top-Illuminaten-Familien Amerikas. Der COR könnte auch als eine Dachorganisation bezeichnet werden, eine Verbindung von angloamerikanischen Finanziers und den alten Familien des Schwarzen Adels von Europa, insbesondere des sogenannten „Adels“ von London, Genua und Venedig. Ihr Schlüssel zum Einfluß in der Welt ist die Fähigkeit, schwere wirtschaftliche Rezessionen und manchmal Depressionen zu schaffen und zu managen.

Der Club of Rome hat auch seinen eigenen Geheimdienst. Außerdem steht er in Verbindung mit David Rockefellers INTERPOL. Sämtliche US-Geheimdienste arbeiten demzufolge ebenso eng mit ihm zusammen wie der KGB oder der MOSSAD. Nur ein wichtiger Geheimdienst blieb außer seiner Reichweite – die ostdeutsche STASI.[249]

Nach Dr. John Coleman wiederum war der „Schwarze Adel“ der Gründer des ***„Komitees der 300“***, aus dem wiederum alle bedeutenden Geheimgesellschaften hervorgegangen sein sollen.

Dr. Coleman nennt in seinem Werk einige Frontorganisationen des Komitees der 300. Eine ist demnach unter anderem der Deutsche Marschall-Fonds. Coleman schreibt dazu:

*„Das Komitee der 300 hat, obwohl es seit über 150 Jahren existiert, erst um 1897 herum seine gegenwärtige Form angenommen. Es war immer bekannt dafür, daß es seine Befehle über Tarngruppen ausgab, wie etwa das RIIA. Als entschieden wurde, daß eine Super-Körperschaft Europa kontrollieren sollte, gründete das RIIA das Tavistock-Institut, das seinerseits wiederum die* **NATO** *ins Leben rief. Über fünf Jahre hinweg wurde die NATO vom Deutschen Marschall-Fond finanziert. Mitglied und Vorsitzender des Deutschen Marschall-Fonds war kein Geringerer als David Rockefeller.“*[250]

Über den *Club of Rome*, den man als sogenannte Frontorganisation sehen kann, schreibt Coleman im Zusammenhang mit dem Marschall-Fond an anderer Stelle:

*„...daß der Club of Rome und seine Finanziers mit dem Namen Deutscher Marschall-Fonds zwei hochorganisierte Verschwörungseinheiten waren, die unter dem Deckmantel des Nordatlantikpaktes (NATO) operierten, und daß sich die Mehrheit der Führungskräfte des Club of Rome aus der NATO rekrutierte. Der Club of Rome formulierte alles, was die NATO als ihre Politik ausgab, und war durch die Aktivitäten eines Mitglieds des Komitees der 300, Lord Peter Carrington, in der Lage, die NATO in zwei Fraktionen zu spalten, einen politischen Machtflügel und die vormalige Militärallianz.*

*Der Club of Rome ist noch immer einer der wichtigsten außenpolitischen Arme des Komitee der 300, der andere sind die Bilderberger. Der Club of Rome wurde 1968 aus dem harten Kern der Morgenthau-Gruppe gebildet, ausgehend von einem Telefongespräch des inzwischen verstorbenen Aurelio Peccei, der einen neuen, eiligen Impuls zur Beschleunigung der Pläne für die Eine-Welt-Regierung hatte, die jetzt Neue Weltordnung genannt wird.“*[251]

Heute wird der Club of Rome auch oftmals als wissenschaftlicher Zweig der Illuminaten bezeichnet. Das liegt unter anderem daran, daß die subversivsten[252] aller Zukunftsplaner Pecceis Aufruf folgten. Sie kamen von überall her: aus den Vereinigten Staaten, Frankreich, Schweden, Großbritannien, der Schweiz und Japan. In den Jahren zwischen 1968 und 1972 wurde der Club of Rome eine zusammenhängende Gruppe von New-Science-Wissenschaftlern, Globalisten, Zukunftsplanern, und Internationalisten jeden Schlages. Pecceis Buch *„Human Quality“* bildete die Grundlage jener Doktrin, die sich der politische Flügel der NATO zu eigen machte.[253]

Mit den folgenden Aussagen werden die „humanitären“ Gedanken des COR mehr als deutlich. Bei einem Treffen des COR im März 1982 in Paris machte Aurelio Peccei, der Gründer des COR, folgende Aussage:

*„Menschen sind wie Insekten. Sie profilieren zu viel... Die Zeit ist reif, das Konzept der Nationen,* ***welche Hindernisse auf dem Weg zur Weltdiktatur darstellen****, auf die Probe zu stellen. Das Christentum bringt stolze Menschen*

*und eine kaufmännische Gesellschaft hervor, die nichts weiter als tote Kultur, klassische Musik und erdrückende Zahlen auf dem Papier schafft.“*

*„...immer weniger Menschen konsumieren immer weniger und benötigen auch immer weniger Dienste, egal unter welchen Umständen.“* (Herv. d. d. A.)

Das stellt den derzeitigen Ist-Zustand unserer gesellschaftlichen Situation auf den Kopf. In unserer Sucht- und Maßlos-Gesellschaft verlangen immer mehr Menschen mehr Güter. Kaufrausch und Konsumzwang sind *in*.

Hier wird sehr deutlich, welch „hohe“ Meinung Peccei über die Menschheit hat. Daraus sind auch die Hauptziele des COR unzweifelhaft zu ersehen: ***die industrielle Entwicklung zu verringern, die wissenschaftliche Forschung gezielt anzuwenden und notfalls vor der „Masse“ (den Insekten) zurückzuhalten, Städte zu entvölkern, besonders die ehemaligen Industriestädte Nordamerikas, die Bevölkerungen in ländliche Gebiete zu verlagern, etwa 2,5 bis 3 Milliarden Menschen zu eliminieren, politische Gegenkräfte zum COR zu verhindern, die Wirtschaften zu destabilisieren, Klassen- und Rassenkriege anzustiften und so weiter.***

Im weiteren Verlauf werden wir einerseits deutlich erkennen, daß verschiedene „Eingeweihte“, wie in diesem Fall Peccei, bereits klar wußten, wie die Zukunftsplanungen der mächtigen Organisationen für das 20. und 21. Jahrhundert aussahen, und andererseits, wie detailliert sie doch von verschiedenen „Experten“ der verschiedenen zusammenhängenden Gruppen geplant wurden – in der Welt (der Politik) geschieht nichts zufällig!

Einige dieser Herren, wie beispielsweise Zbigniew Brzezinski, Samuel Huntington und einige andere, werden in Band 2 genauer unter die Lupe genommen.

**Anmerkung zur aktuellen Situation in den USA:**

Es wurde bereits auf die dramatischen Folgen durch die Gründung der *Federal Reserve Bank* durch die internationalen Bankiers hingewiesen. Neben dem finanziellen und wirtschaftlichen Bankrott, in dem sich die Vereinigten Staaten zweifellos befinden, dürfen wir auch nicht den geistigen und moralischen Bankrott vergessen, der sicherlich nicht zufällig in der Entwicklung einer Nation in Erscheinung tritt. In den genannten Punkten ist Europa und auch Deutschland keineswegs ausgeschlossen – im Gegenteil!

Orwell („*1984*“) läßt herzlichst grüßen! Es gibt erschreckend hohe Zahlen an Arbeitslosen, nicht zu vergessen, wie viele Menschen weit unter der Armutsgrenze leben. Besonders die USA haben hier Spitzenwerte zu verzeichnen! Die Verwandlung unserer Städte in Orte voller Angst und Schrecken, Millionen von Obdachlosen, immer mehr Regierungskorruptionen, die allein durch die Anzahl, die bisher zutage kam, weitaus Erschreckenderes vermuten läßt, was Intervention und Manipulation am Regierungsapparat betrifft. Nicht nur die USA (die aber wohl in erster Linie), wohl auch alle anderen großen Industrienationen hängen am Gängelband der *Mächtigen*, die im Hintergrund die Fäden ziehen und nach einem *großen Crash* bereits die passende „Medizin“ parat haben: die **Eine-Welt-Regierung**.

# SCHLUSSWORT

## *Gibt es eine Weltverschwörung?*

Erfüllen sich die teilweise Jahrhunderte und Jahrtausende alten Prophezeiungen, die einen großen Umbruch, eine Wendezeit mit vielen Unruhen und weltumspannenden kriegerischen Auseinandersetzungen (Dritter Weltkrieg) klar voraussagen? Jedenfalls hat die Vergangenheit bestätigt, daß die Prophezeiungen größtenteils eingetroffen sind!

Schenkt man den Prophezeiungen Glauben, dann stehen die großen Umwälzungen, Naturkatastrophen und Kriege noch aus. Zweifellos befinden wir uns aber bereits in den Anfängen dieser dramatischen Endzeit, der aber auch ein Neubeginn folgen wird. Einen Weltuntergang wird es nicht geben, von diesem angstmachenden Gedanken sollten wir uns verabschieden! Die Anschläge in New York, der letzte Golfkrieg oder der Jahrtausende alte Konflikt um Jerusalem, der sich immer dramatischer zuspitzt, sind Grund genug, die alten Prophezeiungen sehr ernst zu nehmen – sie bilden quasi den Startschuß für eine Zeit der Wende und auch der weltweiten Umwälzungen, welche mit Kriegen, Naturkatastrophen, Seuchen und Epidemien einhergehen werden. Bei dem prophezeiten Dritten Weltkrieg sollte man nicht von einem Krieg ausgehen, der vergleichbar wäre mit dem Ersten oder auch dem Zweiten Weltkrieg, sondern von einer Aneinanderkettung verschiedenster Ereignisse, die sich über einen langen Zeitraum erstrecken (etwa zehn bis fünfzehn Jahre).

Bis heute stehen wir vor einem Rätsel, wollen wir ergründen, wie die alten Hohepriester, verschiedenen Seher und Propheten, wie zum Beispiel Nostradamus, die Zukunft so klar und zutreffend schauen konnten!

Die wechselseitige Abhängigkeit von Religion und Logentum ist ein weiteres Jahrtausende altes Merkmal der politischen Gegenwart. Die Hintergründe der gegenwärtigen Politik – der Konflikt zwischen den Abrahamreligionen rund um den Krisenherd Naher Osten und Jerusalem – ist Jahrtausende alt. Erst bei einem Blick in die Vergangenheit und einer Suche nach dem Ursprung der Abrahamreligionen, erscheint uns die gegenwärtige Weltpolitik unter einem ganz anderen Blickwinkel.

Führt man sich die Jahrtausende alte Jesus-Kontroverse von Kirche und *Gegenkirche* vor Augen, so haben diese unterschiedlichen Ansichten der mächtigen Organisationen bis heute einen maßgeblichen Einfluß auf das politische Treiben in der Welt verübt! Alle drei großen Religionsgemeinschaften streben letztlich – durch ihren selbsternannten Absolutheitsanspruch – nach der theokratischen Herrschaft!

Wir sollten nicht vergessen, daß zwischen dem Auftauchen Mohammeds – dem großen Propheten des Islam – und den Zeiten des Abraham, David, Moses und Gilgamesch, so sie alle historische Personen waren, bereits mehrere tausend Jahre lagen. Das größte Hindernis auf dem Weg der Wahrheitsfindung bezüglich der Bücher Mose sind zweifellos die großen Zeitspannen, die viele Jahrhunderte betragen, welche bis zu ihrer endgültigen Niederschrift vergingen und zudem noch unter dem Einfluß der jeweiligen Ideologie standen, was sicherlich zu inhaltlichen Veränderungen geführt haben wird.

Ein ganz neuer Aspekt in Verbindung mit den Ursprüngen der hebräischen Geschichte, aus der sich später das Christentum und der Islam ableiteten, wurde in diesem Werk umfangreich dargelegt – das Wirken der biblischen Stammväter (zum Beispiel Abraham, Joseph, Moses, Jesus usw.) im Alten Ägypten.

Welchen Zündstoff das Alte Testament für die Abrahamreligionen bis heute bietet, wird erst deutlich, wenn man die Geschichte der biblischen Stammväter der ägyptischen Chronologie gegenüberstellt. Das Leben und Wirken aller großen und bedeutenden biblischen Personen ist wesentlich mit dem ägyptischen Pharaonenreich verbunden. Viele Legenden und Erzählungen der Bibel sind unzweifelhaft aus der älteren sumerischen und ägyptischen Geschichte übernommen worden. Die großen Königreiche von David und Salomon hat es, so wie die Bibel darüber erzählt, vermutlich nie gegeben, das bestätigen auch neueste archäologische Funde!

Die wissenschaftlichen Ergebnisse lassen Forscher heute vermuten, daß ein Auszug jüdischer Stämme aus Ägypten nie stattfand. Auch Kanaan wurde nicht, wie im Buch Josua beschrieben wird, gewaltsam erobert. Die Ur-Reiche von David und Salomon hat es in der beschriebenen Größe nie gegeben. Die israelischen Könige herrschten nur über *„unbedeutende Teile von Randregionen."*[254]

Und der Auszug aus Ägypten? Rein wissenschaftlich betrachtet, hat vermutlich auch ein Auszug der Israeliten aus Ägypten, von welchem in der Bibel berichtet wird, in der Form und vor allem in der Größe niemals stattgefunden. Ein Großteil der Wissenschaftler geht diesbezüglich heute von einer eher unbedeutenden, kleinen Gruppe aus. Vermutlich wird er schon allein aus diesem Grund in der ägyptischen Chronologie gar nicht erwähnt!

Die größte Kontroverse bilden die Unklarheiten in bezug auf Moses und Jesus!

Im Falle von David und Salomon wurde durch Gegenüberstellung mit der ägyptischen Chronologie dargelegt, daß es sich bei beiden Personen in Wirklichkeit um ägyptische Pharaonen gehandelt haben könnte – Tuthmosis III. und Amenophis III.!

Welche Auswirkungen das auf alle drei großen Religionsgemeinschaften und ihre bis heute aufrechterhaltenden Absolutheitsansprüche haben würde, ist unschwer nachzuvollziehen. Dieses unsichtbare Band zieht sich unübersehbar weiter durch die verschiedenen mächtigen Logengemeinschaften und ist letztlich die Wurzel aller weltpolitischen Konflikte und Krisenherde.

Andererseits könnte eine eindeutige und beweiskräftige Enthüllung bezüglich der biblischen Hauptdarsteller Moses und Jesus zum gegenwärtigen Zeitpunkt in politischer Hinsicht zu einer „Explosion" mit ungeahnten Ausmaßen führen. Unter diesem Aspekt wäre eine Enthüllung zum jetzigen Zeitpunkt vielleicht sogar ungünstig und würde nur noch mehr Öl in einen bereits lichterloh brennenden *Brandherd Naher und Mittlerer Osten* werfen!

Wenn man sich dann auch noch vor Augen führt, wie systematisch und erfolgreich die religiösen Systeme über Jahrtausende die Menschen mit Halbwahrheiten an der Nase herumgeführt haben, dann ist es überhaupt nicht vorstellbar, daß die Milliarden Gläubigen die Wahrheit, sei sie auch noch so unzweifelhaft und bewiesen, überhaupt akzeptieren würden. *Wahrheit* setzt auch Erkenntnis und Wissen voraus!

Auf der anderen Seite haben wir die Übernahme und Kontrolle der Finanzen von denselben Kreisen, die auch das Geschichtsbild verzerren:

Die geplante Zentralisierung des Hochfinanzwesens spielte im 18. und besonders im 19. Jahrhundert eine bedeutende Rolle. Bei dieser Thematik wird besonders deutlich, wie wesentlich der Einfluß des Hochfinanzwesens bereits in den vergangenen Jahrhunderten die Politik, Kriege und Frieden bestimmt hat.

Es läßt sich wohl nicht leugnen, daß der kometenhafte Aufstieg der Rothschild-Familie dabei keine unwesentliche Rolle spielte. Nach ihrem geschickten Schachzug bei der Schlacht um Waterloo, erzielten sie unvorstellbar hohe Gewinne.

In Paris hatte das Haus Rothschild nach der Niederlage der Franzosen die Kontrolle Frankreichs übernommen, und in London hatte Nathan Rothschild durch die Kontrolle über die „Bank von England" direkten Einfluß auf das britische Parlament.[257]

Der größte Coup gelang den privaten Bankiers mit der Gründung der Federal Reserve Bank (*Fed*) in den Vereinigten Staaten zu Beginn des 20. Jahrhunderts, wie wir sehen konnten.

Die Einführung der *Federal Reserve Bank* (die private Zentralbank Amerikas) im Dezember 1913 ermöglichte nun den internationalen Bankiers, endgültig die finanzielle Kontrolle über die Vereinigten Staaten zu erlangen. Paul Warburg wurde der erste Vorsitzende der *Federal Reserve Bank*.[258]

Damit war der amerikanische Staat der Willkür der nationalen Bankiers, den Werkzeugen der übernationalen Geheimorganisationen, ausgeliefert. Die Vereinigten Staaten wurden fortan zum Werkzeug der internationalen Bankiers. Wer das bezweifelt, braucht nur den Verlauf der Geschichte anzuschauen. Dabei müssen wir unser kleines, vorgefertigtes Weltbild, das uns von unseren Geschichtslehrern bereits in den Schulen und an den Universitäten eingeimpft wird, gründlich überdenken! Um die Geschichtsschreibung, besonders die des 20. Jahrhunderts, die wir im zweiten Band näher beleuchten werden, besser zu verstehen, sollten wir eine Faustregel beachten:

**Die geschriebene Geschichte wie auch die historische Gegenwart erklärt sich durch die Vernetzung von Kirche, Weltpolitik, Geheimgesellschaften und Hochfinanz!**

Neben der bolschewistischen Revolution, die vermutlich gezielt inszeniert und finanziert wurde, war die Schuldenwirtschaft ein entscheidender Auslöser des Ersten Weltkrieges.

Bald darauf kam es zum Zweiten Weltkrieg. Dieser wurde nur möglich durch die Wiederaufrüstung Deutschlands. Dieselben Mächte, die Deutschland zerstört hatten, rüsteten das Land im Geheimen wieder auf. (Mehr dazu in Band 2!)

Das Gründen von weiteren Organisationen, wie beispielsweise des CFR, der RIIA, Bilderberg-Gruppe, Trilateralen Kommission und der UNO diente der Vernetzung und unterstand den Mutterorganisationen, wie zum Beispiel der Round-Table-Gruppe, wie in den Karten graphisch verdeutlicht wird. Der CFR und die Trilaterale Kommission zählen exekutiv, also auch für die Öffentlichkeit, offiziell und sichtbar zu den einflußreichsten Organisationen in den USA und sind zugleich die Arme der Hochgradloge.

Anzumerken ist an dieser Stelle, daß die genannten Organisationen nur einen groben Überblick gewähren. Hierdurch soll veranschaulicht werden, wie vernetzt die Weltpolitik ist. Es gibt viele weitere, mit den jeweiligen Frontorganisationen verbundene, untergeordnete Organisationen, die aber hier nicht näher beleuchtet werden müssen. Der bisherige kleine Überblick soll genügen, um die Vernetzung und das System der Hintergrundpolitik in Ansätzen nachzuvollziehen.

Auch wenn verschiedene Gruppierungen autonom in Erscheinung treten, so dienen sie alle letztlich wohl der gleichen Sache. Das wird besonders deutlich, wenn man sich vor Augen führt, daß viele hochrangige Persönlichkeiten gleichzeitig in mehreren Organisationen Mitglied sind – „unsichtbare“ Verflechtung und Vernetzung!

Durch die gerade beschriebenen Organisationen und deren Verflechtungen wird im groben Umriß deutlich, wie vernetzt die Weltpolitik zu sein scheint. Nur, ist es überhaupt vorstellbar, daß diese Verflechtungen letzten Endes nicht zu einer Spaltung führen, die wiederum ein gemeinsames Endziel – wenn das überhaupt formuliert ist – unrealisierbar werden läßt? Es ist in den vergangenen Jahrzehnten viel über eine *Weltverschwörung*, die *Eine-Welt-Regierung* und eine *Neue Weltordnung* geschrieben worden – zweifellos sind die Bemühungen für diese Ziele in vollem Gange. Ist eine solche Zielsetzung jedoch überhaupt umsetzbar? Hier gehen die Meinungen sehr weit auseinander!

Daß es eine geheime Macht gibt, welche die Weltherrschaft innehat, ist aus Sicht des Autoren klar zu verneinen! Sicherlich gibt es viele mächtige Organisationen, und das seit Jahrhunderten, die nach einer Weltherrschaft streben. Die Vernetzung der verschiedenen Organisationen in Politik, Wirtschaft, Religionen und geheimen Gesellschaften hat besonders in den letzten Jahrzehnten zu einer großen und nicht mehr überschaubaren Verflechtung geführt. Das Chaos, das dadurch auf dem Planeten geschaffen wurde, ist gleichzeitig auch ihr eigenes Hauptmerkmal!

Jede Ideologie, die nicht nach den höchsten kosmischen Gesetzmäßigkeiten handelt, wird letztlich scheitern, da sie das Kausalitätsgesetz nicht beachtet – *sie werden selbst das ernten, was sie gesät haben*: Chaos! So einfach dieser letzte Satz auch klingen mag, es ist nicht einfacher auf den Punkt zu bringen!

Im Grunde ist genau diese Ideologie – *Ordnung aus dem Chaos*, oder *ein kontrollierbares Chaos* (Versklavung der Menschheit) –, von der behauptet wird, es sei die Ideologie der Illuminaten, das globale Bild der vielen nach Weltherrschaft strebenden Organisationen! Sie alle haben letztlich dazu beigetragen, ein globales Chaos zu schaffen, das vollkommen außer Kontrolle geraten ist – aus ihrer geplanten *Neuen Weltordnung* scheint eine *Neue Weltunordnung* geworden zu sein. Daß die verschiedenen Führungsgruppen das schon bemerkt haben, ist zu bezweifeln. Aus diesem Grund sind auch alle Hoffnungen, die Welt zu retten, reine Phantasie! Damit soll an dieser Stelle keine pessimistische Endzeitstimmung verbreitet werden, sondern Hoffnung!

Die gegenwärtige Zeit, ihre Machtstrukturen, weltweite Unruhen, Kriege und Naturkatastrophen wurden, wie in Kapitel 1 erörtert, bereits vor Jahrhunderten und Jahrtausenden genau beschrieben – aus dem Bewußtsein eines höheren Wissens heraus! Es wird von einem Wendepunkt gesprochen – einem zyklischen Tiefpunkt –, auf den wir gegenwärtig zusteuern, dem aber wiederum eine *neue Zeit* des Friedens folgen wird. Man könnte auch von einem *ganz normalen* zyklischen Prozeß (präzessionaler Zyklus) sprechen, in dem sich die Menschheit gegenwärtig befindet. Diese Zusammenhänge werden im zweiten Band nochmals aufgegriffen.

Bevor sich nun der Vorhang des ersten Bandes langsam schließt, wenden wir uns noch einmal Johannes von Jerusalem zu, einem der Gründerväter des Templerordens, der bereits im 11. Jahrhundert folgendes über die gegenwärtige Zeit prophezeite:

*„Wenn das Jahrtausend beginnt, das nach dem Jahrtausend kommt, wird es eine dunkle und geheime Ordnung geben. Ihr Gesetz wird der Haß sein und ihre Waffe das Gift. Sie wird immer mehr Gold wollen und ihre Herrschaft über die ganze Welt verbreiten. Und ihre Diener werden untereinander durch den Kuß des Blutes verbunden sein...*

*Wenn das Jahrtausend beginnt, das nach dem Jahrtausend kommt, wird die Erde an mehreren Stellen erbeben, und die Städte werden untergehen. Alles, was ohne Rat der Weisen gebaut wurde, wird bedroht und zerstört werden. Der Schlamm wird die Dörfer unter sich begraben, und der Boden wird sich unter den Palästen öffnen. Doch der Mensch wird starrköpfig sein, denn er ist vom Stolz besessen. Er wird die Warnung nicht hören, die ihm die Erde immer wieder zuruft...*“

Allen Warnungen zum Trotz, scheinen sich die Prophezeiungen zu erfüllen. Ein Beispiel dafür liefern unzweifelhaft die beiden Weltkriege des 20. Jahrhunderts und die damit im Zusammenhang stehende Hintergrundpolitik, die im zweiten Band unter anderem einen Themenschwerpunkt bilden wird.

# AUSBLICK AUF BAND 2

Weiterführend wird unter anderem die Hintergrundpolitik der russischen Revolution und des Ersten Weltkrieges behandelt werden. Die daraus resultierenden Ergebnisse, die auf der Versailler „Friedenskonferenz“ mit dem Versailler Vertrag beschlossen wurden, waren quasi die Grundlage für einen neuen Weltkrieg.

Der englische Parlamentarier Arthur Ponsonby sagte, daß *„es in der Welt von 1914 bis 1918 mehr vorsätzliche Lügen gegeben haben muß als zu jeder anderen Zeit der Weltgeschichte“*. Er hätte 1919 und den Versailler Vertrag ausdrücklich miterwähnen sollen, wobei wir davon ausgehen sollten, daß er das wohl insgeheim auch tat.

Diese vorsätzlichen Lügen finden sich auch in bezug auf den Zweiten Weltkrieg und noch mehr in der weiteren Entwicklung der politischen Weltgeschichte bis hin zur Gegenwart. Vorzugsweise spielt dabei der Einfluß der Medien eine zentrale Rolle.

Heute ist der Fernseher das erfolgreichste Medium, um Menschen und ganze Nationen zu manipulieren, Ideale zu erschaffen, Meinungen zu *bilden* und die Menschen zu weltanschaulichen Dummköpfen zu erziehen.

Der amerikanische Autor *Des Griffin* bemerkte dazu einmal treffend:

*„Wie ändert man die Ideale einer Nation? Nun, man braucht lediglich zu verändern, was in Schulen, Colleges und Universitäten, in Kirchen und Massenmedien gelehrt wird.“*

Die Fernsehgeräte haben mit dem Verlauf des 20. Jahrhunderts die kirchlichen Altäre abgelöst, obwohl auch diese trotz ihrer großen Irrlehren noch erstaunlich gut im Rennen sind. In unseren Wohnzimmern sind die bequemen Sitzplätze auf den Fernseh-„Altar“ – auf das Allerheiligste – ausgerichtet, der im Durchschnitt viele Stunden am Tag mit seinen Botschaften auf den Zuschauer einrieselt.

Die Menschen wollen selbst bestimmen, was sie machen, es sei denn, man zwingt sie. Zwang ist jedoch kein ideales Mittel, weil die Menschen dann nur widerwillig beugsam sind. Viel einfacher und wirksamer ist es, wenn sie *freiwillig* mitmachen und es selbst wollen. Die gesamte Werbung und alle ideologischen Kampagnen sind auf diesem Prinzip aufgebaut.

Für diese langfristigen Ziele gebraucht man gewisse raffinierte Methoden – unsichtbare Methoden –, die mehr psychologischer Natur sind, und zu denen auch die sogenannte psychologische Kriegsführung zählt. Genau in diesem Punkt haben sich die Methoden entscheidend verändert, die von verschiedenen Machthabern benutzt werden, um den Menschen zu steuern. Die angewandten Methoden wurden also verändert, um den Menschen weiterhin zu versklaven. Mit hoher Erfolgsquote, denkt doch ein Großteil der Bürger, er sei gebildet, mündig, frei und unabhängig.

Besonders in den letzten Jahrzehnten des vergangenen Jahrhunderts hat die Forschung über psychologische Kriegsführung einen unaufhaltsamen, für die breite Öffentlichkeit aber unsichtbaren Siegeszug angetreten. Um Bevölkerungsgruppen, Länder und ganze Nationen zu beeinflussen und zu versklaven, ist die herkömmliche und konventionelle Form des Krieges an Position drei oder vier getreten. Einfacher, schneller und wirksamer sind Hungersnöte, Naturkatastrophen (zum Beispiel Überschwemmungen), Formen des Wirtschaftskrieges und biologische Waffen. Das Wirtschaftsembargo nach dem Golf-Krieg gegen den Irak beispielsweise hat bereits weit über eine Million Opfer gekostet. In vielen anderen Ländern der Welt läuft es oft nach dem gleichen, für die Weltöffentlichkeit unsichtbaren und undurchschaubaren Schema ab, daß oppositionelle Gruppierungen in einem Land beispielsweise finanziell unterstützt werden, um auf diese Weise für Unruhen und Revolten zu sorgen, Bürgerkriege zu führen und letztlich Regierungen zu stürzen. Ist eine Regierung erst einmal gestürzt und ein Land in Schutt und Asche gelegt, intervenieren die Hintermänner der Weltpolitik, geben umfangreiche finanzielle Unterstützungen für einen Wiederaufbau und haben somit alle – aus ihrer Sicht – legitimen Möglichkeiten, ihre politischen Interessen durchzusetzen – das sind die „modernen“ unsichtbaren Kriege unserer Zeit.

Vergleichbar schlimm ist, daß elektromagnetische Wellen in den letzten Jahrzehnten immer gezielter in verschiedensten Geheim- und Kriegsoperationen Anwendung fanden und von den dahinter stehenden Interessengruppen benutzt wurden, um die physische und psychische Gesundheit von ganzen Bevölkerungen zu beeinflussen.

Psychologisch geschulte Machthaber wissen heute, daß eine Diktatur mit physischem Terror sehr viel Gegendruck erzeugt, der früher oder später so stark werden kann, daß das Terrorregime daran zerbricht. Darauf wurde von Machiavelli bereits vor Jahrhunderten hingewiesen. Weit wirksamer und dauerhafter ist dagegen eine Diktatur auf psychologischer und wirtschaftlicher Basis.

Die beiden Hauptsäulen einer solchen Diktatur sind ein zentralisiertes Erziehungssystem, also möglichst die Staatsschule als Konfessionsschule, und eine umfangreiche Kredit- oder Schuldenwirtschaft. Mit Hilfe eines zentralisierten Schuldensystems kann man die Menschen eines Volkes dermaßen geistig versklaven und in der Materie binden, daß dagegen Fesseln und Mauern eine Kleinigkeit sind. Die Erziehungsmethoden lassen sich so weit ausbauen, daß sie fast jenen Zustand hervorrufen, den wir im Okkultismus die „okkulte Gefangenschaft" nennen. Es ist sogar möglich, innerhalb einer Demokratie eine Diktatur zu errichten. So sollten wir unsere heutige Staatsform nicht als *Demokratie* bezeichnen, sondern als *diktatorische Demokratie* (!) – besser ist das System, in dem wir gegenwärtig leben, wohl kaum zu beschreiben!

*„Diejenigen, die das Erziehungssystem kontrollieren, werden für einen Zeitraum von mehreren Generationen auch die ganze Nation lenken. Die Rockefellers haben jetzt seit fünf oder sechs Jahrzehnten einen beherrschenden Einfluß auf die Entwicklung des amerikanischen Erziehungssystems gehabt. Auch die Religion läßt sich als wichtiges Mittel zum Formen der öffentlichen Meinung benutzen. Seit vielen Jahren finanziert die Rockerfeller-Dynastie das Union Theological Seminary in New York, das schon viel dafür getan hat, die Geistlichkeit sozialistisch-faschistisch zu infizieren und die alten Inhalte des Christentums zu zerstören."*

Durch ein zentralisiertes Erziehungssystem mit beamteten Lehrern und zensierten Schulbüchern läßt sich somit eine hervorragende Grundlage zur Versklavung eines Volkes legen. Damit aber die solchermaßen Eingekerkerten nun auch während ihres ganzen Lebens in diesem Zustand verbleiben, müssen sie nach der Entlassung aus den Schulen und Universitäten durch eine „freie Presse" weiterbearbeitet werden. Diese Presse wird den *Protokollen* (siehe Band 1) entsprechend fast vollständig von der unsichtbaren Weltregierung gesteuert und bombardiert die Völker ständig mit einer Mischung aus Irrtum, Lüge und Heuchelei.

Zur Aufrechterhaltung der *Diktatur* in den westlichen Demokratien ist es demnach notwendig, die Völker so lange mit Lügen zu bearbeiten, bis sie diese Lügen für Wahrheiten halten.

Das dunkelste Kapitel der deutschen Geschichtsschreibung – der Zweite Weltkrieg – ist gleichzeitig auch das Kapitel mit dem größten Aufklärungsbedarf. Wie war es beispielsweise möglich, daß sich ein völlig am Boden befindlicher deutscher Militärapparat, wie er sich Ende der zwanziger Jahre präsentierte, innerhalb nur weniger Jahre wieder zu einem der größten in Europa entwickeln konnte? Es ist bekannt, daß Deutschland unter der Führung Hitlers finanziell und auch wirtschaftlich nicht unwesentlich unterstützt wurde, und das noch bis in die ersten Kriegsjahre des Zweiten Weltkrieges!

Besonders hier ist die Betrachtung der Hintergrundpolitik von zentraler Bedeutung, insbesondere in bezug auf die politische Gegenwart Deutschlands und seine politische Handlungsfreiheit. Der politische Einfluß der Alliierten USA, Rußland, England und Frankreich setzt bis heute große Maßstäbe in der Bundesrepublik – allen voran die Vereinigten Staaten von Amerika.

Ist Ihnen schon einmal aufgefallen, daß es *nur* eine *Verfassung <u>für</u> die Bundesrepublik Deutschland* gibt und nicht eine *Verfassung <u>der</u> Bundesrepublik Deutschland*?

In diesem Zusammenhang wird auch die so viel zitierte Meinungs(äußerungs!)freiheit, die angeblich in Deutschland herrscht, thematisiert werden.

Ein zentraler Themenschwerpunkt wird die politische Gegenwart im Zusammenhang mit den Anschlägen vom 11. September 2001 in New York und dem zweiten Irakkrieg sein. Besonders die Anschläge in New York lassen bis heute zentrale Fragen unbeantwortet. So ist zum Beispiel die amerikanische Beweisführung in bezug auf die Verantwortlichen sehr zweifelhaft. Ebenso viele unbeantwortete Fragen gibt es in Verbindung mit dem Anschlag auf das Pentagon. Die Berichterstattung hierüber wurde bereits am Tage des Anschlages von amerikanischen Geheimdienstkreisen zensiert.

Erfüllen sich die alten Prophezeiungen, die von einem Dritten Weltkrieg – nennen wir es lieber einen Weltenbrand – sprechen, mit langanhaltenden Kriegen, Umwälzungen und großen Naturkatastrophen? Waren die großen Weltkriege doch geplant und systematisch in die Wege geleitet, wie im vorliegenden Werk bereits erörtert wurde?

Ein weiterer Meilenstein hierfür kann in der imperialistischen Kolonialpolitik gefunden werden. Die imperialistischen Großmächte Europas begannen ab dem 15. Jahrhundert systematisch, in allen lukrativen Gebieten auf dem Globus Völker zu unterwerfen, um Kolonien zu gründen und vorhandene Ressourcen auszubeuten. Die Kolonien betrachtete man als „unabhängig", was letztlich nur eine andere Form des *Sklaventums* darstellte. Es folgten Unabhängigkeitskriege, die viele Länder in Armut und Chaos führten.

Nach der Unabhängigkeitserklärung konnten diese rückständigen Länder ihren Aufbau aus eigener Kraft nicht gewährleisten. Also war man wieder auf Kredite der ehemaligen Herrenländer angewiesen, die an die großzügige Kreditgabe entsprechende Bedingungen knüpften – ein teuflischer Plan, wie es die Geschichte vieler Länder bis heute zeigt!

Die Dritte Welt – die Kolonialpolitik, Regierungsputsche, Revolutionen und auch der Hunger – ist ein großes Geschäft, ein großer *Supermarkt* für die Mächtigen dieser Erde! Die Geschichte der Kolonialpolitik und der Dritten Welt erklärt sehr gut das System der großen Mächte, die Menschheit gezielt zu manipulieren und zu lenken.

Die großen Strategen der Weltgeschichte handeln nach einem altbewährten Prinzip:

***„Teile und herrsche"*** *(Divide et impera)*

Seit fast zwei Jahrhunderten wird dieses Prinzip rund um den Erdball sehr erfolgreich angewendet: Durch einen Krieg wird ein bestimmtes Land – dessen Volk – in zwei Lager gespalten und zu Feinden gemacht. Um dem Feind nicht zu unterliegen, nehmen die Bürger notgedrungen die Herrschaft der eigenen Politiker an. Dabei ahnen sie nicht, daß im Hintergrund beider Lager ein und dieselbe Macht wirkt, die beide Seiten finanziert, kontrolliert und somit letztlich die Politik des ganzen Landes steuert, Einfluß auf Industrie und Rohstoffe nimmt und so weiter.

Es wird also ein Konflikt geschaffen, bei dem die Menschen eines Landes oder einer ethnischen Gruppe beispielsweise gegeneinander kämpfen und nicht gegen die eigentlichen Urheber. Der Urheber, der im Hintergrund die Fäden zieht und nicht als Anstifter in Erscheinung tritt, unterstützt beide Parteien auch noch. Dadurch stellt er einerseits sicher, daß ein Gleichgewicht der rivalisierenden Mächte gewährleistet ist und andererseits verdient er durch die Finanzierung eines Konfliktes (Krieg, Revolution) natürlich kräftig dabei.

Es gibt aber nicht nur eine Erste, Zweite und Dritte Welt – es gibt schon seit geraumer Zeit eine Vierte Welt! Diese Vierte Welt wurde schon in der Vergangenheit in verschiedener Weise beschrieben und unterschiedlich benannt, zum Beispiel von George Orwell oder Aldous Huxley – nur bisher nicht als „Vierte Welt". Diese schöne neue Welt – die „Vierte Welt" –, in der die Menschen geistig versklavt werden und ein sinnentleertes, oberflächliches und roboterhaftes Leben führen – allerdings auf höchstem technischem Niveau – hat schon seit vielen Jahrzehnten seine „Himmelspforten" geöffnet, um den gesamten Globus zu infizieren. Es ist die moderne Welt der unbegrenzten Möglichkeiten: ***Mc Dollywood***!

Ein weiterer Themenschwerpunkt befaßt sich mit der eigentlichen Bestimmung des Menschen und soll zugleich einen Lösungsvorschlag für jeden einzelnen Menschen darbieten, denn Angst und Pessimismus sind immer das falsche Rezept! Aller Weltuntergangspessimismus beziehungsweise Angst jedweder Form hindert den Menschen letztlich am Aufstieg, an der Entwicklung, und genau nach diesem Prinzip – Angst zu Vermitteln – verfährt beispielsweise die Kirche bis heute. Die Angst vor der Hölle, dem Teufel oder dem Fegefeuer sind bis heute bei vielen Theologen und Gläubigen immer noch blanke Realität.

Wenn man erst einmal das trügerische System verstanden hat, kann man aus dem Teufelskreis aussteigen. Die Jahrtausende alten Prinzipien von Macht- und Staatspolitik, geheimen Organisationen und religiösem Machtwahn dienen zur Unterwerfung von Menschen und Völkern. Darüber Erkenntnis erlangt, eröffnet sich dem Menschen die schlichtweg einfache Erkenntnis, daß *der Mensch selbst* auf dieser Erde eine Offenbarung der universellen (göttlichen), alles durchdringenden Energie ist und demzufolge den Gesetzmäßigkeiten der physischen wie auch der metaphysischen Welt unterliegt.

Die kosmische Ordnung wirkt im gesamten Makro- und Mikrokosmos (Gesetz der Polarität, Gesetz der Analogie, Gesetz der Kausalität usw.) durch verschiedene Gesetzmäßigkeiten. Durch die entsprechenden Gesetzmäßigkeiten, die ausführlich im zweiten Band erklärt werden, können wir unsere eigentliche Bestimmung klarer erkennen.

Verstehen wir erst einmal die kosmischen Gesetzmäßigkeiten denen unser gesamtes Denken, Handeln und Tun unterliegt, werden wir auch die Frage nach dem Sinn des Lebens und *Gott* beantworten können. Dabei müssen wir aber erkennen, daß wir – der Mensch – nur Teil eines kosmischen Gesamtplanes sind. Denn so wie der menschliche Körper durch den Geist belebt wird, so werden auch Tiere, Pflanzen und Mineralien durch Geist be- und durchlebt. So ist auch unser Planet durch diesen Geist be- und durchlebt.

Beide, die physische wie auch die geistige Welt, werden durch die gleichen Gesetze aufrechterhalten und zusammengehalten. Es herrscht überall die gleiche Ordnung, wie innen so außen, wie im Großen so im Kleinen.

Neben der theoretischen Erkenntnis eines sinn- und erkenntnisreichen Lebens gehört aber als Ergänzungshälfte unbedingt auch die alltägliche praktische Anwendung des erlangten Wissens an Körper, Geist und Seele dazu – **die Kunst des Lebens**!

„*Das einzige Mittel gegen Aberglauben ist die Wissenschaft.*“
(Henry T. Buckle)

# ANHANG 1

## *Den Göttern auf der Spur*

**Eine kurze Zusammenfassung:**

Die behandelte Thematik in „*Banken, Brot und Bomben*“ steht in einem direkten Zusammenhang zu meinem ersten Werk „*Den Göttern auf der Spur*“.

Wie ein roter Faden ziehen sich die Berichte über *fremde* Kulturbringer, die seit Beginn der Menschheitsgeschichte in die Entwicklung unseres Planeten und des Menschen eingegriffen haben, durch die verschiedensten Kulturen unseres Planeten.

Wir werden damit unweigerlich mit der Frage konfrontiert, ob der Mensch tatsächlich die Krönung der Schöpfung ist, wie es uns das Alte Testament lehrt, oder nur ein evolutionärer Fremdling, der sein Auftauchen der Laune einer Gruppe von „Göttern“ zu verdanken hat.

Heute treffen wir im allgemeinen auf zwei verschiedene Versionen über die Vorstellung, wie die Menschheit entstanden ist.

Im Kern stoßen wir dabei sehr oft auf die gleiche Geschichte, nur die Namen verändern sich von Kultur zu Kultur, was auch nicht verwunderlich ist. Verhalten, Beschreibung und Auftrag sind in allen Überlieferungen der Völker gleich – und das nicht nur auf dem afrikanischen Kontinent, sondern weltweit! Demnach sind die ersten Kulturbringer von den Sternen gekommen, in der „Kindheit“ der Menschheitsgeschichte. Sie haben den Menschen weltweit Wissen und Kultur gebracht und waren somit wohl ausschlaggebend für eine Beschleunigung in der Menschheitsentwicklung und letztendlich für das Auftauchen des Homo sapiens. Afrika ist voll von diesen Überlieferungen.

Die älteste und konkreteste Überlieferung besagt, daß die Erde in den Besitz einer außerirdischen Zivilisation gelangte, die Gold und andere Rohstoffe ausbeutete. Damit der Abbau leichter vonstatten ging, wurde gezielt ein primitiver Arbeiter geschaffen, der *Homo sapiens*. Demnach wurde der *Homo sapiens* als Sklavengeschlecht geschaffen. Solange die „Herrgötter“ auf Erden weilten, wurden den Menschen die wichtigsten geistigen Erkenntnisse vorenthalten, um sie für die eigenen Interessen besser lenken zu können.

Für manche mag diese Ansicht phantastisch klingen. Für mich klingt aber eher die *gegenwärtig gelehrte* Menschheitsgeschichte phantastisch, nämlich, daß sich der Mensch zufällig aus „kosmischem Staub“ zu Schleim, Fischen, Affen bis schließlich zum Menschen hin entwickelt habe.

Die Berichte der älteren Version über die Entstehung der Menschheit und die außerirdischen Kulturbringer lassen sich auf unserem gesamten Globus nachverfolgen. Handelt es sich hier um ein weltweites, archetypisches Mißverständnis?

Im weiteren Verlauf des Buches „*Den Göttern auf der Spur*“ wird dargelegt, daß es, entgegen der weitläufigen Meinung, um die Entwicklung des Menschen auf unserem Planeten, viele offene Fragen gibt und daß es aus rein naturwissenschaftlicher Sicht nicht beantwortet ist, wem wir – der Homo sapiens – seine sprunghafte Intelligenzwerdung zu verdanken haben.

Eines sind wir auf keinen Fall: die Krönung der Schöpfung. Weder unsere schöne Erde noch der Mensch spielt diese krönende Rolle in unserem Universum, wie es die Kirchenherren und die Vertreter des Kreationismus ihren Schäfchen immer noch gerne verkaufen. Was hat sich der liebe Gott nur dabei gedacht, dem großen König (dem Homo sapiens) ein Königreich (die Erde) zu schaffen, das nur ein kleines und unbedeutendes Lichtpünktchen im Universum ist und zudem einer sehr kurzen Lebensdauer unterliegt. In meinem ersten Buch habe ich mehr als deutlich dargelegt, daß bei dem Menschengeschlecht von der Einmaligkeit, die es sich selbst einredet, nicht die Rede sein kann. Dagegen spricht jede Logik und somit auch der naturwissenschaftliche Aspekt, auf den sich Wissenschaftler, Evolutionisten und vor allem auch die treuen Kirchengläubigen gerne berufen. Denn eines wissen wir schon heute: daß die Sonne, unser wichtigster Lebensspender, in verhältnismäßig kurzer Zeit – zumindest wenn wir die Zeitspannen des Universums, Entstehung und Entwicklung zugrunde legen – ein „weißer Zwerg“, eine Sternleiche sein wird. Was dann aus der Erde und der Menschheit werden wird, darüber kann nur spekuliert werden. Eines ist sicher: daß es auf der Erde menschliches Leben, so wie wir es heute kennen, nicht mehr geben wird – begrenzte, ungekrönte Schöpfung!

# ANHANG 2

## *Die Bücher der hebräischen Bibel oder das Alte Testament*

| TORA | LUTHERBIBEL |
|---|---|
| Genesis (1. Mose) | Das erste Buch Mose |
| Exodus (2. Mose) | Das zweite Buch Mose |
| Levitikus (3. Mose) | Das dritte Buch Mose |
| Numeri (4. Mose) | Das vierte Buch Mose |
| Deuteronomium (5. Mose) | Das fünfte Buch Mose |
| | Das Buch Josua |
| PROPHETEN | Das Buch der Richter |
| Josua | Das Buch Ruth |
| Richter | Das erste Buch Samuel |
| 1 Samuel | Das zweite Buch Samuel |
| 2 Samuel | Das erste Buch der Könige |
| 1 Könige | Das zweite Buch der Könige |
| 2 Könige | Das erste Buch der Chronik |
| Jesaja | Das zweite Buch der Chronik |
| Jeremia | Das Buch Esra |
| Eziechiel | Das Buch Nehemia |
| Hosea | Das Buch Esther |
| Joel | Das Buch Hiob |
| Amos | Der Psalter |
| Obadja | Die Sprüche Salomos |
| Jona | Der Prediger Salomo |
| Micha | Das Hohelied Salomos |
| Nahum | Der Prophet Jesaja |
| Habakuk | Der Prophet Jeremia |
| Zaphanja | Der Prophet Hesekiel |

| | |
|---|---|
| Haggai | Der Prophet Daniel |
| Sacharja | Der Prophet Hosea |
| Maleachi | Der Prophet Joel |
| | Der Prophet Amos |
| SCHRIFTEN | Der Prophet Obadja |
| Psalmen | Der Prophet Jona |
| Sprüche | Der Prophet Micha |
| Hiob | Der Prophet Nahum |
| Hohes Lied | Der Prophet Habakuk |
| Ruth | Der Prophet Zephanjha |
| Klagelieder | Der Prophet Haggai |
| Prediger | Der Prophet Sacharja |
| Esther | Der Prophet Maleachi |
| Daniel | |
| Esra | |
| Nehemia | |
| 1 Chronik | |
| 2 Chronik | |

# ANHANG 3

*Die Evangelien*

| Matthäus |
|---|
| Markus |
| Lukas |
| Johannes |
| Geschichtswerk |
| Die Apostelgeschichte des Lukas |
| Die Briefe des Paulus an die Römer |
| Der erste Brief an die Korinther |
| Der zweite Brief an die Korinther |
| An die Galater |
| An die Epheser |
| An die Philipper |
| An die Kolosser |
| Der erste Brief an die Thessalonicher |
| Der zweite Brief an die Thessalonicher |
| Der erste Brief an Tomotheus |
| Der zweite Brief an Tomotheus |
| Der Brief an Tutus |
| Der Brief an Philemon |
| Allgemeine Briefe |
| Der erste Brief des Petrus |
| Der zweite Brief des Petrus |
| Der erste Brief des Johannes |
| Der zweite Brief des Johannes |
| Der dritte Brief des Johannes |
| Der Brief an die Hebräer |
| Der Brief des Judas |
| Das prophetische Buch |

# ANHANG 4

## *Zeittafel*

Bei vielen der Daten handelt es sich um Vermutungen und Annäherungswerte. Alle Angaben, die mit einem Fragezeichen (?) versehen wurden, sind gegenwärtig nicht bewiesen! (Quelle: Teilweise Kenneth C. Davis)

**4,6 Mrd. v.Chr. bis 2000 v.Chr.:**

Vor ca. 4,6 Milliarden Jahren: Geologischen Belegen zufolge entsteht jetzt die Erde. (?)

Vor ca. 3 Millionen Jahren: Der aufrecht gehende Australopithecus, eine Vorform des Menschen, erscheint auf der Erde. (?)

Vor ca. 1,6 Millionen Jahren: Der „Werkzeugmacher" und Feuer herstellende Ahn des modernen Menschen entwickelt sich. (?)

Vor ca. 450.000 Jahren: Die Anunnaki besiedeln die Erde im Zweistromland zwischen Euphrat und Tigris. (?)

Vor ca. 300.000 Jahren: Durch gezielte Genmanipulation an dem bereits auf der Erde lebenden Urmenschen erschaffen die Anunnaki den Lulu Amelu (Gemischter/primitiver Arbeiter). (?)

Vor ca. 150.000 bis 75.000 Jahren: Der Neandertaler jagt, spricht, versorgt die Kranken, praktiziert Kannibalismus und begräbt die Toten.

Vor ca. 117.000 Jahren: Aus dieser Zeit liegen archäologische Hinweise aus Afrika vor über Menschen, die in ihrer Anatomie dem heutigen Menschen gleichen.

Vor ca. 100.000 Jahren: Kleine Gruppen von Jägern und Sammlern bevölkern den frühgeschichtlichen Nahen Osten.

Ca. 11000-9500: Endgültiger Untergang des Inselreiches Atlantis. (?) In den weltweiten Überlieferungen werden verschiedene Zeitangaben gemacht.

Ca. 11000: Als sich nach der letzten Eiszeit die Gletscher allmählich zurückbilden, entstehen in Teilen des Alten Orients riesige Felder mit Wildgetreide.

Ca. 10000-8000: Die „Natuf"-Kultur dominiert im heutigen Israel und bringt einige der ersten bekannten menschlichen Ansiedlungen hervor.

Ca. 8000: Im Vorderen Orient beginnt die Landwirtschaft; man gebraucht Stöcke zum Graben, um Samen von Wildgräsern zu pflanzen.

Ca. 6500: Irgendwann im Laufe der folgenden zwei Jahrhunderte erfinden die Sumerer im Stromgebiet von Euphrat und Tigris das Rad.

Ca. 5508: Das Jahr der Schöpfung, wie es im Konstantinopel des 7. nachchristlichen Jahrhunderts und von der östlichen orthodoxen Kirche bis zum 18. nachchristlichen Jahrhundert verwendet wird.

Ca. 5490: Das Jahr der Schöpfung (?): Die ersten Städte entstehen, als die Menschen beginnen, sich im Gebiet des Fruchtbaren Halbmonds zu Dorfgemeinschaften zusammenzuschließen. Das Land am Ufer des Nils trocknet allmählich aus – Bau der ersten Deiche und Bewässerungskanäle, sie markieren den Beginn der Zivilisation in Nordafrika.

Ca. 4004 (23. Oktober): Datum der Schöpfung von Himmel und Erde nach der Berechnung des irischen Theologen James Ussher im Jahr 1650 nach Christus. (?)

Ca. 3760: Das Jahr der Schöpfung laut der Berechnung des hebräischen Kalenders, der seit dem 15. nachchristlichen Jahrhundert verwendet wird. (?)

Ca. 3641 (10. Februar): Laut den Berechnungen der Mayas das Datum der Schöpfung. (?)

Ca. 3500: In den Tälern von Euphrat und Tigris, wo die alljährlichen Überschwemmungen neue Schichten fruchtbaren Schlamms ablagern, entwickelt sich die sumerische Gesellschaft. Die Sumerer beginnen, Haustiere vor Pflüge zu schirren, legen das Marschland trocken, bewässern die Wüstengebiete und erweitern die Gebiete dauerhafter Urbarmachung. Mit der steigenden Effizienz in der Landwirtschaft entstehen die ersten „begüterten Klassen", bislang unbekannte soziale Schichten: Priester, Handwerker, Gelehrte und Händler. Unter der Leitung von Priestern entwickelt sich eine Verwaltung. Zu den weiteren Errungenschaften der Sumerer zählen von Tieren gezogene Fahrzeuge und von Rudern angetriebene Schiffe und auch die Produktion von Gegenständen aus Bronze, die mit dem weicheren Kupfer nicht hergestellt werden konnten, sowie ein Keilschrift-Alphabet.

Ca. 3100: Ägyptens 1. Dynastie vereinigt unter Menes, der eine Stadt namens Memphis gründet, das nördliche und das südliche Königreich.

Ca. 2800-2600: Leben und Wirken Gilgameschs als Herrscher von Uruk.

Ca. 2680: Gründung der 3. Dynastie Ägyptens durch Djoser, der mit Hilfe des Kanzlers Imhotep regiert. Imhotep unternimmt die ersten bekannten Versuche, sowohl medizinische als auch religiöse Methoden zur Behandlung von Krankheiten zu ersinnen. Er läßt die Djoser-Pyramide (Stufenpyramide bei Sakkara) erbauen, das erste große Steingebäude der Welt.

Ca. 2613: Gründung der 4. Dynastie Ägyptens durch Snofru. Sein Sohn Cheops (Chufu), der 23 Jahre regiert, läßt die große Cheopspyramide bei Gizeh errichten. (?)

Ca. 2650: Ägyptens Chephren regiert als dritter König der 4. Dynastie. Während seiner Regierungszeit wird vermutlich die große Sphinx bei Gizeh, ein 63 Meter langes Monument, aus Stein gehauen.

Ca. 2500: Induskultur (Harappa)

**2000 v.Chr. bis zum Jahre 0 (Beginn der christlichen Zeitrechnung):**

Ca. 2000: Gründung des Assyrischen Reiches um die Stadt Assur um den mittleren Tigris

Ca. 2000-1700: Leben und Wirken des Stammvaters Abraham (?)

Ca. 2350: Akkadische Kultur, gegründet durch Sargon von Akkad.
Akkad wurde auch Neu-Babylonien genannt.

Ca. 1580-1570: Amosis I. vertreibt die Hyksos aus Ägypten und beginnt die 18. Dynastie oder das Neue Königreich.

Ca. 1558: Amosis I. stirbt nach 22jähriger Regierung; sein Nachfolger besteigt den Thron als Amenophis I..

Ca. 1530: Amenophis I. stirbt nach über 20jähriger Regierung; sein Nachfolger erlangt als Thutmosis I. Berühmtheit. Thutmosis I. stellt den Tempel des Osiris bei Abydos wieder her und läßt im Tal der Könige das erste Grabmal erbauen.

Ca. 1515: Thutmosis I. wird abgesetzt; sein unehelicher Sohn wird als Thutmosis II. mit seiner Frau (und Halbschwester) Hatschepsut regieren.

Ca. 1505: Thutmosis II. stirbt; Hatschepsut regiert als Königin und Regentin für ihren kleinen Neffen Thutmosis III..

Ca. 1487: Thutmosis III. beginnt eine 33jährige Regierungszeit, während derer Ägypten den Höhepunkt seiner Macht erreichen wird. Während seiner Herrschaft wird der Titel „Pharao“ („großes Haus“) in Gebrauch kommen. Thutmosis III. unternimmt den Versuch, alle Hinweise auf seine Tante Hatschepsut zu verbergen, indem er um den Obelisken bei Karnak, der ihr geweiht ist, Mauern errichten läßt.

Ca. 1470: Ein Vulkanausbruch auf der Insel Thera (Santorini) zerstört die minoische Zivilisation mit ihrem Zentrum auf Kreta. 30 bis über 50 Meter hohe Meereswellen senken den Wasserspiegel an den Ostufern des Mittelmeers vorübergehend ab; Landstriche in Ägypten werden durch seismische Wellen mit Meerwasser überflutet; es folgen Hungersnöte. Viele vermuten, daß diese Kultur die Grundlage für den Mythos der verlorenen Stadt Atlantis lieferte.

Ca. 1450: Thutmosis III. stirbt; sein Sohn Amenophis II. marschiert in Judäa und Mesopotamien ein.

Ca. 1408: Thutmosis IV. stirbt; Nachfolger wird sein Sohn Amenophis III., der letzte große Herrscher des Neuen Königreichs.

Ca. 1372: Amenophis III. stirbt nach 36jähriger Regierungszeit. Nachfolger ist sein Sohn Amenophis IV. (auch Echnaton genannt). Pharao Amenophis IV. führt eine Form des Monotheismus in Ägypten ein; er begründet einen neuen Kult, in dem der Sonnengott verehrt wird; zugleich widersetzt er sich auf Veranlassung seiner ersten und einflußreichsten Frau Nofretete den Priestern aus Amen.

Ca. 1372-1354: Regierungszeit Echnatons (Amenophis IV.)

Ca. 1354-1345: Regierungszeit Tutenchamuns

Ca. 1341: Der ägyptische Soldat Harmahab (auch: Haremhab) besteigt den Thron.

Ca. 1300: Die alphabetische Schrift, die sich in Mesopotamien entwickelt hat, stellt eine verbesserte Fassung des vereinfachten Keilschrift-Alphabets der Zeit um 2500 vor Christus dar; Entstehung der Veden, verschiedentlich werden auch frühere Zeiträume genannt.

Ca. 1300-1200: Auszug aus Ägypten (?)

Ca. 1300-1235: Regierungszeit Ramses II.

Ca. 1275: Schlacht bei Qadesch, ein entscheidender Sieg der Ägypter über die Hethiter.

Ca. 1260: Nachdem die Israeliten in Ägypten drei Jahrhunderte in Gefangenschaft und unterdrückt waren, beginnen sie ihre vierzig Jahre währende Wüstenwanderung. (?)

Ca. 1246: Ramses II. von Ägypten heiratet eine hethitische Prinzessin und schließt damit einen dauerhaften Friedensvertrag zwischen den beiden Mächten. Während seiner Regierungszeit entstehen groß angelegte Bauvorhaben: die Vollendung des Setitempels bei Abydos, Erweiterungen der Tempel in Karnak und Luxor, der Bau des Tempels in Theben mit einer Kolossalstatue des Ramses II. und schließlich der Bau des aus dem Fels gehauenen Tempels bei Abu-Simbel in Nubien.

Ca. 1235: Ramses II. stirbt nach 67jähriger Regierungszeit, während er mit Hilfe von Zwangsarbeitern, vermutlich auch Israeliten, die Schatzstädte Pithom und Ramses erbauen läßt. Sein Sohn Merenptah folgt ihm auf dem Thron.

Ca. 1200: Die in Unterägypten verbliebenen Juden werden in den Wirren nach dem Ende der 19. Dynastie vertrieben. Das Gilgamesch-Epos, die erste überlieferte schriftliche Sage überhaupt, wird in sumerischer Keilschrift aufgezeichnet. Darin wird von einer großen Flut berichtet, in der die Menschen durch den Bau einer Arche gerettet werden. Zu den im Gilgamesch-Epos erwähnten Lebensmitteln gehören Kapernblüten, wilde Gurken, Feigen, Weintrauben, mehrere eßbare Blätter und Stengel, Honig mit Kräutern, Gerstenmehl gemischt mit Sesamsamenmehl und Zwiebeln.

1193: Zerstörung Trojas durch griechische Streitkräfte unter König Agamemnon nach zehnjähriger Belagerung.

1182: Die 20. Dynastie Ägyptens beginnt unter Ramses III.. Er wird die Ägypter gegen einen Bund von „Seevölkern" um sich scharen – Eindringlinge aus dem Mittelmeerraum, darunter die Philister, Sardinier und Griechen.

1150: Die Philister gründen fünf Städte an der Mittelmeerküste Kanaans. Israel beginnt sich als Netz aus Siedlungen im galiläischen sowie im zentralen Hügelland abzuzeichnen.

1146: Nebukadnezar I. beginnt seine 23jährige Regentschaft als König von Babylon.

1141: Israelitische Streitkräfte verlieren mehr als 34.000 Mann in Kriegen gegen die Philister. Die Philister erbeuten die Bundeslade und bringen sie in ihre Hauptstadt Aschdod. (?)

Ca. 1000-1500: Blütezeit der Mayakultur in Südamerika in den Tiefländern von Neu-Guatemale (Petén) und der Halbinsel Yucatán sowie den angrenzenden Teilen von Tabasco, Chiapas und Honduras.

1005: David vereinigt die Stämme Israels und bricht die Macht der Philister. Die Bundeslade wird nach Jerusalem in „die Stadt Davids", die Hauptstadt eines vereinigten Israels, gebracht. David stirbt; sein Sohn Salomon besteigt den Thron. (?)

965-960: Salomon regiert bis 928 und schließt Bündnisverträge mit Ägypten und Phönizien. Unter seiner Herrschaft erreichen die Macht und die Kultur Israels ihren Höhepunkt. (?)
Salomon beginnt mit dem Bau des „Großen Tempels von Jerusalem" (?), der die heilige Bundeslade beherbergt. Zudem läßt er einen neuen Palast und neue Stadtmauern errichten. Dabei setzt er Zwangsarbeiter ein und führt die Besteuerung ein, um sein Vorhaben zu finanzieren.

945: Der Libyer Scheschonk usurpiert den ägyptischen Thron. Damit beginnt die 22. Dynastie, die in den folgenden 200 Jahren in Ägypten herrscht.

928: Salomon stirbt. (?) Nachfolger wird sein Sohn Rehabeam I.. Die zehn nördlichen Stämme weigern sich, ihr Steuersoll zu entrichten und gründen ein Königreich (Israel, mit Jerobeam als König). Das südliche Königreich wird Juda genannt.

884: Der König Assurnasirpal II. von Assyrien tritt eine 24jährige Herrschaft an, während der er Babylonien und das Assyrerreich zu neuer Blüte führt.

850: Abfassung der Ilias und der Odyssee durch Homer.

776: Der Überlieferung zufolge finden in Griechenland bei Olympia die ersten Olympischen Spiele statt.

753: Der Legende nach Gründung Roms auf einem bewaldeten Hügel mit Blick auf den Tiber.

722: Eroberung Samarias, der Hauptstadt Israels, durch assyrische Streitkräfte nach dreijähriger Belagerung. Der Sieg gehört Sargon II., dem Nachfolger von Salmanassar V.. 30.000 Israeliten werden gefangengenommen und nach Zentralasien verschleppt. Sie werden aus der Geschichte verschwinden (die „verlorenen Stämme" Israels).

710: Äthiopische Invasoren erobern Ägypten.

705: Sanherib von Assyrien beginnt seine 23jährige Regentschaft, während der sich Ninive zu einer Großstadt entwickelt.

693: Der Assyrer Sanherib zerstört Babylon.

626: Der assyrische König Assurbanipal stirbt nach 43jähriger Regentschaft, die dem Land Wohlstand gebracht hat. Sein Weltreich wird im Laufe der nächsten 20 Jahre zerfallen.

612: Einnahme der assyrischen Hauptstadt Ninive durch die Chaldäer („Neubabylonier"). Das Assyrerreich wird bald danach untergehen.

597: Nebukadnezar II. erobert Jerusalem; König Jojachin von Juda wird nach Babylon verschleppt. Mittlerweile ist Babylon eine prächtige Stadt mit öffentlichen Gebäuden, die blaue, gelbe und weiße emaillierte Ziegel schmücken, mit breiten, gewundenen Straßen und Kanälen. In Babylon befinden sich die Hängenden Gärten der Semiramis, eines der sieben Weltwunder der Antike.

597-539: In diesem Zeitraum (babylonisches Exil der Israeliten) wurden möglicherweise Großteile der Genesis verfaßt. (?)

587: Fall von Jerusalem; Zerstörung des Großen Tempels und Beginn des 50jährigen Exils in Babylon. Während der babylonischen Gefangenschaft werden viele der mündlich überlieferten Bücher der hebräischen Bibel zum erstenmal niedergeschrieben.

573: Der Chaldäer-König Nebukadnezar II. erobert nach 13jähriger Belagerung die Hafenstadt Tyrus. 568 marschiert er in Ägypten ein.

565: Gründung des Taoismus durch den chinesischen Philosophen Laotse in der Provinz Honan. Die Prinzipien seiner Lehre legt er in seinem Werk Tao-Te-King fest. Diese aufgeschlossene und liberale Philosophie lehrt, daß Formen und Zeremonien ohne Bedeutung sind; sie befürwortet einen Geist der Rechtschaffenheit, sinkt in späteren Zeiten jedoch zu einem Kult der Magie herab.

562: Nebukadnezar II. stirbt nach 43jähriger Herrschaft. Ihm folgt sein Sohn Amel-Marduk (der biblische Marduk), der zwei Jahre lang regiert.

559: Kyros wird König von Persien. Er vereinigt die Meder, Perser und andere Stämme und regiert 20 Jahre lang.

539: Babylon fällt an Kyros von Persien.

538: Kyros erlaubt den Juden, nach ihrem 49jährigen Exil nach Jerusalem zurückzukehren.

528: Die Anfänge des Buddhismus in Indien. Dort hat Siddharta Gautama, ein fünfunddreißigjähriger Prinz, der dem Leben im Luxus abgeschworen hat, Erleuchtung in der Wildnis gefunden.

516: Der Jerusalemer Tempel wird 70 Jahre nach seiner Zerstörung wieder aufgebaut.

Ca. 400: Die fünf Bücher Mose erhalten ihre endgültige Form. (?)

399: Der griechische Philosoph Sokrates wird verurteilt, weil er überlieferte Ideen und Gedanken verhöhnt und dadurch angeblich die Jugend verdirbt. Vor den Augen seiner Studenten leert er einen Becher mit einem hochgiftigen Schierlingsextrakt und stirbt.

347: Der athenische Philosoph Plato, Schüler des Sokrates, eröffnet seine Akademie (sie wird 847 Jahre lang fortbestehen).

344: Aristoteles, ein Schüler Platos, begibt sich nach Mazedonien, um Alexander, den Sohn des mazedonischen Königs Philip, zu unterrichten.

336: König Philip von Mazedonien fällt einem Attentat zum Opfer. Nachfolger ist sein 21jähriger Sohn Alexander. Er wird unter dem Namen Alexander der Große berühmt und führt das Vorhaben seines Vater, gegen die Perser zu kämpfen, aus.

323: Alexander stirbt in Babylon im Alter von 32 Jahren. Einer seiner Generäle, Ptolemaios, auch er ein Schüler des Aristoteles, übernimmt die Macht in Ägypten.

Ca. 255: In Alexandria beginnt man die Übersetzung der hebräischen Bibel ins Griechische: die Septuaginta.

202: Römische Armeen erobern Karthago. Dies markiert den Beginn des Aufstiegs Roms zur bedeutendsten Macht im Mittelmeerraum.

64: Jerusalem fällt an den römischen General Pompeius. Anschließend erobert Pompeius das übrige Palästina für Rom.

60: Pompeius, Caesar und Crassus verbinden sich zu einem Triumvirat, das Rom durch Gaius Julius Caesar regiert. Caesars Tochter Julia wird mit Pompeius verheiratet, wodurch das Triumvirat seine Position festigt. Caesar beginnt seine Eroberungszüge durch Europa.

49: Caesar führt seine Truppen über den Fluß Rubikon, er zettelt einen Bürgerkrieg an und besiegt Pompeius, wodurch er im Jahr 48 zum Alleinherrscher Roms wird. Caesar verfolgt den geschlagenen Pompeius nach Ägypten, wo dieser ermordet wird. Caesar bleibt in Ägypten, um auf Geheiß der entthronten Königin Kleopatra von Ägypten einen Krieg durchzuführen.

46: Nachdem Caesar oppositionelle römische Streitkräfte besiegt hat, kehrt er mit Kleopatra, nun seine Geliebte, nach Rom zurück und wird zum Diktator Roms ausgerufen.

44: Julius Caesar fällt im römischen Senat einem politischen Attentat zum Opfer.

40: Herodes wird in Rom von Marcus Antonius zum König von Juda ernannt; 37 vor Christus beginnt er seine 33jährige Regierung als Herodes der Große.

27: Octavian, der seinen Namen in Augustus Caesar ändert und 41 Jahre lang regiert, gründet das römische Weltreich.

20: Herodes der Große beginnt mit dem Wiederaufbau des großen Jerusalemer Tempels in dem Bemühen, ihn in der Größe des Tempels Salomons wieder erstrahlen zu lassen.

7-4: Das mögliche Datum der Geburt Jesu. (?) Zeit, Ort und Umstände dieses Ereignisses haben Anlaß zu vielen Spekulationen gegeben und sind in keinster Weise bewiesen!

4: Herodes der Große stirbt: Judäa wird zwischen seinen drei Söhnen aufgeteilt.

**0 (Beginn der christlichen Zeitrechnung) bis 2003:**

6 n.Chr.: Der römische Gouverneur von Syrien, Quirinus, ordnet eine örtliche Zählung an. Dabei handelt es sich vermutlich um die „weltweite“ Volkszählung, die im Lukasevangelium erwähnt wird.

14: Kaiser Augustus stirbt; danach wird Rom von seinem Stiefsohn Tiberius regiert.

26: Pontius Pilatus wird zum Gouverneur von Judäa ernannt; im Jahr 36 wird er abgesetzt und nach Rom zurückbeordert.

27-28: Johannes der Täufer beginnt zu predigen; Taufe des Jesus. (?)

30-33: Möglicherweise das Datum der Kreuzigung Jesus. (?)

Ca. 37: Der erste christliche Märtyrer, Stephanus, ein jüdischer Anhänger Jesus, wird wegen Gotteslästerung zu Tode gesteinigt.

49: Kaiser Claudius weist die jüdischen Christen aus Rom.

54: Claudius wird auf Befehl der Kaiserin Agrippina ermordet. Ihr sechzehnjähriger Sohn regiert als Kaiser Nero das römische Imperium.

64: Der „Große Brand“ in Rom zerstört einen großen Teil der Stadt. Nero schiebt die Schuld an der Katastrophe den Christen zu und beginnt die erste offizielle systematische Christen-Verfolgung.

68: Kaiser Nero begeht Selbstmord; damit enden 128 Jahre der Herrscherlinie, die Rom seit Julius Caesar regiert hat.

69: Der römische General Vespasian belagert Jerusalem. Nach einem Staatsstreich römischer Generäle wird er zum Kaiser gekrönt.

70: Jerusalem wird erobert; der Tempel, der sechs Jahre zuvor fertiggestellt wurde, wird zerstört. Übrig bleibt nur die Mauer, die heute als die „Klagemauer“ berühmt ist.

79: Der Vesuv nahe der Bucht von Neapel bricht aus, tausende Menschen kommen ums Leben.

Ca. 100: Niederschrift des Evangeliums nach Johannes.
In der Offenbarung des Johannes, dem letzten Buch in der Bibel, schreibt der christliche Prophet Johannes in bildhaften Formulierungen über „Babylon", meint damit aber Rom. (?)

132: Die Juden Jerusalems erheben sich voll Zorn über den Bau eines Schreins zu Ehren des römischen Gottes Jupiter auf der Stätte ihres zerstörten Tempels. Mit dieser Rebellion beginnt ein zweijähriger Volksaufstand, die sogenannte Zweite Revolte.

135: Römische Legionen erobern Jerusalem zurück, und Hadrian befiehlt, daß die Stadt dem Erdboden gleich gemacht wird.

177: Kaiser Mark Aurel (Marcus Aurelius) beginnt in Rom eine systematische Verfolgung der Christen, weil sie sich der Verehrung des Kaisers widersetzen und man sie als Bedrohung der römischen Staatsordnung betrachtet.

Ca. 200: Der Bischof von Rom erlangt seine herrschende Stellung als Papst.

Ca. 250: Unter dem Kaiser Decius steigert sich die großangelegte Christenverfolgung und bringt Märtyrer hervor, die als Heilige verehrt werden.

303-311: Kaiser Diokletian befiehlt eine neue Runde von Verfolgungen der Christen in Rom; es handelt sich um den Versuch, die alte Religion Roms wieder einzusetzen.

312: Kaiser Konstantin wird unangefochtener Herrscher über das weströmische Reich. Vor einer Schlacht behauptete Konstantin, die Vision eines leuchtenden Kreuzes gehabt zu haben, das die Worte In hoc signo vices („In diesem Zeichen werden wir erobern") zeigt.

313: Konstantin führt die Duldung des Christentums ein.

325: Konstantin ruft das erste Konzil von Nicäa (in der heutigen Türkei) zusammen, das erste ökumenische Konzil der Kirche. Es unterstützt die Lehre, daß Gott und Christus wesensgleich sind. Das Christentum wird zur vorherrschenden Religion des Reiches. Die katholische Kirche zählt einundzwanzig ökumenische Konzile, wovon die orthodoxe Kirche nur die ersten sieben bis zum zweiten Konzil in Nicäa im Jahre 787 anerkennt.

326: Konstantin zieht in die alte Stadt Byzanz um und benennt sie in Konstantinopel um (das heutige Istanbul).

367: Athanasius, ein Kirchenführer in Alexandria, listet die 27 Bücher des Neuen Testamentes auf, wie sie heute bekannt sind. Kirchenführer in Rom nehmen diese Liste im Jahr 382 an.

381: Das zweite Konzil findet in Konstantinopel statt. Es wurde von Kaiser Theodosius I. (347-395) einberufen. An der Versammlung nahmen 150 Bischöfe teil.

391: Kaiser Theodosius befiehlt, daß alle nichtchristlichen Werke beseitigt werden; die Bibliothek von Alexandria, Lagerhaus des Wissens der Welt, geht in Flammen auf.

395: Das römische Weltreich spaltet sich in ein Ost- und in ein Westreich, eine Entwicklung, die man für vorübergehend hält, die sich jedoch als dauerhaft erweist.

399: Der nordafrikanische Geistliche und Philosoph Augustinus verfaßt seine Bekenntnisse. Vor seinem Tod schreibt er das Werk „der Gottesstaat" (426), in dem er erklärt, daß Imperien wie Rom vorübergehend sind und die einzige dauerhafte Gemeinschaft die Kirche ist. Er behauptet außerdem, daß der Zweck der Ehe die Fortpflanzung ist. Seine Ansichten sind einflußreicher als die irgendeines anderen Christen, außer Paulus, und beherrschen das Denken in der christlichen Kirche für die nächsten 1.200 Jahre.

405: Vulgata; Bibel-Übersetzung durch den Heiligen Hieronymus ins Lateinische.

410: Im Jahre 410 erobern die Goten Rom und kommen somit in den Besitz jener Gegenstände, die Titus im Jahre 70 nach Christus bei seiner Eroberung Jerusalems erbeutete.

431: Das Konzil von Ephesus, Das Konzil erkennt Maria als die Mutter Gottes an; der Marienkult beginnt, sich auszubreiten.

Ca. 529: Gründung des Benediktinerordens. Benediktiner sind Mönche und Nonnen, welche die Regel des Benedikt von Nursia befolgen.

610: In Arabien ruft der Prophet Mohammed eine neue Religion ins Leben, später „Islam" genannt. Drei Jahre später beginnt Mohammed, in der Öffentlichkeit zu predigen. Ihm stellen sich die Anführer Mekkas entgegen, die sich gegen jeden

Wandel der traditionellen Stammessitten stemmen. Nachdem Mohammed von Mekka nach Medina ausgewandert ist – eine Ausreise, die als die Hidijra gefeiert wird –, beginnt ein Bürgerkrieg. 628 erobern die Streitkräfte Mohammeds Mekka, und der Prophet schreibt Briefe an die Führer der Welt, in denen er die Grundsätze des Islams erklärt. Er kehrt zurück nach Mekka mit dem „Qumran" (Koran) – übersetzt: „Rezitationstext". Er sagt: „Es gibt keinen Gott außer Allah, und Mohammed ist sein Gesandter."

632: Mohammed stirbt. Er hinterläßt einen islamischen Monotheismus, der bald den Nahen Osten und Nordafrika beherrschen wird. Seine jüngste Tochter stirbt gleichfalls in diesem Jahr, sie hinterläßt zwei Söhne – Hassan und Hussein –, die eine Dynastie gründen, die fast dreihundert Jahre lang in Afrika und Ägypten herrschen wird.

638: Jerusalem wird von islamischen Streitkräften erobert.

1098: Gründung des Zisterzienserordens in Frankreich.

1099: Ende des ersten Kreuzzuges mit der Eroberung Jerusalems, das zuvor von den Seldschuken beherrscht wurde. Die Truppen bestanden hauptsächlich aus französischen Truppen, angeführt durch den Adelsritter Gottfried von Bouillon, unter dem auch das „Königreich Jerusalem" ausgerufen wird. Gottfried stirbt ein Jahr später, und sein Bruder Balduin der Erste wir neuer König von 1100 bis 1118. Während seiner Amtszeit fand ein reger Austausch mit der französischen Heimat statt.

Ca. 1118: Die ersten acht Tempelritter, darunter zwei Zisterzienser, kamen unter der Führung von Hugo de Payens nach Jerusalem. In den weiteren Jahren kam es durch die Templer zu ausführlichen Grabungen unter dem Tempelbezirk.

1128: Offizielle Anerkennung des Templerordens durch die Kirche.

1137: Der Johanniterorden wird von Papst Benedikt IX. offiziell bestätigt. Der Orden entwickelte sich aus einer bereits vor dem ersten Kreuzzug bestehenden Bruderschaft vom Heiligen Johannes dem Täufer. Der Malteserorden entwickelte sich später aus dem Orden der Johannesritter und war der katholische Zweig des alten Johannesordens.

1170: Bertrand de Blanchefort wird offizieller Großmeister des Templerordens. Er stammt aus der südfranzösischen Dynastie der Katharer.

1187: Das Tempelritterheer muß nach einer Niederlage Jerusalem an Sultan Saladin abtreten.

1200-1500: Inkareich in Südamerika; die Anfänge der hochentwickelten Kultur gehen zeitlich noch weiter zurück. 1532 landen die Spanier, und der Beginn des Niedergangs der Inka nimmt seinen Lauf. Bis heute gibt es viele Rätsel um verschiedene Städte, so beispielsweise Machu Picchu oder die „Goldene Stadt" oder die Stadt der „sieben Steine".

1214: Gründung des Dominikanerordens durch Dominikus Guzman.

1210-1220: Die Franziskaner entwickeln sich aus der Bruderschaft um Franziskus von Assisi. 1223 erfolgte die offizielle Anerkennung durch Papst Honorius III..

1240: Der „heilige Gral" gelangt im Süden Frankreichs in die Hände der Katharer. (?)

1307: Gewaltsame Niederwerfung des Templerordens durch den französischen König „Philipp der Schöne" und Papst Clemens V.. Viele Templer fliehen bereits vorher und gehen in den Untergrund. Die größte neue Wirkungsstätte soll Schottland werden.

1491: Ignatius von Loyola wird geboren, der spätere Begründer des Jesuitenordens.

1522: Luthers „Das Neue Testament" in deutsch

1526: Tyndales Pentateuch auf englisch

1530: Der Malteserorden erhält von Kaiser Karl V. die Insel Malta als Lehen.

1540: Der Jesuitenorden erhält seine offizielle Anerkennung durch Papst Paul III..

1560: Genfer Bibel (die von Shakespeare und den Pilgervätern, englischen Auswanderern nach Nordamerika, benutzte Bibel)

1611: King James Bibel

1614: Offizielle Zeitangabe für die Gründung der Rosenkreuzer. Verschiedenen anderen Hinweisen zufolge existiert der Orden aber bereits seit dem 11. Jahrhundert.

1688: Wilhelm von Oranien putscht sich in England an die Macht. Eingeweiht in die Loge begründet er die Tradition, daß jeder englische Monarch zugleich säkulares Haupt der Weltfreimaurerei ist.

1694: Aufbau der Bank von England

1717: Offizielle Gründung der Freimaurer-Bewegung in Form der Großloge von England.

1773-1783: Amerikanische „Revolution"

1776: Gründung des Illuminaten-Ordens; Unabhängigkeitserklärung der USA; George Washington wird erster Präsident; Französische Revolution.

1843: Gründung des B´nai B´rith-Ordens

1897: 1. Zionistenkongreß in Basel. Der moderne politische Zionismus wurde zuerst durch Theodor Herzl konzipiert, und die Bewegung wurde auf dem ersten Kongreß 1897 ins Leben gerufen. Es war sein erklärtes Ziel, „eine Heimstatt für das jüdische Volk in Palästina unter internationalem Recht zu sichern".

1906: Revolution in Rußland.

1913: Gründung der Federal Reserve Bank in der USA

1914: Ermordung des österreichischen Thronfolgers. Beginn des Ersten Weltkrieges.

1917: Februar- und Oktoberrevolution in Rußland; Balfour-Erklärung an Lord Rothschild.

1918: Kriegsende und gleichzeitiger Aufbau des Völkerbundes; der Versailler Vertrag, der quasi einen weiteren Krieg (2. Weltkrieg) garantierte.

1922: Howard Carter entdeckt das Grab Tutenchamuns in Tal der Könige.

1929: US-Börsenzusammenbruch und Weltwirtschaftskrise; Massenarbeitslosigkeit in Deutschland.

1933: Machtergreifung Hitlers in Deutschland und Roosevelts in den USA.

1939: Beginn des Zweiten Weltkrieges

1941: Deutsche Kriegseröffnung gegen die Sowjetunion; die USA treten in den Krieg ein.

1945: Die gnostischen Evangelien werden in Nag Hammadi in Oberägypten entdeckt.

1947: „Die Schriftrollen vom Toten Meer" – die Qumranrollen – werden von einem Beduinen-Jungen entdeckt.

1963: Ermordung von John F. Kennedy

1956: Die Geheimgesellschaft Prieuré de Sion tritt an die Öffentlichkeit und beruft sich in ihren „Dossiers Secret" (geheime Unterlagen) auf eine fast zweitausendjährige Traditionslinie, die auch durch die Merowingerkönige gehe, die in Frankreich zwischen dem 5. und 8. Jahrhundert an der Macht waren. Dabei handelt es sich um das königliche Blut, das sich von David über Jesus bis ins mittelalterliche Frankreich und sogar bis in die heutige Zeit erhalten haben soll.

1989: Zusammenbruch der Sowjetunion; Wiedervereinigung der Bundesrepublik Deutschland.

1990: Der Irak marschiert in Kuwait ein.

1991: 1. Golfkrieg gegen den Irak.

2001 (11. September): Anschläge auf das World Trade Center in New York und das Pentagon in Washington.

2003: 2. Golfkrieg gegen den Irak; die USA und Alliierte führen ohne UNO-Resolution einen Angriffskrieg.

2004: (angebliche) Festnahme Saddam Husseins

# Anmerkungen und Quellennachweis

1) 8, S. 263
2) 116, S. 6
3) Kongreß-Ansprache des Präsidenten George Bush, Züricher Tageszeitung vom 31.1.1991
4) 91, S. 98f
5) 91, S. 99
6) 22, S. 222
7) 2, S. 243
8) 2, S. 247f
9) 4, S. 15-21
10) 5, S, 56f
11) 5, S. 61
12) 7, S. 18
13) 5, S. 66
14) Vorwort an Cäsar, Übersetzung von E. Ernst, in: Nostradamus – Astrologe, Magier, Wunderheiler, S. 126
15) ebd. Nostradamus zitiert Matthäus 7, 6
16) 9, S. 39
17) 7, S. 18
18) 104, S. 149
19) 5, S. 131
20) 5, S. 131
21) 94, S. 207
22) 94, S. 207
23) Zitiert aus: *Der Morgenstern* (Nr. 9 – 1420/ 1999, Seite 20), Zeitung einer moslemischen Bruderschaft in Deutschland.
24) zitiert aus. Bruno Grabinski, "Flammende Zeichen der Zeit" zitiert aus "Unita cath." Vom 30.April 1916); siehe auch Stephan Berndt, „Prophezeiungen", Alten Nachricht in neuer Zeit, S. 161
25) 5, S. 169
26) 6, S. 273
27) 10, S. 170f
28) 10, S. 175
29) 8. S. 189
30) 61, S. 73
31) 62, S. 11
32) 8, S. 152
33) 8, S. 153
34) 131, S. 436
35) 8, S. 160
36) 8, S. 160
37) 8, S. 160
38) 124, S. 54
39) 8, S. 162
40) 102, S. 12
41) 102, S. 44 und S. 12
42) 8, S. 163
43) 8, S. 163
44) 31, S. 104f
45) 31, S. 106
46) Interview mit Professor Dr. Manfred Oeming von der Universität Heidelberg. Bildzeitung Hannover, 16.12.2002
47) 31, S. 69
48) 31, S. 69
49) 31, S. 72
50) 31, S. 72
51) 31, S. 72
52) 125, S. 136f
53) 125, S. 137
54) 125, S. 137
55) 125, S. 137
56) 125, S. 137
57) 125, S. 138
58) 83, S. 31
59) 83, S. 31f
60) 82, S. 100f
61) 31, S. 149f
62) 2, S. 50
63) 2, S. 52
64) 2, S. 52f
65) 31, S. 150f
66) 83, S. 20f
67) 31, S. 269f
68) 83, S. 27f
69) 83, S. 26
70) 83, S. 28
71) 83, S. 37f
72) 83, S. 38
73) 83, S. 38
74) 83, S. 44
75) 83, S. 44f
76) 83, S. 46
77) 83, S. 49f
78) 83, S. 50f
79) 83, S. 51
80) 83, S. 51f
81) 83, S. 52
82) 83, S. 53
83) 83, S. 54f
84) 83, S. 53
85) 83, S. 55f
86) 83, S. 57
87) 83, S. 57
88) 83, S. 57f

89) 83, S. 61
90) 83, S. 61
91) 83, S. 59
92) 120, S. 64
93) 83, S. 66
94) 83, S. 66
95) 83, S. 67
96) 83, S. 80
97) 83, S. 82
98) 83, S. 71f
99) 31, S. 248
100) 83, S. 88f
101) 83, S. 95f
102) 83, S. 100
103) 126, S. 26
104) 102, S. 63
105) 102, S. 63f
106) 102, S. 61f
107) 31, S. 240f
108) 2, S. 28
109) 83, S. 104f
110) 83, S. 105
111) 83, S. 110f
112) 83, S. 106f
113) 83, S. 124f
114) 83, S. 133f
115) 84, S. 40
116) 84, S. 34f
117) 84, S. 35
118) 84, S. 35
119) 84, S. 35
120) 84, S. 36
121) 84, S. 67f
122) 84, S. 68
123) 83, S. 156
124) 2, S. 392f
125) 8, S. 168
126) 8, S. 168
127) 30, 8, S. 168
128) Däniken, *Botschaften und Zeichen aus dem Universum*, S. 22-28, Hancock, *Die Spur der Götter*, S. 14-43, 8, S. 164
129) 31, S. 54
130) 31, S. 56
131) 31, S. 57f
132) 8, S. 171
133) 8, S. 172
134) 8, S. 254f
135) 8, S. 255f
136) 8, S. 173
137) 8, S. 172f
138) 8, S. 174
139) 8, S. 175
140) 8, S. 175
141) 67, S. 381
142) 67, S. 380
143) 8, S. 234
144) 67, S. 384f
145) 8, S. 177
146) 30, S. 42, 67f
147) 8, S. 195
148) 112, S. 206
149) 67, S. 281
150) 26, S. 217
151) 26, S. 218f
152) 26, S. 225
153) 26, S. 257f
154) 26, S. 257f
155) 64, S. 300
156) 67, S. 293
157) 8, S. 150
158) Friedrich Hasselbacher, „Entlarvte Freimaurerei", Bd. 1, Verlag Richard Geller, 1934, S.142f; Hasselbacher beruft sich bei diesem Zitat auf das Buch von Léon de Poncins, „Hinter den Kulissen der Revolution, Bd. 1 Das Freimaurertum", Schlieffen-Verlag, Berlin 1929: Siehe auch 37, S. 105; Hervorh. d. d. A.
159) 27, S. 36f
160) 27, S. 36
161) 11, S. 302
162) 8, S. 214f
163) 8, S. 210
164) 29, S. 119
165) 29, S. 137
166) 29, S. 17f
167) 8, S. 212
168) 8, S. 212f
169) 19, 20 und 8, S. 216
170) 27, S. 242f, 8, S. 216
171) 19, S. 13f
172) 19, S. 20f
173) 19, S. 20
174) 19, S. 20f
175) 24, S. 46f
176) 24, S. 46
177) 24, S. 46
178) 19, S. 11f
179) 19, S. 17
180) 19, S. 23f
181) 19, S. 12f
182) 19, S. 24f
183) 123, S. 8
184) 123, S. 8
185) UNO, Bericht über menschliche Entwicklung 1996
186) Südwestpresse, 23.4.1997
187) Süddeutsche Zeitung 23.9.1999

188) Süddeutsche Zeitung 27.4.1999
189) 92, S. 26f
190) Jahrbuch des „Bonn International Center of Conversion“
191) 8, S. 215
192) 8, S. 216
193) 24, S. 43
194) 27, S. 76
195) 27, S. 36
196) 37, S. 102; Anmerkung und Hervorhebung d. d. A.
197) Josef Landowski “Rakowski-Protokoll. Über die Vernehmung des Sowjetbotschafters Kristjan Jurjewitsch Rakowskij durch den Beamten der GPU Gabriel G.
Kuzmin am 26. Jannuar 1938 in Moskau“, Faksmile-Verlag, Bremen 1987, S. 33
198) 27, S. 75
199) 37, S. 103; Hervorhebung d. d. A.
200) 37, S. 103; Hervorhebung d. d. A.
201) 24, S. 65; *Occult Theocracy*, Lady Queenborough, S. 208 und S. 209, Hervorhebung d. d. A.
202) 22, S. 221
203) 22, S. 223
204) 22, S. 222
205) 27, S. 91
206) 24, S. 66
207) 24, S. 56f
208) 119, S. 11
209) 27, S. 80f
210) 24, S. 58f
27, S. 82f
211) 119, S. 12
212) 27, S. 86f
213) 119, S. 12
214) 119, S. 12
215) 27, S. 86f
216) 22, S. 59f
217) 27, S. 90
218) 27, S. 90f
219) 8, S. 263
220) 8, S. 263f
221) 24, S. 78
222) 22, S. 239
24, S. 78f
223) 37, S. 145f; siehe dazu auch: Bernhard Postal, *American Yewish Yearbook*, Nr. 45, 1943/44, Seite 111
224) 37, S. 144
225) 37, S. 145
226) 43, S. 89
227) 19, S. 193f
24, 75f
228) 8, S. 260, Hervorhebung d. d. A.
229) 8, S. 260, Hervorhebung d. d. A.
230) 8, S. 260, Anmerkung d. d. A.
231) 36, S. 630
232) 22, S. 111
233) 22, S. 112f
234) 22, S. 113
235) 22, S. 113
236) 37, S. 223
237) 35, S. 81
238) 35, S. 80
239) 35, S. 81f
240) 127, S. 70
241) 42, S. 181
242) 41, S. 203
243) 41, S. 202
244) 35, S. 110
245) 35, S. 111
246) 35, S. 111f
247) 41, S. 203f
248) 35, S. 113
249) 23, S. 30
25, S. 164
250) 23, S. 66f
251) 23, S. 28f
252) Subversion: lat; meist im verborgenen betriebene, auf den Umsturz der bestehenden staatlichen Ordnung zielende Tätigkeit
253) 23, S. 29
254) 125, S. 136f
255) 27, S. 91
256) 24, S. 66
257) 24, S. 58f
27, S. 82f
258) 27, S. 90f

# Bildquellen

(1) Graham Hancock, *Die Spur der Götter*, S. 274
(2) Bernhard Bouvier, *Die letzten Siegel*, S. 21
(10) Yves Kraushaar, *Moses – Größter Prophet aller Zeiten*, S. 64
(11) Davis, Kenneth C., *Was dachte sich Gott, als er den Menschen erschuf?*, S. 62
(12) Davis, Kenneth, siehe oben, S. 362
(13) *Die Bibel*, Haus- und Familienbibel, Druck und Verlag vom Bibliographschen Institut 1831, S. 117
(14) *Die Bibel*, siehe oben, S. 36
(15) Gadalla, Moustafa, *Tut-Ankh-Amen*, *The living Image of the Lord*, S. 89
(16) Gisela Gottschalk, *Die großen Pharaonen*, S. 165
(29) *Ägyptisches Museum Kairo*, Buch, Philipp von Zabern-Verlag, S. 20
(30) Desroches-Noblecourt, Christiane, *Tut-Ench-Amun*, S. 85
(31) Desroches-Noblecourt, Christiane, *Tut-Ench-Amun*, S. 85
(32) *Ägyptisches Museum Kairo*, Buch, Abb. 145
(33) *Ägyptisches Museum Kairo*, Buch, Abb. 144
(34) *Die Bibel*, siehe oben, S. 584
(35) *Die Zeit*, Ausgabe Nr. 5, 23.1.2003
(37) Rembrandt
(38) *Ägyptisches Museum Kairo*, Abb. 163
(39) *Ägyptisches Museum Kairo*, Abb. 163
(40) PM-Magazin, History: Pharaonen, Ausgabe März 2003, S. 22
(42) PM-Magazin, History: Pharaonen, Ausgabe März 2003, S. 22
(43) Gadalla, siehe oben, S. 136
(44) Desroches-Noblecourt, Christiane, siehe oben, S. 193
(45) Desroches-Noblecourt, Christiane, siehe oben, S. 164
(46) Desroches-Noblecourt, Christiane, siehe oben, S. 32
(49) Johannes Holey, *Jesus 2000*, Einband
(50) Frau Stössel, Köln
(54) Gary Allen, *Die Insider*, S. 217
(55) Gary Allen, siehe oben, S. 219
(56) Gary Allen, siehe oben, S. 220
(57) Stan Deyo, *Die kosmische Verschwörung*, S. 177
(58) Gary Allen, siehe oben, S. 121

Archiv Stefan Erdmann: 3, 4, 5, 6, 7, 8, 9, 10, 17, 18, 19, 20, 21, 22, 23, 24, 25, 26, 27, 28, 36, 41, 47, 48, 51, 52, 53

# Literaturverzeichnis

(1) Bauval R./Gilbert A., *Das Geheimnis des Orion*, München 1994
(2) Erdmann, Stefan, *Den Göttern auf der Spur*, Fichtenau 2001
(3) Haich, Elisabeth, *Die Einweihung*, Ergolding 1985
(4) Voldben, A., *Nostradamus, Die großen Weissagungen über die Zukunft der Menschheit*, München 1988
(5) van Helsing, Jan, *Buch 3 – Der Dritte Weltkrieg*, Lathen 1996
(6) Risi, Armin, *Gott und die Götter*, Neuhausen 1995
(7) Risi, Armin, *Unsichtbare Welten*, Neuhausen 1998
(8) Risi, Armin, *Machtwechsel auf der Erde*, Neuhausen 1999
(9) Berlitz, Charles, *Weltuntergang 1999*, Wien 1981
(10) Hogue, John, *Nostradamus-Jahrtausendwende*, Weltrundschau Verlag 1993
(11) von Lohausen, Jordis, *Mut zur Macht*, Berg am See 1979
(12) Weischedel, Wilhelm, *34 große Philosophen*, München 1966
(13) Lomer, Dr. Georg, *Lehrbriefe zur geistigen Selbstschulung*, Wuppertal 1995
(14) Bardon, Franz, *Der Schlüssel zur wahren Quabbalah*, Wuppertal 1995
(15) *Der Weg zum wahren Adepten*, Freiburg 1995
(16) Brückmann, Udo, *Das Ende der Endzeit*, Fichtenau 1998
(17) Moody, Dr. med. R. A., *Leben nach dem Tod*, Hamburg 1977
(18) Fromm, Erich, *Die Kunst des Liebens*, Berlin 1998
(19) Rüggeberg, Dieter, *Geheimpolitik*, Wuppertal 1990
(20) Rüggeberg, Dieter, *Geheimpolitik Bd. 2*, Wuppertal 1994
(21) Allen, Gary, *Die Rockefeller Papiere*, Wiesbaden 1975
(22) *Die Insider Band1*, Wiesbaden 1986
(23) Coleman, Dr. John, *Das Komitee der 300*, Peiting 2001
(24) van Helsing, Jan, *Geheimgesellschaften und ihre Macht im 20. Jahrhundert*, Lathen 1994, in der BRD und in der Schweiz verboten
(25) van Helsing, Jan, *Geheimgesellschaften 2*, Lathen 1995, siehe oben
(26) Bramley, William, *Die Götter von Eden*, Peiting 1998
(27) Des Griffin, *Wer regiert die Welt*, Düsseldorf 1996
(28) Liebi, Roger, *Israel und das Schicksal des Irak*, Berneck, Schweiz 1993
(29) Machiavelli, Niccoló, *Il Principe/Der Fürst*, Stuttgart, 1993
(30) Baigent/Leigh, *Der Tempel und die Loge*, Bergisch Gladbach 1990
(31) Knight Christopher/Lomas Robert, *Unter den Tempeln Jerusalems*, Bern/München 1997
(32) Rothkranz, Johannes, *Die öffentlichen Meinungsmacher*, Durach 1995
(33) - *Die kommende „Diktatur der Humanität“*, Bd. 1, Durach
(34) - *Die kommende „Diktatur der Humanität“*, Bd. 2, Durach

(35) Allen, Gary, *Die Insider Band 2*, Wiesbaden, 1997
(36) Carmin, E. R., *Das schwarze Reich – Geheimgesellschaften und Politik im 20. Jahrhundert*, München 1997
(37) Eggert, Wolfgang, *Israels Geheimvatikan*, Bd. 1, München 2001
(38) - *Israels Geheimvatikan*, Bd. 2, München 2001
(39) - *Israels Geheimvatikan*, Bd. 3, München 2001
(40) Quigley, Carroll, *The Anglo-American Establishment*, New York 1981
(41) Wendling, Peter, *Logen, Clubs und Zirkel*, Zürich 1991
(42) Deyo, Stan, *Die kosmische Verschwörung*, Peiting 1997
(43) Rausch, Ulrich, *Die verborgene Welt der Geheimbünde*, Augsburg 1999
(44) Freund, Walter, Große Jüdische Nationalbibliographie nach Walter Freund *B'nai B'rith und Weltpolitik*, Struckum 1990
(45) Hasselbacher, Friedrich, *Entlarvte Freimaurerei*, Band II, 1938 (3. Auflage), Verlag für ganzheitliche Forschung und Kultur, Viöl 1993
(46) Heise, Karl, *Entente-Freimaurerei und Weltkrieg* ArchivEdition, Verlag für ganzheitliche Forschung und Kultur, Struckum 1991 (3. Auflage)
(47) Sutton, Anthony C., *Roosevelt und die internationaleHochfinanz*, Tübingen 1990
(48) Brüning, Erich/Graf, Harry, *Freimaurerei – Wolf im Schafspelz*, Berneck 2001
(49) Holtorf, Jürgen, *Die Logen der Freimaurerei*, München 2001
(50) Rétyi, Andreas von, *Die unsichtbare Macht*, Rottenburg 2002
(51) Koch, Egmont R./Wech Michael, *Deckname Artischocke*, München 2002
(52) Hitchens, Christopher, *Die Akte Kissinger*, München 2001
(53) Goldhagen, Daniel J., *Die katholische Kirche und der Holocaust*, Berlin 2002
(54) - *Hitlers willige Vollstrecker*, Berlin 1996
(55) Wilson, Derek, *Rothschild: A Story of Wealth and Power*", London 1990
(56) Pleticha, Heinrich, *Deutsche Geschichte (Bismarck-Reich und Wilhelminische Zeit 1871-1918)*, Bertelsmann Lexikon Verlag, Gütersloh 1993
(57) - *Deutsche Geschichte (Republik und Diktatur 1918-1945)*
(58) - *Deutsche Geschichte (Teilung und Wiedervereinigung 1945 bis heute)*
(59) Sutton, Anthony C., *Wall Street and the Rise of Hitler*, Seal Beach 1966
(60) Braun, Otto Rudolf, *Hinter den Kulissen des Dritten Reiches*, Mark Erlbach 1987
(61) Adler, Manfred, *Die antichristliche Revolution der Freimaurerei*, Jestetten 1975
(62) - *Die Freimaurerei und der Vatikan*, Durach 1992
(63) Baigent, M./Leigh R., *Verschlußsache Jesus – Die Qumranrollen und die Wahrheit über das frühe Christentum*, München 1991
(64) Hauf, Monika, *Der Mythos der Templer*, Zürich; Düsseldorf 1998

(65) Däniken, Erich von, *Die Götter waren Astronauten*, München 2001
(66) Bauer, Martin, *Tempelritter Mythos und Wahrheit*, München 1997
(67) Baigent, M./Leigh R., *Der Heilige Gral und seine Erben*, Bergisch Gladbach 1984
(68) Tollman, Alexander und Edith, *Und die Sintflut gab es doch*, München 1992
(69) Sitchin, Zecharia, *Das erste Zeitalter*, München 1994
(70) - *Stufen zum Kosmos*, München 1996
(71) - *Der zwölfte Planet*, München 1995
(72) - *Götter, Mythen, Kulturen, Pyramiden*, München 1990
(73) Reeves, N./Wilkinson, R. H., *The Complete Valley of the Kings, Tombs and Treasures of Egypt´s Greatest Pharaohs*, London 1996
(74) Holey, Johannes, *Alles ist Gott*, Fichtenau 2002
(75) - *Bis zum Jahr 2012*, Fichtenau 2000
(76) - *Jesus 2000*, Fichtenau 1999
(77) Krupp Michael, *Der Talmud*, Gütersloh 1995
(78) *Der Talmud*, Übersetzung von Reinhold Mayer, München 1980
(79) *Der Babylonische Talmud*, Übersetzung von Jakob Fromer, Wiesbaden 1998
(80) *Der Koran*, Übersetzung von Max Henning, Stuttgart 1992
(81) de Santillana, Giorgio/von Dechend, Hertha, *Die Mühle des Hamlet*, Boston 1969
(82) Davis, Kenneth C., *Was dachte sich Gott, als er den Menschen erschuf?*, Bergisch Gladbach 2000
(83) Gadalla, Moustafa, *Der Betrug mit der Geschichte – die unveröffentlichte Geschichte des Alten Ägypten*, Greensboro, NC, USA 2001
(84) - *Tut-Ankh-Amen, The living Image of the Lord*, Bastet Publishing, Erie, Pa., USA 1997
(85) - *Egypt – A Practical Guide*, Greensboro, NC, USA1998
(86) - *Pyramid Illusions, A Journey to the Truth*, Bastet Publishing, Erie, Pa., USA/Cairo/Egypt 1996
(87) - *Egyptian Cosmology, The Absolute Harmony*, Bastet Publishing, Erie, Pa., USA/Cairo/Egypt 1997
(88) - *Egyptian Divinities, The All who are the One*, Greensboro, NC, USA 2001
(89) El-Meskeen, Pater Matta, *Das Kloster des heiligen Makarius*, Cairo/Ägypten 1993
(90) Aldred, Cyril, *Echnaton, Gott und Pharao Ägyptens*, Augsburg 1990
(91) Hannich, Günter, *Sprengstoff Geld*, Rieden 1999
(92) - *Börsenkrach und Weltwirtschaftskrise*, Rottenburg 2000
(93) Berndt, Stephan, *Prophezeiungen*, Weilersbach 2001
(94) Bouvier, Bernhard, *Die letzten Siegel*, Lathen 1996
(95) von Werdenberg, Gottfried, *Vision 2004*, Eigenverlag 1994

(96) Bauer, Martin, *Die Tempelritter – Mythos und Wahrheit*, München 1998
(97) Ritter, Annett und Thomas, *Rennes-Le-Chateau – Das Geheimnis der Pyrenäen*, Suhl 1999
(98) Barthel, Manfred, *Was wirklich in der Bibel steht*, Düsseldorf 1987
(99) Langbein, Walter-Jörg, *Geheimnisse der Bibel*, Berlin 1997
(100) Friedman, Richard Elliot, *Wer schrieb die Bibel?*, Wien/Darmstadt 1989
(101) Keller, Werner, *Und die Bibel hat doch recht*, Hamburg 1964
(102) Kersten, Holger, *Jesus lebte in Indien*, München 1998
(103) Drosnin, Michael, *Der Bibel Code*, München 2002
(104) Bekh, Wolfgang Johannes, *Bayerische Hellseher*, Pfaffenhofen, 1976
(105) - *Das dritte Weltgeschehen*, München 1980
(106) Loerzer, Sven, *Visionen und Prophezeiungen*, Pattloch 1990
(107) Rahn, Otto, *Kreuzzug gegen den Gral*, Freiburg im Breisgau, 1933
(108) Afschar, Moussa, *Jesus, wie ihn der Islam sieht*, Martin-Blaich-Verlag 2002
(109) – *Der Heilige Krieg – Lizenz zum Töten im Namen Allahs,* Martin-Blaich-Verlag 2002
(110) – *Die letzte Schlacht des Islam um Jerusalem,* Martin-Blaich-Verlag 2002
(111) Rohl, David, *Pharaonen und Propheten – Das Alte Testament auf dem Prüfstand*, Augsburg 1999
(112) Carter, Howard, *Ich fand Tut-Ench-Amun*, Würzburg 1971
(113) Carter, Howard/Mace, A. C., *Tut-Ench-Amun*, Leipzig 1924
(114) Neubert, Otto, *Tut-Ench-Amun – Gott in goldenen Särgen*, Wien/Hamburg 1956
(115) Desroches-Noblecourt, Christiane, *Tut-Ench-Amun*, Frankfurt a. M./Berlin 1963

## *Fachzeitschriften*

(116) Zeitenschrift, Nr. 21/1. Quartal 1999
(117) Zeitenschrift, Nr. 9/Dezember 1995-Februar 1996
(118) Aufklärungsarbeit, Nr. 1/Februar 2002
(119) Zeitenschrift, Nr. 11/Juni-August 1996
(120) Magazin 2000 plus/ Kosmos Erde Mensch, Januar/Februar 2003/2
(121) Magazin 2000 plus/ Prophezeiungen Spezial 11, Januar 2003

## Zeitschriften

(122) Neue Solidarität, Nr. 19/2002
(123) Unabhängige Nachrichten, Oberhausen, 04/2002
(124) Stern, Nr. 52 vom 18.12.2002, Jesus: Was Forscher heute wissen S. 54
(125) Der Spiegel, Nr. 52 vom 21.12.2002, Die Erfindung Gottes, S. 136f
(126) Die Zeit, Nr. 5 vom 23.1.2003
(127) Der Stern, Nr. 12 vom 13.03.2003
(128) Der Spiegel, Nr. 11 vom 10.3.2003

## Lexika und Duden

(129) Meyers Lexikon, Mannheim 1973
(130) Internationales Freimaurer Lexikon, E. Lennhof, O. Posner, Zürich-Leipzig-Wien, 1932
(131) Internationales Freimaurer Lexikon, E. Lennhof, O. Posner, D. A. Binder, überarbeitete und erweiterte Neuauflage der Ausgabe von 1932, München
(132) Neues Lexikon des Judentums, Schoeps, überarbeitete Auflage, Gütersloh 2000
(133) Bertelsmann Volkslexikon, Gütersloh 1956
(134) Das Oxford-Lexikon der Weltreligionen, Düsseldorf 1999
(135) Lexikon der Ägyptischen Kultur, Wiesbaden 1960
(136) Kleines Lexikon der Bibelworte, von Heinrich Kraus, München 1998
(137) **Knaur:** *Das Deutsche Wörterbuch,* München 1997
(138) **Duden:** *Etymologie der deutschen Sprache,* Mannheim 1997, Band 7
(139) **Duden:** *Das Fremdwörterbuch*, Mannheim 1997, Band 5

## Bibeln

(140) Die Bibel, Übersetzung nach Martin Luther, Frankfurt am Main 1693
(141) Die Bibel, Übersetzung nach Martin Luther, Halle a. S. 1898
(142) Die Bibel, Übersetzung nach Martin Luther, Stuttgart 1978
(143) Die Bibel, Die Gute Nachricht des Neuen und A. T. Stuttgart 1982
(144) *Neue Jerusalemer Bibel*, Einheitsübersetzung, Freiburg i. B. 1985
(145) Die Bibel, Haus- und Familienbibel, Druck und Verlag vom Bibliographschen Institut 1831

# Personenregister

Abraham 7, 8, 14, 15, 20, 30, 32, 33, 60, 62, 65, 70, 96, 102 ff, 149ff, 163, 198, 215, 218ff, 299ff, 327, 347
Adam 8, 10, 98, 114, 253, 259ff, 268, 280, 286ff, 290
Adonai 107, 183, 250, 292
Agnelli, Giovanni 319
Aharoni, Yohanan 158
Amen 155, 156, 211, 348, 364
Amenophis III. 134, 135, 156, 160, **167ff**, 193, 328, 348
Amenophis IV. 110, 134ff, 160, 181, 185, **188ff**, 195, 197, 348
Amon 211
Amun 168, 181, 188, 209, 211, 368
Antoinette, Marie 295
Apuleius, Lucius 35, 67
Arauna 152, 155, 156
Aristoteles 179, 352
Arius 92
Assurbanipal 111, 351
Aten 184, 188, 190, 207, 214
Aton 110, 181, 184, 189, 192, 211, 213, 217
Atrahasis 112, 113
Aye 135, 206, 217
Aznar, José Maria 318

Balfour, Arthur J. 31, 310, 359
Bathsheba 151
Ben Pandira 208, 209
Biddle, Nicolas 298
Blair, Thony 318
Blanc, Louis 286
Blanchefort 232, 237, 245, 357
Booth, John Wilkes 299
Bosco, Don 54
Bouillon, Gottfried von 226, 239, 240, 242, 357
Bramley, William 253, 365
Brydon, Robert 229
Brzezinski 320, 321, 324
Buckle, Henry T. 339
Bush 23, 27, 29, 318, 319, 361

Caquot, André 105
Carnegie, Andrew 301, 314
Carr, Guy 287
Carter, Howard 214, 215, 320, 321, 359, 368
Cayce, Edgar 7, 47, 48, 57
Champagne, Hugues de 226, 239
Chartres, Folko von 228, 234
Churchill 19, 259, 311
Coleman, Dr. John 321, 322, 365
Compton, Pier 76
Constantius 92
Corti, Conte 295
Crispus 91
Cyrus 108, 131, 321

David 8, 65, 77, 103, 104, 121, 135, **140ff**, 197, 204ff
Davis, Theodore 26, 107, 192, 345, 364, 367
Dawood 140
Dechend, Hertha von 66, 367
Delaforge, Gaetan 228
Djindjic, Zoran 19, 20, 51ff
Douglas, George 308
Doyle, Michael 317

Echnaton 8, 110, 121, 123, 134, 135, 160, 177, **181ff**, 217ff, 348
Eggert, Wolfgang 366
Essa 207, 208
Eudoxos 179
Eusebios von Nikomedien 92
Eustach 242
Eva 88, 114

Finkelstein 104, 118, 141
Flavius, Josephus 80, 200
Ford II., Henry 319
Freud, Sigmund 182, 183

Gadalla, Moustafa 124, 132, 133, 139, 140, 142, 147, 149, 150, 151, 152, 158, 163, 167, 170, 198, 208, 209, 211, 364, 367
Garriman 301
Gautama Buddha 99
George, Lloyd 26, 27, 259, 268, 278, 284, 308, 319, 338, 359, 361
Gilgamesch 103, 112, 113, 116, 327, 349
Goethe, Johann W. von 89, 251, 260
Goliath 141, 142, 143, 144, 145, 146
Gordon, Cyrus 108
Graf von Boulogne 242
Griffin, Des 271, 296, 312, 333, 364, 365

Hadadezer 146
Hagar 138
Haran 108
Harriman, W. A. 308, 314
Haushofer, Karl 311
Herder, J. G. 260
Hermodoros von Syrakus 179
Herodes Antipas 80, 81, 241
House; Colonel 313
Hussein, Saddam 22, 28, 29, 32, 318, 357
Huxley, Aldous 338

Ilani, Shimon 175
Immanuel 209, 211
Irenäus 101
Isaak 109, 121, 133, 134, 137ff, 150, 151, 163
Ischtar 131
Ismael 138, 139
Immanuel 209, 211
Irenäus 101

Isaak 109, 121, 133, 134, 137, 138, 139, 140, 150, 151, 163
Ischtar 131
Ismael 138, 139

Jackson, Andrew 299
Jahwe 104, 109, 130, 305
James I. 73, 255
Jedidiah 168
Jefferson, Thomas 268, 298
Jehovah 106, 107, 150
Jesus 7, 8, 14, 17, 18, 61, 65, 69, 70, 72, **76ff**, 120ff, 135, 145, 177, 190, **197ff**, **235ff**, 269, 327ff, 354, 360, 366ff
Johannes 7, 46, 58, 75, 77, **79ff**, 93, 98, 147, 199, 201, 203, 214ff, 226ff, 237, 240, 241, 248ff, 257, 265, 268, 332, 344, 354, 355, 357
Johannes von Jerusalem 46, 226, 268, 332
Jojachim 130
Joshua 208
Joshua 208
Judaeus, Philo 201, 204, 208
Juergens, Jens 179
Justinian 93

Kalach 110
Kennedy, John F. 360
Kenyon, Kathleen 173
Kissinger, Henry 27, 320, 366
Kitchener, Lord 311
Knauf, Ernst Axel 175
Knigge, Freiherr Adolf v. 260
Knight, Christopher 90, 117, 165, 228, 229, 230, 315, 365
Kohl, Helmut 320
Konstantin 68, 89, 90, 91, 92, 355, 356
Kuhn, Abraham 300, 301, 303, 314
Kuhn, Loeb and Co. 300

Layard, Sir Austen 110
Liebenfels, Lanz von 311
Lincoln, Abraham 71, 240, 241, 245, 299
Lindbergh, Charles 25, 303
Loeb, Salomon 300ff, 314
Lohausen, Jordis von 263, 365
Lomas, Robert 90, 117, 165, 228, 229, 230, 365
Loret, Victor 191
Loyola, Ignatius von 252, 253, 358
Ludwig XVIII. 296
Lukas 46, 80, 81, 199, 205, 212, 215, 344
Luther, Martin 254, 255
Luzifer 292

Machiavelli, Niccoló 9, 264, 265, 266, 267, 335, 365
MacKeys, Albert 257
Maria Magdalena 77, 93, 94, 187, 205, 208, 209, 211, 212, 213, 224, 235, 236, 240, 241, 242, 356
Markus 199, 200, 215, 344
Marx, Karl 21, 97
Matthäus 46, 121, 199, 202, 204, 209, 344, 361
Maximilian 91
May, Max 309
Maynard, Keynes 297
Mazzini, Guiseppe 9, 289, 290, 291, 293
Mendelssohn 286
Merswin, Rulman 254
Mill, John Stuart 24
Mittmann, Siegfried 175
Mohammed 99, 124, 356, 357
Molay, Jaques de 247, 250
Montbard, André de 230, 231
Morgan, J. P. 309, 313, 314
Morgenthau, Henry 323
Morton, Frederic 300, 306
Moses 8, 14, 17, 58, 65, 95, 98, 103, 104, 107, 114, 117ff, 124130, 133, 135, 155, **177ff**, 228, 283, 303, 327ff, 342, 352
Moshe 183, 184
Moshui 183
Muhhammad adh-Dhib 97

Naama 170
Nag Hammadi 98, 360
Nathan 168, 284, 295, 296, 297, 310, 329
Nebukadnezar 130, 350, 351, 352
Noah 112, 113, 116
Nofretete 188, 191, 348

Oppert, Julius 112
Orwell, George 324, 338

Pagels, Elaine 101
Papst Damsus 129
Paulus 82, 84, 87, 199, 200, 217, 344, 356
Payen, Hugo de 229, 230, 231
Peccei, Aurelio 323, 324
Petrie, Sir Flinders 171, 180
Petrus 74, 84, 100, 101, 102, 199, 200, 217, 344
Philipp der Schöne 247, 358
Philon von Alexandrien 201
Phinehas 217
Picknett, Lynn 70
Pike, Albert 9, 32, 289, 291, 292, 293, 304
Pinhas 204, 217
Plinius 201
Ponsonby, Arthur 333
Prinz Bernhard von Holland 319
Prinz Philip 319
Ptolemy II. 128
Pulcheria 93

Quibell, James E. 159
Quigley, Carroll 313, 314, 366

Ra 207, 209
Rabbah 147
Rakowski, Christian 286, 363
Rama 178

Rampolla, M. 75, 76
Raphaim 145
Rawlinson, Henry 112
Rhodes, Cecil 309, 310, 311
Risi, Armin 87, 88, 89, 233, 267, 365
Roosevelt, F. D. 26, 50, 259, 289, 303, 366
Rothkranz, Johannes 365
Rothschild 9, 31, 263, 283, 284, 285, 286, 287, 294, 295, 296, 297, 298, 299, 300, 303, 309, 310, 319, 329, 359, 366
Rothschild, Edmond de 300, 319
Rothschild, Jakob 284, 285, 297
Rothschild, Kalmann 284, 285, 297
Rothschild, Mayer Amschel 283, 284, 285, 295
Rüggeberg, Dieter 365
Russel, William Huntington 307, 308

Saint Germain, Graf von 295
Salomon 8, 65, 104, 119, 121, 123, 135, 144, 145, 147, 151, 156, **167ff**, 187, 197, 218, 220, 228, 284ff, 300, 327ff,
Santillana, Giorgio de 66, 367
Sara 137
Sarai 131, 133, 134, 137, 140, 151
Sargon I. 177, 178
Schiff, Jacob 300, 301, 314
Scheel, Walter 319
Séde, Gérard de 58, 238
Serubbabel 131
Sesostris I. 152
Shobi 147
Sinûhe 144, 145
Sitamun 184
Sitchin, Zecharia 112, 367
Smith, Elliot 185
Snowden, Philip 26
Soros, George 278
Staupitz, Johann von 254
Stavros, Niarchos 319
Stead, William T. 309, 310
Sueton 201
Sun-Tsu 263
Suso 255
Sutton, Anthony C. 366

Tacitus 201
Taft, Alphonso 307
Tauler, Johann 255
Terach 124
Tertullian 101
Tesla, Nicola 394
Teye 134, 153, 160, 166, 184, 185, 188, 191, 192, 193, 197, 218, 222
Theodosius I. 91, 356
Theodosius II. 68, 93
Tiberias, Justus von 201
Trotzki, Leon 259
Tutanchamun 134, 135, 190, 195ff, 204ff, 211ff
Tuthmosis I. 135, 148, 195
Tuthmosis III. 8, 133, 135, 140ff, **148ff**, 167, 195, 204,

Ubara-Tutu 112
Ulfilas 129
Uruk 110, 111, 116, 347
Utnapischtim 112, 113, 116

Valentianus II. 93
Villot, Jean 75, 76
Virieu, Compte de 261, 295
von Vézelay, Johannes 226

Wallace, Henry 269
Wallenberg, Marcus 319
Warburg, James 317
Warburg, M.M. 300, 303
Warburg, Paul 25, 301, 314, 329

Yuya 123, 159, 160, 167, 193, 197

Zarathustra 179
Zoroaster 179

# Stichwortverzeichnis


Ägypten 8, 11, 13, 15ff, 35, 52, 53, 64ff, 82, 83, 85, 90, 104, 107, 109, 110, 117ff, **121ff**, 223, 228, 243, 244, 327, 328,
Aigyptiaka 188, 243
Akkon 247
Al-Aksa-Moschee 31, 54
Albordj 179
Amerikanische Großloge 282
Anunnaki-Götter 115
Apostelgeschichte 82, 87, 123, 155, 199, 215, 344
Arianismus 92
Atlantis 44, 47, 114, 345, 348
Atrahasis-Epos 112

Babylon 110, **129ff**, 177, 350ff
Beer-Sheba 151
Benediktiner 226, 251, 356
Beth-Sheba 151
Bibel 9, 41, 73, 80, **95ff**, 104ff
Bibliothek 65, 86, 111, 112, 243, 244, 356
Bibliotheken 111, 113
Bischöfe 75, 76, 89, 90, 91, 100, 101, 102, 230, 356
Börsenkrach 367

CFR 9, 313, 314, 315, 316, 317, 320, 330, 378
Chartres 228, 234
Chevaliers de l´Ordre de Notre Dame de Sion 240
Clairvaux 57, 230, 239
Club of Rome 9, 320, 321, 322, 323
Coleman, Dr. John 365
Constantius 92
Crispus 91
Cyrus 108, 131, 321

Dawood 140
Die Mühle des Hamlet 67, 367
Dominikanerorden 251
dor 132, 133
Dossiers Secret 238, 360

Edomiter 118, 149
Eine-Welt-Regierung 27, 62, 271, 280, 281, 282, 288, 293, 323, 325, 331
Einweihung 182, 223, 257, 269
El 105, 106, 209, 367
EL 'Elyon 106
El 'Olam 106
EL Ro-i 106
El Shaddai 106
Elhanan 143
Elohim 106, 209
Eloho 106
Epigrafiker 175
Evolutionisten 341
Exil 77, 92, 129, 130, 131, 351

Fast-Food-Kultur 24
Fausta 91
Federal Reserve Bank 25, 289, 301, 302, 324, 329, 359
Felsendom 31, 54, 171
Franziskanerorden 251
Französische Revolution 50, 262, 295, 359
Freimaurer 7, 70, 72ff, 83, 103, 238, 248ff, **255ff**, 291, 295, 307, 310, 359, 369
Freitag der Dreizehnte 250

Genealogie 121
Gesellschaft Jesu 252, 253
Gilgamesch-Epos 112ff, 349
Goten 235, 236, 244ff, 356
Gotik 8, 234
Großmeister 74, 226, 232, 237, 239, 240, 245ff, 271, 291, 292, 357

Ha'aretz 176
Habiru 117
Hagar 138
Hanun 147
Har Megiddo 147
Haran 108
Hinduismus 42, 59, 99, 113
Homo sapiens 114, 115, 340

ilah 106
Illuminaten 8, 9, 62, **250ff**, 280ff, **285ff**, 302, 322, 323, 331, 359
Illuminatentum 262, 264, 290
Israel 13, 31, 45ff, 97, 104, 110, 118ff, 129, 141, 154, 165, 167, 170, 175ff, 183, 202, 221, 293, 294, 303, 307, 346, 349, 350, 365

Jahwe 104, 109, 130, 305
James I. 73, 255
Jebusiter 152
Jedidiah 168
Jerusalem 7, 8, 13, 20, 31, 33, 45, 46, 54, 80, 82, 87, 91, 105, 108, 121, 127ff,141ff, 167ff, 202, 215, 216, 226ff, 236, 239, 240, **243ff**, 268, 326, 332, 350ff8
Juda 121, 129, 131, 174, 350, 351, 353
Judäa 157, 199, 202, 348, 353

Kanaan 104, 108, 117ff, **131ff**, 163, 167, 172, 327
Kasskara 44, 114
Katharer 8, 68, 232, 235, 236, 237, 246, 357, 358
Katharismus 237
Kidron-Tal 176
King James Bibel 208, 358
Klagemauer 31, 354
Komitee der 300 9, 321, 322, 323, 365, 378
Kompanie Jesu 253
Kongreß 260, 261, 263, 268, 285, 287, 295, 303, 314, 359
Konzile 84, 89, 355
Konzilien 7, 14, 61, 88, 89, 97, 98, 99, 200, 205, 236
Kreationismus 341
Ku Klux Klan 291
Kuhn, Loeb and Co. 300

Lade 155, 163, 169
Lagasch 111
Lemuria 114
Lichtstrahlen 178
Lincoln Greenbacks 299
Logentum 10, 15, 19, 64, 263, 281, 326
Lulu Amelu 115, 345
Luzifer 292

Malteser 252
Malteserorden 251, 252, 357
Malteser-Ritter-Orden 252
Maria-Magdalena-Kirche 236
Mc Dollywood 338
Megiddo 45, 147, 148, 151, 155, 157, 159, 171
Merowinger 8, 77, 236, 240, 242, 244, 245, 246
Merowingerkönige 239, 360
Meseh 169, 207
MeSHeH 169
Migdol 212
Minoer 111
missing link 115
Moabiter 118, 149
Monrose-Abtei 79
Mu 114
Mutterloge der Welt 257, 282

Naama 170
Nag Hammadi 98, 360
Naher Osten 127, 326
Nahostkrieg 20, 51, 52, 53, 55
Neue Weltordnung 21, 27, 31, 55, 62, 262, 265, 268, 269, 293, 316, 323, 331
Neuf Soers 268
Nicäa 89, 90, 91, 92, 355
Nippur 111
Notre-Dame 240

Ordensgemeinsch. 239, 251
Orontes 148, 158

Palästina 31, 54, 78, 109, 143, 146, 241, 242, 246, 247, 293, 307, 353, 359
Persepolis 111
Piri-Reis-Landkarte 227
Plinius 201
Priesterzentren 64, 111, 188, 223, 243
Prieuré de Sion 8, 58, 225, 237ff, 246, 360
Provinzial-Großmeister 268
Pulcheria 93

Qumran 97, 98, 208, 357
Qumranrollen 70, 360, 366
Qumranschriften 97

Rabbah 147
Rama 178
Re 89, 207, 388
Reformation 89, 248ff
Rehoboam 170
Rennes-le-Château 242, 245
RIIA 313, 314, 320, 322, 330
Rom 53, 100, 111, 240, 244, 322, 353, 354, 355, 356

Sachkapitalvernichtung 29
Schottische Großloge 282
Schottischer Orden 231
Schottischer Ritus 71, 231
Schuruppak 112
Scoon und Perth 73
Sem 116
Semiten 116
Septuaginta 129, 353
Shell 300
Shobi 147
Sintflut 47, 50, 113, 114, 116, 117, 220, 243, 367
Sonder-Ethnie 104
St. Maximin 236
Standard-Oil 300
Steinmetzgilden 79
Sueton 201
Sun-Tsu 263

Ta-Apet 143, 171, 188
Tehuti Foundation 198
Tell Dan 141
Tell-el-Amarna-Briefe 156ff
Tempelberg 31, 121, 174, 176, 177, 215, 225, 228
Tempelritter 8, 224, 225, 228, 232, 245, 248, 249, 250, 256, 307, 357, 367, 368
Templer 8, 70, **224ff**, 357, 366
Templerorden 251, 252, 253
Terach 124
Terrorismus 13, 24
Testament P. d. Großen 264
Teye 134, 160, 184, 185, 188, 191, 192, 197, 218, 222
Theben 143, 153, 168, 171, 172, 181, 188, 349
Theodosius I. 91, 356
Theodosius II. 68, 93
Tutanchamun 134, 135, 190, 195ff, 204ff, 211ff
Tuthmosis I. 135, 148, 195
Tuthmosis III. 8, 133, 135, 140ff, **148ff**, 167, 195, 204,

Ubara-Tutu 112
Ugarit 105
Ulfilas 129
UNO 9, 22, 23, 55, 252, 277, 316ff0, 330, 360, 362
Ur 104ff,113, 128, 141, 149ff, 167, 327
Urfa 108
Uria 150, 151
Ur-iah 150
Uruk 110, 111, 116, 347
Utnapischtim 112, 113, 116

Valentianus II. 93
Völkerrecht 22
Vulgata 129, 356

Warka 110
Waterloo 295, 296, 329
Weltordnung 24ff, 260, 269, 271, 316, 331
Weltpolizisten 24
Weltverschwörung 9, 19, 62, 70, 258, 259, 289, 326, 331
Wilhelmsbad 260ff, 285, 287

Yorker-Ritus 282
Zedekia 130
Zentralbank 25ff, 298, 301ff

# Banken, Brot und Bomben - Band 2

Stefan Erdmann

***Band 2***

*Das Geheimwissen in der Gegenwart*

Mit den historischen Hintergründen aus Band 1 gewappnet, nimmt Sie Stefan Erdmann im Folgeband auf eine nicht weniger spannende Reise durch ein Netzwerk von Freimaurerlogen (Bilderbergern, Komitee der 300, CFR...), Medien- und Pharmamogulen, Energielobbyisten bis hin zur Hochfinanz und zeigt deren Machtstrukturen bis in die Jetztzeit auf.

Dabei beleuchtet er unter anderem auch die Hintergrundpolitik der russischen Revolution und des Ersten Weltkrieges und erläutert dabei auch schlüssig, wieso man aus den Ergebnissen, die auf der Versailler „Friedenskonferenz" mit dem Versailler Vertrag beschlossen wurden, die Grundlage für einen neuen Weltkrieg geschaffen hatte.

Stefan Erdmann zeigt dabei auch schonungslos die Rolle der Massenmedien auf, verdeutlicht anhand von Beispielen, wie diese den heutigen Konsummensch bewußt manipulieren, erläutert die Mechanismen der psychologischen Kriegsführung und die gezielte Verblödung unserer Kinder durch das gegenwärtige Erziehungssystem und eine bewußte Verrohung durch den Fernseher.

Bei all diesen Betrachtungen läßt er auch die Hintergründe des inszenierten Anschlags auf das World Trade Center nicht außer Acht, erklärt die wahren Absichten der amerikanischen Regierung für den Krieg im Irak und damit den Beginn des Dritten Weltkriegs sowie die juristische Situation Deutschlands beziehungsweise des Deutschen Reiches nach dem Ende des Zweiten Weltkriegs.

Stefan Erdmann zeigt jedoch nicht nur die Mechanismen der momentanen Weltherrscher auf, sondern bietet auch Vorschläge an, um es dem Einzelnen zu ermöglichen, aus diesem manipulativen Spiel auszusteigen.

# DIE JAHRTAUSENDLÜGE

## Jan van Helsing & Stefan Erdmann

Seit Jahrtausenden sind die Menschen von den Pyramiden von Gizeh fasziniert, dem letzten der sieben Weltwunder der Antike. Sie strahlen etwas Mystisches, etwas Magisches und Geheimnisvolles aus, und viele haben sich – so wie Stefan und Jan – in der Großen Pyramide aufgehalten, dort gar die eine oder andere Nacht verbracht und können von eigenartigen Erlebnissen, Visionen oder ganz besonderen Eindrücken berichten. Wie passt das zur gängigen Theorie, dass die Große Pyramide von Gizeh ein Grabmal gewesen sein soll? Oder war sie eine Einweihungsstätte, wie manch Esoteriker es annimmt? Was ist denn an solchen Behauptungen dran, was davon ist bewiesen? Oder war die Große Pyramide etwas ganz anderes? Vor allem Stefan Erdmann, der seit 18 Jahren auf dem Gizeh-Plateau forscht, beschäftigten immer wieder folgende Fragen:

1. Wieso standen diese Pyramiden ursprünglich in einem ummauerten Wasserbecken?
2. Weshalb finden sich in verschiedenen Kammern der Großen Pyramide Wasserstandslinien?
3. Warum hatte diese Pyramide gar keinen Eingang?
4. Wie kommt Nilschlamm in die Entlastungskammern?
5. Wieso finden sich im sogenannten ‚Gantenbrink-Schacht' Kupfer-Elektroden?
6. Aus welchem Grund werden neue Entdeckungen – ein unterirdisches Labyrinth, Wasserkanäle und verborgene Kammern – geheim gehalten?
7. Was hat es mit den nach hinten verlängerten Totenschädeln auf sich, die gefunden wurden?
8. Wieso waren manche Pharaonen blond?

Durch ein geheimes Zusammentreffen mit einem hochrangigen ägyptischen Diplomaten, erfuhren Stefan und Jan von neuen, geheimen Grabungen und einer Entdeckung, welche den Sinn und Zweck der Erbauung der Großen Pyramide in ein ganz neues und gänzlich unerwartetes Licht rückt. In diesem Buch präsentieren die beiden ihre Erkenntnisse und vor allem auch Beweise einer abenteuerlichen Recherche – die moderne Wissenschaft macht's möglich...

ISBN-10: 3-938656-30-1 • ISBN-13: 978-3-938656-30-3 • 21,00 Euro

# GEHEIMAKTE BUNDESLADE

Stefan Erdmann

Was wissen Sie über die Bundeslade? War Ihnen bekannt, daß es sich hierbei um den bedeutendsten Kultgegenstand der Juden und Christen handelt? Doch was verbirgt sich in ihr, was genau ist sie? Waren die zehn Gebote darin aufbewahrt? War es eine technische Apparatur oder gar ein Gerät zur Kommunikation mit den Göttern?
Offiziell ist sie nie gefunden worden. Einige Quellen behaupten, sie sei spurlos verschwunden. Andere glauben, sie wird in Äthiopien aufbewahrt. Sogar in Jordanien, Südfrankreich und im Himalaja wurde sie bereits vermutet. Wieder andere behaupten, sie sei im Besitz einer geheimen Gesellschaft und wechselt seit Jahrhunderten regelmäßig ihren Ort.

Stefan Erdmann enthüllt in diesem Buch erstmals Details über einen geheimnisvollen Fund der Tempelritter im Jahre 1118, den diese aus Jerusalem nach Frankreich brachten und der die Grundlage für ihren unermeßlichen Reichtum wurde. Auf seiner Spurensuche traf er sich unter anderem auch mit Vertretern verschiedener Logengemeinschaften und fand erstmals Verbindungen zwischen den Templern, den Freimaurern, den Zisterziensern und der Thule-Gesellschaft. Diese Verknüpfungen waren die Grundlage für geheime militärische als auch wissenschaftliche Operationen und es wurde offenbar, daß das Grundlagenwissen für den Bau deutscher Flugscheiben während des Zweiten Weltkriegs, wie auch für das US-amerikanische Philadelphia Experiment im Jahre 1943 zum Teil aus Geheimarchiven der Zisterzienser stammte.

Auf seiner Suche nach der Bundeslade und ihren Hütern fand Stefan Erdmann neue, bisher unveröffentlichte und hochbrisante Informationen, die nicht nur weitere Hinweise für das sagenumwobene Atlantis und die weltumspannende Pyramidenkultur liefern, sondern die Spur führt direkt in die gegenwärtige Weltpolitik…

# AUDIO-CDs mit Jan van Helsing

JAN VAN HELSING

**Interview mit Jan van Helsing**

Jan van Helsing stellt sich in einem fast dreistündigen Interview – geführt durch Stefan Erdmann – den wichtigsten Fragen seiner Leser. Auf 3 CDs hören Sie seine Ausführungen zu Themen wie: seinem eigenen Fernsehsender, sein Erlebnis mit dem schwarzen Mann, seinem Buchverbot, Reichsdeutsche, seiner geplanten Expedition zu den Samadhi-Höhlen, der Macht des Wünschens, seinem Dokumentarfilm über die Pyramiden in Kairo, die aktuelle Weltlage und den Konflikt mit dem Iran, die Illuminati und das Prinzip Luzifers, sein erstes Nahtoderlebnis und vieles anderes mehr...

3 Audio-CDs • Laufzeit: 170 Minuten • ISBN 3-938656-01-8 • 17,00 Euro

---

STEFAN ERDMANN

**Geheimpolitik und verbotenes Wissen –**
Interview mit Stefan Erdmann

Sind wir ein Produkt der Evolution? Oder hat der liebe Gott gar die Erde und den Menschen in sieben Tagen erschaffen? Oder ist der Mensch sogar eine Laune der Götter? Oder gab es womöglich noch einen weiteren Einfluss? Die Atlanter, Lemuria, Mu? Waren sie einst die Baumeister und Schöpfer der Pyramidenkultur rund um unseren Planeten? Auf diese und andere Fragen gibt Stefan Erdmann in diesem Interview – geführt durch Jan van Helsing – Antworten und zeigt die Bedeutung dieser unterdrückten Wahrheiten bis in die heutige Weltpolitik auf.

3 Audio-CDs • Laufzeit: zirka 190 Minuten • ISBN 3-938656-02-6 • 17,00 Euro

---

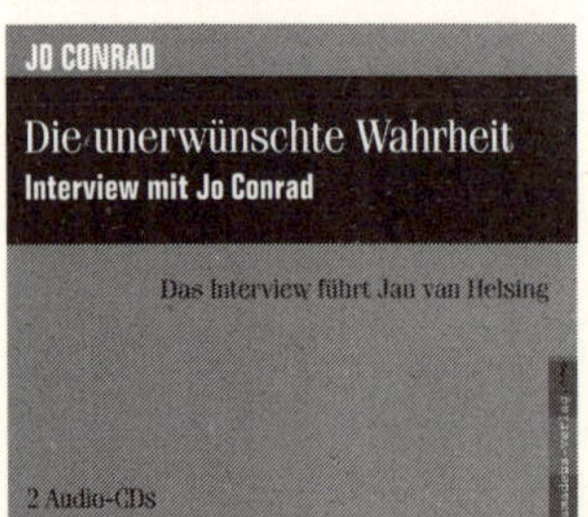


JO CONRAD

**Die unerwünschte Wahrheit –**
Interview mit Jo Conrad

Jan van Helsing befragt Jo Conrad zu den Angriffen gegen ihn, Hintergründen des Krieges gegen den Terror, scheinbar unheilbaren Krankheiten und Glaubensvorstellungen. Jo Conrad will mit seiner Arbeit klarmachen, wie sehr wir heute einseitige Informationen vorgesetzt bekommen, die uns davon abhalten sollen, uns von vorgegebenen Gedankenmustern zu befreien und zu einem Verständnis des Lebens zu finden. Viele Ängste werden gezielt genährt, um uns zu bestimmten Reaktionen zu bewegen. Jo Conrad will die Menschen anregen, über grundlegende Fragen des Lebens neu nachzudenken, sich von Ängsten zu befreien und Vertrauen in ein sinnvoll geordnetes Leben zu finden.

2 Audio-CDs • Laufzeit: zirka 100 Minuten • ISBN 3-938656-04-2 • 14,00 Euro

# DAS EINE MILLION EURO BUCH

Jan van Helsing
Dr. Dinero
das eine million! euro buch

## Jan van Helsing & Dr. Dinero

***Erkennen Sie die Zeichen?***

Glauben Sie an Zufälle? Denken Sie, es ist reiner Zufall, dass ein paar hundert Familien mehr besitzen als der Rest der gesamten Menschheit? Meinen Sie, es ist Zufall, dass sich genau diese Menschen immer unter ihresgleichen treffen, unter Ausschluss der Öffentlichkeit? Was wissen diese über Geld, was der Rest der Menschheit nicht weiß? Glauben Sie, dass Glück, Reichtum, Geld und Besitz ganz zufällig bei bestimmten Personen landet?
Es ist kein Zufall, sondern es gibt ein besonderes Wissen über den Umgang mit Geld und Erfolg, das man der Masse vorenthält. Jeder kennt den Begriff 'Erfolgsrezept'. Gibt es denn so etwas wirklich, ein Rezept für Erfolg? Ja, das gibt es tatsächlich! Es gibt ein paar Mechanismen, die man sehr nutzbringend für sich selbst einsetzen kann, wenn man sie beachtet. Wir alle wissen, dass Mais, den man im Winter aussät, nicht aufgeht oder Kiwis nicht in Finnland wachsen. Sei es die Saat von Kartoffeln oder die Ernte des Spargels – erntet man zu früh, taugt es nichts, erntet man zu spät, ist die Frucht verdorben. Es gibt für alles einen 'richtigen Zeitpunkt' und einen 'richtigen Ort', den man erkennen muss. Dies gibt es auch im Bereich des Geldes. Vereinfacht könnte man sagen, dass es bestimmte Zeiten gibt, um Geldangelegenheiten abzuwickeln, damit sie größere Früchte bringen. Es gibt klare Momente, an denen man eine berufliche Entscheidung treffen, sich selbständig machen, eine Firma abgeben oder eine Erfindung mit anderen teilen muss, um großen Erfolg zu haben. Und jeder Mensch erhält mehrmals in seinem Leben die Chance dazu. Die meisten verpassen jedoch solche Chancen, weil sie diese nicht erkennen, nicht erkennen können, da sie nicht in der Lage sind, die Zeichen zu deuten und über die Mechanismen des Lebens nie aufgeklärt wurden.
Sie haben noch nie von so etwas gehört? Natürlich nicht! Was glauben Sie denn, wieso sich diverse Männerbünde im Geheimen treffen und an strenge Schweigegelübde halten? Aus Spaß an der Freud'? Es gibt ein paar kleine Geheimnisse, die nur wenige kennen, die man dem profanen Menschen vorenthält – den Schlüssel zu wahrem Erfolg. Und diese Geheimnisse werden auch Ihnen weiterhin verborgen bleiben, es sei denn, Sie öffnen dieses Buch...

# Bis zum Jahr 2012 – Der Aufstieg der Menschheit

## Johannes Holey

Planet und Menschheit stehen heute am Beginn eines neuen Zeitalters, dem Wassermann-Zeitalter. Damit wird zugleich der Beginn einer neuen, höheren Schöpfung eingeleitet – einer Schöpfung auf der Basis einer feineren Schwingungsfrequenz, und der dabei entstehende Prozeß der Transformation ist bereits voll im Gange. Diese Schwingungserhöhungen werden in den Jahren bis 2012 stetig ansteigen und die Geschwindigkeit des Ablaufs der Umwandlung wird weiter rapide zunehmen. Dieses Buch klärt auf:

- Warum trafen viele Prophezeiungen bisher nicht ein?
- Was könnte aber davon bis 2012 doch noch auf uns zukommen?
- Was können wir und die Menschheit dabei noch verbessernd beeinflussen? uvm...

ISBN 3-9805733-7-0 • 20,30 Euro

# ICH SPRECHE MIT TOTEN

## Martina Krämer

Haben Sie schon einmal von Menschen gehört, die einen sechsten Sinn haben, welche die Zukunft vorhersagen und Dinge wahrnehmen können, die anderen verborgen bleiben? Martina Krämer ist eine dieser Personen. Nach außen hin unterscheidet sie nichts von anderen Menschen, doch ist ihr die Gabe zu eigen, ‚mehr' zu sehen als gewöhnliche Menschen. Vor allem eine Fähigkeit ist bei ihr stark ausgeprägt: die Seelen Verstorbener zu sehen und mit diesen zu kommunizieren. In diesem Buch erzählt uns Martina Krämer ihre Lebensgeschichte – die alles andere als gewöhnlich war – und erklärt uns, wie sie von ihrem Schutzengel zum Medium ausgebildet worden ist, was sie von Verstorbenen erfahren hat und mit dunklen Kräften erlebte.

*„Ich bekomme haufenweise Manuskripte zugesandt, doch Frau Krämers Geschichte ist mit das Spannendste, was mir in den letzten Jahren vorgelegt wurde. Bevor ich mich jedoch endgültig entschied, das Buch zu veröffentlichen, wollte ich eine persönliche Sitzung bei Frau Krämer durchführen und sie auf ihre Fähigkeiten hin prüfen. Und ich kann nur sagen: Ihre Trefferquote ist erstaunlich, und ich erfuhr Dinge, die sonst noch kein Medium bei mir wahrgenommen hatte."*

Jan van Helsing (im März 2005)

ISBN 3-938656-07-7 • 17,40 Euro

# BEWEG DEINEN ARSCH !

Frank Wilde

Sei ehrlich! Bist du zufrieden mit deinem Leben?

Oder fühlst du intuitiv, dass eine Veränderung ansteht?

Dann ist die Zeit reif! Das Leben hat nämlich noch etwas Besonderes für dich vorgesehen. Ja, für dich! Und wenn du noch mal richtig durchstarten willst, dann helfe ich dir jetzt dabei.

Wie?

Das verrate ich dir, wenn du das tust, was auf dem Cover steht, dir zunächst einmal dieses Buch besorgst und dann die Zeit nimmst, mit mir zusammen die Erfolgsgeschichte deines Lebens anzugehen.

Also, hoch die Hüfte, denn gewonnen und verloren wird zwischen den Ohren!
*„Mit seinen Ideen, seinem Training, seinen Worten, seinen Aussagen und seinen Gesten bringt Frank Wilde die Seelen der Menschen, die ihm zuhören, zum Klingen. Gleichgültig, ob es Manager, Sportler oder Schauspieler sind. Sie alle sitzen in seinen Seminaren, lauschen seinen Worten – und ändern oft von einer Stunde zur anderen ihr Leben."* (Echo der Frau)

*„Heute gehört Wilde zur ersten Riege der Mentaltrainer und kümmert sich um die Befindlichkeiten der deutschen Sport- und Wirtschaftselite..."* (Financial Times Deutschland)

# NATIONALE SICHERHEIT – Die Verschwörung

Dan Davis

Theorien über eine Verschwörung gab es genug! In diesem Buch finden Sie die Fakten dazu: Adressen, Bilder, Beweise, Interviews!
Viele Menschen sind für diese Aufdeckungen verfolgt und gerichtlich belangt worden, unzählige wurden umgebracht. Und die Uhr tickt!

Hier finden Sie geradezu unglaubliche, unbekannte neue Details und Zusammenhänge zu den Themen Weltraumforschung, Geheimtechnik, UFOs, Logentum, Drittes Reich, Waffensysteme und Verstandeskontrolle unter dem Deckmantel der Nationalen Sicherheit!

Der Autor wurde aufgrund unglaublicher Fakten von hochrangigen Politikern der Bundesregierung zu ‚Vier-Augen-Gesprächen' eingeladen, interviewte Opfer der Projekte MK-Ultra und Monarch, sprach mit verschiedenen Insidern und hatte bereits in seiner frühesten Kindheit Bekanntschaft mit Hochtechnologie, die dem Normalbürger gänzlich unbekannt ist.

Erfahren Sie hier die Wahrheit über das UFO-Phänomen, die Lügen, die Gründe, die Ziele und vor allem die unglaubliche Realität einer Zivilisation, welche unerkannt unter uns lebt.

**Das Buch enthält über 540 Fotos von geheimen Entwicklungen in Luft- und Raumfahrt!**

ISBN 3-938656-25-5 • 25,50 Euro

**ALDEBARAN-Versand**
**50670 Köln • Weißenburgstr. 10 a**
**Telefon 02 21 - 737 000 •Telefax 02 21 - 737 001**

Donau
SCHWARZES M
Istanbul
Marmara-Meer
GRIECHEN-
LAND
Ägäisches Meer
Troja
Ankara
Bogazköy
Mykenai
Athen
KLEINASIEN
Ephesos
Pylos
Rhodos
Knossos
Kreta
Ugarit
(Ras Scham
SYRIEN
MITTELMEER
Kyrene
Zypern
PHÖNIKIEN
Damaskus
Tyros
Jordan
ISRAEL
JORDANIEN
PALÄSTINA
Alexandria
Jerusalem
Khirbet
Qumran
Nildelta
JUDA
Totes Meer
NEGEB
30 °
W. el Araba
Memphis
Kairo
Sakkara
Medum
Ezeon-Geber
FAJJUM
SINAI
Oxyrhynchos
Golf v. Akaba
ÄGYPTEN
Golf von Suez
Tell el-Amarna
Nil
0 100 200 300 400 km
Rotes Me
Deir el-Bahri
(Tal der Könige)
Theben